Gestione delle risorse umane

Fondamenti

Quinta edizione

Gary Dessler

Edizione italiana a cura di Luca Solari e Francesco Virili

ECO LIBRO Pearson

Pearson

I nostri libri sono ecosostenibili: la carta è prodotta sostenendo il ciclo naturale e per ogni albero tagliato ne viene piantato un altro; il cellofan è realizzato con plastiche da recupero ambientale o riciclate; gli inchiostri sono naturali e atossici; i libri sono prodotti in Italia e l'impatto del trasporto è ridotto al minimo.

Edizione italiana a cura di Luca Solari e Francesco Virili

Traduzione e realizzazione editoriale: Paolo Postinghel, shortcut - Milano
Grafica di copertina: Simone Tartaglia
Immagine di copertina: M. Rinandar Tasya/Shutterstock
Stampa: Rotolito S.p.A. - Pioltello (MI)

9788891909923

LIBRI DI TESTO E SUPPORTI DIDATTICI
Il sistema di gestione per la qualità della Casa Editrice è certificato in conformità alla norma **UNI EN ISO 9001:2015** per l'attività di **progettazione, realizzazione e commercializzazione di: • prodotti editoriali scolastici, dizionari lessicografici, prodotti per l'editoria di varia ed università • materiali didattici multimediali off-line • corsi di formazione e specializzazione in aula, a distanza, e-learning.**

Member of CISQ Federation

CERTIFIED MANAGEMENT SYSTEM
ISO 9001

5ª edizione: gennaio 2021

Ristampa	Anno
01 02 03 04	24 25 26 27

Sommario

Prefazione XIV

Impostazione e innovazioni editoriali XIX

Parte 1: INTRODUZIONE

Capitolo 1 - La gestione delle risorse umane oggi 3

1.1 Che cos'è la gestione delle risorse umane? 3
- Perché la gestione delle HR è importante per tutti i dirigenti? 4
- I ruoli delle risorse umane e della linea manageriale 6
- Autorità sulla linea e sul personale 6
- Responsabilità dei line manager nella gestione delle HR 6
- Il reparto risorse umane 7

1.2 I trend che influiscono sulla gestione delle risorse umane 8
- Trend dell'innovazione tecnologica e natura del lavoro 8
- Trend della globalizzazione 10

1.3 La nuova gestione delle risorse umane 11
- HR distribuite e la nuova gestione delle risorse umane 11
- HR e prestazioni 12
- HR, prestazioni e sostenibilità 13
- HR e coinvolgimento dei dipendenti 13
- HR e strategia 14
- Sostenibilità e gestione strategica delle risorse umane 14
- HR ed etica 15
- HR e le abilità del manager 15
- HR e la filosofia del manager sulle risorse umane 16
- Le competenze del manager delle risorse umane 16
- HR e contesti locali 17

Caso di studio - OpenKnowledge e la costruzione di una cultura aperta 17

1.4 Riepilogo 19
- Parole chiave 20
- Domande di discussione 20
- Attività individuali e di gruppo 20

Capitolo 2 - Risorse umane: strategia, gestione e misurazione 23

2.1 Il processo di gestione strategica **23**
Il processo di base della pianificazione del management 23
Che cos'è la pianificazione strategica? 24
Il processo di management strategico 25
Tipi di strategie 27
I ruoli dei manager nella pianificazione strategica 29

2.2 Gestione strategica delle risorse umane **29**
Che cos'è la gestione strategica delle risorse umane? 29
Sostenibilità e gestione strategica delle risorse umane 30
Strumenti per la gestione strategica delle risorse umane 31

2.3 Metriche e benchmarking HR **33**
Tipi di metriche 33
Benchmarking 33
Strategia e metriche basate sulla strategia 34
Analisi della forza lavoro/talenti e data mining 34
Uso degli audit HR 35
HR basata sulle metriche e metodo scientifico 35

2.4 Sistemi di lavoro ad alte prestazioni **36**
Politiche e pratiche HR ad alte prestazioni 36

2.5 Coinvolgimento dei dipendenti e prestazioni dell'organizzazione **38**
Perché il coinvolgimento del dipendente è importante? 38
Il problema del coinvolgimento dei dipendenti 38
Che cosa possono fare i manager per migliorare il coinvolgimento dei dipendenti? 39
Come misurare il coinvolgimento dei dipendenti 39

2.6 Guida per manager al coinvolgimento dei dipendenti **39**
Il miglioramento dei risultati di Kia Motors (UK) grazie a una strategia HR di aumento del coinvolgimento dei dipendenti 39
I problemi 40
La nuova strategia di gestione delle risorse umane 40
I risultati 41
Caso di studio - Come convincere oltre 100.000 dipendenti a cambiare strumento di lavoro 42

2.7 Riepilogo **43**
Parole chiave 44
Domande di discussione 44
Attività individuali e di gruppo 44

Parte 2: PERSONALE: PIANIFICAZIONE STRATEGICA DEL CAPITALE UMANO

Capitolo 3 - Analisi della posizione e gestione dei talenti 49

3.1 **Il processo di gestione dei talenti** **49**
3.2 **Fondamenti di analisi della posizione** **51**
Che cos'è l'analisi della posizione? 51
Uso delle informazioni dell'analisi della posizione 52
Passi dell'analisi della posizione 52
3.3 **Metodi di raccolta delle informazioni per l'analisi della posizione** **54**
Il colloquio 54
Questionari 55
Osservazione 56
Diario/registro del partecipante 56
Metodi elettronici di analisi della posizione 56
3.4 **Come descrivere le posizioni** **57**
Identificazione della posizione 57
Scopo della posizione 58
Relazioni 58
Attività, responsabilità e compiti 59
Standard prestazionali e condizioni di lavoro 59
3.5 **Come descrivere i requisiti delle posizioni** **60**
Requisiti per il personale formato e non formato 60
Requisiti soggettivi 60
Requisiti basati su analisi statistiche 61
La matrice dei requisiti 61
3.6 **I modelli delle competenze** **62**
Scrivere declaratorie di competenze 63
Caso di studio - Internet of Things, la fabbrica del futuro e i suoi impatti sul lavoro 65
Caso di studio - UPS Norimberga: quando l'automazione non fa paura ai dipendenti 66
3.7 **Riepilogo** **67**
Parole chiave 69
Domande di discussione 69
Attività individuali o di gruppo 69

Capitolo 4 - Personale: programmazione e reclutamento 71

4.1 **Programmazione e previsione della forza lavoro** **71**
Strategia e programmazione della forza lavoro 71
Stima del fabbisogno di personale (domanda di forza lavoro) 72
Stima della disponibilità di candidati interni 75
Previsione della disponibilità di candidati esterni 76

4.2 L'importanza del reclutamento efficace **77**
La piramide dei risultati del reclutamento 77
Migliorare l'efficacia del reclutamento: il ruolo del reclutatore, delle fonti e dell'employer brand 78
4.3 Mercato interno del lavoro **79**
4.4 Guida per manager al coinvolgimento dei dipendenti **80**
Reclutamento interno e promozione dall'interno 80
4.5 Mercato del lavoro **81**
Reclutamento informale e mercato nascosto del lavoro 81
Reclutare via Internet 81
Agenzie per il lavoro 82
Delocalizzazione ed esternalizzazione 83
Cacciatori di teste 85
Referenze personali e candidature spontanee 86
Servizi di reclutamento esterni e on-demand 87
Reclutamento nelle università 87
Telelavoro 89
4.6 Sviluppo e utilizzo dei moduli di candidatura **89**
Scopo dei moduli di candidatura 89
Caso di studio - Webuild (ex Salini Impregilo) 90
4.7 Riepilogo **91**
Parole chiave 92
Domande di discussione 92
Attività individuali e di gruppo 92
Esercizio pratico 93

Capitolo 5 - Personale: criteri e tecniche di selezione **95**

5.1 Test e selezione dei dipendenti: fondamenti **95**
Importanza di una selezione attenta 95
Affidabilità di un test 96
Validità di un test 97
Validazione di un test 98
5.2 Tipi di test **99**
Test cognitivi 99
Test fisico-motori 100
Personalità 100
Test di rendimento 102
Test computerizzati e online 102
Prove e simulazioni 103
Test di valutazione della situazione 103
Assessment center 104
Test situazionale a video 105
L'approccio con mini-formazione e valutazione 105
Strumenti multimediali per la valutazione dei candidati 105

5.3 Colloqui **105**
Tipi di colloquio di selezione 106
Il valore della diversità 107
Utilità dei colloqui 108
Errori comuni nei colloqui 108
Impiego di modelli e profili di competenza nei colloqui 110

5.4 Altre tecniche di selezione **111**
Informazioni sul background e verifica delle referenze 111
Decisione di selezione 113
Utilità dei dispositivi di test e selezione 114
Sviluppare e ampliare l'offerta lavorativa 114

5.5 Guida per manager al coinvolgimento dei dipendenti **115**
Costruire il coinvolgimento: un programma di selezione totale 115
Il metodo Toyota 116
Caso di studio - Può un algoritmo sostituire l'uomo nei processi di selezione del personale? 117

5.6 Riepilogo **118**
Parole chiave 119
Domande di discussione 120
Attività individuali e di gruppo 120
Esercizio pratico 121

Parte 3: FORMAZIONE E SVILUPPO DELLE RISORSE UMANE

Capitolo 6 - Formazione e sviluppo dei dipendenti 125

6.1 Orientamento/onboarding dei nuovi dipendenti **125**
Scopi dell'orientamento/onboarding 125
Il processo di orientamento 126

6.2 Guida per manager al coinvolgimento dei dipendenti: Onboarding in Toyota **127**

6.3 Panoramica del processo di formazione **127**
Il processo di formazione in cinque passi 128
Analisi del fabbisogno formativo 128
Progettazione del programma di formazione 131
Sviluppo del programma 132

6.4 Implementazione del programma di formazione **133**
Formazione on-the-job 133
Apprendistato 134
Formazione informale 134
Lezioni 135
Formazione incrementale 135
Modelli comportamentali 136
Formazione con audiovisivi e videoconferenza 136
Simulazioni in laboratorio didattico 136
Electronic Performance Support Systems (EPSS) 136

Formazione basata su computer (computer-based training, CBT) 137
Formazione simulata e giochi 137
Formazione online 138
Tecniche di formazione continua e alfabetizzazione 140
Formazione alla diversità 140
Formazione al lavoro di squadra 141

6.5 Implementazione dei programmi di sviluppo manageriale 142
Il ruolo della strategia nello sviluppo manageriale 142
Pianificazione della successione 142
Formazione manageriale on-the-job 143
Tecniche di formazione e sviluppo manageriale off-the-job 144
Sviluppo della leadership in GE 146

6.6 Gestione dei programmi di cambiamento dell'organizzazione 147
Sviluppo organizzativo 147

6.7 Valutazione della formazione 148
Progettazione della valutazione 148
Effetti della formazione da misurare 149
Caso di studio - Gruppo Reale Mutua 150
Caso di studio - Poste Italiane - Corporate University 153

6.8 Riepilogo 157
Parole chiave 158
Domande di discussione 158
Attività individuali e di gruppo 158
Esercizi pratici 159

Capitolo 7 - Valutazione e gestione delle prestazioni 161

7.1 Concetti di base della valutazione delle prestazioni 161
Passaggi della valutazione delle prestazioni 162
Perché valutare le prestazioni? 162
Definizione degli standard di performance dei dipendenti 163
Chi dovrebbe eseguire la valutazione? 164

7.2 Metodi tradizionali di valutazione 166
Metodo della scala grafica di valutazione 166
Metodo di valutazione per classifica tra estremi opposti 166
Metodo del confronto a coppie 168
Metodo della distribuzione forzata 168
Metodo dell'incidente critico 168
Scale di valutazione ancorate ai comportamenti 169
Valutazione in pratica 170
Management by objectives 171
Valutazione delle prestazioni computerizzata e online 171
Giochi di valutazione virtuale 172
Gestione dei talenti e valutazione dei dipendenti 172
Giornate di dialogo 172

7.3 Valutazione delle prestazioni e colloquio: gestione dei problemi 173
Standard chiari 174
Gestire l'effetto alone 174
Attenzione alle valutazioni medie 174
Evitare le omologazioni verso l'alto o verso il basso 174
L'importanza della diversità 174

7.4 Guida per manager al coinvolgimento dei dipendenti: uso del colloquio di valutazione per il coinvolgimento 176

7.5 Gestione delle prestazioni oggi 177
Total quality management e valutazione delle prestazioni 177
Gestione delle prestazioni: esempi 177
Che cos'è la gestione delle prestazioni? 178
Il ruolo del manager nella gestione delle prestazioni 179
Rendere praticabile la gestione delle prestazioni 179
Caso di studio - Poste Italiane - Performance management 180
Caso di studio - EY 182

7.6 Riepilogo 182
Parole chiave 183
Domande di discussione 183
Attività individuali e di gruppo 184
Esercizio pratico 184

Capitolo 8 - Gestione delle carriere 185

8.1 Gestione della carriera 185
Carriere oggi 186
Contratto psicologico 186
Ruolo del dipendente nella gestione della carriera 186
Ruolo dell'azienda nella gestione delle carriere 188
Metodi aziendali di gestione della carriera 189

8.2 Migliorare le capacità di mentoring e coaching 189
Essere un coach efficace 191
Essere mentori migliori 192

8.3 Guida per manager al coinvolgimento dei dipendenti 193
Gestione della carriera 193
Il nuovo contratto psicologico 194
Sviluppo delle carriere orientato all'impegno 194
Valutazioni orientate alla carriera 195

8.4 Gestione di retention e turnover dei dipendenti 196
Gestione del turnover volontario 196
Strategie per ridurre il turnover volontario 197
Approccio esaustivo alla gestione della retention 197
Distacco dal lavoro 199

8.5 Gestione di promozioni e trasferimenti **200**
Decisione 1: La regola è l'anzianità o la competenza? 200
Decisione 2: Come misurare la competenza? 200
Decisione 3: Il processo è formale o informale? 201
Decisione 4: Verticale, orizzontale o altro? 201
Gestione dei trasferimenti 201
Gestione dei pensionamenti 202

8.6 Gestione dei licenziamenti **204**
Motivi di licenziamento nel sistema statunitense 204
Sospensioni 207
Adattamento a ridimensionamenti e fusioni 207
Caso di studio - Enel 208

8.7 Riepilogo **209**
Parole chiave 210
Domande di discussione 211
Attività individuali e di gruppo 211

Parte 4: RETRIBUZIONE E SISTEMI PREMIANTI

Capitolo 9 - Sviluppo di piani retributivi **215**

9.1 Fattori di base per la determinazione delle retribuzioni **215**
Allineamento dei piani premianti alla strategia 216
Equità e impatto sulle fasce salariali 216

9.2 Metodi di valutazione delle posizioni **217**
Che cos'è la valutazione delle posizioni? 218
Indagini salariali 218
Fattori di ricompensa 219
Preparazione alla valutazione delle posizioni 219
Metodi di valutazione della posizione: graduatoria (ranking) 220
Metodi di valutazione della posizione: classificazione 220
Metodi di valutazione della posizione: punteggio 221
Valutazioni computerizzate delle posizioni 222
Curve salariali 222
Livelli salariali 222
Fasce salariali e struttura retributiva 223

9.3 Retribuzioni manageriali e professionali **224**
Retribuzione di alti dirigenti e manager 224
Determinazione della retribuzione dei massimi dirigenti 225
Retribuzione dei dipendenti "professional" 225

9.4 Temi evolutivi nelle politiche retributive **226**
Retribuzione basata sulla competenze 227
Broadbanding 227
Valore comparabile 229
Vigilanza del consiglio di amministrazione sulla retribuzione degli alti dirigenti 230

9.5 Guida per manager al coinvolgimento dei dipendenti **230**
Il sistema premiante "total rewards" 230
Sistemi premianti total rewards e coinvolgimento dei dipendenti 231

9.6 Riepilogo **232**
Parole chiave 233
Domande di discussione 233
Attività individuali e di gruppo 234
Esercizio pratico 234

Capitolo 10 - Incentivi e benefit **237**

10.1 Incentivi individuali **237**
Piani di incentivi individuali: cottimo 237
Aumenti di merito 238
Incentivi per dipendenti professional 239
Riconoscimento e altri premi non monetari 239
Progettazione della mansione (job design) 240
Incentivi per il personale di vendita 241
Incentivi per manager e alti dirigenti 242
Bonus annuali e altri incentivi manageriali a breve termine 243
Incentivi strategici a lungo termine per gli alti dirigenti 244

10.2 Incentivi collettivi **245**
Progettazione di incentivi di gruppo 245
Piani di profit sharing 246
Piani di gainsharing 246
Piani a retribuzione variabile (pay at risk) 246
Piani di partecipazione azionaria dei dipendenti 247

10.3 Benefit e servizi: la situazione attuale **247**
Benefit assicurativi 247
Risarcimenti/indennizzi 247
Assicurazione per degenza, sanità e disabilità 249
Cura a lungo termine 249
Assicurazione sulla vita 249
Benefit per lavoratori part-time e temporanei 249

10.4 Servizi personali e benefit familiari **250**
Servizi personali 250
Benefit familiari 251
Perquisites dei dirigenti 251
Piani di benefit flessibili/personalizzati 252

10.5 Guida per manager al coinvolgimento dei dipendenti **254**
Il piano retributivo di Costco 254
Caso di studio - Reward management: sfide future e innovazione 255

10.6 Riepilogo **256**
Parole chiave 257
Domande di discussione 258
Attività individuali e di gruppo 258
Esercizio pratico 258

Parte 5: RAPPORTI DI LAVORO: GESTIONE DEI DIPENDENTI E HR NELLE PMI

Capitolo 11 - Relazioni positive con i dipendenti **261**

11.1 Relazioni con i dipendenti **261**

11.2 Programmi di costruzione e mantenimento di buoni relazioni con i dipendenti **262**

Garantire un trattamento equo 262

Migliorare le relazioni con i dipendenti attraverso programmi di comunicazione 265

Sviluppo di programmi di riconoscimento/relazioni con i dipendenti 266

Uso dei programmi di coinvolgimento dei dipendenti 266

11.3 L'organizzazione etica **268**

Comportamento etico sul lavoro 269

Le persone (che cosa fa marcire le mele?) 269

Le "scatole" (situazioni eticamente pericolose) 270

Le "botti" (fattori esterni che plasmano le scelte etiche) 270

Passi per creare ambienti più etici 270

11.4 Gestione della disciplina **274**

I tre pilastri di una disciplina equa 274

Diversità 275

Disciplina senza punizione 276

11.5 Guida per manager al coinvolgimento dei dipendenti **276**

Come entrare tra le "Migliori aziende per cui lavorare" 276

Le "Migliori aziende per cui lavorare" 276

SAS: Ottimi benefit, fiducia ed equilibrio vita-lavoro 277

Google: Felicità e analisi delle persone 278

FedEx: Trattamento equo garantito 278

Filosofia delle risorse umane di una "best company" 280

Caso di studio - Il Diversity Management in IBM Italia 282

Caso di studio - Edison 284

11.6 Riepilogo **286**

Parole chiave 286

Domande di discussione 287

Attività individuali e di gruppo 287

Esercizio pratico 288

Capitolo 12 - Gestione delle risorse umane nella piccola e media impresa **289**

12.1 La sfida della piccola impresa **289**

Gestione delle risorse umane nella piccola impresa: differenza 290

Importanza della gestione delle HR per le piccole imprese 291

12.2 Uso di Internet a supporto delle HR **292**

Formazione 293

Valutazione e retribuzione 294

12.3 Sfruttare la piccola dimensione: familiarità, flessibilità, equità, informalità e gestione delle HR **294**
Procedure semplici e informali di selezione dei dipendenti 294
Flessibilità nella formazione 294
Flessibilità nei benefit e nelle ricompense 296
Equità e azienda familiare 296
Gestione esternalizzata 297

12.4 Gestire sistemi, procedure e burocrazia **297**
Introduzione 297
Componenti di base dei sistemi HR manuali 298
Automazione delle singole attività HR 298

12.5 Sistemi informatici per le risorse umane **298**
Fornitori di HRIS 298
HR e Intranet 299

12.6 Riepilogo **299**
Domande di discussione 300

Glossario **301**

Indice delle parole chiave **313**

Prefazione

Prefazione all'edizione italiana

La nostra vita è cambiata profondamente nell'arco dei vent'anni dall'avvento delle tecnologie di coordinamento e comunicazione, molto più di quanto riusciamo con consapevolezza a comprendere. Il modo con cui coltiviamo relazioni e affetti, il modo con cui ci spostiamo e viaggiamo, il modo con cui compriamo e consumiamo sono radicalmente diversi da quelli che avevamo appreso. A breve, anche il modo con cui produciamo (Internet of Things), viviamo (HomeAutomation) e vestiamo (Wearable) saranno trasformati profondamente.

È quindi venuto il momento di cambiare la qualità della nostra vita professionale ed è sempre più chiaro che questo richiederà al management, in larga parte tradizionale e più anziano del più vecchio dei curatori (sic!) una rivoluzione copernicana. Le tecnologie infatti come già ricordava Frederick Winslow Taylor non cambiano la realtà, la realtà cambia quando si afferma un nuovo mindset, un modo diverso di concepire l'individuo, le relazioni con gli altri individui e di conseguenza la società.

I curatori ritengono che questo cambiamento passerà per il recupero di una dimensione dell'agire organizzativo ed economico spesso trascurata, ovvero le persone. La gestione delle risorse umane, per molto tempo argomento specialistico, una costola degli studi di management e organizzazione, è oggi la regina del cambiamento che stiamo vivendo. Un mindset nuovo richiede persone nuove o perché nuove all'organizzazione o perché rinnovate nel sistema di valori e competenze.

Sebbene una parte rilevante di questa transizione sia destinata ad accadere attraverso processi rivoluzionari e disruptive, le istituzioni, le imprese e il management dovranno attrezzarsi per non esserne travolti.

Per questo abbiamo accettato la sfida di curare l'adattamento del libro di testo sulla Gestione delle risorse umane forse più diffuso a livello universitario all'estero, sicuramente quello meglio pensato dal punto di vista della didattica a tutti i livelli. Si tratta quindi di un libro che possiamo consigliare per impartire un corso base, ma anche per rinfrescare le proprie competenze dopo anni di lavoro, magari in un'area specialistica della gestione risorse umane. Perché non c'è dubbio che è finita l'epoca in cui si diventava esperti di risorse umane solo per il fatto di lavorare in questo campo e sviluppare esperienze. Oggi servono certificazioni, competenze basate sulle evidenze e strumenti di indagine statistica e predittiva.

Secondo noi questo volume è unico per due importanti aspetti: da un lato è rigoroso e basato sulla ricerca organizzativa pur rimanendo accessibile e molto comprensibile; dall'altro è completamente calato nel presente e nella pratica HR delle organizzazioni, con un occhio al futuro.

I casi sono stati realizzati appositamente scegliendo gli esempi più importanti nel panorama di imprese italiane, che hanno descritto i propri progetti di punta; il testo prevede richiami all'impatto delle tecnologie sulle pratiche di gestione delle risorse umane.

L'aspetto del rigore scientifico merita forse una considerazione ulteriore. A volte i testi impiegati oltreoceano possono essere percepiti nell'accademia italiana come superficiali o addirittura semplicistici rispetto all'approccio tradizionale che specie in Italia ha storicamente una forte astrazione, una enfasi esplicita ai framework e alle metodologie delle scienze sociali, un costante riferimento alla dottrina e agli autori.

Eppure lavorando con questo testo ci si rende conto che la base teorica e scientifica è tutt'altro che trascurata, ma anzi rappresenta un po' il "respiro" di tutto il contenuto che è però contestuale alle esigenze del mondo contemporaneo e delle aziende moderne. I modelli teorici vengono spesso semplicemente posti "in azione", lasciando solo alle note bibliografiche (accessibili mediante la piattaforma online) la scoperta dei dettagli degli autori e della fonte originale. Questo tra l'altro permette e anzi suggerisce, mantenendo inalterata l'immediatezza e la praticità dell'approccio, la possibilità di una didattica su più livelli, uno di base per i corsi di laurea triennali che lascia a qualche incursione il mondo della ricerca scientifica sottostante e uno o più livelli avanzati, adatti a lauree magistrali, master e didattica superiore, che invece possono partire dal ricchissimo patrimonio di ricerche HR proposto nella bibliografia per ricostruire e discutere le implicazioni operative suggerite dal testo. Il tutto avendo in mente un approccio di didattica attiva che viene facilitato non solo dai consueti strumenti online come i quiz di autovalutazione e il materiale video e multimediale, ma anche da una vera e propria piattaforma per la didattica online.

Auspichiamo che la caratterizzazione e il taglio operativo dei contenuti possa contribuire ad avvicinare ulteriormente il mondo della didattica universitaria a quello "vero". Questo non può che essere positivo per tutti. La delicatezza del ruolo di chi si occupa di persone per e nelle imprese e istituzioni è comparabile solo a quella dei clinici, quindi richiede lo sviluppo di una deontologia professionale superiore a quella di qualsiasi ruolo nell'organizzazione, fondata in primo luogo su una conoscenza precisa di logiche, strumenti e approcci.

Ci auguriamo che questo libro ne rappresenti uno dei tasselli fondamentali ai quali tornare periodicamente.

Luca Solari
Dipartimento di Scienze Sociali e Politiche
Università degli Studi di Milano

Francesco Virili
Dipartimento di Scienze Economiche e Aziendali
Università degli Studi di Sassari

Ringraziamenti per l'edizione italiana

I curatori e l'editore ringraziano le persone e le aziende che hanno partecipato alla stesura dei casi di studio originali al termine dei seguenti capitoli.

Capitolo 1: *OpenKnowledge e la costruzione di una cultura aperta*, Emanuele Scotti e Rosario Sica, Open Knowledge (pagina 17).

Capitolo 2: *Come convincere oltre 100.000 dipendenti a cambiare strumento di lavoro*, Maddalena Sorrentino, Università degli Studi di Milano (pagina 42).

Capitolo 3: *Internet of Things, la fabbrica del futuro e i suoi impatti sul lavoro*, Cristiano Ghiringhelli, Università degli Studi di Milano - Bicocca (pagina 65).
UPS Norimberga: quando l'automazione non fa paura ai dipendenti, Cristiano Ghiringhelli e Francesco Virili, Università degli Studi di Milano – Bicocca, Università degli Studi di Sassari (pagina 66).

Capitolo 4: *Salini Impregilo*, Gianluca Grondona e Francesca Abati, Salini Impregilo (pagina 90).

Capitolo 5: *Può un algoritmo sostituire l'uomo nei processi di selezione del personale?*, Francesco Bolici, Università degli Studi di Cassino e del Lazio Meridionale (pagina 117).

Capitolo 6: *Gruppo Reale Mutua*, Team Learning Center dell'Academy, Reale Mutua (pagina 150).
Poste Italiane - Corporate University, Manuela Gallo, Poste Italiane (pagina 153).

Capitolo 7: *Poste Italiane - Performance management*, Silvia Marinari, Poste Italiane (pagina 180).
EY, Luca Solari, Università degli Studi di Milano (pagina 182).

Capitolo 8: *Enel*, Sara Severino e Martina Stucchi, ENEL (pagina 208).

Capitolo 10: *Reward management: sfide future e innovazione*, Daniela Isari, Università Cattolica del Sacro Cuore di Milano (pagina 255).

Capitolo 11: *Il Diversity Management in IBM Italia*, Rossella Riccò, OD&M Consulting (pagina 282).
Edison, Giorgio Colombo, Edison (pagina 284).

I curatori ringraziano Paolo Iacci, Presidente nazionale di AIDP Promotion (Associazione per la Direzione del Personale), per il prezioso contributo offerto nella revisione e nell'adattamento del volume.

L'autore

I lettori di tutto il mondo usano questo testo di Gary Dessler, insieme ad altri titoli quali *Human Resource Management* e *Framework for Human Resource Management* in più di 10 lingue ed edizioni internazionali, tra cui italiano, russo, spagnolo, francese, arabo, thailandese, greco e cinese. Tra gli altri testi del Dr. Dessler: *Winning Commitment: How to Build and Keep a Competitive Workforce* e *Management: Modern Principles and Practices for Tomorrow's Leaders*. Ha pubblicato articoli su coinvolgimento dei dipendenti, leadership, supervisione e pratiche di gestione delle risorse umane in Cina, e sul miglioramento della qualità su pubblicazioni quali *Academy of Management Executive*, *SAM Advanced Management Journal*, *Supervision*, *Personnel Journal* e *International Journal of Service Management*.

Il Dr. Dessler ha prestato servizio per molti anni come Founding Professor del College of Business della Florida International University, tenendo corsi in gestione delle risorse umane, management strategico e management. Negli ultimi anni si è concentrato sulla stesura di libri di testo, sulla ricerca e sulla consulenza, nonché su lezioni, seminari e corsi in tutto il mondo sui moderni metodi di gestione delle risorse umane, sulle relazioni positive con i dipendenti, sul management strategico, sullo sviluppo della leadership e sulla gestione dei talenti.

Il Dr. Dessler è laureato alla New York University, al Rensselaer Polytechnic Institute e alla Baruch School of Business della City University of New York.

I curatori dell'edizione italiana

Luca Solari è professore ordinario di Organizzazione Aziendale presso l'Università degli Studi di Milano. Fondatore di Pathos Lab (People And Technology for Human and Organizational Sustainability), il laboratorio di ricerca sui temi di frontiera delle organizzazioni e della tecnologia. Partner di OrgTech, una piattaforma di trasformazione per le imprese con numerosi progetti per top management innovativo. Autore di numerosi articoli, saggi e libri, è molto attivo sul web (lucasolari.com).

Francesco Virili è professore associato di Organizzazione Aziendale presso l'Università degli Studi di Sassari. La sua ricerca esplora gli effetti abilitanti delle tecnologie dell'informazione nelle organizzazioni e sul lavoro. Ha pubblicato articoli e libri su questi temi, in Italia e all'estero.

Ringraziamenti della quinta edizione originale

Sono debitore di molte persone per il loro aiuto nella creazione di questo libro, e apprezzo moltissimo i suggerimenti coscienziosi e utili dei revisori delle precedenti edizioni di questo libro.

Samuel Todd, Georgia Southern University/UMASS Amherst
Dale J. Dwyer, The University of Toledo
Melissa L. Gruys, Wright State University, Ohio
John H. Stern, Darla Moore School of Business, University of South Carolina
Dan Morrell, Middle Tennessee State University
Marie D. K. Halvorsen-Ganepola, University of Notre Dame
Howard J. Klein, The Ohio State University
Paul W. Mulvey, Poole College of Management, North Carolina State University
Gary Stroud, Franklin University, Ohio

Sono molto grato agli autori dei supplementi: Carol Heeter, Ivy Tech Community College, e Dan Morrell.

Alla Pearson, ringrazio sentitamente il team della V Edizione: Stephanie Wall, Editor in Chief; Daniel Tylman, Acquisitions Editor; Melissa Feimer, Managing Producer for Qualitative Disciplines; Yasmita Hota, Content Producer; Linda Siebert Albelli, Editorial Assistant; Ann Pulido, Project Manager e Kerri Tomasso, Development Editor. Grazie al team delle vendite di Pearson in tutto il mondo; senza il vostro impegno questo libro se ne starebbe a languire su uno scaffale.

A casa voglio ringraziare, come sempre, mia moglie Claudia per il sostegno, mio figlio Derek per i consigli e, naturalmente, Lisa, Samantha e Taylor.

Ringraziamenti per la Global Edition

Pearson vuole ringraziare le seguenti persone per il loro lavoro sulla Global Edition:

Contributi
Robert Bateman, American University of Sharjah
Ismail Hussein, Lebanese American University
Malcolm Parker
Gilbert Tan, Singapore Management University
Marie-France Waxin, American University of Sharjah

Revisioni
Randall Zindler, Lancaster University Management School
Sununta Siengthai, Asian Institute of Technology
Alice Kuan, Taylor's University, Malaysia

Impostazione e innovazioni editoriali

Per una fruizione più naturale e immediata dei contenuti peculiari di questo testo, viene offerta al lettore un'articolata varietà di elementi editoriali distribuiti tra mezzo cartaceo tradizionale, versione online e piattaforma di e-learning.

I 12 capitoli del libro sono suddivisi in cinque sezioni base che ricalcano la logica integrata della gestione dei talenti.

Alcuni temi trasversali di particolare rilievo sono messi in evidenza da riquadri specifici ricorrenti in ogni capitolo.

Ogni parte è introdotta da un diagramma che ripercorrendo la divisione in Parti del testo è capace di presentare e illustrare graficamente le interconnessioni tra i principali argomenti trattati fornendo allo studente un quadro concettuale articolato e composito.

Parola chiave

Il testo mette in evidenza le parole chiave specifiche della gestione delle HR, ne fornisce sintetiche e chiare definizioni che agevolano la comprensione degli argomenti e l'acquisizione della terminologia propria di questa disciplina.

A disposizione dello studente su Pearson MyLab, testi di approfondimento e figure esplicative in lingua inglese di argomenti affrontati nel testo.

Tra i contenuti online, i riquadri **Building Your Management Skills** (**Costruire le abilità di management**) trattano argomenti quali lo svolgimento dei colloqui e la formazione dei nuovi dipendenti.

I riquadri **HR Tools for Line Managers and Small Businesses** (**Strumenti HR per manager di linea e piccole aziende**) mirano in particolare a fornire ai piccoli imprenditori e ai loro manager le tecniche per gestire al meglio la piccola impresa.

Building Your Management Skills

HR Tools for Line Managers and Small Businesses

CASO DI STUDIO

Il volume è impreziosito dalla presentazione di **Casi di studio** individuati da esperti del settore che attualizzano ed esemplificano l'esperienza di grandi aziende italiane al fine di avvicinare gli studenti ai campi di applicazione dei contenuti appresi.

APPROFONDIMENTI — Tendenze HR: Social media e digitale

Tra i nuovi temi di questa edizione, i riquadri "Tendenze HR: Social media e digitale" prendono in esame le trasformazioni digitali e quelle dei social media in ogni ambito della gestione dei talenti, con puntatori, esempi e mini-casi sia internazionali che localizzati.

APPROFONDIMENTI — HR e la Gig economy

Nella nuova serie di riquadri "HR e la Gig economy" viene affrontato in ottica HR il fenomeno sempre più rilevante del lavoro temporaneo, occasionale e autonomo, che continuamente si estende e si rinnova in nuove forme sollecitando nuove esigenze e sfide da affrontare sia per le imprese che per la tutela e lo sviluppo delle persone e il riconoscimento normativo dei loro diritti.

Pearson **MyLab**

UN AMBIENTE PER LO STUDIO

L'attività di apprendimento di questo corso continua in **MyLab**, **l'ambiente digitale per lo studio** che completa il libro offrendo **risorse didattiche** fruibili sia in **modo autonomo** sia per **assegnazione del docente**. Il **codice studente monouso sulla copertina** di questo libro consente l'accesso per 18 mesi a MyLab.

COME ACCEDERE

1. Registrati o effettua il login alla tua MyPearsonPlace come **studente universitario** all'indirizzo he.pearson.it/catalogo.

2. Attiva il prodotto all'indirizzo he.pearson.it/attiva-prodotto inserendo il codice studente monouso presente in copertina.

3. Entra nella sezione MyPearsonPlace (he.pearson.it/my-home) dove troverai i tuoi prodotti attivi.

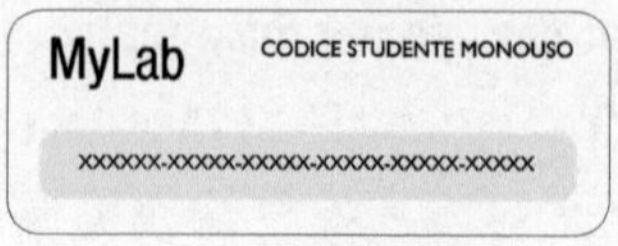

CHE COSA CONTIENE

MyLab offre la possibilità di accedere al Manuale online: l'**edizione digitale del testo** arricchita da funzionalità che permettono di personalizzarne la fruizione, attivare la sintesi vocale, inserire segnalibri.

Inoltre la **piattaforma digitale MyLab** integra e monitora il percorso individuale di studio con **attività formative e valutative specifiche**. La loro descrizione dettagliata è consultabile nella pagina di catalogo dedicata al libro, all'indirizzo linkpearson.it/O4BY35NJQA oppure tramite il presente QR code.

PARTE 1

Introduzione

CAPITOLO 1
La gestione delle risorse umane oggi

CAPITOLO 2
Risorse umane: strategia, gestione e misurazione

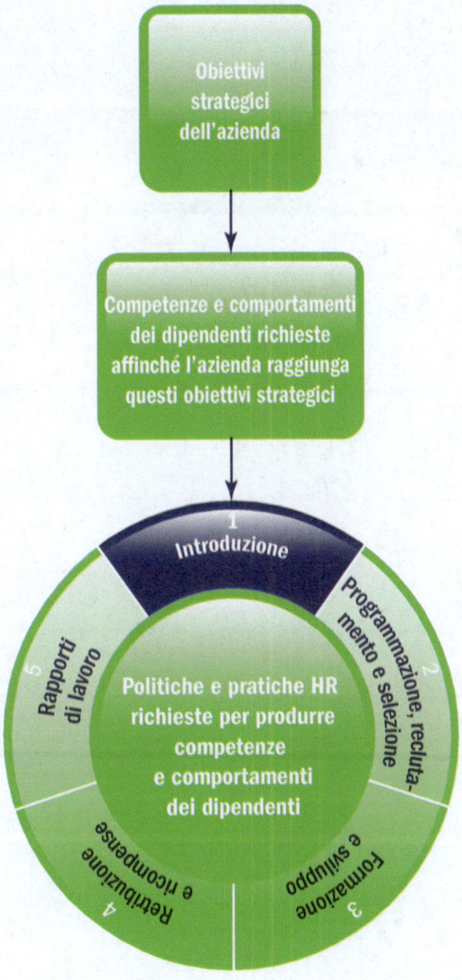

CAPITOLO

1 La gestione delle risorse umane oggi

Argomenti

- Che cos'è la gestione delle risorse umane?
- I trend che influiscono sulla gestione delle risorse umane
- La nuova gestione delle risorse umane
- Riepilogo

Obiettivi didattici

Al termine del capitolo:

- Saprete rispondere alle domande "Che cos'è la gestione delle risorse umane?" e "Perché è importante per supervisori e manager conoscere concetti e tecniche delle HR?"
- Potrete descrivere con esempi quali trend influiscono maggiormente sulla gestione delle risorse umane.
- Riuscirete a elencare almeno cinque conseguenze dei trend moderni sulla gestione delle risorse umane.

1.1 Che cos'è la gestione delle risorse umane?

Per comprendere che cosa sia la gestione delle risorse umane è necessario per prima cosa analizzare l'attività dei manager. Partiamo dal concetto base di **organizzazione**, che consiste in un numero di persone con ruoli formalmente assegnati che collaborano per raggiungere gli obiettivi dell'organizzazione stessa. Un **manager/dirigente** è una persona responsabile del raggiungimento degli obiettivi, il cui compito è **dirigere** il lavoro del personale dell'organizzazione.

La maggior parte degli autori concorda sul fatto che le funzioni base della **dirigenza** siano cinque: pianificare, organizzare, acquisire il personale, gestire e controllare. Nel loro complesso, queste cinque funzioni rappresentano il **processo di management**:

- **Pianificare:** definire obiettivi e standard, sviluppare regole e procedure, sviluppare piani e previsioni.
- **Organizzare:** affidare un compito specifico a ciascun dipendente, definire i settori, delegare autorità ai subordinati, definire i canali di autorità e comunicazione, coordinare il lavoro dei dipendenti.
- **Acquisire il personale:** determinare il tipo di persone da assumere, reclutare i candidati e selezionarli, definire standard di prestazioni, compensare i dipendenti, valutarne le prestazioni, fornire loro supporto e formazione, e seguirne la crescita.
- **Coordinare:** fare in modo che gli altri eseguano il lavoro, mantenere il morale nell'ambiente lavorativo, motivare i dipendenti.

- **Controllare:** definire standard quali le quote delle vendite, i livelli qualitativi o produttivi, verificare le prestazioni reali rispetto agli standard, se necessario prendere provvedimenti correttivi

In questo libro ci concentreremo su una delle funzioni, quella legata al personale e alla sua gestione, ovvero la **gestione delle risorse umane** (*Human resource management*). Si tratta del processo di acquisizione, formazione, valutazione, sviluppo e retribuzione dei dipendenti, e di gestione delle loro problematiche di relazioni, salute, sicurezza ed equità sul lavoro. Gli argomenti che tratteremo dovrebbero quindi fornirvi i concetti e le tecniche necessarie ad affrontare l'aspetto della gestione riguardante le persone.

- *Condurre analisi delle posizioni (determinare la natura del lavoro di ciascun dipendente*).
- *Pianificare le necessità delle posizioni e reclutare i candidati.*
- *Selezionare i candidati.*
- *Orientare e formare i nuovi dipendenti.*
- *Gestire stipendi e salari* (retribuzione).
- *Fornire incentivi e benefit.*
- *Valutare le prestazioni.*
- *Comunicare* (con colloqui, counseling, provvedimenti disciplinari).
- *Formare i dipendenti* e *sviluppare i dirigenti.*
- *Costruire relazioni e coinvolgimento dei dipendenti.*

Perché la gestione delle HR è importante per tutti i dirigenti?

Perché i concetti e le tecniche trattati in questo libro sono importanti per tutti i dirigenti? Forse la risposta più semplice consiste nell'indicare alcuni *errori legati al personale che vanno evitati* nell'attività dirigenziale. Ad esempio, è inopportuno che

- I dipendenti non facciano del loro meglio.
- Sia assunta una persona non adatta alla posizione.
- Il turnover sia alto.
- L'azienda sia citata in giudizio per via di azioni discriminatorie.
- L'azienda sia citata per pratiche poco sicure.
- L'efficienza di un settore sia compromessa da una carenza di formazione.
- Vi siano sperequazioni nelle pratiche lavorative.

Migliorare profitti e prestazione

Uno studio attento di questo libro vi aiuterà a evitare errori come questi, e soprattutto *vi aiuterà a ottenere i risultati attraverso le persone.*[2] Ricordate che potete compromettere tutte le vostre abilità come manager (piani brillanti, schemi organizzativi chiari, linee produttive moderne e sofisticati controlli contabili) assumendo le persone sbagliate, ad esempio, oppure non motivando il personale. Molti manager hanno invece raggiunto il successo anche senza piani, organizzazioni e controlli adeguati, ma proprio grazie all'abilità di coinvolgere le persone giuste nelle posizioni giuste, e poi di motivarle, valutarle e farle crescere. Durante la lettura, ricordate che l'obiettivo finale del management è *ottenere risultati*, e che in qualità di manager dovrete ottenerli tramite le persone. Questo è un fatto immutato fin dagli albori del management. Il presidente di un'azienda lo riassume così:

> Per molti anni si è detto che il collo di bottiglia per un'azienda in crescita fosse il capitale. Credo che ciò non sia più vero. Credo che il collo di bottiglia della produzione sia la forza lavoro, e l'incapacità di un'azienda di reclutare e mantenere una buona forza lavoro. Non conosco alcun progetto importante, sostenuto da buone idee, vigore ed entusiasmo, che sia stato bloccato da una carenza di cassa. Conosco invece industrie la cui crescita è stata ridotta o intralciata dall'incapacità di mantenere una forza lavoro efficiente ed entusiasta, e credo che ciò sarà sempre più vero nel futuro.[3]

Questa affermazione è vera oggi più che mai. Come vedremo tra poco, l'intensificarsi della concorrenza a livello globale, i progressi tecnologici e gli squilibri economici hanno innescato grandi incertezze a livello competitivo. In questa situazione, il futuro appartiene ai manager che riescono a migliorare le prestazioni gestendo contemporaneamente il cambiamento; per riuscirci, però, è necessario ottenere risultati con dipendenti coinvolti e impegnati. Le pratiche e le politiche della gestione delle risorse umane giocano un ruolo importante a questo fine.

Pratiche e politiche di gestione delle HR giocano un ruolo importante in questo senso. Ad esempio, prenderemo in esame il caso di un call center con una media di 18,6 posizioni scoperte annue, con un tasso di turnover del 60% circa. Stimando in circa $21.000 il costo di un operatore che lascia il lavoro, il costo totale del turnover ammonta a circa $400.000. Dimezzando il tasso di turnover grazie a reclutamento e test migliorati, l'azienda risparmierebbe circa $200.000 l'anno.[4]

Potreste coprire la posizione di manager delle HR

Ed ecco un altro motivo per studiare questo libro: *potreste trovarvi a ricoprire un ruolo di manager delle risorse umane*. Per esempio, circa un terzo delle grandi aziende statunitensi che abbiamo studiato ha nominato come manager delle risorse umane di altissimo livello dei dirigenti non specificamente HR. Un periodo nelle risorse umane può essere utile a un dirigente. Ad esempio, un AD che nel corso della carriera ha lavorato per tre anni come responsabile delle risorse umane afferma che si è trattato di un'esperienza preziosissima per imparare a sviluppare i leader e capire il lato umano della trasformazione di un'azienda.[6]

Comunque, la maggior parte dei top manager delle risorse umane ha un'esperienza nel settore. Circa l'80% dei partecipanti a un sondaggio ha fatto carriera all'interno delle HR, circa il 17% possedeva la qualifica di Senior Professional in Human Resources (SPHR) dell'HR Certification Institute, e il 13% la certificazione di Professional in Human Resources (PHR).

HR per piccole aziende

Un grandissimo numero di persone lavora per piccole imprese, che sono anche la maggior parte delle nuove aziende che nascono ogni anno. È quindi molto probabile che la maggior parte dei neolaureati nell'immediato futuro trovi lavoro presso una piccola impresa, o crei piccole imprese. Se gestite una vostra piccola impresa senza un manager HR, probabilmente dovrete occuparvene direttamente: dovrete quindi essere in grado di reclutare, selezionare, formare, valutare e compensare i dipendenti. Troverete in gran parte dei capitoli parti dedicate ai line manager e alle piccole imprese, che mostrano ai piccoli imprenditori come migliorare le pratiche di gestione delle risorse umane.

I ruoli delle risorse umane e della linea manageriale

In un certo senso tutti i dirigenti sono manager delle risorse umane, perché tutti sono coinvolti in attività quali reclutamento, colloqui, selezione e formazione. Eppure, gran parte delle aziende ha un reparto risorse umane distinto, con un manager dedicato. Qual è la relazione tra i compiti di questo manager (e del suo personale) e i compiti HR dei line manager? Iniziamo a rispondere con una breve descrizione della differenza tra le autorità sulla linea e sul personale.

Autorità sulla linea e sul personale

L'**autorità** è il diritto di prendere decisioni, di dirigere il lavoro altrui e di dare ordini. Di solito, nel management si fa una distinzione tra autorità sulla linea e sul personale. L'autorità sulla linea dà ai dirigenti il diritto (l'autorità) di dare ordini ad altri dirigenti o dipendenti, creando una relazione superiore-subordinato. L'autorità sul personale dà al dirigente il diritto (l'autorità) di consigliare altri dirigenti o dipendenti, creando una relazione consultiva. I **manager di linea (line manager)** hanno autorità sulla linea: sono autorizzati a dare ordini. Gli **staff manager** sono invece soltanto autorizzati ad assistere e consigliare i line manager. I manager delle risorse umane sono staff manager: assistono e consigliano i line manager in attività quali reclutamento, assunzione e retribuzione.

Parola chiave

Manager di linea

Un dirigente autorizzato a dirigere il lavoro dei subordinati, e responsabile del compimento delle attività dell'organizzazione.

Parola chiave

Staff manager

Un dirigente di una unità di staff.

In pratica, i line manager e i manager HR condividono la responsabilità della maggior parte della attività legate alle risorse umane. Per esempio, i manager HR e i line manager di circa due terzi delle aziende di un'indagine condividevano la responsabilità della formazione.[10] (Quindi il supervisore potrebbe descrivere la formazione che ritiene necessaria per il nuovo dipendente, le HR potrebbero costruire tale formazione, e i supervisori potrebbero poi accertarsi che sia raggiunto il risultato desiderato.)

Responsabilità dei line manager nella gestione delle HR

La gestione diretta delle persone è sempre stata parte integrante delle responsabilità di qualsiasi line manager, dal presidente al primo livello manageriale. Per esempio, un'azienda definiva con il seguente elenco le responsabilità dei capi intermedi per un'efficace gestione delle risorse umane:

1. Inserire la persona giusta nella posizione giusta
2. Presentare l'organizzazione ai nuovi dipendenti (orientamento)
3. Formare i dipendenti nelle posizioni per loro nuove
4. Migliorare la prestazione lavorativa di tutte le persone
5. Ottenere una cooperazione creativa, e sviluppare relazioni lavorative armoniose
6. Interpretare le politiche e le procedure dell'azienda
7. Controllare i costi del lavoro
8. Coltivare le capacità di tutte le persone
9. Creare e mantenere un morale alto nei reparti di competenza
10. Proteggere la salute e la condizione fisica dei dipendenti

Ai line manager di piccole organizzazioni può essere richiesto di svolgere questi compiti relativi al personale senza alcun aiuto, ma con la crescita dell'azienda si rendono necessarie l'assistenza, la conoscenza specialistica e il supporto di un personale dedicato alle risorse umane.[11]

Il reparto risorse umane

Nelle grandi aziende, il *reparto risorse umane* fornisce questo tipo di assistenza specializzata.[12] Nella Figura 1.1 sono mostrate le posizioni del reparto gestione delle risorse umane di un'organizzazione. Tra le posizioni tipiche vi sono manager che si occupano di retribuzioni e benefit, supervisori di assunzioni e reclutamento, specialisti della formazione e dirigenti delle relazioni con i dipendenti. Ecco alcuni esempi di attività delle diverse posizioni:

MyLab **Figura 1.1**

Reclutatori: Mantengono i contatti con la comunità, e a volte viaggiano alla ricerca di candidati qualificati.

Rappresentanti delle pari opportunità o coordinatori dell'azione positiva: Cercano e risolvono questioni di pari opportunità, esaminano le pratiche aziendali alla ricerca di potenziali violazioni, compilano e presentano relazioni sul tema.

Job analyst: Raccolgono ed esaminano informazioni dettagliate sulle posizioni per preparare i mansionari.

Compensation manager: Sviluppano piani delle retribuzioni e gestiscono il programma di benefit dei dipendenti.

Training specialist: Pianificano, organizzano e dirigono le attività di formazione.

Labor relations specialist: Supportano il management su tutti gli aspetti dei rapporti con i sindacati.

Nuovi approcci all'organizzazione delle HR

Molte grandi aziende stanno rivedendo il modo di organizzare le loro funzioni HR.[13] Ad esempio, moltissime prevedono di utilizzare la tecnologia per istituire un maggior numero di unità HR centralizzate di "servizi condivisi"[14]

L'ipotesi prevede la creazione di unità HR centralizzate (*HR shared service center*), i cui impiegati sono condivisi da tutti i settori dell'azienda per ottenere supporto su questioni disciplinari, ad esempio. I team HR condivisi offrono i loro servizi attraverso intranet o call center centralizzati, e l'obiettivo è fornire a dirigenti e impiegati un supporto specializzato su attività HR comuni (come la modifica dei piani di benefit). All'interno di un'azienda possono esistere anche team HR "corporate" specializzati, che assistono l'alta dirigenza in questioni di alto profilo quali lo sviluppo degli aspetti legati al personale nell'ambito del piano strategico aziendale di lungo periodo. Nei team HR *embedded* vi sono generalisti delle HR (noti anche come "relationship manager" o "HR business partner") assegnati a reparti funzionali come vendite e produzione, che forniscono la selezione e l'ulteriore assistenza richiesta dal reparto. I centri di expertise sono essenzialmente unità di consulenza HR all'interno dell'azienda, che possono fornire, ad esempio, un supporto specializzato in aree quali un cambiamento organizzativo a tutte le diverse unità dell'azienda.

Le piccole imprese (meno di 100 dipendenti) di solito non hanno la massa critica sufficiente all'esistenza di un manager delle risorse umane a tempo pieno (né tantomeno per un reparto HR). Sono il proprietario e i suoi altri dirigenti (e magari il capufficio dell'azienda) a gestire attività quali la diffusione di offerte di lavoro e l'assunzione dei dipendenti. Le tecniche di questo libro dovrebbero aiutarvi a gestire in modo più efficace le risorse umane anche in una piccola impresa.

1.2 I trend che influiscono sulla gestione delle risorse umane

In collaborazione con i line manager, i manager delle risorse umane aiutano da tempo i datori di lavoro ad assumere e licenziare dipendenti, distribuire benefit e condurre valutazioni. Nell'ambito della gestione delle risorse umane stanno però avvenendo cambiamenti che richiedono all'HRM un ruolo più centrale nelle organizzazioni. Tra i trend in atto vi sono quelli dell'eterogeneità della forza lavoro, quelli tecnologici e quelli economici.

Trend dell'innovazione tecnologica e natura del lavoro

Anche il progresso tecnologico sta dando forme nuove alla gestione delle risorse umane.[44] Poco più della metà delle aziende considerate in un'indagine utilizzava dispositivi digitali e mobili per "ridisegnare le HR". Ad esempio, nel 41% delle aziende si stavano progettando app mobili per fornire servizi di gestione delle risorse umane, e in circa un terzo di esse si utilizzava l'intelligenza artificiale.[45] Ad esempio, Accenture stima che strumenti social come Facebook e LinkedIn porteranno tra breve fino all'80% dei nuovi reclutamenti, spesso consentendo ai manager di linea di scavalcare le risorse umane e fare reclutamento diretto.[46] Presso una grande compagnia assicurativa giapponese, il sistema di intelligenza artificiale Watson di IBM consente ai dipendenti con poca esperienza di analizzare le richieste come veri esperti. Altre aziende usano sistemi di gestione della performance basati sul cloud per monitorare la prestazione dei team in tempo reale, e per tenere traccia del coinvolgimento dei dipendenti attraverso brevi sondaggi settimanali. Aziende come SAP e Kronos offrono sistemi online per l'acquisizione, il tracciamento e l'organizzazione dei lavoratori a chiamata.[47] Cold Stone Creamery Inc. usa un gioco digitale per addestrare i nuovi dipendenti a tener conto delle diverse consistenze dei diversi gusti di gelato quando li si raccoglie con il porzionatore. Molte aziende usano sistemi di "talent analytics" per setacciare la moltitudine dei dati relativi ai dipendenti e identificare le abilità più adatte a specifiche posizioni, nonché per ridurre assenze e incidenti. La tecnologia ha cambiato la natura del lavoro, e quindi le competenze richieste ai lavoratori; molti lavori in fabbrica, ad esempio, oggi richiedono abilità e formazione tecnologiche speciali.

Talent analytics consiste essenzialmente nell'uso di tecniche statistiche, algoritmi e problem solving per identificare relazioni tra i dati allo scopo di risolvere problemi quali la identificazione dei i tratti ideali di un candidato, o la stima delle probabilità di uscita dei talenti migliori. Ad esempio, per molti anni un'azienda riteneva che gli aspetti più importanti per un candidato fossero le scuole frequentate, i voti presi e le referenze. Uno studio in retrospettiva basato su talent analytics ha invece rivelato che questi fattori non erano significativi come ci si aspettava. Gli aspetti che contavano davvero erano il curriculum grammaticalmente corretto, la frequentazione della scuola fino all'ottenimento di un qualche diploma, il successo nei lavori precedenti e la capacità di raggiungere gli obiettivi anche con istruzioni vaghe.[48]

La tecnologia influisce anche sulla natura del lavoro.[49] Un "lavoro tecnologico" non significa più solo lavorare in Apple e in Google. Nell'impianto Davenport Works di Alcoa, in ogni postazione di lavoro è presente un computer che aiuta il lavoratore a controllare le sue macchine.

Nel contempo, negli USA e nell'Europa occidentale si è verificata una massiccia transizione dalle posizioni nella produzione a quelle nei servizi. Già oggi circa l'80% della forza lavoro statunitense è impiegata nella produzione e nella fornitura di servizi, non di prodotti. Perciò, nei prossimi anni quasi tutti i nuovi posti di lavoro negli USA saranno nel settore dei servizi, non in quello della produzione di beni.

Capitale umano

Per gli imprenditori, una conseguenza notevole di questi trend demografici e tecnologici è la sempre maggiore enfasi sul "capitale umano" delle aziende, ovvero il livello di conoscenza, titolo di studio, formazione, abilità ed esperienza dei lavoratori. Posizioni nei servizi quali consulente e legale hanno sempre privilegiato l'aspetto del titolo di studio e della conoscenza molto più delle tradizionali posizioni nel settore produttivo; l'attuale proliferazione delle aziende legate all'IT richiede alti livelli di innovazione da parte dei dipendenti, quindi un maggior capitale umano. Come abbiamo visto, però, anche le posizioni produttive "tradizionali" sono sempre più legate alla tecnologia, e anche a impiegati di banca, commessi nel commercio, addetti al recupero crediti o alla gestione dei mutui, e perfino ai corrieri, è richiesto un livello di conoscenza tecnologica ben superiore al passato anche recente. Nella nostra economia sempre più basata sulla conoscenza, "...l'acquisizione e lo sviluppo di un capitale umano superiore appare essenziale al successo e al profitto delle aziende."[50]

Per i dirigenti, la difficoltà nel basarsi sul capitale umano sta nella necessità di gestire questi lavoratori in modo diverso. Per esempio, dare ai dipendenti un

Parola chiave

Gig worker (lavoratore temporaneo)

Una forma di lavoro emergente ed in continua crescita che comprende tipologie lavorative a contratto, temporanee, autonome, indipendenti, "a chiamata" o semplicemente "gig".

APPROFONDIMENTI ● HR e la Gig economy

Lavoratori a chiamata

Upwork (www.upwork.com)[26] esemplifica oggi, secondo molti, significative innovazioni nella gestione delle HR. Al sito si iscrivono milioni di free-lance, professionisti che vanno dai grafici ai traduttori, dai contabili agli avvocati, e le aziende usano Upwork per reclutare, selezionare, ingaggiare e retribuire i talenti di cui necessitano in più di 180 Paesi.[27] Questi lavoratori fanno parte di un'ampia forza lavoro che comprende forme lavorative a contratto, temporanee, autonome, indipendenti, "a chiamata" o semplicemente "gig". Questa forma lavorativa potrebbe pesare per la metà della forza lavoro totale nei prossimi 10 anni.[28]

Chiunque utilizzi i servizi Uber sa che cosa sono i lavoratori a chiamata.[29] Negli USA, all'ultimo conteggio i nuovi lavoratori autonomi che si iscrivevano a Uber erano quasi 30.000 alla settimana, e in forte aumento.

Oggi molti lavoratori non sono affatto dipendenti, ma free-lance e autonomi che lavorano quando possono, nel settore che desiderano e quando l'azienda ha bisogno di loro.[30] È così che, per esempio, Airbnb è riuscita in breve tempo a entrare nel novero delle grandi organizzazioni globali nel settore della accoglienza, pur con un numero di dipendenti "regolari" ridottissimo rispetto a quelli necessari ad esempio a Hilton Worldwide, proprio perché gli alloggi sono gestiti direttamente dai loro proprietari. Altri siti mirati al lavoro a chiamata sono, oltre al noto pioniere del crowdsourcing Amazon Mechanical Turk, TaskRabbit e Handy.com: questi ultimi consentono agli utenti di attingere a un bacino di migliaia di collaboratori domestici e montatori di arredi free-lance al momento del bisogno.[31]

Allo stesso modo, sempre più aziende usano fornitori autonomi. Prima di unirsi all'Alaska Air Group, Virgin America usava lavoratori autonomi anziché dipendenti per posizioni quali consegna bagagli, prenotazioni e manutenzione pesante. I lavoratori autonomi che scaricano i container presso i magazzini Walmart sono forniti da un'azienda di autotrasporti. E perfino la mamma di Google, Alphabet Inc., ha un numero di posizioni esternalizzate quasi pari a quelle con regolare impiego a tempo pieno.[32] Nel seguito del testo vedremo che le aziende che fanno uso di lavoratori autonomi, consulenti e altre posizioni non tradizionali richiedono specifiche politiche e pratiche di gestione delle risorse umane.

Non tutti vedono di buon occhio la gig economy.[33] Alcuni lavoratori inquadrati in questo modo non si sentono del tutto rispettati. Una delle critiche è che questa forma di lavoro è instabile e non sicura. Un articolo del New York Times affermava che "La maggior preoccupazione per quanto riguarda i lavori a chiamata non è tanto sulla perdita di benefici, ma sulla mancanza di una consapevole programmazione con un interlocutore umano: un futuro in cui a determinare quale lavoro si faccia, quando e per quanto tempo sia piuttosto un computer."[34] Alcuni autisti Uber hanno intentato cause legali negli USA per il diritto a una rappresentanza sindacale.

maggior potere decisionale implica che essi siano selezionati, formati e retribuiti in funzione della possibilità di decidere più spesso da soli. L'imprenditore necessita di nuove pratiche di gestione delle risorse umane per selezionare, formare e coinvolgere questi dipendenti.[51] Nel seguente riquadro HR come centro di profitto è illustrato il modo in cui un imprenditore ha sfruttato il suo capitale umano.

APPROFONDIMENTI **HR come centro di profitto**

Migliorare il servizio clienti

Una banca ha installato un software speciale che semplifica la gestione delle domande dei clienti da parte degli addetti al servizio clienti. La banca però non ha modificato in alcun modo il mansionario degli addetti, quindi il nuovo software ha aiutato il servizio clienti a gestire più chiamate, ma per il resto la banca non ha ottenuto grossi miglioramenti nelle prestazioni.[52]

Una seconda banca ha installato lo stesso software, ma cercando di capitalizzare il tempo che il software fa risparmiare agli addetti ha richiesto al team delle risorse umane di aggiornare il loro mansionario; questa seconda banca ha insegnato agli addetti come vendere altri servizi bancari, ha dato loro più autonomia decisionale e ha aumentato gli stipendi. Qui il nuovo sistema informatico ha migliorato enormemente le vendite dei prodotti e i profitti grazie alla formazione e al maggior potere degli addetti al servizio clienti. Le pratiche HR a valore aggiunto come queste migliorano le prestazioni dei dipendenti e i profitti dell'azienda.[53]

Trend della globalizzazione

Il termine globalizzazione indica l'espansione in nuovi mercati esteri di vendite, proprietà e/o produzione delle aziende: Toyota costruisce le Camry in Kentucky, Apple assembla gli iPhone in Cina. Le aree di libero commercio, con accordi che riducono tariffe e barriere tra partner commerciali, incoraggiano ulteriormente il commercio internazionale. Il NAFTA (North American Free Trade Agreement) e l'UE (Unione Europea) sono degli esempi.

La globalizzazione è esplosa negli ultimi 50 anni circa. Ad esempio, la somma totale di importazioni ed esportazioni degli USA è passata dai 47 miliardi di dollari del 1960 ai 562 miliardi del 1980, per arrivare di recente a circa 5,0 triliardi.[35] Questo boom è stato possibile grazie al cambiamento della filosofia economica e politica; i governi hanno abolito i dazi, hanno formato aree di libero commercio e hanno adottato altri provvedimenti per incoraggiare la libertà dei flussi commerciali tra i Paesi. La motivazione economica di base è che in questo modo tutti i Paesi traggono un guadagno, e in effetti fino a poco tempo fa molte economie del mondo sono cresciute rapidamente.

Allo stesso tempo, la globalizzazione ha aumentato notevolmente la concorrenza internazionale: più globalizzazione significa più concorrenza, e ciò implica una maggior pressione per risultare concorrenziali a livello mondiale (ridurre i costi, aumentare la produttività dei dipendenti, fare le cose meglio e spendendo meno). Molte aziende hanno risposto con successo, altre non ce l'hanno fatta. Quando la catena svedese IKEA costruì il suo primo superstore del mobile negli USA nel New Jersey, il suo stile e i suoi sistemi avanzati di gestione sottrassero quote di mercato ai concorrenti locali, portandone molti al fallimento. Questa concorrenza globale è una strada a due sensi: IBM, Microsoft, Apple, Facebook e un'infinità di altre aziende americane più piccole detengono grandi quote di mercato in varie zone del mondo.

Nella lotta tra le multinazionali, molte trasferiscono impianti all'estero non solo per trovare costi del lavoro inferiori, ma anche per sfruttare nuovi mercati: ad esempio, Toyota ha migliaia di impiegati delle vendite in America, e GE ha più di 10.000

dipendenti in Francia. La ricerca di maggiore efficienza spinge alcuni imprenditori a delocalizzare (*offshore*, cioè esportare posizioni lavorative in Paesi stranieri con costi del lavoro inferiori, come quando Dell ha delocalizzato alcune posizioni di call-center in India). Alcuni imprenditori delocalizzano anche posizioni di alto profilo, come il radiologo.[36] Vedremo come la perdita di posti di lavoro e le crescenti ineguaglianze retributive stiano spingendo molti a ripensare alla globalizzazione e alle sue ragioni.[37]

1.3 La nuova gestione delle risorse umane

Trend come questi sono promettenti per la gestione delle risorse umane. Per gran parte del XX secolo, i manager "del personale" hanno dovuto concentrarsi soprattutto su attività di routine. Nelle prime aziende subentrarono ai supervisori per i compiti di assunzione e licenziamento, gestirono il reparto paghe e i piani di benefit. Con l'emergere della competenza nei test, il reparto del personale iniziò ad avere un ruolo più importante nella selezione e formazione del personale.[54] Il potere del sindacato negli anni '60 aggiunse ai suoi doveri "il supporto all'imprenditore nelle trattative con i sindacati". Oggi gli imprenditori devono affrontare situazioni diverse; i trend demografici complicano la ricerca e l'assunzione di nuovi dipendenti, e la gestione dell'eterogeneità ha assunto una maggiore importanza, anche per via delle leggi sulle pari opportunità e del mutato clima sociale sull'importanza della diversità e dell'inclusione. I trend di tecnologia e servizi implicano che gli imprenditori debbano gestire in modo efficace conoscenza, abilità e specializzazione dei dipendenti: è il loro capitale umano. La globalizzazione richiede alle HR competenze speciali. Una "torta" economica che cresce lentamente implica una maggior pressione sugli imprenditori nell'ottenere il massimo impegno da parte dei dipendenti. L'imprenditore si aspetta che questi problemi siano gestiti dai suoi "esperti delle persone", ovvero dai manager delle risorse umane. Ciò ha stimolato diversi cambiamenti nella gestione delle risorse umane.

HR distribuite e la nuova gestione delle risorse umane

Il cambiamento forse più importante è che sempre più compiti delle risorse umane vengono ridistribuiti *a partire* da un reparto HR centrale *verso* i dipendenti e i manager di linea dell'azienda mediante strumenti digitali come telefoni mobili e social media.[57] In Google, ad esempio, le informazioni del candidato a una posizione entrano in un sistema che associa il candidato ai dipendenti attuali sulla base di interessi ed esperienza. In un processo che Google definisce "crowdsourcing", i dipendenti hanno quindi una forte voce in capitolo sulle assunzioni dell'azienda.

Alcuni esperti sostengono che molti aspetti delle HR (come reclutamento, selezione e formazione) saranno "completamente integrati ["distribuiti"] nel processo lavorativo dell'azienda nel suo complesso, diventando così una parte quotidiana dell'attività."[58] Potremmo così, e non sfugga l'ironia, tornare in alcuni aspetti all'epoca precedente i primi reparti personale, quando i manager di linea svolgevano personalmente gran parte delle attività legate al personale. Ad esempio, Hilton Worldwide sta trasferendo sempre più attività HR nelle mani dei dipendenti, dirottando il risparmio così ottenuto verso un miglioramento degli aspetti più strategici dell'attività dei dirigenti delle risorse umane.[59] Nei capitoli che seguono useremo i riquadri Tendenze HR come il seguente per presentare altri esempi.

APPROFONDIMENTI **Tendenze HR: Social media e digitale**

Strumenti digitali/social e la nuova gestione delle risorse umane

Gli strumenti digitali e i social media stanno cambiando i modi in cui le persone cercano lavoro e in cui le aziende reclutano, trattengono, retribuiscono e formano i dipendenti. Hanno quindi trasformato la gestione delle risorse umane e, in un certo senso, ne hanno creata una nuova.

Ad esempio, gli utenti di siti come Glassdoor, CareerBliss, CareerLeak e JobBite possono condividere informazioni e opinioni (tra cui commenti, resoconti sui salari e tassi di approvazione dell'AD) su centinaia di migliaia di aziende.[60] Secondo un'indagine, il 48% del campione di persone in cerca di lavoro ha usato Glassdoor anche per fare dei controlli prima di candidarsi presso un'azienda.[61] Questo livello di trasparenza spinge i manager HR più consapevoli a sforzarsi al massimo per rendere equi i processi interni (decisioni di promozione, allocazione dei salari e valutazioni delle prestazioni), e più civili i processi di reclutamento (rispondendo ai candidati respinti per dar loro una risposta chiara).

Un altro esempio: gli algoritmi di analisi dei talenti aiutano le aziende a trattenere meglio i dipendenti. Riescono infatti a identificare i fattori come esperienza, andamento della carriera, analisi delle prestazioni e persino picchi di attività sui social media che possono indicare un dipendente ad alto potenziale che ha buone probabilità di volersi dimettere.

HR e prestazioni

L'imprenditore si aspetta che i suoi manager delle risorse umane contribuiscano all'impegno dell'azienda nel miglioramento delle prestazioni.[62] Gli odierni manager HR sono in una posizione di forza in questo senso, e usano a questo scopo tre leve principali. La prima è il *reparto HR*; il manager si accerta che la funzione di gestione delle risorse umane fornisca i suoi servizi in modo efficiente. Ciò può implicare, ad esempio, l'esternalizzazione di alcune attività HR quali la gestione dei benefit a fornitori meno costosi, per tenere sotto controllo il numero degli impiegati del reparto, e l'uso di tecnologie come i portali e la preselezione automatizzata online dei candidati per ridurre i costi di fornitura dei servizi.

La seconda leva è il *costo dei dipendenti*. Ad esempio, il manager delle risorse umane assume un ruolo di primo piano nell'affiancare l'alta dirigenza in merito alle necessità di personale dell'azienda, e nel definire e controllare le politiche di retribuzioni, incentivi e benefit.

La terza leva è quella dei *risultati strategici*. Qui il manager HR mette in atto le politiche e le pratiche che producono le competenze e le abilità che l'azienda richiede per raggiungere i suoi obiettivi strategici. Per esempio (vedi il riquadro HR come centro di profitto a pagina 10), il nuovo software della banca ha aiutato gli addetti al servizio clienti a migliorare le loro prestazioni grazie alla nuova formazione e alle pratiche di retribuzione messe in atto dalle HR. Nel corso del libro incontreremo molti esempi simili.

HR e misurazione delle prestazioni Per migliorare le prestazioni è necessario poter misurare ciò che avviene. Per esempio, quando J. Randall MacDonald di IBM ebbe bisogno di 100 milioni di dollari per riorganizzare la funzione HR qualche anno fa, disse al top management: "Vi fornirò talenti esperti, puntuali e pronti da utilizzare. Sarò in grado di misurare le abilità, di dirvi quali abbiamo e quali non abbiamo, e poi di mostrarvi come colmare le lacune o migliorare la formazione."[63]

I manager delle risorse umane usano misure (o "metriche") delle prestazioni per dare validità ad affermazioni come queste. Ad esempio, la spesa media per le HR come percentuale dei costi operativi totali di un'azienda è in media meno dell'1%. In media, quindi, c'è 1 persona delle risorse umane ogni 100 dipendenti.[64]

HR e gestione basata sulle metriche Basare le decisioni su tali misure è il fondamento della *gestione delle risorse umane basata sulle metriche*. Si tratta di utilizzare dati, fatti, analisi, rigore scientifico, valutazione critica e casi di studio e di ricerca valutati in modo critico per supportare proposte, decisioni, pratiche e conclusioni delle risorse umane.[65] Espressa in modo semplice, la gestione delle risorse umane basata sulle metriche significa usare i migliori riscontri a disposizione per prendere decisioni sulle pratiche HR che si intende intraprendere.[66] I riscontri possono derivare da vere e proprie misurazioni (quanto è piaciuto questo programma agli allievi?), da dati esistenti (che cosa è accaduto ai profitti dell'azienda dopo aver installato questo programma di formazione?), oppure da studi pubblicati (che cosa conclude la letteratura di ricerca sul modo migliore per fare in modo che gli allievi ricordino la formazione?).

A volte, le aziende traducono gli esiti delle ricerche nei cosiddetti *sistemi di lavoro ad alte prestazioni* (*high-performance work systems*), "insiemi di pratiche di gestione delle risorse umane che nel complesso producono una prestazione superiore dei dipendenti."[67] Per esempio, nell'impianto di assemblaggio GE a Durham, North Carolina, dei team autodiretti molto specializzati producono parti di alta precisione per l'aeronautica. Tratteremo le misurazioni delle prestazioni e i sistemi di lavoro ad alte prestazioni nel Capitolo 2.

HR, prestazioni e sostenibilità

In un mondo in cui il livello del mare si alza, i ghiacciai si ritirano e un numero sempre maggiore di persone considera scandalosa la diseguaglianza finanziaria, si fa sempre più diffusa l'opinione secondo cui le "prestazioni" non possono essere una misura legata unicamente alla massimizzazione dei profitti. L'operato delle aziende dovrebbe essere invece "sostenibile", ovvero giudicato non solo per i profitti, ma anche in termini ambientali e sociali.[83] A titolo di esempio, PepsiCo ha come obiettivo "prestazioni con uno scopo", cioè ottenere prestazioni finanziarie e al contempo la sostenibilità umana, ambientale e dei talenti. PepsiCo vuole raggiungere il successo economico e finanziario lasciando un'impronta positiva sulla società (www.pepsico.com, poi cliccate What We Believe, e poi Performance with Purpose). PepsiCo non è l'unica; un sondaggio indica che circa l'80% delle grandi aziende considerate comunica le proprie prestazioni in tema di sostenibilità. Vedremo che i trend della sostenibilità hanno conseguenze importanti per la gestione delle risorse umane.

HR e coinvolgimento dei dipendenti

Il **coinvolgimento dei dipendenti** indica il coinvolgimento, la sintonia e l'impegno a svolgere il proprio lavoro. I dipendenti coinvolti psicologicamente "vivono un alto livello di sintonia con i compiti previsti dal loro lavoro", e quindi si impegnano duramente per raggiungere gli obiettivi legati ai loro compiti.[75] I dipendenti coinvolti lavorano come se l'azienda fosse loro.

Parola chiave

Coinvolgimento dei dipendenti

La misura in cui i dipendenti di un'organizzazione sono psicologicamente coinvolti, legati e impegnati nel compiere il loro lavoro.

Il coinvolgimento dei dipendenti è importante perché è alla base delle prestazioni. Per esempio (come vedremo più approfonditamente nel Capitolo 2), sulla base di un'indagine Gallup, le business unit con i livelli maggiori di coinvolgimento dei dipendenti hanno l'83% di probabilità di ottenere prestazioni superiori alla media aziendale; per quelle con il coinvolgimento più basso le probabilità scendono al 17%.[76] Un'indagine condotta da Watson Wyatt Worldwide ha concluso che le aziende con dipendenti molto coinvolti hanno un incremento del 26% del fatturato per dipendente.[77]

Il problema degli imprenditori è che, a seconda dello studio considerato, negli USA può dirsi "coinvolto" solo il 21–30% dei dipendenti.[78] Ad esempio, recentemente Gallup ha rilevato che circa il 30% dei dipendenti è coinvolto, il 50% non lo è, e il 20% è coinvolto negativamente (è in contrasto con il management).[79]

In questo libro vedremo che i dirigenti possono migliorare il coinvolgimento dei dipendenti adottando misure concrete; ad esempio, dopo serie difficoltà negli anni passati, Kia Motors (UK) ha invertito positivamente i suoi risultati anche migliorando il coinvolgimento dei dipendenti.[80] Come vedremo più in dettaglio nel Capitolo 2, è intervenuta con nuovi programmi HR tra cui sviluppo della leadership e riconoscimento dei dipendenti, migliorando le comunicazioni interne, stimolando la crescita dei dipendenti (ad esempio utilizzando il processo di valutazione per identificare le necessità dei dipendenti in termini di formazione), e modificando retribuzione e altre politiche. Nel seguito del libro useremo speciali sezioni "Guida al coinvolgimento dei dipendenti" per mostrare come utilizzare attività HR quali reclutamento e selezione per migliorare il coinvolgimento.

HR e strategia

Abbiamo visto come il rafforzamento delle prestazioni dell'organizzazione e la costruzione di team lavorativi coinvolti attribuisca un ruolo più centrale ai manager delle risorse umane dell'azienda. Una conseguenza è che oggi i manager HR tendono a essere più coinvolti nello sviluppo del piano strategico dell'azienda.[81] Gran parte delle aziende ha un piano strategico, che ha l'obiettivo di bilanciare i suoi punti forti e deboli interni con le opportunità e i rischi esterni per mantenere un vantaggio competitivo. Di norma, il compito di sviluppare questo piano spetta principalmente ai dirigenti operativi (line manager) dell'azienda. Quindi, il presidente dell'azienda X potrebbe decidere di entrare in nuovi mercati, eliminare delle linee di produzione e avviare un piano quinquennale di taglio dei costi; a quel punto delegherebbe più o meno in toto le implicazioni del piano relative al personale (assunzione e licenziamento di dipendenti, e così via) al manager delle risorse umane. Oggi i manager delle HR sono generalmente più coinvolti nello sviluppo e nell'implementazione dei piani strategici.

Nel Capitolo 2 approfondiremo l'argomento. In breve, vedremo che **gestione strategica delle risorse umane** significa formulare ed eseguire politiche e pratiche HR che producono le competenze e i comportamenti dei dipendenti necessari all'azienda per raggiungere i suoi obiettivi strategici. Questa è l'idea di base, e l'obiettivo del manager HR nel formulare le pratiche e le politiche. Ad esempio, quando l'AD di Yahoo decise di migliorare le capacità di innovazione e la produttività, qualche anno fa, si rivolse al suo nuovo manager HR (un ex banchiere di investimento). Yahoo istituì così molte nuove politiche HR; eliminò il telelavoro per riportare i dipendenti negli uffici, dove era possibile un'interazione continua, e adottò nuovi benefit (come la maternità retribuita di 16 settimane) per attrarre nuovi ingegneri e fare di Yahoo un posto di lavoro più allettante.[82]

Parola chiave

Gestione strategica delle risorse umane

Formulazione e messa in atto di politiche e pratiche di gestione delle risorse umane che sviluppano le competenze e incentivano i comportamenti dei dipendenti che l'azienda richiede per raggiungere i suoi obiettivi strategici.

A partire dal Capitolo 2 useremo un modello per illustrare questo concetto, ma in breve il modello segue questa sequenza di tre passi: Definire gli obiettivi strategici dell'azienda -> Individuare i comportamenti e le competenze dei dipendenti necessari per ottenere gli obiettivi -> Decidere quali politiche e pratiche HR consentano all'azienda di produrre tali comportamenti e competenze.

Sostenibilità e gestione strategica delle risorse umane

Come già accennato, i trend di sostenibilità hanno conseguenze importanti per la gestione strategica delle risorse umane; quando gli obiettivi strategici includono problematiche di sostenibilità, i manager HR devono disporre di politiche mirate.

Ricorderete, ad esempio, come PepsiCo intendesse ottenere "prestazioni con uno scopo", ovvero risultati finanziari associati a sostenibilità umana, ambientale e dei talenti. PepsiCo dispone di obiettivi rispetto ai quali misurare i risultati finanziari, ad esempio in termini di valore per gli azionisti e prestazioni finanziarie a lungo termine. I suoi obiettivi di sostenibilità umana includono il fornire informazioni nutrizionali chiare sui prodotti, quelli di sostenibilità ambientale la protezione e la conservazione delle risorse idriche globali, quelli di sostenibilità dei talenti il rispetto dei diritti umani sul posto di lavoro e la creazione di un ambiente lavorativo sicuro e sano.[84]

I manager HR di PepsiCo possono avere un impatto importante nel supportare questi obiettivi dell'azienda.[85] Per esempio, i processi di pianificazione della forza lavoro possono contribuire a determinare il numero e i tipi di posizioni "verdi" legate alla sostenibilità ambientale che l'azienda dovrà reclutare. Potranno lavorare con il top management per istituire accordi di lavoro flessibili che contribuiscano a preservare l'ambiente riducendo il pendolarismo. Potranno modificare il processo di orientamento dei dipendenti in modo che dia maggiore enfasi al coinvolgimento dei nuovi assunti negli obiettivi di sostenibilità dell'azienda. Potranno modificare i sistemi di valutazione delle prestazioni per misurare quanto i dirigenti e i dipendenti riescano a raggiungere i loro obiettivi individuali di sostenibilità. Potranno mettere in pratica sistemi di incentivi che motivino i dipendenti a raggiungere gli obiettivi di sostenibilità dell'azienda. Potranno istituire pratiche di sicurezza e salute mirate all'eliminazione delle situazioni non sicure e al miglioramento della sicurezza dei lavoratori. Potranno far sì che la sostenibilità dei talenti entri a far parte della filosofia HR dell'azienda, ad esempio enfatizzando la necessità di creare un ambiente lavorativo rispettoso.[86] E potranno istituire programmi di relazioni con i dipendenti che mirino a mantenere un buon rapporto con e tra dipendenti, e garantiscano una permanenza nell'azienda sicura, appagante e rispettosa. In sintesi, la gestione delle risorse umane può giocare un ruolo di primo piano nel supporto alle politiche di sostenibilità di un'azienda.

HR ed etica

Purtroppo, di questi tempi si sente parlare spesso di manager peraltro competenti che sembrano essere impazziti. Ad esempio, un pubblico ministero ha incriminato alcuni manager HR di un impianto di lavorazione delle carni in Iowa che pare abbiano violato le leggi del lavoro assumendo ragazzini sotto i 16 anni.[87] Comportamenti del genere rischiano di bruciare per sempre anche manager e dipendenti altrimenti competenti. L'**etica** indica gli standard per decidere quale condotta adottare. Vedremo come molte questioni etiche importanti sul posto di lavoro, come ad esempio la sicurezza e la privacy dei dipendenti, siano legate alla gestione delle risorse umane.[88]

Parola chiave

Etica
Standard di buona e cattiva condotta e loro valutazione morale

HR e le abilità del manager

Lo scopo di questo libro è aiutare i manager a sviluppare le abilità necessarie a compiere le attività del loro lavoro legate alle risorse umane, come reclutamento, selezione, formazione, valutazione e incentivazione dei dipendenti, e la creazione di un ambiente lavorativo sicuro e appagante. I riquadri *Costruire le abilità di management* (*Building Your Management Skills* nelle Risorse web) in ogni capitolo trattano argomenti quali la conduzione di colloqui con i candidati e la formazione dei nuovi dipendenti. I riquadri *Strumenti HR per manager di linea e piccole imprese* (*HR Tools for Line Managers e Small Businesses* nelle Risorse web) vogliono fornire soprattutto ai proprietari e ai dirigenti delle piccole imprese le tecniche utilizzabili per gestirsi al meglio. Le sezioni *Guida per manager al coinvolgimento dei dipendenti* mostrano ai dirigenti come migliorare il coinvolgimento dei dipendenti.

HR e la filosofia del manager sulle risorse umane

Le persone agiscono sempre, almeno in parte, secondo le loro supposizioni di base, e questo è particolarmente vero riguardo alla gestione delle risorse umane. Le vostre supposizioni di base sulle persone (sono affidabili? disprezzano il lavoro? perché si comportano così? come andrebbero trattate?) costituiscono, nel loro complesso, la vostra filosofia di gestione delle risorse umane. E tutte le decisioni personali che prenderete (chi assumerete, la formazione che fornirete, il vostro stile di leadership, e così via) riflettono, nel bene e nel male, questa filosofia.

Come fare per sviluppare la filosofia? Entro certi limiti è preordinata; senza dubbio porterete nel vostro lavoro una filosofia iniziale basata su esperienza, studi, valori, supposizioni e background. Ma una filosofia non dev'essere immutabile; dovrebbe evolversi con l'accumularsi di nuove conoscenze ed esperienze. Ad esempio, dopo una rivolta dei lavoratori in Cina, nell'impianto Foxconn di proprietà di Hon Hai che assembla gli iPhone per Apple, la filosofia sul personale presso l'impianto si è ammorbidita in reazione al malcontento dei dipendenti e di Apple.[92] In nessun caso un manager dovrebbe gestire altre persone prima di aver compreso la filosofia sul personale che determina le sue azioni.

La filosofia del top management della vostra organizzazione è determinante nel plasmare la vostra filosofia; che sia dichiarata o meno, di solito viene comunicata dal modo di agire della dirigenza e coinvolge tutti i livelli e i reparti dell'organizzazione. Per esempio, ecco parte della filosofia relativa al personale espressa molti anni fa dal fondatore di Polaroid Corp.:

> Dare a tutti coloro che lavorano per l'azienda l'opportunità di esercitare appieno i loro talenti: esprimere le loro opinioni, condividere il progresso dell'azienda nella misura permessa dalle loro capacità, e guadagnare abbastanza per evitare che il primo pensiero sia sempre la ricerca del modo per fare più soldi. In breve, l'opportunità di far sì che lavorare qui sia una parte importante e del tutto appagante della vita dei dipendenti.[93]

Nelle attuali classifiche delle "migliori aziende in cui lavorare" compaiono molte imprese con filosofie analoghe. Per esempio, l'AD del gigante del software SAS ha affermato: "Abbiamo lavorato molto per creare una cultura aziendale basata sulla fiducia tra dipendenti e azienda... una cultura che premia l'innovazione, incoraggia i dipendenti a provare cose nuove senza penalizzarli se rischiano un po', e che ha a cuore la loro crescita personale e professionale."[94]

Le competenze del manager delle risorse umane

A parte quelle già indicate, quali sono oggi le competenze necessarie a un buon manager delle risorse umane? Alla domanda "perché vuoi fare il manager delle risorse umane?", molte persone rispondono essenzialmente "perché ci so fare con le persone". È sicuramente un aspetto importante, ma nella Figura 1.2 sono mostrate altre competenze indicate dagli esperti.

MyLab Figura 1.2

Il professor Dave Ulrich e i suoi colleghi sostengono che oggi i manager delle risorse umane devono essere positioner strategici, cioè devono avere una competenza gestionale tale da poter aiutare il top management a sviluppare un piano strategico, e devono essere attivisti credibili, ovvero avere conoscenze, competenze e abilità di leadership tali da renderli "sia credibili (rispettati, ammirati e ascoltati) sia attivi (offrire punti di vista, prendere posizione, sfidare le posizioni preconcette)." Devono essere costruttori di capacità, in grado di creare un ambiente di lavoro appagante per i dipendenti e allineare il loro impegno agli obiettivi dell'azienda. Devono essere promotori del cambiamento, cioè in grado di avviare un cambiamento che coinvolga tutta l'azienda, e poi di mettere in opera le politiche HR necessarie a sostenerlo. Devono essere innovatori e integratori delle HR, in grado di identificare nuove soluzioni legate alle persone per migliorare l'azienda e ottimizzare il capitale umano attraverso la pianificazione e l'analisi della forza lavoro. E devono essere propositivi rispetto alle tecnologie, ad esempio in grado di mettere in opera nuove tecnologie che aiutino l'azienda a reclutare candidati attraverso i social media.

HR e contesti locali

Le attività HR sono molto influenzate dal contesto nel quale avvengono. Diversi Paesi hanno infatti tradizioni diverse, ma soprattutto sistemi di regolamentazione del lavoro diversi. L'Italia, ad esempio, è considerata un paese con una regolamentazione molto rigida che i cambiamenti introdotti nel corso del 2015 con il Jobs Act sono destinati a cambiare. Può però essere utile ripercorrere la struttura normativa che influenza la gestione delle risorse umane.

CASO DI STUDIO

OpenKnowledge e la costruzione di una cultura aperta

di Emanuele Scotti e Rosario Sica

OpenKnowledge è una società di consulenza specializzata nella trasformazione digitale. Nata nel 2008, conta oggi circa 55 consulenti (età media 31 anni); da luglio 2015 è entrata a far parte del gruppo BIP-Business Integration Partner.

La strategia HR mira a costruire un'identità culturale che possa porsi verso i colleghi e verso i clienti come un asset attrattivo in grado di promuovere:

- **Diversità**: lavorano nel team profili diversi e complementari, psicologi, economisti, tecnologi, designer, ingegneri, mescolando anche provenienze multiculturali.
- **Gioco di squadra**: il modello di delivery prevede un continuo lavoro di squadra sia in back office che in integrazione con il cliente.
- **Apertura e innovazione continua**: ogni progetto prevede una quota importante di ricerca e definizione di nuovi modelli. Gli stimoli possono arrivare da chiunque e da qualunque disciplina.
- **Passione per il digitale**: vediamo un grande potenziale innovativo della nuova tecnologia, la viviamo al nostro interno e selezioniamo persone con gli stessi interessi.
- **Autonomia e responsabilità**: la modalità operativa prevede una forte delega sia al responsabile di team che ai singoli professional.
- **Relazione con il cliente**: abbiamo un modello di relazione che lega i tradizionali valori della consulenza (partnership, trusted advisor) con i nuovi approcci del digitale (passione, informalità).

Valori

Sono costruiti insieme al team e ricercati in ogni aspetto del nostro lavoro:

VALUES

RISPETTO
Promuoviamo relazioni di rispetto con i colleghi, i clienti e le comunità in cui viviamo

PASSIONE
Il nostro motore principale è la passione per tutto l'eccellenza in quello che facciamo

MERITOCRAZIA
In OpenKnowledge la crescita nella carriera è guidata dal talento, dal merito e dai risultati

APERTURA
Crediamo nella comunicazione trasparente e nella costruzione di relazioni collaborative attraverso il dialogo

CONOSCENZA
La conoscenza per noi è un processo continuo di apprendimento che guida l'innovazione e costruisce il futuro

ETICA
Siamo convinti che la responsabilità e l'accountability debbano guidare il rapporto con tutti i nostri stakeholder

Organizzazione

- Dal 2013 è strutturata per Circle, team focalizzati su aree di intervento. Oggi ne abbiamo quattro, guidati da altrettanti Director. Hanno delega sulle metodologie, sull'innovazione di offerta, sulla crescita delle persone, sulla qualità del delivery dei progetti che hanno in carico.
- Il delivery è organizzato per team misti, indicati dai Circle; sono guidati dal Project leader che ha responsabilità di qualità, tempi e costi.
- Ogni cliente ha un Client partner, responsabile per la società dei risultati e della soddisfazione finale.

Home/office

Il luogo in cui lavoriamo, disegnato nel 2014 e aperto dal gennaio 2015, è pensato a metà tra casa e lavoro.

Le caratteristiche di base:

- Non esistono postazioni assegnate, ognuno sceglie quella che preferisce. Tutti i sistemi sono in cloud, i computer in dotazione sotto tutti portatili che a sera vengono portati a casa o riposti negli armadietti personali.
- Gli spazi permettono di assecondare le necessità di lavoro di volta in volta presenti: in piccoli gruppi, workshop creativi, call e attività individuali.
- Orizzonti aperti e linee di fuga trasferiscono senso di trasparenza, apertura e prospettiva.
- Spazio per ospitare bambini: uno spazio specifico è pensato per ospitare figli di dipendenti in caso di necessità, o team di lavoro nel caso le altre sale riunioni siano occupate.

Recruiting e cooptazione

Il processo di recruiting ha le seguenti caratteristiche:

- Valuta nell'ordine: valori, comportamenti, competenze. Priorità viene data alla sintonia valoriale, precondizione per la creazione di una cultura comune e di un sistema di attivazione personale.
- È rivolto verso persone appassionate, con un proprio percorso/driver, di talento, che conoscono il nostro progetto e lo apprezzano.
- Dà rilievo a qualità personali quali: determinazione, interessi extra lavorativi, umiltà, open mind, esposizione digitale, gestione della complessità, capacità di confronto e di argomentazione, trasparenza e consistenza, etica, schiettezza e capacità di gestione del conflitto.
- Cerca di evitare: la selezione per affinità e la costruzione di una monocultura (es.: solo ingegneri), la valutazione tecnica delle competenze e del Q.I., colloqui di gruppo che possano creare un'esperienza di competizione. Scarso peso viene assegnato a parametri formali quali il voto di laurea.
- Più vicino ad un sistema di cooptazione, in cui un peso importante viene lasciato ai Circle e ai futuri colleghi di lavoro che valutano i candidati. Molta attenzione al fatto che sia anche il candidato a scegliere la nostra azienda.

Durante i colloqui ci colpiscono i candidati che:

- Fanno molte domande.
- Parlano molto, usano con accuratezza il linguaggio e le parole, ma sanno anche ascoltare bene.
- Hanno sperimentato un desiderio e lo perseguono anche con percorsi non lineari.
- Sanno analizzare a fondo le proprie esperienze (consapevolezza).
- Non hanno imbarazzo a parlare delle proprie cose personali.
- Hanno capacità di sintesi.

- Si divertono per quello che fanno.
- Cercano un senso nelle cose.

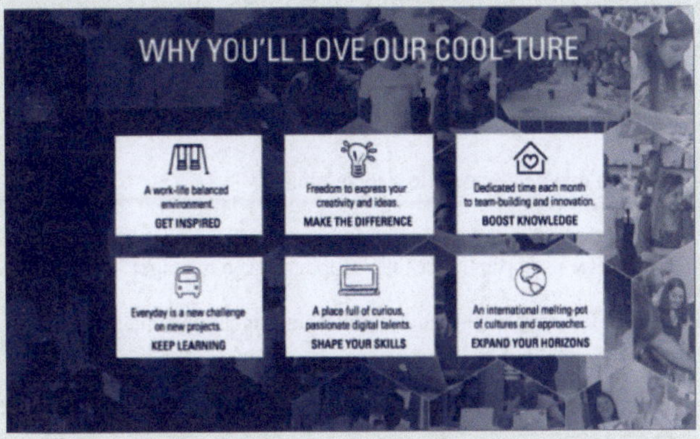

1.4 Riepilogo

1. La gestione del personale, o gestione delle risorse umane, include attività quali reclutamento, selezione, formazione, retribuzione, valutazione e sviluppo (crescita) del personale, nonché la cura delle problematiche relative a relazioni sindacali, salute, sicurezza ed equità. Il manager HR e il suo reparto forniscono al line manager i suddetti servizi legati al personale. La gestione delle HR fa parte delle responsabilità di tutti i line manager, e prevede l'inserimento della persona giusta nella posizione giusta, e successivamente il suo orientamento, la sua formazione e la sua retribuzione con l'obiettivo di migliorarne la prestazione lavorativa. Tra i motivi per cui tutti i manager hanno bisogno di competenze HR vi sono la necessità di evitare errori HR (quali un turnover eccessivo), ottenere risultati, ricoprire il ruolo di manager HR e il fatto di far parte di una piccola impresa in cui il proprietario deve svolgere da solo molte funzioni di gestione delle risorse umane.
2. I trend attuali richiedono un ruolo più centrale delle HR nelle organizzazioni. Tra questi trend vi sono quelli dell'eterogeneità della forza lavoro, del progresso tecnologico, della globalizzazione e delle difficoltà economiche.
3. Questi trend contribuiscono a plasmare un nuovo modo di pensare alle HR, caratterizzato da una maggiore enfasi sulle attività HR distribuite, nonché sulla gestione basata su prestazioni e metriche, coinvolgimento dei dipendenti, strategia, sostenibilità ed etica.
4. Da ciò deriva, per qualsiasi manager delle HR, la necessità di competenze (nella gestione delle relazioni e delle interazioni), abilità pratiche (per utilizzare i nuovi strumenti per la selezione dei dipendenti, ad esempio), una "filosofia sulle HR" ben ragionata e abilità, conoscenza e competenza verificate da certificazioni.

MyLab

Sulla piattaforma MyLab dedicata a questo testo troverete materiali di supporto e approfondimento. All'interno dello stesso ambiente è disponibile la piattaforma inglese MyManagementLab che offre ulteriori risorse, un ricco apparato multimediale ed esercizi guidati.

Parole chiave

Manager di linea 6
Staff manager 6
Gig worker (lavoratore temporaneo) . 9
Coinvolgimento dei dipendenti. 13
Gestione strategica delle risorse umane 14
Etica 15

Domande di discussione

1.1 Che cos'è la gestione delle risorse umane?

1.2 Spiegate con almeno cinque esempi perché "la conoscenza approfondita dei concetti della gestione delle HR è importante per tutti i supervisori e manager".

1.3 Spiegate i cambiamenti nei trend dell'eterogeneità della forza lavoro. In che modo influiscono sulla gestione delle HR?

1.4 Perché è essenziale per i manager conoscere concetti e tecniche della gestione delle HR?

1.5 Spiegate, con esempi, quattro fattori importanti che influiscono sulla moderna gestione delle HR.

1.6 Spiegate la relazione tra la gestione delle HR e la gestione della linea (line management) dell'azienda.

1.7 Confrontate l'autorità dei line manager e degli staff manager, fornendo esempi di ciascuna.

Attività individuali e di gruppo

1.8 Lavorando da soli o in gruppo, contattate il manager HR di una banca e chiedete qual è il suo ruolo strategico nella gestione delle risorse umane, dati gli obiettivi strategici della banca. Discutete in aula le risposte dei diversi manager.

1.9 Lavorando da soli o in gruppo, intervistate un manager HR. Basandovi sull'intervista, scrivete una breve presentazione a proposito dell'odierno ruolo delle HR nella costruzione di organizzazioni competitive.

1.10 Lavorando da soli o in gruppo, portate in aula più pubblicazioni economiche quali *Bloomberg Businessweek* e *Wall Street Journal*. Basandovi sui contenuti, compilate un elenco dal titolo "Che cosa fanno oggi i manager e i reparti HR".

1.11 Basandovi sulle vostre esperienze personali, indicate 10 esempi che mostrino come avete usato (o avreste potuto usare) tecniche di gestione delle risorse umane al lavoro o a scuola.

1.12 Joseph Gupta, un manager HR con una laurea in gestione aziendale e un'esperienza quinquennale nel reparto HR, è stato assunto di recente da CTV Inc. come manager HR. CTV è un'azienda che produce televisori a Dubai fondata nel 2014. Joseph è stato assunto per risolvere i problemi HR dell'azienda, ovvero un turnover eccessivo e prestazioni scarse da parte dei dipendenti. La maggior parte dei lavoratori della fabbrica lascia il posto dopo qualche mese, e la quantità di televisori difettosi è recentemente aumentata rispetto agli anni precedenti. Joseph ha affrontato il problema di petto e su più fronti. Ad esempio, ha aumentato i salari dei lavoratori e ha offerto più benefit, come ad esempio un rimborso del 50% delle tasse scolastiche per chi è sposato con due figli. Inoltre ha introdotto un nuovo strumento online per il reclutamento utilizzabile da chi cerca lavoro. Altre iniziative sono state un nuovo programma di formazione e un sistema avanzato di valutazione delle prestazioni. Lavorando da soli o in gruppo, rispondete alle domande che seguono facendo riferimento a questo testo e alle risorse online: Di quali delle 12 funzioni HR sono esempi le iniziative prese da Joseph? In che modo ritenete che queste iniziative HR possano risolvere i problemi menzionati? Quali altre iniziative HR consigliereste per affrontare i problemi di turnover e prestazioni? Infine, fate qualche ricerca online e indicate gli svantaggi di un turnover elevato, e quali sono i metodi migliori con cui le aziende possono trattenere i dipendenti.

1.13 Lavorando da soli o in gruppo, compilate un elenco che mostri l'effetto sull'università che state frequentando o sull'organizzazione per cui lavorate di trend quali eterogeneità della forza lavoro, progresso tecnologico, globalizzazione e cambiamenti nella natura del lavoro.

1.14 Lavorando da soli o in gruppo, sviluppate alcuni esempi che mostrino come le nuove pratiche HR menzionate in questo capitolo (ad esempio, l'impiego della tecnologia e il supporto all'impegno verso la sostenibilità) siano o non siano state in qualche modo implementate nell'università che frequentate o nell'organizzazione in cui lavorate.

Note bibliografiche

Le note di questo capitolo sono consultabili online sulla piattaforma MyLab oppure immediatamente visualizzabili su smartphone e tablet tramite questo QR-code.

CAPITOLO

2

Risorse umane: strategia, gestione e misurazione

Argomenti

- Il processo di gestione strategica
- Gestione strategica delle risorse umane
- Metriche e benchmarking HR
- Sistemi di lavoro ad alte prestazioni
- Coinvolgimento dei dipendenti e prestazioni dell'organizzazione
- Guida per manager al coinvolgimento dei dipendenti
- Riepilogo

Obiettivi didattici

Al termine del capitolo:

- Saprete spiegare con esempi ciascun passo del management strategico.
- Saprete definire la gestione strategica delle risorse umane e fornire un esempio pratico.
- Saprete spiegare con esempi perché le metriche sono importanti per gestire le risorse umane.
- Saprete indicare che cosa sono i sistemi di lavoro ad alte prestazioni, e fornire esempi delle differenze dai sistemi non ad alte prestazioni.
- Saprete indicare, con esempi, perché il coinvolgimento dei dipendenti è importante.
- Saprete descrivere l'attuazione di un programma per migliorare il coinvolgimento dei dipendenti.

2.1 Il processo di gestione strategica

In qualsiasi azienda è necessario che le politiche delle HR si accordino con la pianificazione strategica. Come vedremo in questo capitolo, un **piano strategico** è "il piano generale dell'azienda per gestire i punti forti e deboli interni in funzione delle opportunità e dei rischi esterni con l'obiettivo di conservare un vantaggio competitivo". Il manager delle risorse umane si basa su questo piano per formulare politiche e pratiche che mirano a produrre nei dipendenti competenze e abilità necessarie all'azienda per raggiungere i suoi obiettivi strategici.

Parola chiave

Piano strategico

Il piano dell'azienda per conciliare i suoi punti forti e deboli interni con le opportunità e le minacce esterne in modo da mantenere e rafforzare una posizione competitiva.

Il processo di base della pianificazione del management

Il processo consiste di cinque passi: definire obiettivi, fare previsioni di base sulla pianificazione, considerare linee d'azione alternative, valutare le opzioni migliori e infine scegliere il piano e implementarlo. Un piano è un dispositivo che indica la linea d'azione per arrivare all'obiettivo partendo dalla situazione attuale. La pianificazione è quindi sempre "dettata dagli obiettivi" (ad esempio, "raddoppiare il fatturato da 8 a 16 milioni").

MyLab **In depth 1**

Nelle aziende, gli obiettivi si definiscono a partire dai vertici scendendo fino ai dipendenti di prima linea attraverso una catena o gerarchia di obiettivi, come mostrato nella Figura 2.1. In alto, il presidente definisce obiettivi a lungo termine, o "strategici", come il raddoppio del fatturato. I vicepresidenti definiscono quindi obiettivi che "discendono" da quelli del presidente, e sono coerenti al loro raggiungimento; i sottoposti ai vicepresidenti definiscono quindi i loro obiettivi, e così procedendo lungo la catena di comando.[2]

Politiche e procedure

Le politiche e procedure forniscono ai dipendenti le indicazioni necessarie allo svolgimento delle loro attività quotidiane in modo coerente con i piani e gli obiettivi aziendali. Le politiche definiscono linee guida di ampio respiro che determinano il modo di procedere dei dipendenti; ad esempio, "La politica di questa azienda prevede il rispetto di tutte le leggi, i regolamenti e i principi di condotta etica. Tutti i dipendenti devono seguire questa politica." Le procedure chiariscono il da farsi in situazioni specifiche. Ad esempio:

> Il dipendente che abbia ragione di credere che questa politica sia stata disattesa deve darne comunicazione al suo diretto superiore. Se ciò non risulta fattibile, il dipendente deve inviare un rapporto scritto al Direttore delle risorse umane.[3]

Ai diversi livelli, si scrivono politiche e procedure specifiche o si adattano quelle esistenti. Ad esempio, gran parte delle imprese dispone di un manuale del dipendente contenente politiche e procedure dell'azienda relative a vari aspetti delle HR. Oggi in molti casi questi manuali sono sostituiti con più agili versioni digitali, che consentono una maggiore facilità di consultazione ma anche di adattamento nel tempo.

Che cos'è la pianificazione strategica?

La gerarchia degli obiettivi inizia dal vertice e viene formalizzata nel piano strategico dell'azienda nel suo insieme. Come già accennato, il piano strategico indica come coniugare punti forti e deboli dell'azienda con opportunità e rischi esterni in modo da conservare una posizione competitiva. Ci si chiede dove si trova attualmente l'azienda, dove vuole arrivare, e come dovrebbe muoversi per arrivarci, poi si formula un piano strategico per portare l'azienda dalla situazione in cui si trova

Figura 2.1 Esempio di diagramma della gerarchia degli obiettivi di un'azienda.

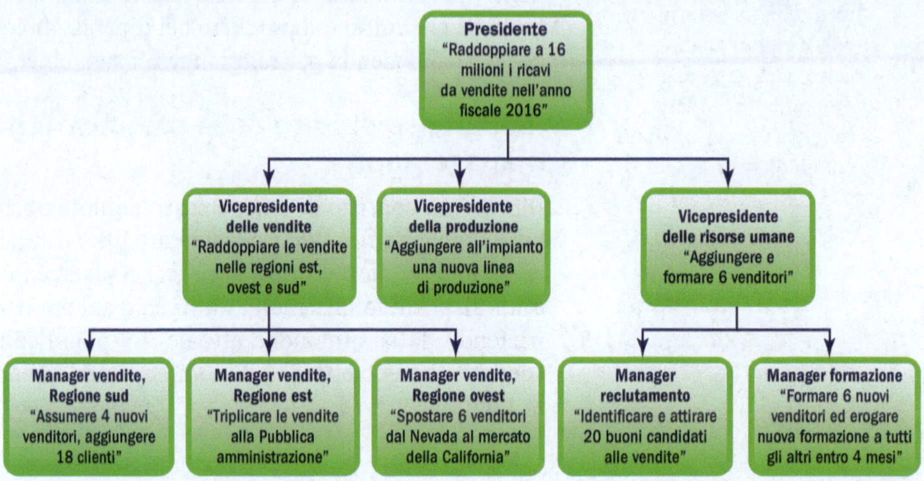

a quella in cui si prefigge trovarsi. Per esempio, quando Yahoo! cerca di capire se sia il caso di vendere il suo settore delle ricerche web per concentrarsi sull'offerta di contenuti, è impegnata nella pianificazione strategica. Analogamente, decidere se il piccolo supermercato di famiglia debba mettersi in concorrenza con il colosso della GDO aprendo dei superstore allo stesso livello, oppure muoversi in mercati più circoscritti e specializzati, è un tipico problema di pianificazione strategica.

Una **strategia** è una linea d'azione. Se Yahoo! decide che deve fare cassa e concentrarsi di più su applicazioni come Yahoo! Finance, una possibile strategia è la vendita di Yahoo! Search. Un altro esempio: PepsiCo e Coca Cola hanno lo stesso problema di fondo, cioè che la gente beve meno bibite zuccherate. PepsiCo ha optato per una strategia di diversificazione, concentrandosi sulla vendita di alimenti, mentre Coca Cola ha deciso di restare focalizzata sulle bibite dolci, e di intensificare le campagne pubblicitarie sperando che le vendite migliorino.

Parola chiave
Strategia
Una direzione che l'azienda può seguire per definire e conseguire i suoi obiettivi strategici.

In sintesi, il **management strategico** è il processo di identificazione ed esecuzione del piano strategico dell'organizzazione, coniugando le capacità dell'azienda (punti di forza e punti deboli) con la domanda dell'ambiente in cui opera (ad esempio concorrenti, clienti e fornitori).

Parola chiave
Management strategico
Il processo di identificazione ed esecuzione del piano strategico dell'azienda, valorizzando le capacità aziendali per soddisfare le richieste dell'ambiente in cui opera.

Il processo di management strategico

Nella Figura 2.2 è riassunto il processo del management strategico in sette passi: (1) chiedersi "dove siamo adesso?" (2) valutare gli elementi interni ed esterni di forza, debolezza, opportunità e minaccia, (3) formulare una nuova direzione di business, (4) tradurla in obiettivi strategici, e (5) formulare strategie o linee d'azione. Nei passi (6) e (7) il piano strategico viene implementato e valutato.

Il processo di management strategico inizia (passo 1) chiedendo "dove si trova attualmente l'azienda?" Qui il manager definisce il business e la mission attuali dell'azienda. Nello specifico, "quali prodotti vendiamo, dove, e in che modo i nostri prodotti o servizi sono diversi dalla concorrenza?" Ad esempio, Coca Cola Company vende soprattutto bevande zuccherate come Coca Cola e Sprite, mentre PepsiCo vende bevande ma anche alimenti come i cereali Quaker Oats e le patatine Frito.

Il passo successivo sta nel chiedere: "Stiamo andando nella direzione giusta, dati i nostri punti forti e deboli, e gli ostacoli che abbiamo davanti?" Per rispondere, i manager "ispezionano" o analizzano sia l'ambiente in cui si muove l'azienda sia le sue forze e debolezze interne. Lo schema di analisi ambientale della Figura 2.3 è una guida alla compilazione di informazioni sull'ambiente dell'azienda. Come vedete include i trend economici, competitivi e politici che possono influire sull'azienda. Il diagramma SWOT della Figura 2.4 è usato da tutti i manager per compi-

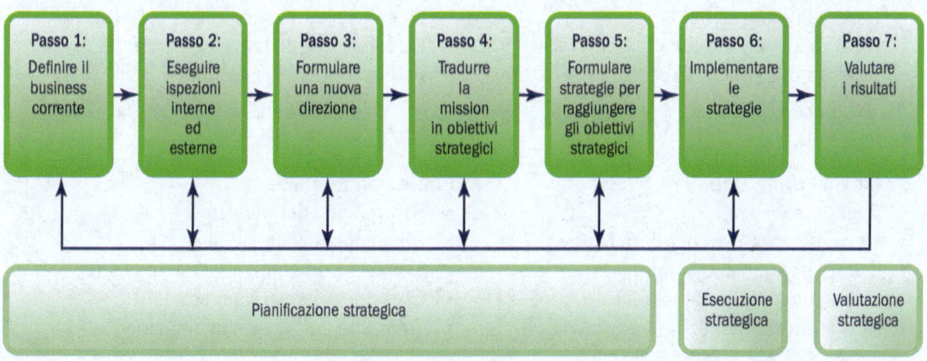

Figura 2.2 Il processo di management strategico

Figura 2.3 Schema per l'analisi ambientale.

Tendenze economiche
(quali recessione, inflazione, impiego, politiche monetarie)

Tendenze di mercato e concorrenza
(quali trend di mercato/clientela, entrata/uscita di concorrenti, nuovi prodotti della concorrenza)

Tendenze politiche
(come legislazione e regolamentazione/deregolamentazione)

Tendenze tecnologiche
(quali introduzione di nuove tecnologie di produzione/distribuzione, tassi di obsolescenza del prodotto, tendenze nella disponibilità di forniture e materie prime)

Tendenze sociali
(ad esempio demografiche, mobilità, scolarizzazione, evoluzione dei valori)

Tendenze geografiche
(quali apertura/chiusura di nuovi mercati, fattori che influiscono sulle decisioni del posizionamento delle attuali strutture di produzione e terziarie)

Figura 2.4 Matrice SWOT, con esempi generici.

Potenziali punti di forza	**Potenziali opportunità**
• Leadership di mercato • Ricerca e sviluppo forti • Prodotti di alta qualità • Vantaggi nei costi • Brevetti	• Nuovi mercati esteri • Debolezza delle barriere commerciali • Fallimento dei concorrenti • Diversificazione • Rimbalzo dell'economia
Potenziali punti deboli	**Potenziali minacce**
• Grandi giacenze • Capacità eccessiva per il mercato • Turnover del management • Immagine debole sul mercato • Scarsa profondità del management	• Saturazione del mercato • Minaccia di acquisizione • Concorrenza straniera a basso costo • Crescita lenta del mercato • Aumento della regolamentazione

lare e organizzare forze, debolezze, opportunità e minacce dell'azienda e creare un piano strategico consequenziale.

Poi, sulla base dell'analisi dell'attività dei concorrenti e su forze e debolezze della vostra azienda (cioè dell'analisi ambientale e di quella SWOT), la domanda del passo 3 sarà: quale dovrebbe essere il nostro nuovo business, in termini di ciò che vendiamo, dove lo vendiamo, e in che modo il nostro prodotto o servizio è diverso da quello della concorrenza? Alcuni manager esprimono l'essenza del nuovo business con una **vision**, ovvero una dichiarazione generale della direzione che dovrebbe prendere l'azienda, "ciò che vogliamo diventare."[5] La vision di PepsiCo è "Performance with Purpose" (prestazioni/risultati con uno scopo). L'AD Indra Nooyi afferma che gli alti dirigenti della sua azienda scelgono il business in cui entrare sulla base dell'attenzione della vision per le sostenibilità umana, ambientale e dei talenti.[6] Per esempio, questa vision ha spinto PepsiCo ad aggiungere alla sua linea di prodotti i marchi "salutari" Quaker Oats e Gatorade.

Parola chiave

Vision

Una dichiarazione generale della direzione scelta dall'azienda che mostra, in termini ampi "ciò che vogliamo diventare".

Mentre la vision dichiara in termini generali ciò che l'azienda dovrebbe essere, la **mission** riassume le attività principali dell'azienda. Qualche anno fa, la Ford adottò per un lungo periodo una mission molto forte: "Quality is Job One" (fare della qualità il primo lavoro).

Parola chiave

Mission

Riassume la risposta alla domanda: "In che cosa consiste il nostro business"

In ogni caso, il passo successivo per il manager (passo 4) consiste nel tradurre la nuova direzione desiderata in *obiettivi strategici.* Alla Ford, per esempio, qual era il significato preciso di "Quality is Job One" per ciascun reparto in termini dei modi per migliorare la qualità? La risposta fu espressa in obiettivi quali "non più di 1 difetto iniziale ogni 10.000 auto".

Poi (passo 5) il manager *sceglie le strategie*, ovvero le linee d'azione, che consentiranno all'azienda di ottenere i suoi obiettivi strategici. Ad esempio, in che modo la Ford avrebbe dovuto perseguire il suo obiettivo di non avere più di 1 difetto iniziale su 10.000 auto? Magari aprendo due nuovi impianti high-tech, e prendendo nuove misure più rigorose per la selezione, la formazione e la valutazione delle prestazioni dei dipendenti.

Il passo 6, *esecuzione della strategia*, prevede di tradurre la strategia in azioni: procedere con l'assunzione (o il licenziamento) di personale, l'apertura (o la chiusura) di impianti, l'aggiunta (o l'eliminazione) di prodotti e linee di prodotti.

Infine, nel passo 7, il manager *valuta* i risultati della sua pianificazione ed esecuzione; non sempre le previsioni si avverano. Tutti i manager dovrebbero verificare periodicamente la bontà e i progressi delle loro decisioni strategiche.

Tipi di strategie

Nella pratica, spesso si distingue tra piani strategici *aziendali*, per la singola business unit (*competitivi*) e per il singolo reparto (*funzionali*).

Il top management dell'azienda (vedi Figura 2.5) usa strategie aziendali per rispondere alla domanda "in quanti e quali business dobbiamo essere?" Una strategia di livello aziendale identifica il portfolio dei business che, nell'insieme, costituiscono l'azienda, e le relazioni tra tali business.

- Con una strategia aziendale *concentrata* (unico business), l'azienda offre un solo prodotto o un'unica linea di prodotti, come ad esempio la WD-40 Company (che produce un lubrificante spray).
- Una strategia aziendale *diversificata* significa che l'azienda si espanderà aggiungendo nuove linee di prodotto. PepsiCo è diversificata, ad esempio: nel corso del tempo ha aggiunto alle bibite gli snack Frito-Lay e i cereali Quaker Oats.

Figura 2.5 Tipi di strategia a ciascun livello dell'azienda.

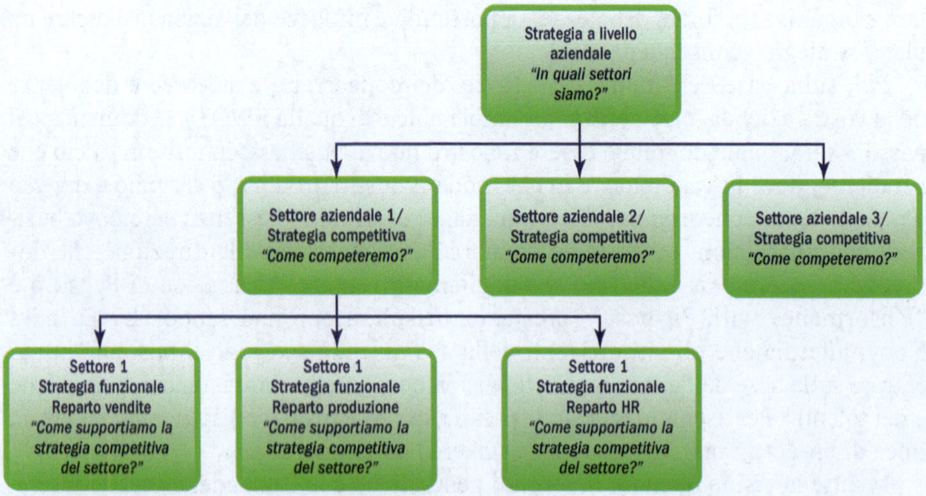

- Una strategia di *integrazione verticale* significa che l'azienda si espande producendo le materie prime che impiega, ad esempio, o vendendo direttamente i suoi prodotti, come Apple quando ha aperto gli Apple Store.
- Con una strategia di *consolidamento*, l'azienda riduce le proprie dimensioni.
- Con l'*espansione geografica*, l'azienda cresce entrando nei mercati di nuovi territori, magari portando le sue attività all'estero.

Una volta noti i business in cui l'azienda sarà attiva, la domanda della pianificazione strategica diventa "su quali basi dovrà competere ciascuno dei nostri business?" In un'azienda come PepsiCo, per ciascun business (come Pepsi e Frito Lay) deve esistere una *strategia competitiva/a livello del business* (vedi ancora la Figura 2.5). Una strategia competitiva identifica il modo in cui costruire e rafforzare la posizione competitiva a lungo termine del business sul mercato.[7] Risponde a una domanda quale "in che modo McDonald's competerà con Burger King?", oppure "in che modo Unieuro competerà con Media World?"

I manager costruiscono strategie competitive basandosi sul vantaggio competitivo dei loro business, ovvero sui fattori che consentono a un'azienda di differenziare il suo prodotto o servizio da quello della concorrenza e aumentare le quote di mercato. Il vantaggio competitivo non deve necessariamente essere tangibile, come ad esempio l'uso di macchinari high-tech. In un impianto di produzione di profili alari della GE a Greenville, South Carolina, dei team di lavoratori con formazione molto evoluta e grande autonomia usano macchine controllate da computer, valutano direttamente gli aspiranti membri dei team e intervengono direttamente sulle linee di assemblaggio.[8] Per GE, conoscenza, abilità e dedizione dei lavoratori (il "capitale umano") producono la qualità che fa di GE un'azienda leader nel settore aerospaziale. In modo analogo, ecco la descrizione dell'importanza del capitale umano come vantaggio competitivo espressa da un ex vicepresidente delle risorse umane dell'impianto della Toyota Motor Manufacturing di Georgetown, Kentucky:

> Dietro il nostro successo ci sono le persone. Le macchine non hanno idee nuove, non risolvono problemi e non afferrano le occasioni. Solo le persone che pensano possono fare la differenza… tutte le industrie automobilistiche degli Stati Uniti hanno essenzialmente gli stessi macchinari, ma ci sono grandissime differenze nel modo di utilizzare e coinvolgere le persone. È la forza lavoro a dare una reale competitività a un'azienda.[9]

Per ottenere un vantaggio competitivo, i manager usano tre strategie standard:

- *Leadership di costo* significa diventare il leader dei costi bassi in un settore. Un esempio classico è Walmart.
- La *differenziazione* è una seconda possibilità; con questa strategia, l'azienda cerca di essere unica nel suo settore secondo parametri molto apprezzati dai suoi clienti.[10] Quindi, Volvo enfatizza la sicurezza delle sue auto, Eataly il pregio dei suoi prodotti e GE l'affidabilità delle parti per aerei prodotte dall'impianto di Greenville.
- I *focuser* si ritagliano una nicchia di mercato (come la Ferrari), offrendo un prodotto o un servizio che la clientela non può avere da concorrenti generalisti (come la Toyota).

Infine, le **strategie funzionali** identificano ciò che ciascun reparto del business deve fare per aiutare l'azienda a raggiungere i suoi obiettivi competitivi. Ad esempio, EY vuole proiettare un'immagine di grande qualità dei suoi consulenti, quindi il processo di selezione anche per uno stage prevede lo svolgimento di valutazioni molto dettagliate e restituite come commento ai candidati che si sono presentati.

Parola chiave

Strategia funzionale

La strategia funzionale di un reparto identifica ciò che il reparto deve fare in termini di politiche e pratiche specifiche per aiutare l'azienda a raggiungere i suoi obiettivi competitivi.

I ruoli dei manager nella pianificazione strategica

Stilare un piano strategico è responsabilità del top management dell'azienda, ma è raro che non consideri le opinioni dei manager di livello inferiore. I manager dei diversi reparti dell'azienda conoscono a fondo la pressione della concorrenza, le abilità dei venditori, il prodotto, i trend del settore e le capacità e i problemi dei dipendenti.

Ad esempio, il manager delle risorse umane è in una buona posizione per fornire una sorta di "spionaggio" sulle mosse della concorrenza, ad esempio in termini di piani di incentivi, può condurre sondaggi presso i dipendenti per evidenziare le lamentele dei clienti e fornire informazioni sulla legislazione del lavoro. I manager HR dovrebbero anche essere molto ferrati nelle informazioni riguardanti i punti di forza e di debolezza delle persone di cui sono responsabili.[11]

Nella pratica, la costruzione del piano strategico a livello aziendale richiede frequenti riunioni e discussioni tra top management e manager di livello inferiore; le informazioni provenienti "dal basso" saranno poi usate per plasmare il piano strategico.

2.2 Gestione strategica delle risorse umane

I manager formulano prima strategie di livello aziendale e poi strategie competitive per ciascuno dei business. Quindi, come abbiamo visto, si passa alla formulazione di strategie funzionali (per reparti) a supporto degli obiettivi competitivi. Uno dei reparti è la gestione HR, e le sue strategie funzionali sono strategie di gestione delle risorse umane.

Che cos'è la gestione strategica delle risorse umane?

In tutte le aziende, le politiche e le attività di gestione delle risorse umane devono essere in armonia con gli obiettivi strategici ad ampio raggio. Ad esempio, un hotel di alto livello come lo Shanghai Portman avrà politiche di selezione, formazione e retribuzione dei dipendenti diverse da quelle di un piccolo motel, perché i clienti dello Shanghai si aspettano un servizio proporzionato alle tariffe alte della struttura. Gestione strategica delle risorse umane significa formulare e mettere in atto politiche e pratiche HR che producano le competenze e i comportamenti dei dipendenti necessari all'azienda per raggiungere i suoi obiettivi strategici.

Nella Figura 2.6 è illustrato questo concetto. Dapprima il management formula *piani strategici* e i relativi obiettivi; l'esecuzione dei piani e il raggiungimento degli obiettivi dipende dalla giusta miscela di *competenze e comportamenti dei dipendenti*. Infine, per produrre tali competenze e comportamenti, il manager delle risorse umane deve porre in essere la giusta miscela di reclutamento, selezione, formazione e altre *strategie, politiche e pratiche HR*.[13]

Lo Shanghai Portman Hotel è un esempio pratico di gestione strategica delle risorse umane: ha definito *strategicamente* l'obiettivo di un servizio clienti di livello superiore. Per ottenerlo, i dipendenti dovevano esibire abilità e comportamenti nuovi, ad esempio nel modo di trattare gli ospiti, e per produrre questi comportamenti e abilità la direzione ha introdotto nuovi piani, politiche e procedure di gestione delle HR (come il sistema delle risorse umane della Ritz-Carlton Company).

APPROFONDIMENTI **HR e la Gig economy**

Integrare le HR nella strategia aziendale per il lavoro occasionale

La formulazione di una strategia HR in un'azienda della gig economy presenta naturalmente problemi interessanti. In fin dei conti, a cosa serve un vero e proprio reparto HR se gran parte dei lavoratori non è neanche dipendente dell'azienda?[17]

In effetti, in molte aziende le HR sono coinvolte solo minimamente nell'ingaggio di personale occasionale. Nelle piccole aziende i freelance sono gestiti dai manager di linea, spesso attraverso punti di contatto online come Upwork.com. In questi casi il manager HR può essere coinvolto anche solo per l'inserimento del lavoratore a libro paga (può capitare che i manager di linea meno esperti di piccole aziende chiedano alle HR di occuparsi di reclutamento e selezione). In molte grandi aziende, i lavoratori occasionali non entrano affatto nel sistema delle HR: il contratto con l'azienda è una procedura formale di fornitura, simile a quella per i materiali. In sintesi, spesso il manager di linea ingaggia direttamente un lavoratore occasionale e fa in modo che sia pagato senza coinvolgere il reparto HR. Non è necessariamente una situazione ideale; ad esempio, rende più difficile tenere traccia dei lavoratori occasionali dell'azienda, valutarli, prenderli in carico e comunicare con loro.

Aziende e manager HR possono fare almeno due cose per coinvolgere di più le risorse umane nel processo di inserimento del lavoratore occasionale. La prima è un atteggiamento più proattivo da parte dei manager delle risorse umane, che crei un maggior coinvolgimento del loro reparto; possono ad esempio spiegare in che modo potrebbero contribuire a integrare i lavoratori occasionali nella domanda a lungo termine di impiego a tempo pieno dell'azienda. La seconda è affidarsi maggiormente a nuove tecnologie come quelle proposte da SAP e ADP. Si tratta di piattaforme che consentono al reparto HR di mettere a libro paga i lavoratori occasionali senza procedure particolari, di distinguere i dipendenti stabili dagli occasionali e di rendere più facile la partecipazione dei responsabili HR dell'azienda al reclutamento dei lavoratori occasionali.

Sostenibilità e gestione strategica delle risorse umane

L'attuale enfasi sulla *sostenibilità* ha conseguenze importanti sulle HR, la cui gestione strategica vede tra gli obiettivi aziendali anche quelli di sostenibilità.

Come già accennato, PepsiCo ha lanciato un programma di sostenibilità chiamato "Performance with Purpose" (prestazioni con uno scopo sociale), e ciò significa ottenere performance finanziarie e al contempo sostenibilità umana, ambientale e dei talenti.[18] I manager HR di PepsiCo possono aiutare l'azienda a raggiungere questi obiettivi.[19] Ad esempio, possono usare i processi di *pianificazione della forza lavoro* per determinare quante posizioni "green", e di che tipo, dovrà reclutare l'azienda. Possono lavorare con l'alta dirigenza per istituire accordi per il lavoro flessibile che aiutino l'ambiente riducendo il pendolarismo. Possono usare sistemi di incentivi che motivino i dipendenti a raggiungere gli obiettivi di sostenibilità di PepsiCo.[20] In sintesi, politiche e pratiche HR possono sostenere la strategia e gli obiettivi dell'azienda.

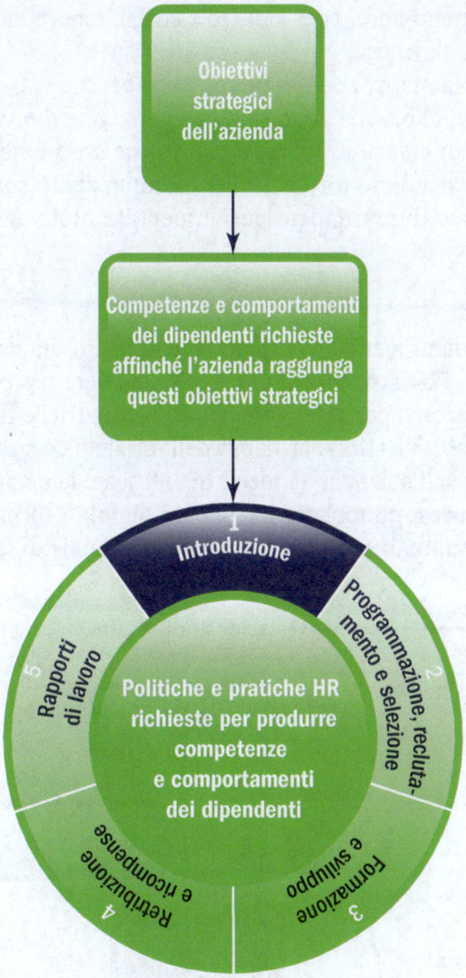

Figura 2.6 Modello di strategia HR.

Nota: Questa figura apre le parti di questo libro, e significa che le politiche e le pratiche HR dell'azienda dovrebbero produrre nei dipendenti le competenze e i comportamenti necessari al raggiungimento degli obiettivi strategici dell'azienda.

Strumenti per la gestione strategica delle risorse umane

I manager usano vari strumenti per tradurre gli obiettivi strategici dell'azienda in politiche e pratiche HR, tra cui la mappa della strategia, l'HR scorecard e il cruscotto digitale.

Mappa della strategia

La **mappa della strategia** riassume il modo in cui le prestazioni di ciascun reparto contribuiscono a raggiungere gli obiettivi strategici complessivi dell'azienda; aiuta il manager e i dipendenti a visualizzare e capire il ruolo giocato dal loro reparto nel raggiungimento degli obiettivi del piano strategico. I guru del management dicono che la mappa rende più chiara la "linea visuale" dei dipendenti, mostrando il collegamento tra il loro lavoro e gli obiettivi ultimi dell'azienda.[21]

Parola chiave

Mappa della strategia
Uno strumento della pianificazione strategica che mostra il "quadro generale" del contributo di ciascun reparto al raggiungimento degli obiettivi strategici complessivi dell'azienda.

Nella Figura 2.7 è presentato un esempio di mappa della strategia delle Southwest Airlines. L'attività del livello più alto è l'ottenimento degli obiettivi strategici finanziari e scendendo verso il basso la mappa indica la catena di attività che contribuisce al raggiungimento degli obiettivi in questione. Southwest ha una strategia di leadership di costo, quindi per migliorare il fatturato e il profitto potrebbe ad esempio far volare meno aerei (per ridurre i costi), tenere bassi i prezzi e fare in modo che i voli siano in orario.

Scendendo lungo la mappa, per ottenere prezzi bassi e voli puntuali è necessario un turnaround veloce, che a sua volta richiede personale motivato a terra e in volo. La mappa aiuta quindi ciascun reparto a capire che cosa è necessario per supportare la strategia low-cost di Southwest.[22] Per esempio, quali sono i passi che il team HR di Southwest deve intraprendere per aumentare motivazione e dedizione del personale di terra?

Parola chiave

HR scorecard

Un processo per l'assegnazione di metriche e obiettivi operativi, finanziari e non, alle attività legate alla gestione delle risorse umane, allo scopo di raggiungere gli obiettivi strategici dell'azienda e per monitorare i risultati.

HR scorecard

Molti imprenditori quantificano e computerizzano le attività della mappa della strategia con l'aiuto della **HR scorecard**, che non è una vera e propria schedina segnapunti ma bensì un processo per assegnare obiettivi o metriche finanziari e non finanziari alla catena delle attività HR nella mappa della strategia necessarie per raggiungere gli obiettivi strategici dell'azienda.[23] L'idea è quantificare la mappa della strategia. (Le "metriche" per Southwest potrebbero includere i tempi di turnaround degli aerei, la percentuale dei voli puntuali e la produttività del personale di terra.)

Figura 2.7 Mappa della strategia di Southwest Airlines.

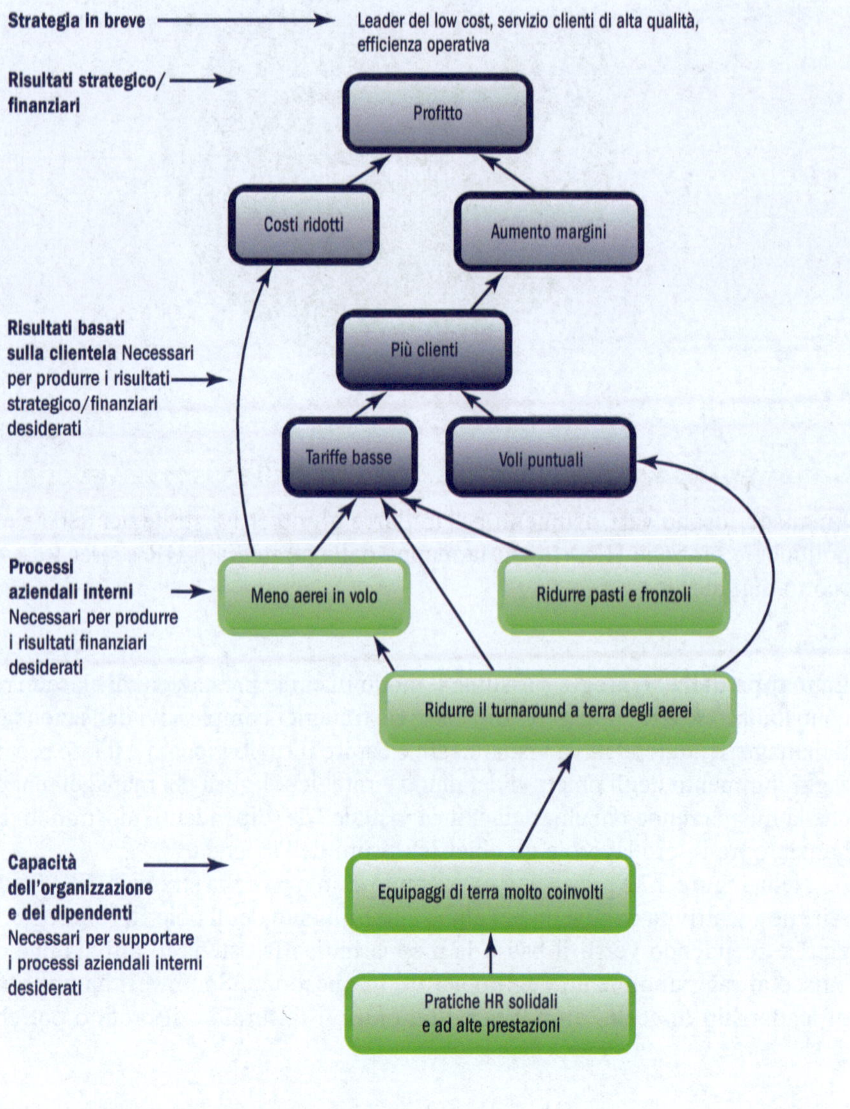

I manager usano a questo scopo software dedicati; il processo della scorecard computerizzato aiuta il manager a quantificare le relazioni tra (1) le attività HR (entità di test, formazione e così via), (2) i comportamenti dei dipendenti che ne risultano (il servizio clienti, ad esempio), e (3) i risultati e le prestazioni strategici per l'intera azienda (come la soddisfazione dei clienti e i profitti).[24]

Cruscotti digitali

Lo scopo dei **cruscotti digitali** può essere riassunto dal detto "un'immagine vale mille parole": presentano al manager una serie di grafici e diagrammi su computer che mostrano l'andamento dell'azienda rispetto a tutte le metriche del processo HR Scorecard. Ad esempio, il cruscotto di un top manager di Southwest Airlines potrebbe visualizzare in tempo reale i trend delle varie attività della mappa della strategia, come i turnaround veloci e la puntualità dei voli, permettendo al manager di prendere misure correttive. Ad esempio, se oggi il personale di terra è lento nel turnaround degli aerei, domani i risultati finanziari potrebbero deteriorarsi fino a quando il manager prenda provvedimenti.

Parola chiave

Cruscotto digitale
Presenta al manager informazioni di business intelligence attraverso grafici e schemi continuamente aggiornati.

Nella Figura 2.8 sono riassunti i tre strumenti per la pianificazione strategica.

2.3 Metriche e benchmarking HR

Abbiamo visto come la gestione strategica delle risorse umane implichi la formulazione di politiche e pratiche che producano competenze e comportamenti dei dipendenti necessari al raggiungimento degli obiettivi strategici dell'azienda. La possibilità di misurare ciò che avviene è una parte essenziale del processo. Ad esempio, per il management dello Shanghai Portman sarebbe stato inutile definire come obiettivo "un miglior servizio ai clienti" se non fosse possibile misurare il servizio ai clienti.[25]

Tipi di metriche

I manager delle risorse umane usano molte misure, o metriche; ad esempio, nelle aziende tra i 100 e i 249 dipendenti esiste (in media) un impiegato delle HR ogni 100 dipendenti. Il rapporto impiegati HR/dipendenti scende a 0,79 per le aziende tra 1.000 e 2.499 dipendenti, e a 0,72 per quelle oltre i 7.500 dipendenti.[26]

Benchmarking

Raramente misurare "come sta andando" (ad esempio, in termini di turnover o produttività dei dipendenti) è sufficiente per decidere che cosa cambiare. È invece necessario sapere "come sta andando" *in relazione a qualcosa*. Ad esempio, il tasso degli incidenti sale o scende? In modo analogo, può essere opportuno il benchmark dei risultati, ovvero confrontare la vostra azienda con altre molto performanti, per capire che cosa le rende migliori.[28]

Figura 2.8 Tre strumenti importanti per la gestione strategica delle HR.

Il benchmarking della Society for Human Resource Management (SHRM) consente agli imprenditori di confrontare le loro metriche HR con quelle di altre aziende. L'imprenditore può richiedere cifre benchmark confrontabili non solo per settore, ma anche per dimensione dell'azienda, fatturato e regione geografica (vedi http://shrm.org/research/benchmarks/).

Strategia e metriche basate sulla strategia

Il benchmarking fornisce solo un punto di vista sulla prestazione del sistema di gestione delle risorse umane di un'azienda.[29] Indica infatti la prestazione rispetto alle aziende concorrenti, ma potrebbe non indicare la misura in cui le pratiche HR dell'azienda ne stanno supportando gli obiettivi strategici. Ad esempio, se la strategia richiede un raddoppio dei profitti migliorando il servizio clienti, fino a che punto le nuove pratiche di formazione stanno contribuendo al miglioramento?

Parola chiave

Metriche basate sulla strategia

Metriche focalizzate specificamente sulla misurazione delle attività che contribuiscono a raggiungere gli obiettivi strategici dell'azienda.

A queste domande rispondono le **metriche basate sulla strategia**, incentrate sulla misurazione delle attività che contribuiscono al raggiungimento degli obiettivi strategici dell'azienda.[30] Quindi, per lo Shanghai Portman, le metriche HR strategiche potrebbero includere il test del 100% dei dipendenti, l'80% dei clienti che tornano, il 40% di incentivi sul totale dei salari, e il 50% di incremento degli incassi. Poi, se le nuove pratiche HR come aumento della formazione e degli incentivi otterranno gli effetti desiderati, dovrebbero aumentare anche altre metriche strategiche come gli ospiti che tornano e i complimenti da parte degli ospiti.

Analisi della forza lavoro/talenti e data mining

L'analisi della forza lavoro, usata da molti imprenditori, prevede l'impiego di speciali applicazioni software per analizzare dati e metriche HR e trarre conclusioni.[31] Per esempio, un team di analisi dei talenti di Google ha analizzato dati su background, capacità e prestazioni dei dipendenti, ed è riuscito a identificare i fattori (come il fatto che un dipendente si senta sottoutilizzato) che possono spingere alle dimissioni. Con un progetto analogo, Google ha analizzato dati provenienti dal feedback di indagini sui dipendenti e dalle valutazioni delle prestazioni per identificare gli attributi dei manager Google di successo. Microsoft ha identificato correlazioni tra le scuole e le aziende da cui provenivano i dipendenti e le prestazioni successive dei dipendenti stessi, riuscendo così a migliorare le pratiche di reclutamento e selezione.[32] Il programma di retention dei dipendenti dell'azienda software SAS setaccia i dati dei dipendenti su tratti quali competenze, permanenza in azienda, prestazioni, studi e amicizie, e riesce a prevedere quali saranno gli impiegati di alto valore che più probabilmente vorranno dimettersi nel prossimo futuro.[33] Alliant Techsystems ha creato un "modello del rischio di fuga" per calcolare le probabilità che un dipendente si dimetta, riuscendo a prevedere un turnover alto e a prendere provvedimenti.[34]

Data Mining

Queste attività impiegano spesso tecniche di data mining, che setacciano enormi volumi di dati sui dipendenti per identificare correlazioni utilizzabili dall'imprenditore per migliorare la selezione dei dipendenti e altre pratiche. Il data mining è "l'insieme di attività impiegato per trovare pattern nuovi, nascosti o inattesi nei dati".[35] I sistemi di data mining usano strumenti quali l'analisi statistica per setacciare i dati alla ricerca di relazioni. Il data mining è usato spesso nei grandi magazzini; ad esempio, il data mining di Macy's rivela quali clienti usano i buoni sconto del 20%, e che cosa acquistano.

MyLab In depth 2

Uso degli audit HR

I manager HR spesso raccolgono dati su argomenti quali turnover e sicurezza dei dipendenti mediante *audit* HR, ovvero analisi (o ispezioni) mediante le quali un'organizzazione misura la sua posizione corrente e determina il da farsi per migliorare la sua funzione HR. Generalmente l'audit HR prevede una revisione della funzione HR dell'azienda (reclutamento, test, formazione e così via), di solito usando una checklist, e un accertamento che l'azienda rispetti regolamenti, leggi e politiche aziendali.[40]

Parola chiave

Audit delle risorse umane

Un'analisi mediante la quale un'organizzazione verifica il suo stato di fatto e determina i passi da compiere per migliorare la sua funzione delle risorse umane.

Nel corso dell'audit HR, spesso i manager conducono un benchmarking dei loro risultati rispetto ad aziende confrontabili. Ecco alcuni fattori tipicamente analizzati:[41]

1. Ruoli e conteggio del personale (mansionari, dipendenti categorizzati come esenti/non esenti [ovvero sottoposti o meno a vincoli contrattuali collettivi] e full-time o part-time)
2. Rispetto delle leggi statali, regionali e locali sull'impiego
3. Reclutamento e selezione (uso di strumenti per la selezione, controllo delle referenze e così via)
4. Compensi (politiche, incentivi, procedure di indagine e così via)
5. Relazioni con i dipendenti (accordi sindacali, procedure disciplinari, riconoscimenti ai dipendenti)
6. Benefit obbligatori (contributi, assicurazioni, rimborsi e così via)
7. Benefit di gruppo (assicurazione, permessi, benefit flessibili e così via)
8. Libri paga (conformità legale)
9. Documentazione e archivio (ad esempio: i file contengono informazioni quali curricula e richieste di lavoro, lettere di offerta, mansionari, valutazioni delle prestazioni, moduli di adesione ai benefit, avvisi di variazioni sui libri paga e documentazione legata ad azioni sul personale, come accettazioni del manuale del dipendente?[42])
10. Formazione e sviluppo (orientamento dei nuovi dipendenti, sviluppo della forza lavoro in termini tecnici e di sicurezza, pianificazione delle carriere e così via)
11. Comunicazioni con i dipendenti (manuale del dipendente, bollettini, programmi di riconoscimento)
12. Politiche e pratiche per fine rapporto e transizione

HR basata sulle metriche e metodo scientifico

In questo capitolo abbiamo visto che è importante prendere decisioni sulla base di un'analisi obiettiva della situazione; la *gestione delle risorse umane basata sulle metriche* (*evidence-based*) implica l'uso di fatti, analisi, rigore scientifico, valutazione critica e ricerche/casi di studio valutati criticamente a supporto delle proposte, decisioni, pratiche e conclusioni delle ricerche umane.[43]

Potreste intuire che basarsi sulle metriche è un po' come procedere in modo scientifico, ed è così. Un recente articolo sulla Harvard Business Review sostiene persino che i manager dovrebbero avere un approccio più scientifico nel prendere decisioni di business.[44]

In che modo i manager possono pensare "da scienziati"? Anzitutto, sia per gli scienziati che per i manager è necessario raccogliere elementi con obiettività, altrimenti le conclusioni non possono essere attendibili. Ad esempio, una scuola di medicina ha punito dei professori che non avevano rivelato di essere sul libro paga della casa farmaceutica produttrice dei medicinali di cui stavano studiando gli effetti. Quanto potevano essere attendibili le loro conclusioni?

La scientificità richiede anche sperimentazione. Un esperimento è un test definito da un manager allo scopo di comprendere i motivi dei risultati ottenuti. Per esempio, nell'articolo della *Harvard Business Review* "A Step-by-Step Guide to Smart Business Experiments", gli autori sostengono che per poter giudicare l'impatto di un nuovo piano di incentivi sui profitti dell'azienda non è opportuno implementarlo per tutti i dipendenti, ma partire da un gruppo "sperimentale" (che gode del piano di incentivi) e da un gruppo "di controllo" (che non ne gode). In questo modo sarà possibile misurare se un eventuale miglioramento delle prestazioni derivi dall'incentivo o da qualche altra causa (come un nuovo programma di formazione che interessa tutta l'azienda).[45] Inoltre sarà possibile anche prevedere l'effetto di un cambiamento del piano di incentivi sulle prestazioni. Obiettività, sperimentazione e previsione sono l'essenza della scientificità.

Per i manager, essere "scientifici" significa prendere decisioni migliori imponendosi di raccogliere e analizzare i fatti. Il problema è che a volte ciò che è "intuitivamente ovvio" può essere fuorviante. "Questo piano di incentivi ai venditori sta realmente migliorando le vendite?" "Negli ultimi cinque anni abbiamo speso 40.000 dollari per il piano di rimborso delle spese universitarie; ne abbiamo ricavato qualcosa? E che cosa?" Quali sono le prove? Nel riquadro HR Tools nelle Risorse Web sono presentati alcuni esempi.

MyLab **In depth 3**

2.4 Sistemi di lavoro ad alte prestazioni

La possibilità di misurazione, benchmarking e analisi scientifica delle pratiche di gestione delle risorse umane permette al manager di identificare e mettere in atto pratiche di lavoro ad alte prestazioni. Di che cosa si tratta?

Parola chiave
High-performance work system
Un insieme di politiche e pratiche di gestione delle risorse umane che promuove l'efficacia dell'organizzazione.

Un sistema di lavoro ad alte prestazioni (**high-performance work system**, HPWS) è un insieme di politiche e pratiche di gestione delle risorse umane che nel complesso produce prestazioni superiori da parte dei dipendenti.[47] Uno studio ha analizzato 17 impianti di produzione, alcuni dei quali avevano adottato pratiche di sistema di lavoro ad alte prestazioni: pagavano meglio (salari medi di $16 all'ora, su una media di tutti gli impianti di $13 all'ora), facevano più formazione, usavano pratiche di reclutamento e assunzione più sofisticate (test e interviste convalidate, ad esempio) e usavano più team di lavoro autogestiti.[48] Gli impianti con pratiche HR ad alte prestazioni mostravano risultati significativamente migliori di quelli che non le adottavano.[49]

Parola chiave
Metrica delle risorse umane
La misura quantitativa di un'attività di gestione delle risorse umane, come il turnover dei dipendenti, le ore di formazione per impiegato o gli aspiranti qualificati per posizione.

Politiche e pratiche HR ad alte prestazioni

Gli studi dimostrano che le politiche e le pratiche dei sistemi ad alte prestazioni sono effettivamente diverse da quelle meno produttive. Ad esempio (vedi Tabella 2.1), in termini di pratiche HR, le compagnie più performanti reclutano più candidati, usano più test di selezione, e impegnano più ore per la formazione dei dipendenti. Nella Tabella 2.1 sono effettivamente illustrati tre aspetti.

Anzitutto sono indicati esempi di **metriche delle risorse umane**, quali le ore di formazione per dipendente, o il numero di richieste qualificate per posizione.[50]

(Nella tabella, la metrica del "Numero di candidati qualificati per posizione" è 37 per le aziende ad alte prestazioni). I manager usano queste metriche per valutare le prestazioni delle loro aziende e confrontarle con altre.[51]

In secondo luogo, è illustrato ciò che l'imprenditore deve fare per avere un sistema ad alte prestazioni. Ad esempio, le aziende ad alte prestazioni hanno il quadruplo di candidati qualificati per posizione rispetto alle aziende meno performanti; inoltre, assumono sulla base di test di selezione validati, e offrono ai dipendenti una formazione più ampia.

Infine, la tabella mostra che le pratiche lavorative ad alte prestazioni di solito mirano a incoraggiare il coinvolgimento dei dipendenti e l'autogestione. In altre parole, il proposito di reclutamento, scrematura, formazione e altre pratiche HR ad alte prestazioni è coltivare una forza lavoro, coinvolta, informata, autonoma, impegnata e motivata.[52] I dipendenti più coinvolti nella gestione dei loro processi lavorativi tendono a essere anche più impegnati.[53]

Tabella 2.1 Esempi selezionati da vari studi sulle differenze in reclutamento, selezione, formazione, valutazione, retribuzione e altre pratiche in aziende ad alte e basse prestazioni.

	Media delle pratiche HR nelle aziende a basse prestazioni (in termine di vendite/impiegato, innovazione e permanenza dei dipendenti)*	Media delle pratiche HR nelle aziende ad alte prestazioni (in termine di vendite/impiegato, innovazione e permanenza dei dipendenti)*
Reclutamento: Numero medio di candidati qualificati per posizione	8	37
Selezione: Percentuale media di dipendenti assunti sulla base di test di selezione validati	4%	30%
Formazione: Numero medio di ore di formazione dei nuovi dipendenti	35 ore	117 ore
Valutazione: Percentuale media dei dipendenti soggetti a una regolare valutazione delle prestazioni	41%	95%
Pratiche retributive: Percentuale media della forza lavoro meritevole di incentivi retributivi	28%	84%
Uso di team: Percentuale media della forza lavoro abitualmente impiegata in tutti i team, semiautonomi, transfunzionali o in team di progetto	11%	42%
Team autogestiti: Percentuale di aziende con team di lavoro semiautonomi o autonomi	9%	70%
Condivisione delle informazioni operative: Dipendenti che ricevono informazioni pertinenti sulle prestazioni operative	62%	82%
Condivisione delle informazioni finanziarie: Dipendenti che ricevono informazioni pertinenti sulle prestazioni finanziarie	43%	66%

*Valori arrotondati.

Fonti: Basato su "Comparison of HR Practices in High-Performance and Low-Performance Companies," di B. E. Becker, et al., da *The HR Scorecard: Linking People, Strategy and Performance* (Boston: Harvard Business School Press, 2001); Barry Macy, Gerard Farias, Jean-Francois Rosa e Curt Moore, "Built to Change: High-Performance Work Systems and Self-Directed Work Teams—A longitudinal Field Study," *Research in Organizational Change and Development*, 16, pp. 339–418, 2007; James Gathrie, Wenchuan Liu, Patrick Flood e Sarah MacCurtain, "High Performance Work Systems, Workforce Productivity, and Innovation: A Comparison of MNCs and Indigenous Firms," The Learning, Innovation and Knowledge (LINK) Research Centre Working Paper Series, WP 04-08, 2008 ; Richard A. Posthuma, Michael C. Campion, and Malika Masimova, "A High Performance Work Practices Taxonomy: Integrating the Literature and Directing Future Research," *Journal of Management*, 39, no. 5, July 2013, pp. 1184–1220

2.5 Coinvolgimento dei dipendenti e prestazioni dell'organizzazione

Il *coinvolgimento dei dipendenti* indica uno stato psicologico di coinvolgimento, vicinanza e impegno da parte del dipendente nello svolgere il suo lavoro. I dipendenti coinvolti "provano un alto livello di vicinanza ai compiti propri del loro lavoro", e quindi lavorano duramente per raggiungere gli obiettivi previsti dai loro compiti lavorativi.[54] I dipendenti coinvolti lavorano come se l'azienda fosse loro.

Perché il coinvolgimento del dipendente è importante?

Coinvolgere i dipendenti è importante perché stimola prestazioni e produttività. Per esempio, secondo un sondaggio Gallup le business unit con i livelli più alti di coinvolgimento dei dipendenti hanno l'83% di possibilità di raggiungere risultati superiori alla media aziendale, mentre per quelle con il coinvolgimento dei dipendenti più basso la possibilità si riduce al 17%.[55] Il sondaggio distingue tra lo stato di coinvolgimento, non coinvolgimento e coinvolgimento attivamente negativo dei dipendenti (questi ultimi sono *attivamente controproduttivi* sul lavoro). Gallup ha rilevato che le organizzazioni con nove dipendenti coinvolti per ogni dipendente coinvolto negativamente presentavano un fatturato di circa una volta e mezza per azione rispetto alla concorrenza.[56] Secondo un'analisi dei risultati, il coinvolgimento dei dipendenti è correlato con la produttività dei dipendenti del servizio clienti, e i miglioramenti nel coinvolgimento dei dipendenti sono stati associati ad aumento delle vendite, qualità del prodotto, incidenti legati alla sicurezza sul lavoro, mantenimento e assenteismo dei dipendenti, e crescita del fatturato.[57] Uno studio di consulenza stima che un aumento del 5% nel coinvolgimento dei dipendenti sia correlato a un aumento dello 0,7% nei margini operativi.[58] Le aziende con dipendenti molto coinvolti sono anche meno soggette a sindacalizzazione.[59] Secondo un sondaggio, dipendenti molto coinvolti perdono solo circa 7,5 giorni di produttività all'anno, rispetto ai 14 giorni di quelli non coinvolti.[60] Un sondaggio dei consulenti Watson Wyatt Worldwide ha concluso che le aziende con dipendenti molto coinvolti hanno un fatturato per dipendente del 26% superiore.[61] Un articolo sulla *Harvard Business Review* riporta che per un servizio clienti ottimale (ad esempio in imprese commerciali), "I dipendenti dovrebbero essere coinvolti fornendo loro ragioni e metodi per soddisfare i clienti, e poi ricompensati per il comportamento appropriato".[62] Ecco perché aziende come Starwood Hotels misurano non solo il coinvolgimento, ma anche le sue conseguenze quali soddisfazione dei clienti, risultati finanziari, assenteismo, sicurezza, vendite, turnover e profitti.[63]

Il problema del coinvolgimento dei dipendenti

Il problema è che, a seconda dello studio, negli Stati Uniti i dipendenti coinvolti sono solo tra il 21 e il 30%.[64] Gallup distingue tra dipendenti coinvolti "che lavorano con passione e provano un legame profondo con la loro azienda", impiegati non coinvolti che sono essenzialmente "fuori", e impiegati coinvolti negativamente che "esprimono la loro infelicità" minando ciò che i colleghi coinvolti stanno realizzando.[65] Gallup ha recentemente rilevato che circa il 30% dei dipendenti erano coinvolti, il 50% non lo erano, e che il 20% erano coinvolti negativamente.

Che cosa possono fare i manager per migliorare il coinvolgimento dei dipendenti?

I manager migliorano il coinvolgimento dei dipendenti prendendo provvedimenti concreti; tra breve ne parleremo in dettaglio, ma un'attività importante è la supervisione di sostegno (per esempio, Gallup ha concluso che i manager che si concentrano sui punti di forza dei loro dipendenti possono "praticamente eliminare il coinvolgimento negativo", mentre i "pessimi capi" distruggono il coinvolgimento dei dipendenti).[66] Sondaggi analoghi, come quelli dello studio di consulenza Towers Watson, indicano altre azioni manageriali pratiche che possono stimolare il coinvolgimento dei dipendenti, come accertarsi che i dipendenti (1) capiscano in che modo i loro reparti contribuiscono al successo dell'azienda, (2) vedano come il loro stesso impegno contribuisca a raggiungere gli obiettivi, e (3) ricavino un senso di appagamento lavorando nell'azienda.[67]

Anche i dipendenti molto responsabilizzati, ad esempio perché lavorano in team autogestiti, tendono a essere dipendenti coinvolti.[68] L'imprenditore dovrebbe anche considerare i manager responsabili del coinvolgimento dei dipendenti. Ad esempio, la WD-40 Company verifica periodicamente il coinvolgimento dei dipendenti, e in seguito i manager incontrano i dipendenti per discutere su come migliorare i risultati.[69] Nel corso del libro useremo speciali sezioni *Guida per manager al coinvolgimento dei dipendenti* per indicare l'uso di attività HR che coinvolgano i dipendenti.

Come misurare il coinvolgimento dei dipendenti

Gallup (www.gallup.com), Towers Watson (www.towerswatson.com/en-US, poi cliccate Solutions, quindi Surveys) e altre società offrono servizi completi per la verifica del coinvolgimento dei dipendenti. A parte questo, il monitoraggio del coinvolgimento dei dipendenti non deve necessariamente essere complicato. Con i suoi circa 180.000 dipendenti in tutto il mondo, la società di consulenza Accenture usa un metodo "breve" in tre parti chiamato "say, stay, and strive" (dire, stare e lottare). Per prima cosa, Accenture verifica quanto il dipendente parli bene dell'azienda e la consigli ad altri. Poi osserva chi rimane in azienda, e perché. E infine guarda il "lottare"; ad esempio, "i dipendenti assumono un ruolo attivo nel successo complessivo dell'organizzazione andando oltre la semplice esecuzione dei loro compiti?"[70]

2.6 Guida per manager al coinvolgimento dei dipendenti

Il miglioramento dei risultati di Kia Motors (UK) grazie a una strategia HR di aumento del coinvolgimento dei dipendenti

Oggi Kia Motors è una casa automobilistica di successo, con centinaia di migliaia di dipendenti in tutto il mondo, famosa per la sua garanzia di 10 anni e per la qualità e il valore dei suoi prodotti. Il successo di Kia però non dura da sempre. Nel luglio 1997 era in amministrazione controllata, e aveva difficoltà a onorare i suoi debiti di 10,6 miliardi di dollari.[71]

Nel 1998, Hyundai Motorcar Company of Korea acquistò il 51% di Kia, avviando un programma pluriennale mirato a migliorare le prestazioni operative di Kia. Oggi Hyundai possiede circa un terzo di Kia Motors, che resta comunque una parte integrante di Hyundai Motor Group.

I problemi

Dopo alcuni anni di miglioramento delle condizioni operative sotto Hyundai Motor Group, Kia (come gran parte delle case automobilistiche del mondo) incontrò forti difficoltà intorno al 2006, con la stretta creditizia e la riduzione della spesa dei consumatori. Osservando la situazione nel 2006–2007, il presidente di Kia affermò nella relazione annuale dell'azienda:

> Nell'odierno settore automobilistico la concorrenza è così aggressiva che anche i più audaci, se ben informati, esiterebbero a prevedere future vittorie nel mercato dell'automobile. Le case giapponesi sono implacabili nel contrastarci, mentre i nuovi arrivati, come la Cina, cercano di portarsi al nostro passo a gran velocità. La stagnazione e la crescita economica mondiale, unite ai rischi dei tassi di cambio e ad altre gravi minacce, presentano condizioni economiche sfavorevoli per qualsiasi azienda di livello globale.[72]

A fronte di queste difficoltà, il presidente espose la strategia di Kia per contrastare la forte concorrenza mondiale, affermando:

> Intendiamo basare la nostra futura crescita sull'aumento delle competenze come produttore globale in tutte le aree, tra cui produzione, vendite, marketing e branding, oltre ai servizi pre e post vendita. Ci concentreremo anche sulla gestione della qualità globale che abbiamo perseguito finora. Per prima cosa rafforzeremo la nostra competitività di base in termini di costi di produzione e prodotti finali. In secondo luogo, escluderemo dalla gestione tutti gli elementi non necessari mediante strumenti avanzati, per preparare le basi di un profitto stabile. Infine, investiremo in modo efficiente in nuovi business futuri con le nostre basi di R&D e produzione globale specializzate.[73]

Sempre nel 2006–2007, la sussidiaria di Kia Motor del Regno Unito (Kia UK), che impiegava circa 2.500 persone, si trovava in circostanze particolarmente drammatiche: vendite in caduta libera, perdite finanziarie sempre maggiori e bassi livelli di coinvolgimento dei dipendenti. Il turnover dei dipendenti era al 31%. I costi diretti per l'azienda dovuti al solo turnover erano stimati in circa 600.000 sterline nel 2006, a causa dell'eccesso di spese di reclutamento, legali e di licenziamento.[74]

La nuova strategia di gestione delle risorse umane

Gary Tomlinson, il nuovo direttore HR di Kia UK, riteneva che il basso coinvolgimento dei dipendenti fosse probabilmente sia una causa che un effetto del basso rendimento della filiale. In effetti, un sondaggio sui dipendenti di Kia UK identificò numerosi problemi a livello del personale, tra cui un basso livello del morale e delle comunicazioni. Sapeva che era necessaria una nuova strategia HR, e sapeva anche che tale strategia doveva supportare quella della casa madre, "basare la futura crescita sull'aumento delle competenze in tutti i settori".

Tomlinson (con il supporto del top management di Kia UK) decise saggiamente di sviluppare, per usare le sue stesse parole, "una strategia di coinvolgimento dei dipendenti per migliorare il morale, e contrastare gli alti livelli di turnover."[75] In breve, l'idea era che (1) l'adozione di nuove politiche e pratiche HR mirate a migliorare il coinvolgimento dei dipendenti gli avrebbe permesso di (2) cambiare il comportamento dei dipendenti (migliorare il rendimento e ridurre il turnover, per esempio) e in tal modo (3) supportare la strategia della casa madre con un aumento delle competenze in tutti i settori. La sezione *Costruire le abilità di management* mostra ciò che effettivamente fece per migliorare il coinvolgimento dei dipendenti.

I risultati

I risultati del nuovo programma di coinvolgimento dei dipendenti furono incredibili. I sondaggi sul coinvolgimento dei dipendenti e su comunicazioni e altri comportamenti dei line manager migliorarono nettamente, il turnover scese dal 31% del 2006 al 15% nel 2007, al 5% nel 2008 e sotto il 2% alla fine del 2009; i costi di reclutamento e turnover scesero di oltre 400.000 sterline in due anni, una riduzione del 71%.[79]

Abbiamo visto in precedenza che gestione strategica delle risorse umane significa mettere in atto le politiche e le pratiche HR che producono nei dipendenti le competenze e i comportamenti necessari all'azienda per raggiungere i suoi obiettivi strategici. Il programma di coinvolgimento dei dipendenti di Kia UK illustra come un'azienda sia riuscita a farlo.

APPROFONDIMENTI ● Costruire le abilità di management

Come eseguire una strategia di coinvolgimento dei dipendenti

L'esecuzione pratica della strategia HR di coinvolgimento dei dipendenti in Kia UK si è articolata in sei passi, che offrono uno schema per tutte le operazioni analoghe. Per prima cosa, Kia UK definì *obiettivi misurabili* del programma, che prevedevano un aumento almeno del 10% dei risultati nelle indagini sui comportamenti dei line manager, in termini di comunicazioni, di qualità dei feedback delle valutazioni nei loro report diretti, di riconoscimento del lavoro fatto e del rispetto tra manager e dipendente.[76] Altri obiettivi erano la riduzione almeno del 10% annuo dei costi dell'impresa legati al turnover dei dipendenti (ad esempio, i costi di reclutamento).

In secondo luogo, Kia UK avviò un vasto programma di *sviluppo della leadership*. Per esempio, fece seguire a tutti i manager dei corsi per migliorare le loro abilità manageriali. Furono poi eseguiti dei test sulle nuove abilità con strumenti di valutazione "a 360 gradi" (le nuove abilità furono valutate da superiori, pari grado e subordinati dei manager).

Il terzo passo fu l'istituzione di nuovi *programmi di riconoscimento dei dipendenti*, che prevedevano, ad esempio, l'attribuzione di "premi di eccellenza" trimestrali ai dipendenti meritevoli, e cartoline "Grazie da Kia" per i lavori ben fatti.[77]

Il quarto passo fu il *miglioramento delle comunicazioni interne*. Ad esempio, furono istituiti briefing trimestrali per i dipendenti, un uso più ampio delle valutazioni delle prestazioni, e fu lanciata una nuova intranet aziendale denominata Kia Vision (che forniva a tutti i dipendenti le informazioni chiave sul business e altri comunicati utili). Basandosi sul feedback dei dipendenti, Kia UK decise anche, nell'ambito del miglioramento delle comunicazioni, di istituire un *forum dei dipendenti* con un rappresentante di ciascun reparto. Il forum ebbe l'effetto di rendere più coinvolti e autonomi i dipendenti, consentendo loro di esprimere opinioni, suggerimenti e problemi legati al loro lavoro.

Il quinto passo fu un nuovo *programma di sviluppo dei dipendenti*, che sfruttava il processo aziendale di valutazione per identificare le necessità di formazione dei dipendenti; fu quindi stilato un piano di formazione personalizzato per ciascun dipendente, basato sulle necessità di Kia e sulle aspirazioni di carriera indicate dai dipendenti stessi.

Il sesto passo fu una serie di cambiamenti nelle *politiche di retribuzione e altro*. Ad esempio furono eliminati i bonus, sostituiti da aumenti di stipendio a tasso fisso su base percentuale. Fu riscritto anche il manuale del dipendente, insieme a tutte le politiche e le procedure HR, "per accertarsi che fossero allineati ai nuovi valori culturali di Kia UK".[78]

CASO DI STUDIO

Come convincere oltre 100.000 dipendenti a cambiare strumento di lavoro

di Maddalena Sorrentino

Nelle organizzazioni i progetti di cambiamento tecnologico non sono mai una passeggiata, specialmente quando comportano modifiche nel modo di lavorare delle persone. In questo senso, la notizia che il Ministero della Difesa italiano ha avviato da giugno 2015 un grande progetto di migrazione verso il software LibreOffice difficilmente poteva passare sotto silenzio. Non si tratta certo della prima amministrazione pubblica nel nostro Paese ad avere abbandonato il noto e collaudato pacchetto Microsoft Office a favore di un software gratuito e *open source* (così viene chiamato in gergo tecnico il software con codice sorgente liberamente disponibile, ossia non legato a una particolare azienda fornitrice). In passato un'analoga scelta ha riguardato enti territoriali o singoli uffici pubblici. Nel caso del Ministero della Difesa, invece, stiamo parlando di oltre 100.000 postazioni di lavoro destinate a 'migrare' nel nuovo ambiente tecnologico entro il 2020. La Difesa ha deciso di andare contro corrente, dal momento che Office di Microsoft è uno standard di fatto nel mercato dei software per la produttività individuale.

Il passaggio da una versione proprietaria di Office a una open source è un cambiamento che per un singolo individuo può sembrare apparentemente semplice, data la somiglianza dei due pacchetti software. Esso però diventa estremamente complesso quando coinvolge migliaia di persone che interagiscono tra loro con routine operative consolidate. Se lasciato all'iniziativa dei singoli rischia di generare non solo rallentamenti e inefficienze (dovuti ad esempio alla continua necessità di convertire documenti di formati diversi) ma anche blocchi e malfunzionamenti inattesi di processi e procedure.

Ma cosa significa far sì che una complessa organizzazione cambi la propria logica di fruizione del software, adottando e condividendo la stessa versione di un pacchetto applicativo per creare lettere, fogli di calcolo, presentazioni grafiche e altro ancora? Significa, in buona sostanza, avviare un percorso condiviso affinché tutte le strutture siano messe in grado di utilizzare in piena sicurezza (e senza i limiti e le condizioni imposte dalle licenze d'uso) un formato aperto invece del formato proprietario Microsoft (.docx, .xlsx, .pptx ecc.). L'aspetto sorprendente è che il successo di questa impresa passa attraverso due aspetti chiave che poco hanno a che vedere con i problemi strettamente tecnologici, ossia la gestione progettuale (o project management) e la comunicazione.

La gestione progettuale si è svolta in una serie di fasi chiave:

1. Costituzione di un Team di governance interforze
2. Analisi dell'uso di MS Office in ambito Difesa
3. Analisi delle esigenze formative/criticità degli Enti
4. Seminari informativi (a livello sia dirigenziale che tecnico) sui vantaggi del passaggio a LibreOffice
5. Corsi di formazione su LibreOffice ed e-learning
6. Analisi delle applicazioni di terze parti, dei modelli di documento e delle macro
7. Standardizzazione della versione da adottare
8. Designazione degli Enti pilota per le prime installazioni

La governance di LibreDifesa (così è stato battezzato il progetto) è affidata a un gruppo interforze di cui fanno parte, tra gli altri, rappresentanti dell'Esercito, della Marina Militare e dell'Aeronautica. La condivisione della scelta a livello di Vertice Interforze ha segnato l'avvio effettivo del progetto: "Abbiamo svolto un'analisi preliminare di impatto sui software gestionali della Difesa e una valutazione della sicurezza del prodotto LibreOffice che ha visto la collaborazione di diverse organizzazioni dedicate. Successivamente sono stati organizzati alcuni incontri informativi rivolti ai vertici della Difesa, oltre a una serie di corsi rivolti a formatori, installatori e referenti informatici (a costo zero per la Difesa) con la collaborazione di LibreItalia (http://www.libreitalia.it, associazione il cui obiettivo è la diffusione della cultura digitale in tutti gli ambiti, con una particolare attenzione per i formati standard e aperti dei documenti). Accanto alla formazione di formatori interni, abbiamo contribuito a realizzare un corso e-learning su LibreOffice fruibile da tutti gli utilizzatori tramite la nostra piattaforma, e che rilasceremo con licenza copyleft, visto che è nato dalla collaborazione tra LibreItalia, che ha fornito i contenuti didattici, e la Scuola Trasmissioni dell'Esercito che li ha trasformati in corso on-line", rileva il generale Camillo Sileo, coordinatore di LibreDifesa.

La costituzione di un gruppo di formatori interno agli enti, adeguatamente preparati e certificati su LibreOffice, è stata prevista per affrontare tutte le questioni legate al training sul nuovo software. Inoltre sono state formate e selezionate altre figure professionali che, in veste di referenti informatici nelle rispettive strutture organizzative, rappresenteranno il principale punto di riferimento per i colleghi che utilizzano LibreOffice nell'operatività quotidiana. Dopo la fase informativa e formativa, LibreOffice è stato installato presso alcuni enti pilota. In parallelo è stato attivato un servizio di supporto di secondo livello, fruibile tramite posta elettronica. La documentazione relativa al progetto è stata raccolta e pubblicata in un'area ad alta visibilità dell'intranet dedicata a LibreDifesa.

Accanto all'attenzione alla gestione progettuale, un forte investimento è stato dedicato alla comunicazione sia interna che esterna all'organizzazione. Il piano di comunicazione interna ha previsto specifiche attività ed eventi sia per la dirigenza che per l'utenza finale, affiancate da un'importante presenza nel portale intranet interforze. La comunicazione esterna ha anch'essa previsto adeguati interventi sia attraverso i media che sui canali Internet, anche a livello europeo.

In conseguenza, la transizione verso il nuovo pacchetto applicativo è stata fluida e improntata alla partecipazione e condivisione. Tra i fattori di successo peculiari di questa organizzazione, la cultura organizzativa militare ha sicuramente inciso sull'atteggiamento del personale nei confronti del cambiamento e sui tempi di implementazione del progetto. In nessuna delle strutture che fanno capo al Ministero della Difesa si sono manifestati i fenomeni comunemente etichettati con l'espressione di "resistenza al cambiamento".

I tempi necessari per completare la migrazione di tutti gli utenti a LibreOffice tengono conto delle scadenze del supporto delle licenze Microsoft Office: si calcola che saranno circa 75.000 (il 70%) le postazioni che entro il 2017 passeranno al nuovo sistema, mentre le altre 25.000 lo faranno entro il 2020.

Il Ministero della Difesa, al termine del percorso intrapreso, prevede di risparmiare tra i 26 e i 29 milioni di euro, che verranno utilizzati per attività di ammodernamento e ridisegno dei processi. A livello europeo, quello della Difesa è il secondo progetto di switchover a LibreOffice in termini di numero di computer coinvolti. Il primo posto di questa particolare classifica spetta alla Francia, con quasi 240.000 PC operanti in varie amministrazioni pubbliche.

2.7 Riepilogo

1. La pianificazione strategica è importante per tutti i manager. Tutte le decisioni dei manager relative al personale e ad altri aspetti devono essere coerenti con gli obiettivi derivanti dal piano strategico generale dell'azienda. Gli obiettivi formano una gerarchia, che parte dagli obiettivi strategici generali del presidente (ad esempio, raddoppiare le vendite) e scende man mano fino a ciò che ogni singolo manager deve fare per supportarli. Il processo di pianificazione del management prevede la definizione di un obiettivo, le previsioni, la valutazione delle alternative, e l'implementazione e la valutazione del piano.

2. Ogni funzione o reparto dell'azienda richiede una sua strategia funzionale, e la gestione strategica delle risorse umane implica la formulazione e l'esecuzione di politiche e pratiche HR che producano nei dipendenti le competenze e i comportamenti necessari all'azienda per raggiungere gli obiettivi strategici. Le strategie HR sono le politiche e le pratiche HR specifiche impiegate dai manager a supporto dei loro obiettivi strategici. Mappa della strategia, HR scorecard e cruscotti digitali sono strumenti molto noti e importanti per la gestione strategica delle risorse umane.

3. Prima di prendere decisioni, il manager deve raccogliere dati e analizzarli. Un sistema di lavoro ad alte prestazioni è un insieme di politiche e pratiche HR che promuove l'efficienza dell'organizzazione. Le metriche HR (misure quantitative di alcune attività legate alla gestione delle risorse umane, come il turnover dei dipendenti) sono fondamentali per la creazione di politiche e pratiche HR ad alte prestazioni.

4. Un sistema di lavoro ad alte prestazioni è un insieme di politiche e pratiche HR che produce un rendimento superiore da parte del dipendente.

5. Il coinvolgimento dei dipendenti è importante perché stimola rendimento e produttività. Ad esempio, secondo un'indagine Gallup, le business unit con i più alti livelli di coinvolgimento dei dipendenti hanno l'83% di possibilità di ottenere una prestazione superiore alla media aziendale, mentre per quelle con il coinvolgimento più basso le possibilità scendono al 17%.

6. L'esecuzione pratica della strategia HR di coinvolgimento dei dipendenti di Kia UK ha richiesto sei passi: definire *obiettivi misurabili* del programma, fornire lo *sviluppo della leadership*, come ad esempio dare a tutti i manager una formazione che migliorasse le loro abilità nel management, istituire nuovi *programmi di riconoscimento per i dipendenti*, ad esempio con premi trimestrali per il rendimento dei dipendenti più meritevoli, istituire un nuovo *programma per lo sviluppo dei dipendenti*, usando ad esempio il processo aziendale di valutazione per identificare le necessità di formazione e creando piani di formazione per ogni dipendente, e modificare *retribuzione* e *altre politiche* per allinearle ai nuovi valori culturali.

MyLab

Sulla piattaforma MyLab dedicata a questo testo troverete materiali di supporto e approfondimento. All'interno dello stesso ambiente è disponibile la piattaforma inglese MyManagementLab che offre ulteriori risorse, un ricco apparato multimediale ed esercizi guidati.

Parole chiave

Piano strategico 23
Strategia 25
Management strategico 25
Vision 27
Mission 27
Strategia funzionale 29
Mappa della strategia 31
HR scorecard 32
Cruscotto digitale 33
Metriche basate sulla strategia 34
Audit delle risorse umane 35
High-performance work system 36
Metrica delle risorse umane 36

Domande di discussione

2.1 Fornite un esempio di pianificazione gerarchica in un'organizzazione.

2.2 Qual è l'utilizzo principale di metriche e benchmarking? Fornite una spiegazione con un esempio per entrambi.

2.3 Che cos'è un sistema di lavoro ad alte prestazioni? Fornite alcuni esempi specifici delle pratiche tipiche di un sistema di questo tipo.

2.4 Spiegate perché la pianificazione strategica è importante per tutti i manager.

2.5 Spiegate, fornendo esempi, ciascuno dei sette passi del processo di pianificazione strategica.

2.6 Elencate, con esempi, i tipi principali delle strategie aziendali e competitive.

2.7 Definite la gestione strategica delle risorse umane e fornitene un esempio pratico.

Attività individuali e di gruppo

2.8 In questo capitolo sono stati identificati cinque tipi di strategia aziendale. Formate un gruppo di tre o quattro studenti e ricercate su Internet o in biblioteca vantaggi e svantaggi di ognuna delle cinque strategie, compilando un elenco. Poi fornite un esempio di azienda internazionale a vostra scelta che abbia implementato una delle cinque strategie. Ritenete che la strategia aziendale scelta abbia contribuito al successo sul mercato? Perché, o perché no? Discutete fornendo esempi.

2.9 Usando risorse Internet o della biblioteca, analizzate i report annuali di cinque aziende, ed esponete in aula esempi dell'uso dei processi HR a supporto degli obiettivi strategici di tali aziende.

2.10 Intervistate un manager HR e scrivete un breve resoconto intitolato "I ruoli strategici del manager HR nell'azienda XYZ".

2.11 Usando risorse Internet o della biblioteca, esponete e discutete in aula almeno due esempi dell'uso dell'HR scorecard da parte delle aziende per creare sistemi HR che supportino gli obiettivi strategici dell'azienda. Ritenete che tutti i manager concepiscano le HR scorecard allo stesso modo? Quali sono le differenze?

2.12 Formate un gruppo di tre o quattro studenti e sviluppate un piano strategico per un nuovo ristorante di alto livello da aprire e gestire nella vostra città. Il piano strategico dovrebbe riflettere i sette passi identificati e spiegati nel capitolo, ed essere specificamente riferito al ristorante.

Note bibliografiche

Le note di questo capitolo sono consultabili online sulla piattaforma MyLab oppure immediatamente visualizzabili su smartphone e tablet tramite questo QR-code.

PARTE

2

Personale: pianificazione strategica del capitale umano

CAPITOLO 3
Analisi della posizione e gestione dei talenti

CAPITOLO 4
Personale: programmazione e reclutamento

CAPITOLO 5
Personale: criteri e tecniche di selezione

Nel Capitolo 1 abbiamo visto che cos'è la gestione delle risorse umane, quali sono le leggi che governano le pratiche legate al personale, e il significato e i metodi della gestione strategica delle risorse umane. Ora vedremo nella pratica la gestione delle risorse umane; il punto di partenza è la definizione della posizione di ciascun dipendente, poi passeremo al reclutamento e alla selezione dei nuovi dipendenti.

I concetti e le tecniche che studieremo in questa parte giocano un ruolo centrale nella gestione strategica delle risorse umane, che come abbiamo visto significa formulare e mettere in pratica politiche e pratiche HR che alimentino nei dipendenti le competenze e i comportamenti necessari all'azienda per conseguire i suoi obiettivi strategici. In questa parte vedremo che il processo inizia con le pratiche per l'analisi di quanto è richiesto da ciascuna posizione (analisi della posizione) e con il reclutamento di candidati con alto potenziale, tra i quali saranno poi selezionati i migliori. Nella Parte 3 passeremo ad approfondire la formazione e lo sviluppo (la crescita) dei nuovi dipendenti.

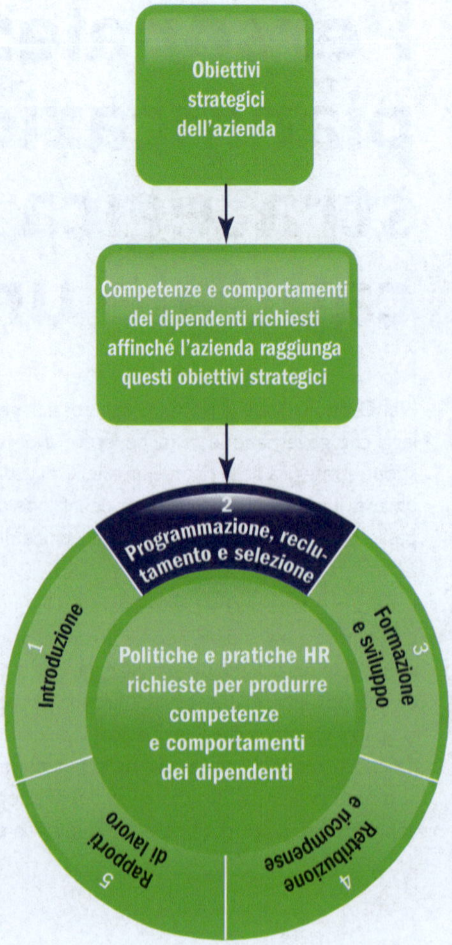
Obiettivi strategici dell'azienda
Competenze e comportamenti dei dipendenti richiesti affinché l'azienda raggiunga questi obiettivi strategici
2 Programmazione, reclutamento e selezione
1 Introduzione
3 Formazione e sviluppo
Politiche e pratiche HR richieste per produrre competenze e comportamenti dei dipendenti
4 Retribuzione e ricompense
5 Rapporti di lavoro

CAPITOLO

3 Analisi della posizione e gestione dei talenti

Argomenti

- Il processo di gestione dei talenti
- Fondamenti di analisi della posizione
- Metodi di raccolta delle informazioni per l'analisi della posizione
- Come descrivere le posizioni
- Come descrivere i requisiti delle posizioni
- I modelli delle competenze
- Riepilogo

Obiettivi didattici

Al termine del capitolo:

- Saprete definire la gestione dei talenti e spiegare la sua importanza.
- Potrete discutere il processo di analisi delle posizioni e la sua importanza.
- Saprete spiegare l'uso di almeno tre metodi per raccogliere le informazioni per l'analisi delle posizioni: colloqui, questionari e osservazione.
- Saprete spiegare come descrivereste una posizione.
- Saprete spiegare come descrivere i requisiti di una posizione.
- Potrete indicare alcuni tratti caratteriali e comportamentali desiderabili da parte del dipendente qualora nella sua posizione il coinvolgimento sia importante per svolgere al meglio il lavoro.
- Saprete spiegare come scrivere modelli basati sulle competenze.

3.1 Il processo di gestione dei talenti

Per molti lettori i Capitoli da 3 a 10 rappresentano il cuore del libro, nello specifico per quanto riguarda reclutamento, selezione, formazione, pianificazione della carriera e retribuzione. I manager considerano tradizionalmente queste attività come una sequenza di passi:

1. Decidere quali posizioni occupare attraverso analisi delle posizioni, pianificazione del personale e previsione.
2. Costruire un pool di candidati, reclutandoli all'esterno e all'interno dell'azienda.
3. Ottenere moduli di richiesta di lavoro e magari sostenere dei colloqui iniziali di "scrematura".
4. Usare strumenti di selezione quali test, colloqui, controlli delle referenze ed (eventualmente) esami medici per identificare i candidati papabili.
5. Decidere a chi fare una proposta.
6. Orientare, formare e sviluppare i dipendenti, in modo che abbiano le competenze per svolgere il loro lavoro.
7. Valutare i dipendenti per verificare il loro rendimento.
8. Retribuire i dipendenti in modo da conservarne la motivazione.

Questa visione per passi è sensata; l'imprenditore, per esempio, deve avere dei candidati prima di poter scegliere chi assumere.

Il problema della visione per passi è duplice. Anzitutto, il processo in realtà non è così lineare; ad esempio, la formazione (passo 6) non precede necessariamente la valutazione (passo 7). È possibile infatti che la valutazione serva per definire la formazione da fornire al dipendente. Quindi per prima cosa, anziché considerare queste otto attività in una sequenza, è opportuno vederle nella loro relazione. Il secondo problema è che concentrandosi soltanto sui singoli passi si rischia di perdere la visione d'insieme; l'importante non sono i passi di per sé, ma *i risultati che si ottengono* applicandoli insieme. Quindi è fondamentale ricordare che tutti i passi devono essere finalizzati a un risultato specifico (ad esempio, migliorare il servizio clienti).

Parola chiave

Gestione dei talenti

Il processo olistico, integrato e orientato a obiettivi e risultati di pianificazione, reclutamento, selezione, sviluppo, gestione e retribuzione dei dipendenti.

A conferma di ciò, oggi si tende considerare le otto attività non separatamente, ma nell'ambito della **gestione dei talenti**,[1] che possiamo definire come *l'attività integrata e orientata ai risultati e agli obiettivi, di pianificazione, reclutamento, selezione, sviluppo, gestione e retribuzione dei dipendenti*. In parole povere, la gestione dei talenti mira a inserire il lavoratore ("talento") giusto nella posizione giusta al momento giusto. Che cosa significa in pratica? Il manager che adotta un approccio di gestione dei talenti tenderà a intraprendere azioni come le seguenti:

1. Partire dai risultati e chiedersi quali azioni di reclutamento, test, formazione o retribuzione dovrà intraprendere per produrre nei dipendenti le competenze necessarie a *raggiungere gli obiettivi dell'azienda.*
2. Trattare in modo interrelato attività quali reclutamento e formazione. Per esempio, il manager sa che avere dipendenti con le abilità richieste dipende tanto da reclutamento e formazione quanto dai test sui candidati.
3. Poiché la gestione dei talenti è olistica e integrata, potrebbe usare lo stesso "profilo" di abilità, conoscenza e comportamenti richiesti ("competenze") per formulare un piano di reclutamento per una posizione e per prendere le relative decisioni di selezione, formazione, valutazione e retribuzione. (Supponiamo che una delle abilità richieste a un ingegnere del software sia "progettare applicazioni software complesse"; il manager potrebbe porre *domande al colloquio* per valutare il candidato rispetto a questa abilità, *formare* il nuovo dipendente per migliorarla, e poi *valutare* e *ricompensare* la persona sulla base della padronanza dell'abilità).
4. Poiché la gestione dei talenti è integrata e orientata agli obiettivi, il manager può suddividere i dipendenti in segmenti per concentrarsi più chiaramente sulle necessità di ciascun segmento. Ad esempio, Accenture raccomanda di identificare i dipendenti "mission critical" dell'azienda e poi di gestirne selezione, sviluppo e compensi separatamente dagli altri dipendenti.
5. Prendere provvedimenti per coordinare/integrare attivamente le funzioni di gestione dei talenti come reclutamento e formazione. Ad esempio, i manager HR si riuniscono per accertarsi di utilizzare lo stesso profilo di abilità per reclutare e per selezionare, formare e valutare una particolare posizione, o di usare allo scopo uno speciale software di management dei talenti.

3.2 Fondamenti di analisi della posizione

La gestione dei talenti inizia dal capire quali posizioni debbano essere coperte, e quali siano i tratti personali e le competenze necessarie al dipendente per svolgere in modo efficace il lavoro.

Che cos'è l'analisi della posizione?

Le organizzazioni sono composte di posizioni che devono essere occupate da personale. L'**organigramma** (vedi Figura 3.1) mostra il *titolo* della posizione di ciascun supervisore, e per mezzo di linee di collegamento *chi risponde a chi,* chi ha *autorità* su ciascuna area, e chi dovrebbe *comunicare* con chi. L'**analisi della posizione** (job analysis) è la procedura mediante la quale si determinano i contenuti e le responsabilità delle posizioni nell'azienda e di conseguenza le caratteristiche delle persone da assumere per occuparle.[4] L'analisi della posizione genera le informazioni per la stesura delle schede di **descrizione della posizione** (detta anche *mansionario*, cioè l'elenco di ciò che comporta la posizione) e i **requisiti della posizione** (ovvero il tipo di persona da assumere per occupare la posizione). Praticamente tutte le azioni legate al personale (i colloqui con i candidati e la formazione e la valutazione dei dipendenti, ad esempio) richiedono la conoscenza di ciò che comporta la posizione e dei tratti personali necessari a occuparla nel modo migliore.[5]

Il supervisore o lo specialista delle risorse umane raccoglie attraverso l'analisi della posizione uno o più tra i seguenti tipi di informazioni:

- **Attività lavorative.** Informazioni sulle attività previste dal lavoro: pulizie, vendita, insegnamento, tinteggiatura. Nell'elenco può essere indicato anche come, perché e quando il lavoratore debba eseguire ciascuna attività.
- **Comportamenti.** Informazioni sui comportamenti umani richiesti dalla posizione: rilevamento, comunicazione, sollevamento di pesi o lunghi percorsi a piedi.
- **Macchine, strumenti, equipaggiamento e ausili.** Ad esempio gli strumenti utilizzati, i materiali elaborati e la conoscenza applicata (finanziaria o legale, ad esempio).

Parola chiave
Organigramma
Uno schema che mostra la distribuzione del lavoro nell'azienda, con titoli per ogni posizione e linee che indicano la direzione delle comunicazioni e del reporting.

Parola chiave
Analisi della posizione
La procedura per determinare i compiti e i requisiti di abilità per una posizione, e il tipo di persona che dovrebbe essere assunta.

Parola chiave
Descrizione della posizione
Elenco delle responsabilità, relazioni gerarchiche, condizioni di lavoro e responsabilità di supervisione; è uno dei prodotti dell'analisi della posizione.

Parola chiave
Requisiti della posizione
Elenco dei "requisiti personali" per una posizione, ovvero i titolo di studio, abilità, personalità e così via; è un altro prodotto dell'analisi della posizione.

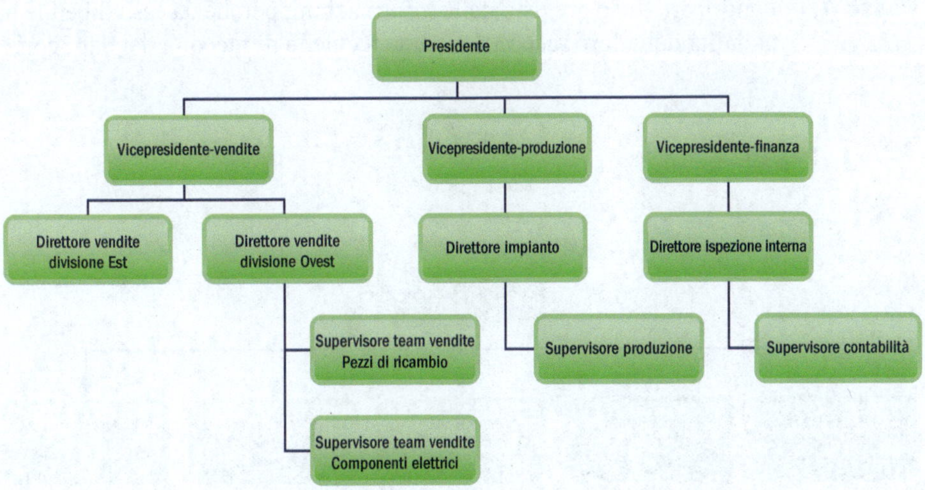

Figura 3.1 Organigramma.

- **Standard prestazionali.** Informazioni sui livelli standard di prestazioni per la posizione (in termini di livelli di quantità o qualità per ciascuna attività richiesta).
- **Contesto.** Informazioni su aspetti quali le condizioni fisiche di lavoro, orari, incentivi e, ad esempio, il numero di persone con cui il dipendente dovrebbe interagire di norma.
- **Requisiti umani.** Informazioni quali conoscenza o abilità (titolo di studio, formazione, esperienze lavorative) e attributi personali richiesti (attitudini, personalità, interessi).

Sebbene questa sia una lista delle informazioni che possono essere rilevanti, ogni organizzazione sviluppa un proprio modo di descrivere la posizione che può essere più o meno approfondito.

Uso delle informazioni dell'analisi della posizione

Come riassunto nella Figura 3.2, le informazioni prodotte dall'analisi della posizione sono la base di svariate attività HR interrelate svolte dai manager quasi quotidianamente.

Reclutamento e selezione: L'analisi della posizione produce informazioni sui compiti che la posizione comporta, e sulle caratteristiche personali richieste per svolgerli, quindi aiuta i manager a decidere il tipo di persone da reclutare e assumere.

Formazione: Il mansionario elenca i compiti e i requisiti di abilità specifici della posizione, quindi identifica il tipo di formazione necessaria alla posizione.

Valutazione delle prestazioni: Confronta la prestazione effettiva di ciascun dipendente con i suoi compiti e gli standard prestazionali; i manager usano l'analisi della posizione per apprendere quali siano i compiti e gli standard.

Retribuzione: Di solito i livelli retributivi dipendono dalle abilità e dal titolo di studio richiesti, dai rischi per la sicurezza, dal grado di responsabilità e così via; tutti questi fattori sono valutati attraverso l'analisi della posizione.

Passi dell'analisi della posizione

Un'analisi della posizione prevede tipicamente sei passi:

Passo 1: Identificare l'uso previsto delle informazioni, perché da esso dipende la modalità della loro raccolta. Alcune tecniche di raccolta dei dati, come

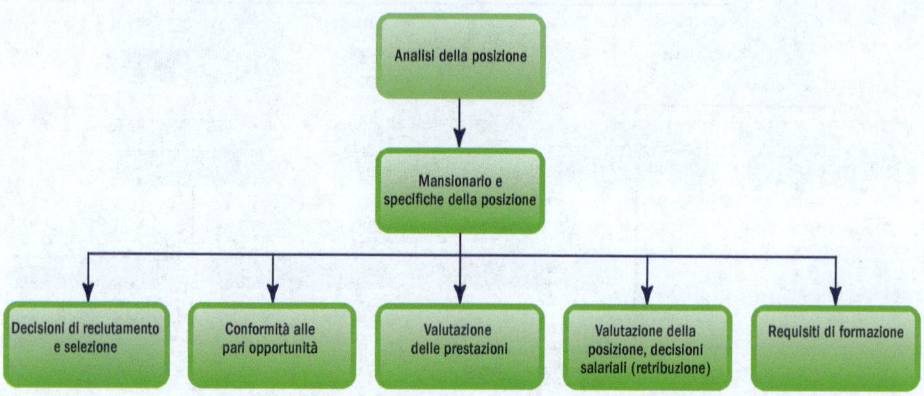

Figura 3.2 Impieghi delle informazioni dell'analisi della posizione.

il colloquio con il dipendente, si prestano alla stesura di mansionari. Altre, come il questionario di analisi della posizione che vedremo in seguito, forniscono valutazioni numeriche utilizzabili per confrontare le posizioni a fini retributivi.

Passo 2: Esaminare le informazioni di background pertinenti alla posizione, come l'organigramma e i diagrammi dei processi.[6] Ad esempio, l'*organigramma* mostra il contesto della posizione nell'ambito dell'organizzazione. Un **diagramma dei processi** fornisce un'immagine dettagliata del flusso di lavoro della posizione. Nel diagramma dei processi della Figura 3.3, l'addetto al controllo qualità deve esaminare i componenti provenienti dai fornitori, controllare i componenti diretti ai manager dell'impianto, e fornire a tali manager informazioni relative alla qualità dei componenti. Infine, un mansionario preesistente può costituire un punto di partenza per la revisione del mansionario.

Parola chiave

Diagramma dei processi
Un diagramma che mostra il flusso di input e output relativo a una posizione.

Passo 3: Il passo successivo nell'analisi della posizione consiste nel selezionare posizioni rappresentative sulle quali concentrarsi. Ad esempio, per analizzare una posizione di assemblatore probabilmente non è necessario analizzare il lavoro di tutti i 200 lavoratori del reparto assemblaggio di un'azienda; basterà un campione di 10 posizioni.

Passo 4: Analizzare la posizione, usando uno o più metodi tra quelli descritti nella prossima sezione.

Passo 5: Dopo aver compilato le informazioni sulla posizione, verificarle insieme al lavoratore e al suo immediato supervisore. Gli obiettivi di questo passo sono confermare correttezza e completezza delle informazioni (ad esempio sui compiti della posizione) e contribuire a ottenerne l'accettazione da parte del lavoratore e del supervisore.

Passo 6: Sviluppare una *descrizione della posizione* (o *mansionario*) che elenca i compiti, le attività e le responsabilità della posizione e una *lista di requisiti della posizione*, che riassume qualità e tratti personali, abilità e background richiesti per svolgere il lavoro.

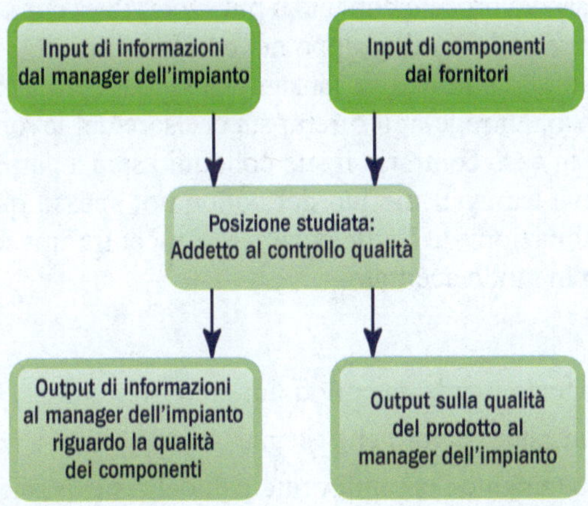

Figura 3.3 Diagramma del processo per l'analisi del flusso del lavoro di una posizione

Fonte: *Compensation Management: Rewarding Performance*, 6th Edition, Richard J. Henderson. Copyright © 1994 Pearson Education, Inc. Riproduzione e ristampa autorizzate da Pearson Education, Inc., Upper Saddle River, New Jersey.

APPROFONDIMENTI **HR come centro di profitto**

Miglioramento della produttività attraverso la riprogettazione del lavoro

La compagnia assicurativa Atlantic American ha condotto un'analisi del flusso di lavoro per identificare le inefficienze nell'elaborazione delle richieste di risarcimento. Il direttore delle HR dell'azienda afferma: "Abbiamo seguito la vita di una richiesta dal suo arrivo nella posta alla sua conclusione" per trovare dei modi di migliorare il processo.[7]

L'analisi del flusso ha stimolato svariate riprogettazioni delle posizioni degli addetti alle richieste. L'azienda ha ridotto da quattro a uno il numero delle persone addette all'apertura delle lettere, sostituendo tre persone con una macchina che apre le buste automaticamente. Una nuova macchina per il timbro data timbra 20 pagine alla volta anziché una. Un nuovo software aggiunge i codici a barre a ogni richiesta automaticamente, anziché manualmente, e il nuovo sistema ha ridotto i costi.

3.3 Metodi di raccolta delle informazioni per l'analisi della posizione

Esistono svariati metodi per raccogliere informazioni su una posizione, ed è opportuno usare quelli più adatti allo scopo. Ad esempio, un colloquio può essere più indicato per creare un elenco dei compiti, mentre un "questionario di analisi della posizione" può prestarsi meglio alla quantificazione del valore di una posizione ai fini della retribuzione.

Nelle grandi aziende, l'analisi della posizione dovrebbe essere un'azione congiunta da parte di manager HR, lavoratore e supervisore del lavoratore. Il manager HR può osservare il lavoratore mentre opera, e far compilare questionari sulla posizione sia al lavoratore che al supervisore; a quel punto può stilare una lista dei compiti previsti e dei tratti personali richiesti. La lista sarà poi verificata da supervisore e lavoratore.

La raccolta vera e propria delle informazioni per l'analisi della posizione è semplice; si incontra il lavoratore, lo si informa brevemente sul processo di analisi della posizione e sui ruoli dei partecipanti, si tiene un colloquio con il lavoratore per concordare un sunto di base della posizione che può variare da un quarto d'ora a un'ora e mezzo a seconda della complessità della posizione e dell'obiettivo dell'analisi, si identificano a grandi linee le aree di responsabilità (ad esempio, "telefonare ai potenziali clienti"), quindi si identificano compiti/attività specifici nell'ambito dell'area usando uno dei seguenti metodi standard di analisi della posizione.[9] Accertatevi che il lavoratore capisca bene le domande e il processo.

Il colloquio

I colloqui con i dipendenti possono essere *individuali* o *di gruppo*, per i dipendenti che svolgono lo stesso lavoro, e/o con uno o più *supervisori* che conoscano il lavoro. È opportuno condurre colloqui di gruppo nei casi in cui molti dipendenti svolgano un lavoro uguale o molto simile; ciò consente di raccogliere informazioni in modo rapido e poco costoso. Di regola, il diretto supervisore dei lavoratori partecipa alle sessioni di gruppo; in caso contrario il suo colloquio sarà a parte.

Il lavoratore deve capire il motivo del colloquio; spesso questi colloqui sono percepiti come "valutazioni dell'efficienza", e si incontra una certa esitazione nel descrivere il lavoro in modo accurato.

Domande tipiche

Ecco alcune classiche domande da colloquio:

- In che cosa consiste il lavoro che esegue?
- Quali sono esattamente i compiti principali della sua posizione?

- In quali luoghi fisici lavora?
- Quali sono i requisiti di titolo di studio, esperienza, abilità, e (ove applicabili) certificazione e licenza?
- A quali attività partecipa?
- Quali sono le responsabilità e i doveri della sua posizione?
- Quali sono gli standard di base in termini di prestazioni o responsabilità che caratterizzano il suo lavoro?
- Quali sono le sue responsabilità?
- Quali sono le condizioni ambientali e di lavoro?
- Quali sono le esigenze fisiche del lavoro? E quelle emotive e mentali?
- È esposto a pericoli, o condizioni lavorative inconsuete?

Colloqui strutturati

Molti manager usano questionari come quello della Figura 3.4 per strutturare e guidare il colloquio; possono esservi incluse domande riguardanti lo scopo generale della posizione, le responsabilità di supervisione, i compiti previsti, i requisiti in termini di titolo di studio, esperienza e abilità.

MyLab Figura 3.4

Questi elenchi strutturati non sono utili soltanto per i colloqui; sono impiegati anche dai job analyst che raccolgono informazioni osservando personalmente il lavoro o usando questionari (due metodi che vedremo in seguito).[10]

Questionari

Un altro buon modo per ottenere informazioni per l'analisi della posizione consiste nella compilazione di questionari da parte dei dipendenti.

Alcuni questionari sono checklist strutturate, composte anche da centinaia di attività lavorative specifiche; il dipendente deve indicare le attività che svolge e il tempo impiegato per ciascuna. Ma esistono anche questionari totalmente diversi, che chiedono semplicemente di descrivere le attività principali della posizione.

APPROFONDIMENTI — **Costruzione delle capacità di management**

Linee guida per il colloquio

Ci sono alcuni aspetti da considerare nel condurre un colloquio per l'analisi della posizione. Per prima cosa, il job analyst e il supervisore dovrebbero lavorare insieme per identificare i lavoratori che ne sanno di più sulla posizione, e che potrebbero essere più obiettivi nel descrivere i loro compiti e le loro responsabilità.

In secondo luogo, è bene stabilire rapidamente un rapporto con l'interlocutore, conoscerne il nome, parlare in modo chiaro e comprensibile, riassumere brevemente lo scopo del colloquio e spiegare in che modo è stato scelto per il colloquio. La distorsione delle informazioni può essere un problema:[11] l'analisi della posizione prelude spesso a un cambiamento della retribuzione, quindi può succedere che il dipendente tenda a esagerare alcune sue responsabilità.

Il terzo aspetto è, se possibile, un'impostazione strutturata del colloquio, magari seguendo una lista di domande con lo spazio sufficiente per annotare le risposte. In questo modo identificherete per tempo le domande cruciali, e tutti gli interlocutori avranno un terreno comune. Sarà bene però chiedere anche "c'è qualcosa che le nostre domande non hanno affrontato?"

Il quarto aspetto riguarda il caso in cui i compiti non siano eseguiti in modo regolare (ad esempio, quando il lavoro non è di tipo ripetitivo); è opportuno chiedere al lavoratore di elencare i suoi compiti in ordine di importanza e frequenza. Ciò farà sì che non siano trascurate attività cruciali che non vengono effettuate spesso, come i compiti di emergenza di un infermiere.

Infine, rivedete e verificate i dati insieme al lavoratore e al suo supervisore.

In pratica, i questionari migliori sono una via di mezzo; un tipico questionario di analisi della posizione può includere domande aperte (come "che attività svolge nella sua posizione?") e strutturate (ad esempio il titolo di studio richiesto).

Il questionario è un modo rapido ed efficiente di ottenere informazioni da un gran numero di dipendenti, e certo costa molto meno di centinaia di colloqui. Però sviluppare un questionario e testarlo (accertarsi che i lavoratori comprendano bene le domande, ad esempio) può richiedere molto tempo. E, come nei colloqui, i dipendenti possono distorcere le risposte.

Osservazione

L'osservazione diretta è particolarmente utile quando il lavoro consiste soprattutto di azioni fisiche osservabili, come nel caso di lavoratori alla catena di montaggio e commessi contabili. Di solito però l'osservazione non è appropriata quando il lavoro comporta una notevole attività mentale (posizioni legali e progettuali), né risulta utile qualora il dipendente sia impegnato solo occasionalmente in attività importanti, come un infermiere che gestisca emergenze. Un altro problema è la *reattività*, ovvero il fatto che un lavoratore che sa di essere osservato si comporta in modo diverso dal solito.

Spesso si impiegano insieme osservazione diretta e colloqui. Uno degli approcci è l'osservazione del lavoratore in azione durante un ciclo lavorativo completo (il *ciclo* è il tempo necessario a completare il lavoro; può essere un minuto per un lavoratore alla catena di montaggio, oppure un'ora, un giorno o più per lavori complessi). In questa fase si prendono appunti su tutte le attività lavorative. In seguito si chiede al lavoratore di chiarire i punti aperti e di spiegare eventuali altre attività che vengono eseguite ma non sono state osservate.

Diario/registro del partecipante

Parola chiave

Diario/registro
Annotazioni giornaliere dei lavoratori sulle attività svolte, accompagnate dai tempi richiesti da ognuna.

Un altro metodo consiste nel chiedere ai lavoratori di tenere un **diario/registro** in cui indicare le attività compiute e il tempo necessario per alcuni giorni o settimane.

Metodi elettronici di analisi della posizione[15]

Gli imprenditori si affidano sempre più a metodi elettronici o basati sul Web per poter usare informazioni già esistenti su una posizione. Inoltre, anziché raccogliere informazioni su una posizione con colloqui o questionari diretti, l'analista può usare sistemi online per inviare i questionari a esperti della posizione (che spesso sono titolari della posizione in questione) in altre filiali dell'azienda. Infine, il job analyst può contattare gli esperti della posizione, magari via Skype, per discutere e finalizzare i requisiti di conoscenza, abilità, specializzazione e altre caratteristiche richieste per la posizione e le sue attività.[16]

Spesso questo modo di condurre l'analisi della posizione è la scelta più ovvia.[17] Molto semplicemente, il reparto risorse umane può distribuire questionari standardizzati di analisi della posizione a dipendenti geograficamente lontani attraverso le intranet aziendali, richiedendo di compilarli e restituirli entro una certa data. È opportuno accertarsi che le istruzioni siano chiare, e testare il processo prima di metterlo in atto.

3.4 Come descrivere le posizioni

Il prodotto più importante dell'analisi della posizione è la descrizione della posizione (job description), o mansionario, che consiste in una dichiarazione scritta di ciò che il lavoratore fa, come lo fa e quali sono le condizioni lavorative della posizione. Queste informazioni sono a loro volta utilizzate per scrivere la specifica della posizione, che indica conoscenza, abilità e specializzazioni necessarie per eseguire il lavoro in modo soddisfacente.[18]

Non esiste un formato standard, ma di solito vi si trovano sezioni riguardanti:

1. Identificazione della posizione
2. Riepilogo della posizione
3. Responsabilità e compiti
4. Autorità del titolare
5. Standard prestazionali
6. Condizioni di lavoro
7. Specifica della posizione

Nella Figura 3.5 e nella Figura 3.6 sono presentati due esempi di descrizione.

MyLab Figura 3.5

Identificazione della posizione

Come vedete nella Figura 3.5, la sezione di identificazione della posizione (in alto) contiene vari tipi di informazioni.[19] Il *titolo* specifica il nome della posizione, come "supervisore dell'elaborazione dati" o "addetto al controllo dell'inventario". *Data* è la data in cui il mansionario è stato approvato.

A volte sono indicati anche la persona che ha approvato la descrizione e il titolo del diretto superiore (o supervisore), nonché la collocazione del posto di lavoro (edificio/divisione e reparto). Possono essere indicati qui anche classificazione/livello della posizione (programmatore II, programmatore III e così via) e le informazioni su salario e/o livello retributivo.

Che cosa significa un nome (o una posizione)?

Alcuni dei titoli sui social media sono piuttosto creativi. Ad esempio, Pinterest chiama Pixel Pusher i suoi designer, e Pintern gli stagisti.[20]

A prima vista questi titoli sembrano frivoli, ma in realtà possono essere utili. Sono stati condotti vari studi (tra cui uno in un ospedale) per determinare se il titolo delle posizioni potesse influire sul morale dei dipendenti. È stato chiesto ai lavoratori di formulare nuove proposte per gli identificativi delle proprie posizioni: così ad esempio uno specializzando in malattie infettive è diventato un "germ slayer" (killer di germi).[21] La conclusione è stata che i dipendenti che avevano un ruolo nella scelta del loro titolo e che avevano un titolo più descrittivo tendevano a essere più soddisfatti e a sentirsi più riconosciuti.

La Marina militare USA se ne è resa conto a sue spese. Per tradizione, tutti i marinai avevano una qualifica descrittiva, come ad esempio "electrician's mate first class" (responsabile della gestione degli impianti elettrici a bordo). In parte per eliminare i titoli con indicazioni di genere come "man" o "men", la Marina USA decise di raggruppare semplicemente tutti i marinai per fasce retributive, usando titoli insipidi come "petty officer first class" (sottufficiale di prima classe).[22] La reazione fu molto decisa: alla Casa Bianca arrivò una petizione con 100.000 firme, e ben presto la Marina tornò alle categorie tradizionali.

Scopo della posizione

Lo scopo dovrebbe riassumere l'essenza della posizione, indicandone solo le funzioni e le attività principali. Quindi, nella Figura 3.5, il rappresentante delle vendite telefoniche "…è responsabile della vendita di libri di testo universitari…". Per la posizione del responsabile dello smistamento corrispondenza, "riceve, ordina e consegna correttamente la corrispondenza in entrata, e gestisce tutta la corrispondenza in uscita curando accuratezza e puntualità dell'invio."[23]

Relazioni

Possono essere dichiarate delle "relazioni" che specificano le relazioni del dipendente con altri. Ad esempio, per un manager delle risorse umane:[25]

Risponde a: Vicepresidente delle relazioni con i dipendenti.

Supervisiona: Impiegato delle risorse umane, amministratore dei test, direttore delle relazioni sindacali e un segretario.

Lavora con: Tutti i manager dei reparti e la direzione esecutiva.

Relazioni all'esterno dell'azienda: Agenzie di collocamento, agenzie di reclutamento dirigenti, rappresentanti sindacali, uffici di collocamento locali e nazionali e altri fornitori.[24]

Figura 3.6 Descrizione della posizione di Web marketing manager.
Fonte: https://pearson.taleo.net/careersection/ex/jobdetail.ftl?job=1606604

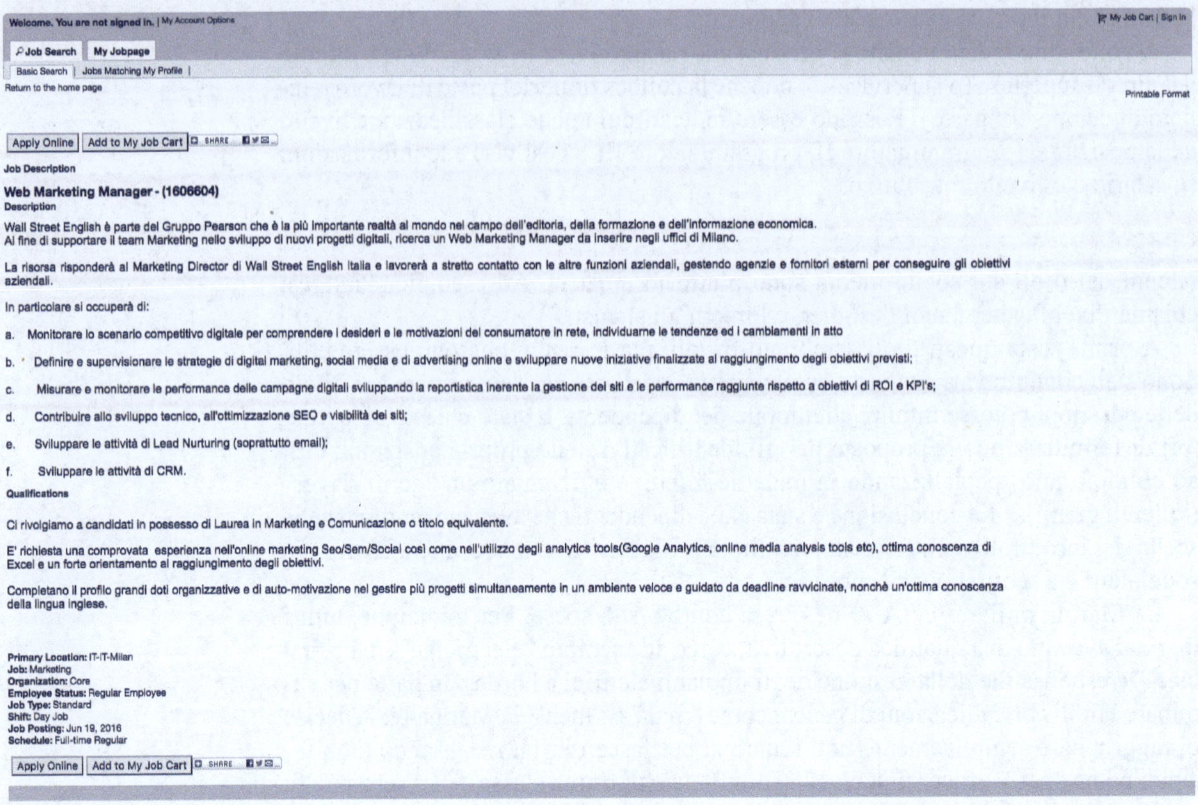
Welcome. You are not signed in. | My Account Options
My Job Cart | Sign In
Job Search | My Jobpage
Basic Search | Jobs Matching My Profile |
Return to the home page
Printable Format

Apply Online | Add to My Job Cart | SHARE

Job Description

Web Marketing Manager - (1606604)

Description

Wall Street English è parte del Gruppo Pearson che è la più importante realtà al mondo nel campo dell'editoria, della formazione e dell'informazione economica.
Al fine di supportare il team Marketing nello sviluppo di nuovi progetti digitali, ricerca un Web Marketing Manager da inserire negli uffici di Milano.

La risorsa risponderà al Marketing Director di Wall Street English Italia e lavorerà a stretto contatto con le altre funzioni aziendali, gestendo agenzie e fornitori esterni per conseguire gli obiettivi aziendali.

In particolare si occuperà di:

a. Monitorare lo scenario competitivo digitale per comprendere i desideri e le motivazioni del consumatore in rete, individuarne le tendenze ed i cambiamenti in atto

b. Definire e supervisionare le strategie di digital marketing, social media e di advertising online e sviluppare nuove iniziative finalizzate al raggiungimento degli obiettivi previsti;

c. Misurare e monitorare le performance delle campagne digitali sviluppando la reportistica inerente la gestione dei siti e le performance raggiunte rispetto a obiettivi di ROI e KPI's;

d. Contribuire allo sviluppo tecnico, all'ottimizzazione SEO e visibilità dei siti;

e. Sviluppare le attività di Lead Nurturing (soprattutto email);

f. Sviluppare le attività di CRM.

Qualifications

Ci rivolgiamo a candidati in possesso di Laurea in Marketing e Comunicazione o titolo equivalente.

E' richiesta una comprovata esperienza nell'online marketing Seo/Sem/Social così come nell'utilizzo degli analytics tools(Google Analytics, online media analysis tools etc), ottima conoscenza di Excel e un forte orientamento al raggiungimento degli obiettivi.

Completano il profilo grandi doti organizzative e di auto-motivazione nel gestire più progetti simultaneamente in un ambiente veloce e guidato da deadline ravvicinate, nonchè un'ottima conoscenza della lingua inglese.

Primary Location: IT-IT-Milan
Job: Marketing
Organization: Core
Employee Status: Regular Employee
Job Type: Standard
Shift: Day Job
Job Posting: Jun 19, 2016
Schedule: Full-time Regular

Apply Online | Add to My Job Cart | SHARE

APPROFONDIMENTI **Tendenze HR: Social media e digitale**

Usare LinkedIn

A volte il modo più semplice per trovare titoli e compiti è usare social media come LinkedIn. Ecco una parafrasi di una richiesta su LinkedIn da parte di un reclutatore: "Spero che qualcuno tra voi reclutatori IT possa aiutarmi a capire meglio come formulare i mansionari che sto scrivendo per il reclutamento di sviluppatori e manager dello sviluppo per O*NET". La prima delle molte risposte elencava 12 voci, tra cui: (1) La specializzazione tecnica è adatta alla posizione desiderata? (2) Quali problemi tecnici sono stati risolti dal candidato? e (3) Il candidato ha dimestichezza con il Cloud Deployment?[31]

Attività, responsabilità e compiti

Questo è il cuore della descrizione, e dovrebbe contenere un elenco di tutte le attività, i compiti e le responsabilità significativi della posizione. Ciascun compito principale della posizione andrebbe elencato separatamente, e descritto in poche frasi. Ad esempio, i compiti della posizione potrebbero includere "raggiungere l'obiettivo quantitativo delle vendite..." e "determinare le priorità di vendita..." Compiti tipici di altre posizioni potrebbero includere la gestione accurata della contabilità fornitori, il mantenimento di variazioni favorevoli nei prezzi d'acquisto, e la riparazione di strumenti e apparecchi della linea di produzione. In questa sezione possono anche essere definiti i limiti dell'autorità del titolare della posizione, come l'approvazione di richieste d'acquisto fino a 5.000 euro.

MyLab **In depth 1**

In ogni caso, è fondamentale indicare chiaramente i compiti della posizione. Ad esempio, per un infermiere uno dei compiti potrebbe essere il seguente:[32]

Errato: Si accerta che il paziente riceva attenzione medica al bisogno.

Commento: C'è ambiguità in ciò che l'infermiere deve fare, e il risultato atteso delle azioni dell'infermiere non è chiaro.

Corretto: Effettua piccoli trattamenti medici o medicazioni (misura la temperatura, tratta lesioni e traumi lievi, somministra aspirina o sciroppo per la tosse) per risolvere o trattare problemi di salute minori dei pazienti utilizzando comuni presidi di pronto soccorso, e determina a sua discrezione la necessità di procedure mediche istituzionali stabilite.

Standard prestazionali e condizioni di lavoro

Nella sezione "standard prestazionali" sono elencati gli standard che l'azienda si aspetta dal dipendente nell'esecuzione dei compiti e delle responsabilità indicati nella descrizione della posizione. Uno dei modi per definire gli standard prevede che la frase termini con "il compito potrà dirsi svolto in modo completamente soddisfacente quando...". Questa frase, completata per ciascuno dei compiti elencati, dovrebbe fornire un insieme di standard prestazionali chiaro e utile. Ad esempio:

***Compito*: Gestione accurata della contabilità fornitori**

1. Registrare tutte le fatture ricevute entro lo stesso giorno lavorativo.
2. Inviare per approvazione tutte le fatture ai manager dei reparti di competenza non oltre un giorno dalla ricezione.
3. Commettere non più di tre errori di registrazione al mese, in media.

La descrizione può anche indicare le condizioni di lavoro, quali livello di rumore, condizioni di pericolo o alte temperature.

MyLab **In depth 2**

3.5 Come descrivere i requisiti delle posizioni

I requisiti della posizione partono dalla descrizione della posizione e rispondono alla domanda: "Quali sono i tratti personali e l'esperienza richiesti per eseguire in modo efficace il lavoro?" Indica il tipo di persona da reclutare e le qualità da verificare. Può essere inserita nella stessa descrizione o essere un documento a parte.[43]

Requisiti per il personale formato e non formato

La stesura di requisiti della posizione per dipendenti formati e con esperienza è abbastanza semplice; in questi casi i requisiti della posizione tendono a concentrarsi su fattori quali la durata del lavoro precedente, la qualità della relativa formazione e le prestazioni passate.

I problemi si fanno più complessi nel caso di posizioni con persone non formate (a cui si intende fornire formazione sul lavoro); diventa necessario specificare qualità come tratti fisici, personalità, interessi e abilità sensoriali che implichino un certo potenziale per lo svolgimento del lavoro o per le possibilità di formazione. Quindi, per una posizione che richiede una manipolazione minuziosa sarà opportuna un'eccellente manualità. Di solito i requisiti personali vengono identificati attraverso un approccio soggettivo e critico, o mediante analisi statistiche (oppure in entrambi i modi).

Requisiti soggettivi

Gran parte dei requisiti della posizione rispecchia semplicemente le convinzioni di supervisori e manager HR. In questi casi la procedura di base consiste nel chiedersi "Che cosa serve in termini di titolo di studio, intelligenza, formazione e così via per fare bene questo lavoro?"

Come si ottengono queste "convinzioni"? Una possibilità è semplicemente analizzare i compiti previsti dalla posizione, e da essi dedurre i tratti personali e le abilità necessari. Oppure si possono scegliere tratti e abilità tra le competenze elencate in descrizioni web come quelle presentate sul sito www.jobdescription.com. (Ad esempio, una descrizione tipica del sito elenca competenze quali "Genera soluzioni creative" e "Gestisce situazioni difficili ed emotive con i clienti."). In ogni caso, usate il buonsenso. Non ignorate i comportamenti validi quasi per tutte le posizioni, ma che potrebbero non emergere attraverso un'analisi della posizione. Un esempio è l'industriosità: chi mai vorrebbe un dipendente che non lavora duramente? Un ricercatore ha raccolto informazioni da supervisori e altre fonti a proposito di 18.000 dipendenti in 42 diverse posizioni di basso livello retribuite a ore.[44] I comportamenti "generici" che sono risultati importanti in tutte le posizioni sono stati accuratezza, presenza, disciplina e flessibilità negli orari (accetta cambiamenti di orario in caso di necessità, si offre di restare fino a tardi se c'è molto lavoro).[45]

Il job analyst può fare distinzioni chiare tra caratteristiche personali essenziali per la posizione e caratteristiche desiderabili. Il reclutatore potrà poi tradurle in annunci di lavoro che indichino i requisiti (ad esempio, una laurea in medicina) e le qualifiche desiderabili (come l'esperienza di lavoro all'estero). In modo analogo, alcuni job analyst classificano i requisiti personali per una posizione in termini di "KSAO" ovvero Knowledge (per esempio saper usare Excel), Skills (es. saper programmare), Abilities (es. matematiche) e Other (es. coscienziosità).

APPROFONDIMENTI **HR e la Gig economy**

È necessario descrivere i requisiti per le posizioni occasionali?

Quando si impiegano lavoratori occasionali non significa che all'azienda non servano mansionari e specifiche della posizione. Per quanto riguarda il mansionario, è opportuno che un'azienda prudente stili un elenco almeno dei compiti principali che si aspetta siano svolti dal lavoratore. E di certo sono necessari i requisiti della posizione, perché l'azienda deve accertarsi che le persone che svolgono un certo lavoro possiedano almeno le caratteristiche e competenze minimali necessarie.

Ad esempio, i "requisiti dell'autista" di Lyft e Uber sono essenzialmente una specifica delle caratteristiche, dotazioni e competenze minimali richieste per ricoprire la posizione di autista di taxi.[46] Anche se possono variare in una certa misura in relazione al luogo, Uber e Lyft richiedono un'età di almeno 21 anni, un numero di Social Security e una patente valida per lo Stato USA di esercizio (emanata da almeno un anno), un'assicurazione; l'azienda conduce poi delle verifiche presso l'equivalente del nostro PRA, e a livello nazionale e locale. Per Uber, dalla verifica non devono risultare per i 7 anni scorsi multe per guida in stato d'ebbrezza, reati legati alle droghe, guida senza patente o assicurazione, incidenti fatali, episodi di guida spericolata e fedina penale macchiata. E ci sono altri requisiti ancora, tra i quali l'idoneità dell'auto: dev'essere una berlina 4 porte, con 4 o più posti (escluso l'autista), essere del 2001 o più recente, avere targhe dello Stato, essere in regola col libretto e superare l'ispezione tecnica di Uber.

Requisiti basati su analisi statistiche

L'impiego di analisi statistiche anziché della soggettività come base dei requisiti della posizione costituisce un approccio molto più difendibile, ma anche più difficile. L'obiettivo consiste nel determinare statisticamente la relazione tra (1) un qualche *predittore* (tratto personale, come altezza, intelligenza o manualità) e (2) un qualche indicatore o *criterio* di efficacia sul lavoro, come le prestazioni rilevate dal supervisore.

Questa procedura prevede cinque passi: (1) analizzare la posizione e decidere come misurare le prestazioni, (2) selezionare tratti personali, come la manualità, che si ritenga possano predire le prestazioni, (3) testare la presenza dei tratti nei candidati, (4) misurare le successive prestazioni lavorative di tali candidati, e (5) analizzare statisticamente la relazione fra tratto personale (manualità) e prestazione lavorativa. L'obiettivo è determinare se il tratto può predire le prestazioni.

La matrice dei requisiti

Molte aziende impiegano descrizioni e requisiti della posizione per riassumere ciò che essa comporta, ma anche la **matrice dei requisiti** è molto usata.[47] Una tipica matrice elenca le seguenti informazioni su cinque colonne:

Colonna 1: Ognuno dei quattro o cinque *compiti principali della posizione.*

Colonna 2: Le *declaratorie* delle attività principali associate a ogni compito principale.

Colonna 3: L'*importanza* relativa di ciascuno dei compiti principali.

Colonna 4: Il *tempo da dedicare* a ciascun compito principale.

Colonna 5: *Conoscenza, specializzazione, abilità* e *altre* caratteristiche personali legate a ciascun compito principale.[48]

Il passo più importante nella creazione della matrice dei requisiti prevede la stesura delle **declaratorie delle attività**, ognuna delle quali specifica ciò che il lavoratore deve fare in ciascuna delle singole attività di un compito, e come deve farlo.

Parola chiave

Matrice dei requisiti della posizione

Descrizione più completa di ciò che il lavoratore fa, e di come e perché lo fa; chiarisce lo scopo di ciascuna attività, e i requisiti di conoscenza, abilità, specializzazione e altre caratteristiche.

Parola chiave

Declaratoria dell'attività

Voce scritta che indica che cosa fa il lavoratore in una specifica attività, come lo fa, conoscenza, abilità e attitudini richieste per farlo, e scopo dell'attività.

3.6 I modelli delle competenze

Molte persone considerano ancora il lavoro come un insieme di compiti specifici che le persone eseguono in cambio di uno stipendio, ma il concetto di "lavoro" sta cambiando. Alcune aziende stanno appiattendo i loro organigrammi, rinunciando ai manager e lasciando un maggior numero di compiti ai lavoratori che rimangono, altri stanno organizzando il lavoro in modo che team di lavoratori condividano le posizioni per svolgere il lavoro. Cambiamenti come questi tendono a sfumare i limiti tra una posizione e l'altra, e in situazioni del genere risulta spesso impossibile basarsi su un elenco di compiti che indichi specificamente ciò che il lavoratore deve fare.[51]

Molte organizzazioni utilizzano pertanto un approccio diverso all'analisi della posizione: anziché concentrarsi sulla definizione dell'elenco dei compiti di una posizione, enfatizzano con modelli (o profili) delle competenze le conoscenze e le abilità necessarie per svolgere il lavoro. In tali modelli o profili (vedi Figura 3.7) sono elencati competenze, abilità e comportamenti che i dipendenti devono poter mostrare per svolgere il proprio lavoro.[52] Ad esempio, per creare il suo modello delle competenze per i manager HR, la Society for Human Resource Management descrive una competenza come "gruppo di attributi altamente interrelati" (conoscenza della progettazione di ricerche, abilità di pensiero critico e capacità di ragionamento deduttivo) che danno origine ai comportamenti (come la valutazione critica) di cui una persona necessita per coprire in modo efficace una certa posizione (in questo caso, manager HR).[53] Il modello o profilo delle competenze diviene quindi la linea guida per reclutare, selezionare, formare, valutare e sviluppare i dipendenti per qualsiasi posizione.[54] Ad esempio, il manager *assume* nuovi dipendenti usando test che

Figura 3.7 Esempio di modello delle competenze/ profilo della posizione per il Manager delle risorse umane.

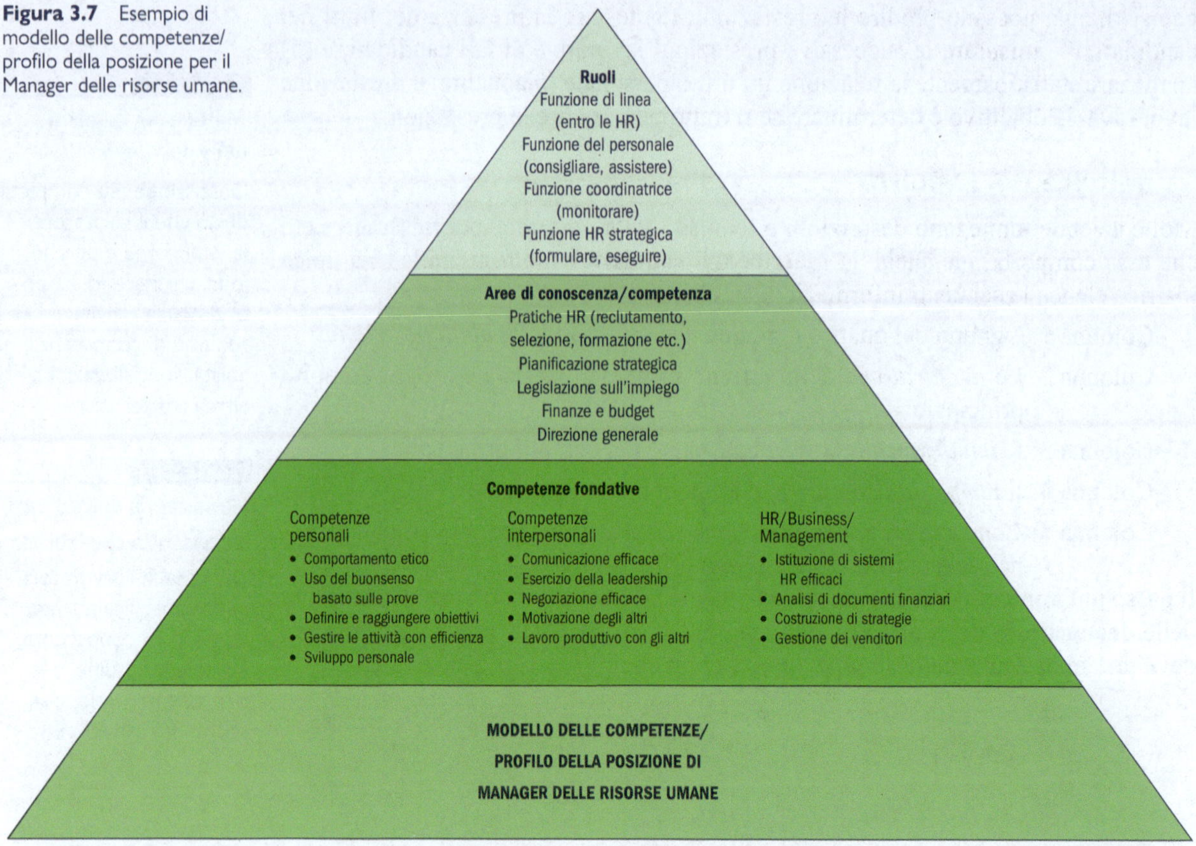

misurano le competenze elencate nel profilo, *forma* i dipendenti con corsi mirati a sviluppare tali competenze, e *valuta* le prestazioni rilevando le competenze dei dipendenti. Il concetto è illustrato nel successivo riquadro Pratiche HR nel mondo.

Scrivere declaratorie di competenze

L'identificazione delle competenze necessarie a una posizione è simile alla tradizionale analisi della posizione. Ad esempio, potreste intervistare dei titolari delle posizioni e i loro supervisori con domande aperte in merito alle responsabilità e alle attività delle posizioni stesse.

Anziché compilare elenchi di compiti della posizione, il vostro intento è completare la frase: "*per poter eseguire questo lavoro con competenza, l'impiegato deve essere in grado di...*" Per farlo usate la vostra conoscenza della posizione, oppure gli input del supervisore. Poi, per ciascuna competenza scrivete una *declaratoria di competenza*.

Idealmente la declaratoria dovrebbe includere tre elementi:[56] uno è il *nome e una breve descrizione* della competenza, come "Project Management—creazione di programmi accurati ed efficaci". Il secondo è una *descrizione dei comportamenti osservabili* che rappresenta il livello di competenza, come ad esempio "personalmente responsabile dell'esecuzione del progetto e coinvolto nel successo dello stesso; gestisce in modo continuativo rischi e dipendenze del progetto prendendo decisioni tempestive." Il terzo sono i *livelli di padronanza.* Ad esempio (per il project management):[57]

- **Livello di competenza 1.** Identifica rischi e dipendenze del progetto e comunica regolarmente con le parti coinvolte
- **Livello di competenza 2.** Sviluppa sistemi per monitorare rischi e dipendenze e segnala i cambiamenti
- **Livello di competenza 3.** Anticipa le condizioni di cambiamento e impatto su rischi e dipendenze e intraprende azioni preventive
- **Livello di competenza 4.** Identifica preventivamente le implicazioni delle condizioni di business interne ed esterne su rischi e dipendenze

Parola chiave

Analisi della posizione basata sulle competenze

Descrizione della posizione in termini di competenze misurabili, osservabili e comportamentali (conoscenza, abilità e/o comportamenti) che un dipendente titolare della posizione deve mostrare per fare bene il lavoro.

APPROFONDIMENTI **Pratiche HR nel mondo**

L'esempio di Daimler Alabama

Qualche anno fa, Daimler aprì in Alabama una nuova fabbrica Mercedes-Benz concepita come impianto high-tech.[55] L'impianto opera con metodi di inventario "just-in-time", in modo da ridurre al minimo al magazzino grazie all'arrivo "appena in tempo" dei pezzi. Il lavoro è organizzato in team di lavoro, con il presupposto che i dipendenti devono dedicarsi a un costante miglioramento.

Questa operatività richiede determinate competenze (abilità e comportamenti) da parte dei dipendenti, come abilità di rapporto interpersonale e flessibilità.

L'**analisi della posizione basata sulle competenze** ha aiutato la Daimler nella ricerca del personale. Le linee guida relative a chi assumere e come formarlo si basano più sulle competenze necessarie per eseguire il lavoro (come ad esempio "capacità di lavorare in squadra") che su un elenco di compiti, e poiché i lavoratori non devono seguire un mansionario dettagliato del "proprio lavoro" riescono più facilmente a spostarsi da un lavoro all'altro all'interno del loro team.

Insistere sulle competenze anziché sui compiti incoraggia anche i lavoratori a guardare al di là del "proprio lavoro" per trovare spazi di miglioramento; ad esempio, un team ha riprogettato i telai su cui si muovono le parti da assemblare, facendo risparmiare migliaia di passaggi all'anno ai lavoratori della catena di montaggio.

Il nuovo sistema che prevede l'analisi della posizione basata sulle competenze, dopo aver dato buona prova di sé in Alabama, è stato adottato anche negli impianti Daimler in Sudafrica, Brasile e Germania.

BP: un esempio

I dirigenti della divisione esplorazione della British Petroleum (BP) volevano portare i dipendenti da un atteggiamento orientato ai compiti ("questo non è compito mio") a uno che li motivasse a ottenere le abilità necessarie ad assumersi responsabilità maggiori.[58]

La soluzione fu una matrice delle abilità come quella della Figura 3.8, declinata in modi diversi per ciascuna posizione o famiglia di posizioni. Come si vede nella figura, in ogni matrice compaiono (1) i tipi di abilità richiesti per la posizione, come la competenza tecnica, e (2) il livello minimo di padronanza dell'abilità richiesto per ciascun livello. La didascalia della figura spiega l'uso della matrice.

La matrice delle abilità di BP supportava anche l'impegno dell'azienda nella gestione dei talenti, che in questa unità poteva ora concentrarsi su reclutamento, assunzione, formazione, valutazione e retribuzione dei dipendenti sulla base delle abilità richieste per la posizione in questione.

Livello 6	6	6	6	6	6
Livello 5	5	5	5	5	5
Livello 4	4	4	4	4	4
Livello 3	3	3	3	3	3
Livello 2	2	2	2	2	2
Livello 1	1	1	1	1	1
	Competenza/ abilità tecnica	Abilità decisionale e di problem solving	Abilità interpersonali	Abilità di leadership	Abilità di sensibilità commerciale

Figura 3.8 Matrice delle abilità.

Un esempio della matrice delle abilità per gli addetti allo sviluppo prodotto tecnico/ ingegneristico. I riquadri più scuri mostrano il livello richiesto per ciascuna abilità; una legenda potrebbe fornire esempi specifici per ogni livello di ciascuna abilità, con difficoltà crescenti a partire dal Livello 1. Ad esempio, il Livello 1 di Competenza/abilità tecnica potrebbe essere "ha acquisito o sta acquisendo le conoscenze di base necessarie per questo tipo di posizione", mentre il Livello 6 potrebbe essere "è in grado di condurre e supervisionare attività analitiche altamente complesse che richiedono esperienza e abilità tecniche avanzate".

CASO DI STUDIO

Internet of Things, la fabbrica del futuro e i suoi impatti sul lavoro

di Cristiano Ghiringhelli

Cosa possono avere in comune un paio di scarpe sportive, un lampione per l'illuminazione stradale, un frigorifero e un componente consegnato da un fornitore esterno in attesa di essere assemblato in una linea di produzione? E cosa c'entra tutto questo con un mondo del lavoro profondamente diverso da quello al quale siamo abituati a pensare, che richiederà competenze, abilità e comportamenti altrettanto differenti, tutte da costruire?

L'internet delle cose e la sua applicazione industriale: l'Industry 4.0

L'Internet of Things è un'infrastruttura che, interconnettendo oggetti fisici e virtuali, permette loro di scambiare dati e (attraverso attuatori) di regolare il loro comportamento in modo autonomo (rendendoli di fatto *smart objects*). Ad esempio un frigorifero, una volta connesso a Internet, è in grado di generare automaticamente un ordine a un fornitore in rete per ristabilire le scorte, ma anche interagire con altri elettrodomestici e con l'utente in modi completamente diversi da quelli tradizionali. Candy, per esempio, ha promosso la linea Simplyfi proprio in questa direzione (http://candysimplyfi.com). Gli attrezzi sportivi (quali scarpe, palloni e racchette) dotati di sensori e collegati in rete forniscono dati utili a regolare in tempo reale il piano di allenamento, oltre a condividere le prestazioni sui social e allo svolgimento di gare virtuali: è ciò che accade con il programma **Nike+** (http://www.nike.com/us/en_us/c/nike-plus). Nelle città intelligenti (*smart cities*), gli irrigatori connessi a Internet possono ottimizzare l'innaffiamento dei parchi a seconda delle condizioni ambientali, e i lampioni intelligenti possono ottimizzare l'illuminazione della città a seconda dell'andamento del traffico. La possibilità di dotare di sensori la gran parte degli oggetti che formano le infrastrutture di una città fa parte di programmi già molto avanzati: tra questi, un chiaro esempio già piuttosto avanzato è il programma **Smarter Planet** di **IBM** (http://www.ibm.com/smarterplanet/us/en/).

Nel complesso, attraverso l'Internet delle cose è possibile strutturare dei Cyber-Physical Systems (CPS), ovvero dei network globali in grado di interconnettere oggetti fisici e virtuali. Nel settore industriale i CPS sono composti dall'insieme di macchinari intelligenti, sistemi logistici e siti di produzione (fabbriche e impianti) che, essendo in grado di scambiarsi dati, possono regolarsi a vicenda e autonomamente. Da un lato i processi di produzione, l'utilizzo di materiali e di risorse e la supply chain possono essere regolati in modo più efficiente: per esempio, una quantità di scorte di materie prime al di sotto di un valore soglia può essere rilevata istantaneamente, e far partire automaticamente l'ordine al fornitore, evitando così fermi di produzione che produrrebbero un crollo dell'efficienza. La pianificazione della produzione può essere aggiornata all'ultimo minuto, in base a eventi inattesi rilevati sul fronte della domanda. I processi produttivi possono essere pianificati in particolari momenti della giornata, in modo da ottimizzare il consumo di energia. Dall'altro, anche la relazione con i clienti può cambiare: un macchinario in uso presso un cliente può inviare dati in merito al suo utilizzo utili a proporre al cliente un altro tipo di macchinario o un altro contratto di utilizzo oppure, come previsto dal sistema **MoDe** (Maintenance on Demand) sviluppato da **Volvo** in collaborazione con altre aziende (http://fp7-mode.eu), inviare una richiesta di intervento di manutenzione preventiva (prima cioè che si verifichi un'avaria) direttamente al servizio assistenza, avvertendo al contempo l'utilizzatore (con benefici anche in termini di sicurezza, oltre che di migliore impiego del macchinario).

Le espressioni Industrial IoT, Industry 4.0, Factory 4.0, Smart Manufacturing, Smart Enterprise, si riferiscono tutte a questa nuova capacità di un'organizzazione industriale, abilitata da IoT, di rispondere in modo agile alle variazioni di contesto, attraverso lo sviluppo e l'adozione di nuovi processi produttivi e di nuovi modelli di business.

Come cambia il lavoro nell'Industry 4.0?

Nelle *smart factories* il ruolo degli addetti cambia radicalmente: all'uomo è affidato prevalentemente un compito da un lato di controllo in tempo reale dei processi organizzativi (che, ricordiamo, sono in grado di regolarsi autonomamente), dall'altro di decision-making che richiede evolute capacità di analisi di situazioni complesse, di astrazione, di problem-solving e di auto-organizzazione del proprio lavoro. Questo introduce la prospettiva di quello che potremmo definire "operatore aumentato" (*augmented-operator*). Ad esempio, l'operatore di un centro di distribuzione logistica della **DHL** può ottenere informazioni relative a provenienza, destinazione, contenuto, peso, modalità di conservazione, eventuali accortezze da adottare durante la movimentazione e molte altre informazioni semplicemente osservando il pacco attraverso dispositivi wearable simili ai Google Glass. Il suo collega incaricato della consegna del pacco al destinatario seguirà un itinerario sviluppato da un apposito sistema che tiene conto delle condizioni reali e previste del traffico, dei cambiamenti di indirizzo fatti all'ultimo minuto dal cliente, il tutto ottimizzando consumi, tempi e impatti ambientali.

Sono numerose le potenziali opportunità introdotte dall'approccio Industry 4.0 sul lavoro: dall'arricchimento del proprio lavoro (*qualitative job enrichment*) a un ambiente di lavoro (*work environment*) più stimolante, da una maggiore autonomia a maggiori opportunità di sviluppo e crescita professionale.

Occorre però in molti casi una sostanziale riprogettazione dell'assetto organizzativo, dei suoi processi e sistemi, nonché delle politiche e pratiche HR, volta a creare le condizioni favorevoli e di supporto necessarie a un efficace esercizio di responsabilità e di autonomia individuale e agli approcci di leadership distribuita e responsabilità diffusa già richiamati.

Quali sfide di sviluppo delle risorse umane?

L'approccio Industry 4.0, trasformando contenuti, processi e ambienti di lavoro, inevitabilmente trasforma anche i profili di competenza dei lavoratori. Leadership distribuita, responsabilità diffusa, collaborazione e partecipazione, controllo in tempo reale dei processi organizzativi, decision-making, analisi di situazioni complesse, di astrazione, di problem-solving e di auto-organizzazione del proprio lavoro sono le principali competenze che devono essere sviluppate, accanto alle più immediate competenze di analisi ed elaborazione di Big Data.

Inoltre, posto che la collaborazione e le interdipendenze tra unità organizzative sono alla base dell'operatività di successo nello scenario Industry 4.0, andrà particolarmente sviluppata la capacità di analisi e interpretazione dei processi organizzativi in ottica interfunzionale, interfacciandosi e collaborando con tutti gli attori coinvolti nel processo manifatturiero. Ne consegue che ai già citati fabbisogni di competenza si aggiunge la necessità di sviluppare social skills sufficientemente evolute per misurarsi con interazioni (sia fisiche sia abilitate e mediate dai sistemi tecnologici) che travalicano le tradizionali separazioni tra unità e funzioni organizzative e che sono fortemente interdisciplinari.

Tra le organizzazioni che sono in una fase avanzata della sperimentazione dell'applicazione dell'IoT ai processi industriali si è già diffusa una certa preoccupazione in merito alla probabile mancanza, nel mercato del lavoro, di figure professionali dotate di questi profili di competenza (skill-shortage). Inoltre, si apre il problema della riqualificazione del personale che è già inquadrato, ma che è stato selezionato sulla base di requisiti di competenza molto diversi.

Tutto questo introduce la necessità di fare leva da un lato su iniziative di sviluppo e formazione specifiche (anche con modalità di digital learning) ma soprattutto di adottare un'organizzazione del lavoro tale che l'apprendimento sia "embedded" nell'attività professionale stessa (workplace-based learning). La tensione verso il costante sviluppo di competenze imposto da un ambiente di lavoro così configurato richiede inoltre approcci e strumenti di assessment sistematici, volti a realizzare un bilancio delle competenze periodicamente aggiornato, fondamentale per orientare le attività di sviluppo e formazione lungo le direttrici che risultano a maggiore impatto per l'efficacia dell'azione professionale della persona in relazione alle specificità del contesto di lavoro. In questo quadro, diventa ancora più urgente accelerare il processo, già da qualche anno promosso in sede europea, di armonizzazione e collegamento tra la formazione scolastica e accademica, la formazione formale post-laurea e la formazione non-formale e informale che ha luogo durante l'attività professionale (si vedano i programmi europei al proposito: http://ec.europa.eu/education/policy/strategic-framework/skills-qualifications_en.htm).

CASO DI STUDIO

UPS Norimberga: quando l'automazione non fa paura ai dipendenti

di Cristiano Ghiringhelli e Francesco Virili

UPS è stata fondata nel 1907, oggi è la più grande società di distribuzione di pacchi e documenti al mondo e un fornitore leader specializzato nei servizi di trasporto e logistica. Grazie a una tecnologia avanzata, all'accesso a risorse globali e a una rete integrata di sistemi fisici, tecnologici e risorse umane, UPS pone alla base del suo business in costante espansione la capacità di fornire un elevato livello di servizio e di fidelizzare i propri clienti.

Innovazione senza problemi: perché? - Le iniziative di automazione di processo volte ad aumentare la produttività vengono spesso viste come una minaccia da parte dei lavoratori. L'automazione infatti tende di solito a ridurre il fabbisogno di personale incaricato di mansioni operative e routinarie, che vengono affidate alle macchine. Alle persone restano invece affidati i compiti di programmazione/supervisione/controllo dei processi e di risoluzione dei problemi/eccezioni. Essi richiedono solitamente diverse conoscenze e abilità: prima contavano le abilità operative e manuali, dopo contano soprattutto le competenze di analisi, controllo, decision-making e problem-solving. Insomma, meno personale, ma più qualificato.

Nello stabilimento UPS di Norimberga l'introduzione di un sistema automatizzato di handling (l'insieme delle attività di ricezione, smistamento "*sorting*", spedizione al destinatario finale o ad altri centri di smistamento intermedi) dei pacchi ha notevolmente aumentato la produttività di questo importante hub, che fa da collettore e distributore per le spedizioni verso il Sud-Est dell'Europa. Eppure, se si intervistano i responsabili e gli operatori dell'hub e se si visitano i luoghi di lavoro, profondamente trasformati dalla nuova configurazione ad alto contenuto di automazione, è impossibile non percepire un clima non solo di serenità, ma anche di soddisfazione e di orgoglio da parte dei lavoratori. In che modo è stato possibile ottenere questo risultato?

Le ragioni - Una prima spiegazione va individuata nel contesto di mercato favorevole in cui si è svolta l'innovazione. I volumi di operatività di UPS Europe sono in espansione, e questo ha reso più credibili le rassicurazioni della dirigenza circa la sicurezza dei posti di lavoro. Ma questo, da solo, non può bastare a spiegare il successo di una così radicale trasformazione delle modalità di lavoro, che ha comportato una significativa riduzione di posizioni consolidate (ad esempio: quelle dei numerosi operatori addetti allo smistamento manuale, i "*sorters*") e la necessità di affrontare un difficile periodo di cantieri, di sperimentazioni e di formazione e addestramento.

Innanzitutto, la **cultura organizzativa** che da sempre caratterizza UPS. Il fondatore di UPS, James Casey, ha lasciato un'impronta unica e profonda: dalla proverbiale cura di ogni dettaglio del servizio offerto ("l'unica cosa che noi vendiamo è il nostro servizio", amava ricordare Casey) al fatto di essere davvero al centro: "Il principio base che secondo me ha contribuito più di ogni altro a fare di UPS quello che è oggi", diceva Casey nel 1955 "è che essa appartiene ai suoi dipendenti". Questo principio si è pienamente manifestato durante l'automazione dell'hub di Norimberga: tutti gli "UPSers" (così amano chiamarsi i dipendenti e i manager della società), hanno potuto contribuire a definire le soluzioni, le configurazioni e le scelte di organizzazione del lavoro sentendosi non soltanto partecipi e determinanti per il successo dell'operazione, ma anche oggetto di attenzione, di cura, di fiducia.

Questo ha inoltre permesso agli UPSers di percepire, sin dalle fasi sperimentali, i vantaggi e gli effetti positivi prodotti dall'automazione sul loro lavoro, che possono essere sintetizzati in tre punti. Il primo vantaggio percepito è una maggiore consapevolezza, sia del processo di lavorazione (handling) complessivo sia del ruolo che il singolo individuo gioca in esso. Questa maggiore consapevolezza produce poi effetti (organizzativi e individuali) di fondamentale importanza, poiché favorisce lo sviluppo di un orientamento al risultato individuale visto come contributo a quello finale, un atteggiamento di imprenditorialità interna, la ricerca attiva di opportunità di miglioramento continuo, lavoro in team, nonché lo sviluppo di una maggiore motivazione (il lavoratore ha modo di comprendere l'importanza del suo contributo nel flusso di lavoro complessivo e nel raggiungimento del risultato finale).

Il secondo vantaggio prodotto dall'automazione percepito dagli UPSers riguarda l'arricchimento della mansione che ne è conseguito. L'automazione ha permesso alla maggior parte degli operatori di ridurre l'impegno nello svolgimento di attività ripetitive e di assumere compiti di supervisione, regolazione, monitoraggio dei processi di lavoro. Ma anche il personale che ha mantenuto compiti prevalentemente operativi ottiene dall'automazione importanti benefici e supporti all'azione manuale, contribuendo a configurare un ambiente di lavoro più confortevole, più comprensibile e caratterizzato da una maggiore varietà del compito.

Il terzo vantaggio prodotto dall'automazione percepito dagli UPSers è stata la maggiore valorizzazione degli operatori. Compiti, attività e mansioni sono state ridisegnate e assegnate agli operatori facendo leva sulla maggiore conoscenza dei punti di forza e delle inclinazioni dei propri dipendenti sviluppate da UPS proprio grazie a quell'approccio partecipativo con il quale il cambiamento è stato gestito. Le nuove scelte di allocazione dei compiti hanno soddisfatto le nuove esigenze organizzative attraverso un processo di scoperta e valorizzazione attenta delle competenze e inclinazioni individuali: ad esempio, alcuni dipendenti che avevano capacità di analisi dei dati o sapevano impiegare strumenti informatici si sono proposti per un nuovo percorso di sviluppo più sfidante e soddisfacente di quello precedente. Questa crescita costituisce un altro tratto distintivo di quella cultura UPS in cui crediamo James Casey potrebbe riconoscersi con soddisfazione ancora oggi.

3.7 Riepilogo

1. Oggi gli imprenditori vedono spesso le attività di assunzione, formazione e retribuzione come parti di un unico processo di *gestione dei talenti*, che abbiamo definito come processo integrato e *orientato agli obiettivi* di *pianificazione, reclutamento, sviluppo, gestione e retribuzione* dei dipendenti. Quando un manager adotta la prospettiva della gestione dei talenti, deve ricordare che le attività di tale gestione fanno parte di un unico processo interrelato, accertarsi che le decisioni (come le assunzioni e le retribuzioni) siano motivate da obiettivi, usare in modo coerente il "profilo" impiegato per formulare i piani di reclutamento per una posizione anche per le decisioni di selezione, formazione, valutazione e retribuzione, segmentare e gestire i dipendenti in modo attivo, e integrare e coordinare tutte le funzioni di gestione dei talenti.

2. Tutti i manager devono conoscere i *fondamenti dell'analisi della posizione*.
   - L'analisi della posizione è la procedura attraverso la quale si determinano i compiti delle posizioni del reparto e le caratteristiche delle persone da assumere per occuparle.

- Le descrizioni sono un elenco di ciò che comporta la posizione, mentre i requisiti della posizione identificano il tipo di persona da assumere.
- L'analisi della posizione prevede la raccolta di informazioni su aspetti quali le attività della posizione, i comportamenti personali richiesti e le macchine, gli strumenti e le attrezzature impiegate.
- I manager usano le informazioni dell'analisi della posizione per reclutamento e selezione, retribuzione, formazione e valutazione delle prestazioni.
- I passi di base dell'analisi della posizione includono: decidere l'uso delle informazioni dell'analisi della posizione, analizzare le informazioni di background pertinenti, tra cui gli organigrammi, analizzare la posizione, verificare le informazioni e sviluppare mansionari e specifiche della posizione.

3. Esistono vari *metodi per raccogliere informazioni di analisi della posizione*, tra cui colloqui, questionari, osservazione, diario/registro del partecipante, e tecniche quantitative come i questionari di analisi della posizione. Gli imprenditori usano sempre più spesso Internet per raccogliere informazioni dai dipendenti.

4. I manager dovrebbero conoscere il processo di *stesura delle descrizioni delle posizioni*. Non esiste un unico formato standard, ma la maggior parte dei mansionari contiene sezioni dedicate all'identificazione della posizione, al riepilogo, all'elenco di responsabilità e compiti, all'autorità del titolare e agli standard prestazionali. La descrizione può anche contenere informazioni riguardanti le condizioni di lavoro e le specifiche della posizione. Molti datori di lavoro fanno riferimento a siti Internet quali www.jobdescription.com.

5. Nella *stesura dei requisiti della posizione* è importante distinguere tra requisiti per personale formato e non formato. Per i dipendenti formati il processo è relativamente semplice, perché si cercano soprattutto tratti come l'esperienza, mentre per il personale non formato è necessario identificare tratti che possano predire il successo nella posizione. Gran parte dei requisiti della posizione nasce da ipotesi dei supervisori, e ha principalmente carattere soggettivo. In alcuni casi si utilizzano analisi statistiche per identificare predittori o tratti personali legati al successo nella posizione.

6. Fra i tratti e comportamenti personali che possono predire la possibilità che i candidati a una posizione siano coinvolti, e che quindi il manager può opportunamente includere nella specifica della posizione, vi sono adattabilità, passione per il lavoro, maturità emotiva, atteggiamento positivo, consapevolezza, orientamento al risultato e una storia lavorativa di impegno al servizio degli altri.

7. Nella gestione dei talenti si usano competenze e profili, e in particolare si creano "profili" per ciascuna posizione con l'intento di elencare competenze, attributi personali, conoscenza ed esperienza necessarie per ricoprire la posizione. Il profilo delle singole posizioni diventa poi il punto di partenza per creare piani di reclutamento, selezione, formazione, valutazione e sviluppo. L'**analisi della posizione basata sulle competenze** implica una descrizione della posizione in termini di competenze comportamentali misurabili e osservabili (come ad esempio abilità specifiche) che un dipendente deve mostrare per poter svolgere bene il suo lavoro. Ad esempio, se è possibile che il lavoro di un membro di un team cambi ogni giorno, è necessario identificare le abilità necessarie al dipendente per passare da un lavoro all'altro.

MyLab

Sulla piattaforma MyLab dedicata a questo testo troverete materiali di supporto e approfondimento. All'interno dello stesso ambiente è disponibile la piattaforma inglese MyManagementLab che offre ulteriori risorse, un ricco apparato multimediale ed esercizi guidati.

Parole chiave

Gestione dei talenti 50
Organigramma 51
Analisi della posizione 51
Descrizione della posizione 51
Requisiti della posizione. 51
Diagramma dei processi 53
Diario/registro. 56
Matrice dei requisiti della posizione . . 61
Declaratoria dell'attività 61
Analisi della posizione basata sulle competenze 63

Domande di discussione

3.1 Perché, in sintesi, i manager dovrebbero considerare assunzioni, formazione, valutazione e retribuzione dei dipendenti come un unico processo di gestione dei talenti?

3.2 Quali voci sono tipicamente incluse in una descrizione della posizione?

3.3 Abbiamo trattato vari metodi per raccogliere i dati di analisi della posizione, tra cui i questionari. Confrontate i diversi metodi, spiegando l'utilità di ciascuno ed elencando i pro e i contro.

3.4 Descrivete i tipi di informazioni generalmente presenti in una descrizione dei requisiti della posizione.

3.5 Spiegate come condurreste un'analisi della posizione.

3.6 Ritenete che tutte le aziende possano fare a meno di descrizioni delle posizioni dettagliate? Spiegate la risposta.

3.7 Spiegate come costruireste una matrice dei requisiti per una posizione.

3.8 In un'azienda di soli 25 dipendenti c'è meno necessità di una descrizione delle posizioni? Spiegate la vostra risposta.

Attività individuali o di gruppo

3.9 Facendo riferimento all'esempio di mansionario della Figura 3.5 per la posizione di Telesales Representative, cercate su Internet un mansionario per la stessa posizione, poi confrontate i due documenti. Nel mansionario trovato su Internet manca qualche parte o informazione? In che modo potete migliorarlo?

3.10 Lavorando da soli o in gruppo, fate una ricerca su Internet o in biblioteca per identificare cinque posizioni con le condizioni lavorative più pericolose del mondo. Elencate le posizioni a partire dalla più pericolosa e descrivete le condizioni di ciascuna. Potete scegliere qualsiasi settore occupazionale.

Note bibliografiche

Le note di questo capitolo sono consultabili online sulla piattaforma MyLab oppure immediatamente visualizzabili su smartphone e tablet tramite questo QR-code.

CAPITOLO

4 Personale: programmazione e reclutamento

Argomenti

- Programmazione e previsione della forza lavoro
- L'importanza del reclutamento efficace
- Mercato interno del lavoro
- Guida per manager al coinvolgimento dei dipendenti
- Mercato del lavoro
- Sviluppo e utilizzo dei moduli di candidatura
- Riepilogo

MyLab Figura 4.0

Parola chiave
Programmazione della forza lavoro
Il processo di decisione delle posizioni che l'azienda deve coprire, e di come coprirle.

Parola chiave
Programmazione della successione
Il processo continuo e sistematico di identificazione, valutazione e sviluppo di capacità e competenze delle persone potenzialmente in grado di ricoprire le cariche chiave alla guida dell'organizzazione.

Obiettivi didattici

Al termine del capitolo:

- Saprete spiegare le tecniche più importanti di programmazione e previsione della forza lavoro.
- Potrete illustrare l'importanza di un reclutamento efficace.
- Saprete distinguere e analizzare fonti e metodi di reclutamento sui mercati del lavoro, sia interni che esterni all'organizzazione.

4.1 Programmazione e previsione della forza lavoro

La **programmazione della forza lavoro** è il processo di decisione delle posizioni che l'azienda dovrà occupare, e del modo in cui lo farà. L'obiettivo è identificare e risolvere i "vuoti" tra le future necessità occupazionali dell'azienda e la presenza attuale di dipendenti che potrebbero essere adatti a soddisfarle. La programmazione della forza lavoro è detta anche *dimensionamento degli organici* o *del personale*. La programmazione della forza lavoro coinvolge tutte le posizioni, dall'addetto alla manutenzione all'AD, ma vedremo che in molte aziende il processo di assegnazione delle posizioni dirigenziali è detto **programmazione della successione**.[1]

Strategia e programmazione della forza lavoro

È opportuno considerare la programmazione della forza lavoro/dell'impiego come un elemento dei processi di pianificazione strategica e di business dell'azienda (vedi Figura 4.1). I piani per l'ingresso in nuovi settori di business, la costruzione di nuovi impianti o la riduzione delle attività influiscono sul numero e sui tipi delle posizioni da riempire. Allo stesso tempo, le decisioni sul modo di occupare tali posizioni vanno integrate con altri aspetti dei piani HR dell'azienda, come quelli di valutazione e formazione dei dipendenti presenti e nuovi. Ad esempio, la transizione di IBM dall'attività di produttore hardware a quella di fornitore di software e consulenza, insieme all'innovazione tecnologica, sta rendendo obsolete le competenze specialistiche di molti dipendenti presenti,[2] quindi i dirigenti delle risorse umane hanno valutato, insieme ad altri dirigenti, quali fossero "le abilità e le competenze necessarie a eseguire i piani strategici"[3] e hanno definito piani di sviluppo e reclutamento in funzione delle necessità emerse.

Come tutti i piani, anche quelli per la forza lavoro si basano su stime previsionali, assunti di base sul futuro. Una tra le decisioni fondamentali per la programmazione della forza lavoro è la copertura delle nuove posizioni che si apriranno in futuro: sarà interna (con personale già presente in organico) o esterna (con personale nuovo)? Quindi, nella pianificazione del dimensionamento dell'organico di solito sono necessarie tre previsioni: una per le necessità future di personale, una per la disponibilità di candidati interni e una per la disponibilità di quelli esterni. Il manager identificherà poi le discrepanze tra offerta e domanda, e svilupperà piani per ovviare. Inizieremo con la previsione del fabbisogno di personale.

Stima del fabbisogno di personale (domanda di forza lavoro)

Come tutti i piani ben concepiti, quelli riguardanti la forza lavoro si basano sulle previsioni. In questo caso al manager servono tre previsioni: una sulle necessità di personale (domanda), una sul bacino di candidati interno e una su quello esterno. Date queste previsioni, il manager potrà identificare le discordanze tra domanda e offerta e sviluppare piani d'azione per risolverle.

A titolo di esempio, quando Dan Hilbert è entrato alla Valero Energy (un'organizzazione nel settore della produzione di energia quotata in borsa al NYSE con sede ad Amarillo, in Texas) come nuovo direttore del personale ha analizzato i profili demografici dei dipendenti, i piani di crescita e la storia del turnover dell'azienda, e ha scoperto che la stima della futura carenza di forza lavoro era il quadruplo di quanto l'azienda potesse coprire con le sue politiche di reclutamento correnti. Su queste basi sono stati quindi formulati nuovi piani del personale per migliorare la capacità dell'azienda di trattenere i propri dipendenti e per aumentare il numero di candidati reclutati e selezionati.[5] Inizieremo proprio dalla previsione del fabbisogno di personale.

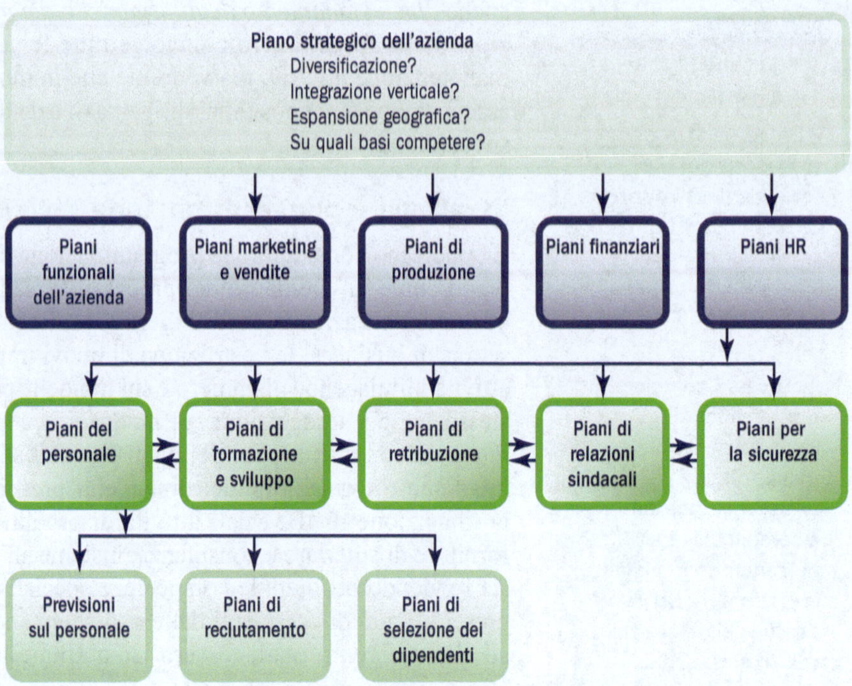

Figura 4.1 Collegamento della strategia aziendale alla programmazione del personale.

Il procedimento di solito parte dalle previsioni di fatturato. Il processo di base per prevedere il fabbisogno di personale consiste nel prevedere prima i profitti, e poi stimare l'entità del personale necessario per supportare il volume delle vendite. Vanno però considerati anche i fattori strategici, tra cui il turnover previsto, le decisioni su miglioramenti (o peggioramenti) di prodotti e servizi, i cambiamenti di produttività, le risorse finanziarie e, come per IBM, le decisioni sull'entrata o sull'uscita in o da determinati settori.

Gli strumenti di base per le proiezioni sul fabbisogno di personale sono l'analisi dei trend, quella dei rapporti e il grafico a dispersione. L'**analisi dei trend** implica lo studio delle variazioni nei livelli occupazionali dell'azienda negli ultimi anni. Ad esempio, per identificare delle tendenze si calcola il numero dei dipendenti alla fine di ogni anno negli ultimi cinque anni e in ogni sottogruppo (ad esempio: vendite, produzione e amministrazione). L'analisi dei trend fornisce una stima grezza iniziale del futuro fabbisogno di personale, ma è raro che i livelli di occupazione dipendano solo dal passare del tempo; il fabbisogno sarà legato anche ad altri fattori, come ad esempio la produttività.

Parola chiave

Analisi dei trend

Studio delle passate esigenze di personale di un'azienda su un periodo di anni per prevedere le esigenze future.

Un altro approccio semplice, l'**analisi a indici**, consiste nel fare previsioni basandosi sui rapporti storici tra (1) un qualche fattore causale (come il volume delle vendite) e (2) il numero di dipendenti richiesti (come il numero dei venditori). Ad esempio, supponiamo che un venditore generi tradizionalmente €500.000 di vendite. Se il rapporto tra fatturato e venditori rimane costante, per poter ambire a una crescita di 3 milioni nelle vendite saranno necessari sei nuovi venditori (ciascuno dei quali produrrà €500.000 in più).

Parola chiave

Analisi a indici

Una tecnica per la previsione delle future necessità di personale che impiega come indici dei rapporti, ad esempio tra volume delle vendite e numero di dipendenti necessari (indice di produttività) oppure tra diverse categorie di personale (indice del personale).

Come l'analisi dei trend, quella a indici presuppone che aspetti quali la produttività rimangano abbastanza stabili; se la produttività dei venditori dovesse salire o scendere, anche il rapporto vendite/venditori cambierebbe.

Un **grafico a dispersione** mostra graficamente la relazione tra due variabili, quali le vendite e il livello di occupazione dell'azienda. Se esiste una relazione, e se si è in grado di prevedere l'attività dell'azienda (le vendite, ad esempio), dovrebbe essere possibile stimare anche il fabbisogno di personale.

Parola chiave

Grafico a dispersione

Un metodo grafico usato a supporto dell'identificazione della relazione tra due variabili.

Ad esempio, supponiamo che un ospedale da 500 posti letto ipotizzi un'espansione fino a 1.200 posti letto nei prossimi 5 anni. Il direttore delle HR vuole prevedere il numero di infermieri necessari, e si rende conto che deve determinare la relazione tra dimensione dell'ospedale (in numero di posti letto) e numero di infermieri necessari. Contatta otto ospedali di varie dimensioni e scopre quanto riportato nella Tabella 4.1:

Il grafico della Figura 4.2 confronta la dimensione dell'ospedale e il numero di infermieri. Se i due valori hanno una correlazione, i punti determinati dai dati della ta-

Tabella 4.1 Relazione tra numero di posti letto e numero di infermieri in vari ospedali.

Dimensione ospedale (posti letto)	Numero di infermieri
200	240
300	260
400	470
500	500
600	620
700	660
800	820
900	860

bella precedente cadranno su una linea retta, come nel nostro caso. Tracciando accuratamente una linea il più possibile vicina a tutti i punti individuati sarà possibile stimare il numero di infermieri necessario per qualsiasi dimensione dell'ospedale. Quindi, per un ospedale da 1.200 posti letto si può presumere che siano necessari 1.210 infermieri.

Osservate che, seppur semplici, gli strumenti quali i grafici a dispersione hanno degli inconvenienti.[6]

1. Le relazioni storiche tra vendite e personale presuppongono che i processi aziendali e le competenze necessarie restino invariati.
2. Tendono a premiare i manager che aggiungono dipendenti, indipendentemente dai bisogni dell'azienda.
3. Tendono a rendere istituzionali i modi correnti di fare le cose, anche a fronte di cambiamenti.

Uso, interpretazione e revisione manageriale delle stime

Sono ben pochi i rapporti, le tendenze e le relazioni che restano immutati nel tempo, quindi il giudizio è necessario per correggere le previsioni. Fattori importanti che possono influire sulle previsioni iniziali del fabbisogno di personale possono essere decisioni sul miglioramento della qualità o sull'ingresso in nuovi mercati, cambiamenti

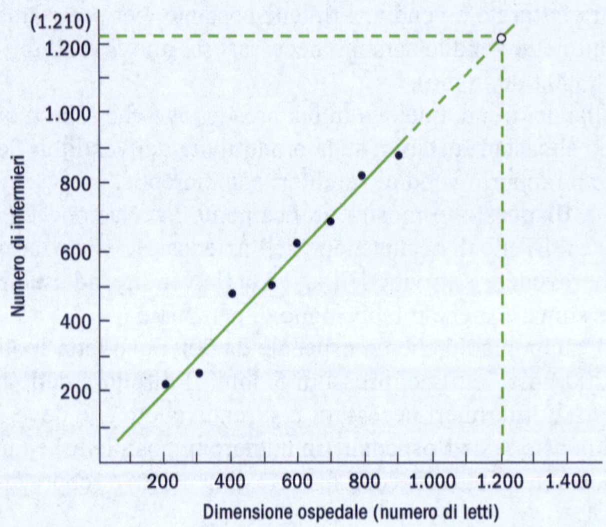

Figura 4.2 Determinare la relazione tra dimensione dell'ospedale e numero di infermieri.

Nota: Dopo aver tracciato la linea è possibile proiettare il numero di dipendenti necessario in funzione del volume previsto.

APPROFONDIMENTI **Migliorare i risultati con gli HRIS**

Previsioni computerizzate del fabbisogno di personale

Le *previsioni computerizzate* consentono ai manager di inserire un maggior numero di variabili nelle proiezioni del personale.[7] Ad esempio, al Chelan County Public Utility District, la public utility per la produzione e distribuzione di energia della Contea di Chelan, Washington State, nel Nord-Ovest degli USA, il development manager ha costruito un modello statistico che include aspetti legati ai dipendenti quali età, anzianità di servizio, tasso di turnover e tempo necessario alla formazione dei nuovi dipendenti, che ha contribuito all'identificazione di cinque "punti caldi" occupazionali fra i 33 gruppi occupazionali dell'organizzazione. Ciò ha contribuito a una maggiore attenzione per la pianificazione del personale in modo di trattenere e assumere, ad esempio, più operatori di sistema.[8]

I sistemi computerizzati e i fogli di calcolo Excel traducono rapidamente le stime sulla produttività e i livelli delle vendite in requisiti prevedibili sul fabbisogno di personale. Molte aziende usano i sistemi di previsione del personale soprattutto per le stime del fabbisogno a breve termine; ad esempio, i sistemi di programmazione del lavoro aiutano i dettaglianti a stimare il fabbisogno di personale sulla base delle previsioni meteorologiche e delle stime di traffico nei punti vendita.[9]

amministrativi o tecnologici in funzione dell'aumento della produttività, e disponibilità di risorse finanziarie, come ad esempio una prevista stretta sul budget.

Stima della disponibilità di candidati interni

La previsione del fabbisogno di personale rappresenta solo la metà dell'equazione dell'impiego, e risponde alla domanda: "quanti dipendenti ci serviranno, e in quali mansioni?" Successivamente, il manager deve prevedere l'*offerta* di candidati interni ed esterni.

La maggior parte delle aziende inizia dai possibili candidati interni; il compito principale in quest'ambito consiste nel determinare quali dipendenti sono qualificati o formabili per le posizioni previste. I manager di reparto e i proprietari di piccole aziende possono usare dispositivi manuali per tenere traccia delle qualifiche dei dipendenti (o, più semplicemente, li conoscono e sanno chi sono i più adatti). Ad esempio, è possibile creare un modulo di riepilogo delle competenze e della formazione del personale[10] che indichi per ciascun dipendente le abilità, il titolo di studio, i corsi aziendali seguiti, gli interessi di carriera e di crescita, le lingue parlate, gli incarichi desiderati e altre esperienze di rilievo. Esistono anche semplici sistemi informatici di inventario delle abilità.[11] Un'altra opzione è rappresentata dalle **tavole di rimpiazzo** (Figura 4.3), soprattutto per le posizioni di alto livello; indicano le performance e la promuovibilità attuali per ciascun potenziale rimpiazzo di una posizione. Le **tavole di rimpiazzo** (o di successione) usate per i manager possono essere estese a tutte le posizioni dell'organigramma aziendale, spesso in forma più succinta. Esse prendono anche il nome di **schede di rimpiazzo.**

Naturalmente, nelle grandi aziende non è possibile tenere traccia manualmente delle qualifiche di centinaia o migliaia di dipendenti, quindi l'informazione è gestita tramite vari sistemi software pacchettizzati [12] che consentono di raccogliere e compilare i dati sulle abilità dei dipendenti in tempo reale mediante indagini online. Questi programmi aiutano il management ad anticipare le carenze di personale e

Parola chiave

Tavole di rimpiazzo

Schemi che mostrano ipotesi di possibili promozioni e corrispondenti rimpiazzi per le posizioni organizzative.

Parola chiave

Scheda di rimpiazzo della posizione

Una scheda preparata per ogni posizione dell'azienda per mostrare i possibili sostituti e le loro qualifiche.

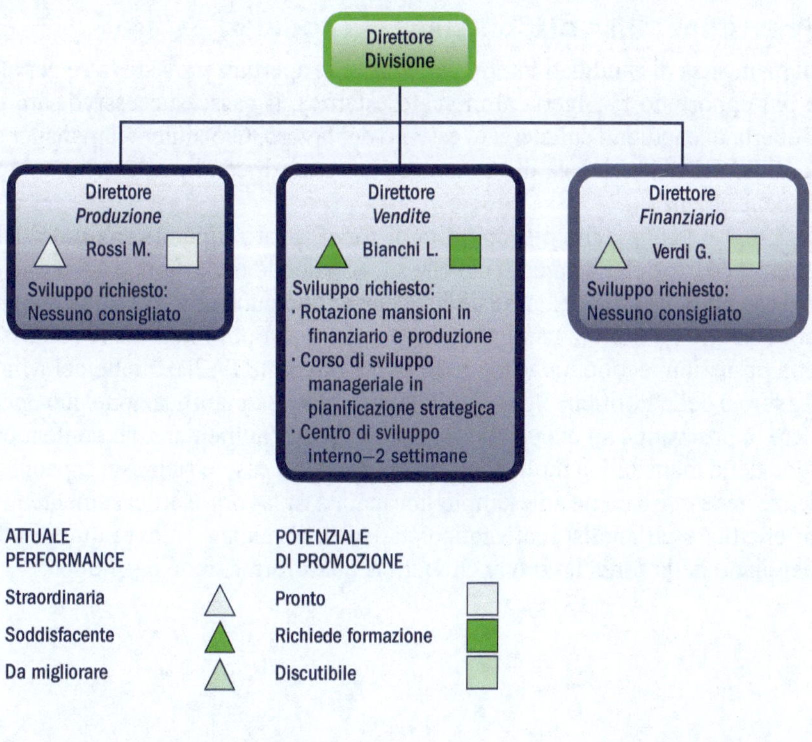

Figura 4.3 Tavola di rimpiazzo del management che mostra il fabbisogno di futuri direttori di divisione in un'ipotesi di sviluppo.

di competenze, facilitando la programmazione della forza lavoro, del reclutamento e della formazione.[13] Di solito i sistemi di inventario computerizzati contengono voci quali codici per le esperienze lavorative, conoscenza del prodotto, livello di familiarità del dipendente con le linee di prodotto o i servizi, esperienza nel settore, titolo di studio, lingue straniere, limitazioni al trasferimento, interessi di carriera e valutazioni della performance.

Di solito il procedimento prevede che il datore di lavoro, il supervisore e il manager HR inseriscano nel sistema informazioni su background, esperienza e competenze del dipendente; poi, quando un manager ha bisogno di una persona per una posizione, usa parole chiave per descrivere le specifiche della posizione (in termini di titolo di studio e competenze, ad esempio) e il sistema propone un elenco di candidati qualificati.

Secondo un utente, questi sistemi "permettono di tenere traccia del pool dei talenti e di valutarlo, promuovendo persone all'interno dell'azienda... il 75% delle aperture chiave è coperto da candidati interni. Il modulo di successione ci aiuta a identificare chi potrebbero essere i prossimi manager anziani, e a costruire piani di sviluppo che li aiutino a esprimere il loro potenziale."[14]

Il problema della privacy

Il datore di lavoro deve mantenere il controllo dei dati personali presenti nelle banche dati dell'organizzazione, e tutti i manager devono vigilare sulla protezione della privacy dei dipendenti, per diversi motivi.[15] Il primo è il volume significativo di informazioni sui dipendenti presenti in gran parte delle banche dati aziendali, il secondo è che la legge riconosce al dipendente il diritto di scegliere chi può accedere alle sue informazioni.[16] L'accesso a Internet rende relativamente semplice l'accesso agli archivi informatici di un'azienda da parte di un gran numero di persone;[17] l'ente statunitense per la gestione del personale ha perso in questo modo i dati di ben 14 milioni di dipendenti presenti e passati.[18] Tra le soluzioni possibili c'è la necessità di cartelle protette da password.[19] Nella Figura 4.4 sono riportate le linee guida per tenere al sicuro i dati dei dipendenti.

MyLab Figura 4.4

Previsione della disponibilità di candidati esterni

In mancanza di candidati interni per coprire le aperture previste (o se per altri motivi è più opportuno rivolgersi al mercato esterno), il passo successivo sarà prevedere l'offerta di candidati sul mercato esterno del lavoro. Ciò aiuterà il manager a valutare le difficoltà della ricerca di un numero congruo di candidati esterni, e a prepararsi di conseguenza.

La previsione della disponibilità di forza lavoro dipende anzitutto dalla percezione da parte del manager di ciò che sta accadendo nel settore e nel luogo specifico. Ad esempio, un calo del tasso di disoccupazione può significare una maggiore difficoltà nel trovare buoni candidati. Il manager potrà poi integrare le sue osservazioni con proiezioni economiche formali, come quelle ISTAT e quelle del Ministero del Lavoro e delle Politiche Sociali (cliclavoro.gov) La pianificazione può anche richiedere la previsione su occupazioni specifiche. All'aumentare del contenuto tecnologico delle mansioni, a molti candidati potrebbero essere richieste capacità e competenze necessarie come ad esempio la capacità di lavorare efficacemente in gruppo o di effettuare un'analisi matematico/statistica; il manager dovrà quindi considerare nel piano della forza lavoro anche fattori quali formazione e sviluppo.[20]

MyLab In depth 1

APPROFONDIMENTI — **HR come centro di profitto**

Stimare il fabbisogno di forza lavoro

Valero Energy ha creato una "filiera della forza lavoro" per migliorare l'efficienza dei suoi processi di pianificazione dell'impiego, reclutamento e assunzione. Comprende uno strumento statistico che predice le necessità di forza lavoro basandosi sui trend passati, e include "cruscotti" digitali che mostrano l'effetto dei componenti della "catena" legata alla gestione del personale, come ad esempio gli annunci pubblicati sulle diverse bacheche, in relazione a costi, velocità e qualità. Prima dell'implementazione della filiera, per assumere un dipendente servivano 41 moduli, e per coprire una posizione ci volevano più di 120 giorni; ogni assunzione costava circa $12.000. Il nuovo sistema ha eliminato gran parte dei moduli cartacei necessari a un'assunzione, i tempi sono scesi sotto i 40 giorni e il costo per assunzione è precipitato a $2.300.[23]

4.2 L'importanza del reclutamento efficace

Presumendo che l'azienda abbia autorizzato il manager a coprire una posizione, il passo successivo è intraprendere il reclutamento per creare un pool di candidati.[27] **Reclutare dipendenti** significa trovare e/o attrarre candidati per le posizioni aperte in azienda.

Parola chiave

Reclutamento di dipendenti

Trovare e/o attrarre candidati per le posizioni aperte dal datore di lavoro.

Il reclutamento è importante; se per due posizioni aperte si presentano solo due candidati, non c'è molta scelta: dovrete assumerli. Se invece se ne presentano 10 o 20, potrete usare colloqui e test per selezionare i migliori.

Rispetto a 15 anni fa, le grandi aziende statunitensi che fanno uso di sistemi automatici e sempre più intelligenti di supporto allo screening e alla selezione sono più del doppio; ciò significa che nel complesso aumenta la capacità di elaborare grandi quantità di domande, di conseguenza, il bisogno di attrarre bacini più ampi di candidati.[28] Questo trend, seppure in misura minore, sta verificandosi anche in Europa.

Un reclutamento efficace non è facile; anzitutto, a seconda della mansione, alcuni metodi di reclutamento sono superiori ad altri, e poi il reclutamento dipende anche da fattori esterni, come i livelli salariali.[29] Infine, è necessario tenere conto del complesso quadro legislativo e normativo esistente che è in continua evoluzione.[30]

La collaborazione tra linea e personale è fondamentale per il reclutamento. Raramente il manager delle HR conosce bene la posizione che deve coprire, quindi dovrà lavorare con il supervisore per capire che cosa comporta la posizione e quali sono le specifiche, e anche per ottenere notizie informali riguardanti, ad esempio, il funzionamento del team.

La piramide dei risultati del reclutamento

Anche la copertura di poche posizioni può richiedere il reclutamento di decine o centinaia di candidati, quindi i manager usano la **piramide dei risultati del reclutamento** mostrata nella Figura 4.5 per uno sguardo di insieme sull'andamento del processo e sulle criticità da affrontare. Nella Figura 4.5, l'azienda sa di aver bisogno

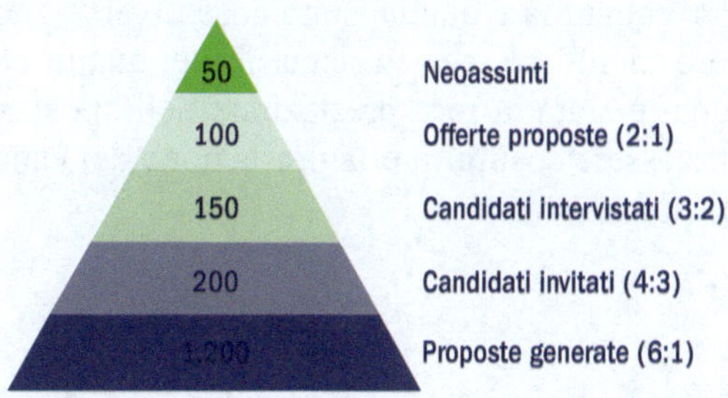

Figura 4.5 Piramide dei risultati del reclutamento.

di 50 nuovi contabili di basso livello l'anno prossimo. Dall'esperienza, l'azienda sa anche quanto segue:

- Il rapporto tra proposte concrete e assunzioni effettive è di 2 a 1.
- Il rapporto tra colloqui ai candidati e proposte concrete è di 3 a 2.
- Il rapporto tra candidati invitati a un colloquio e candidati che lo sostengono è di circa 4 a 3.
- Infine, l'azienda sa che su sei proposte da parte delle sue fonti di reclutamento, tipicamente inviterà per un colloquio soltanto un candidato; un rapporto 6 a 1.

Quindi, l'azienda deve generare circa 1200 proposte per riuscire a invitare 200 candidati plausibili, di cui circa 150 sosterranno un colloquio, e così via.

Migliorare l'efficacia del reclutamento: il ruolo del reclutatore, delle fonti e dell'employer brand

Naturalmente è importante non solo reclutare, ma farlo in modo efficiente a partire proprio dai reclutatori. Ad esempio, osserviamo i risultati di uno studio i cui soggetti erano 41 laureandi di un'università del nord-est degli Stati Uniti che si sono presentati a colloqui di lavoro[31]: alla richiesta del perché considerassero poco interessanti alcune aziende, 39 hanno indicato la natura della mansione, ma 23 erano hanno dichiarato di essere stati scoraggiati dai reclutatori. I motivi addotti erano, ad esempio, che erano mal vestiti, "quasi analfabeti", in alcuni casi maleducati e alcuni avevano fatto commenti offensivi.

L'azienda deve selezionare e formare attentamente anche i reclutatori, come tutti i dipendenti. La formazione deve lavorare sulle abilità interpersonali (come la comunicazione) e fornire una conoscenza di base sul modo di reclutare, sul processo aziendale di reclutamento, sui pro (e i contro) del lavorare per l'azienda e sulle leggi che riguardano l'operatività del reclutatore.

Fonti del reclutamento (Recruitment sourcing)

Il recruitment sourcing, come tutte le forme di sourcing, consiste nel determinare quali sono le opzioni interne ed esterne all'azienda per svolgere le attività di reclutamento e valutare quale sia la migliore per la posizione specifica. Le fonti interne all'azienda (in-sourcing) sono le più naturali per reclutare sul mercato interno del lavoro e possono includere, ad esempio, le referenze di altri dipendenti e i sistemi di job posting. Per il reclutamento sul mercato esterno del lavoro può essere utile affidare almeno parte delle attività di reclutamento a soggetti o organizzazioni specializzate. Essi possono andare dai social media come LinkedIn agli annunci sui giornali alle agenzie del lavoro, i cacciatori di teste e altre organizzazioni che offrono servizi professionali di reclutamento.

Per valutare quale sia la fonte di reclutamento più adatta alla posizione, gran parte delle aziende considera ancora oggi soprattutto la numerosità di candidati forniti dalla fonte. Però quantità e qualità sono cose diverse, quindi altre metriche di efficacia potrebbero includere, per ciascuna fonte, quanti candidati sono stati assunti in passato, qual è stata la loro prestazione nella posizione, quanti hanno fallito e hanno dovuto essere sostituiti, e la prestazione dei candidati in termini di formazione, assenze e turnover.[32]

Sviluppo dell'"Employer Brand"

Sempre più aziende usano tecniche di marketing a sostegno del loro reclutamento, e di solito si inizia costruendo un buon "employer brand", cioè una buona reputazione aziendale sull'ambiente lavorativo (es. qualità e condizioni di lavoro, benessere dei lavoratori, sistemi di ricompensa e riconoscimento...), secondo le percezioni dei dipendenti e del mercato. Ad esempio ormai anche in Italia esistono istituzioni che svolgono indagini periodiche tra i dipendenti delle aziende sulla base delle quali vengono pubblicate delle vere e proprie classifiche dei "Great places to work" (www.greatplacetowork.it) che possono essere di grande aiuto per l'employer branding. Chiaramente, è difficile cercare di reclutare se l'azienda ha la reputazione di un pessimo posto di lavoro.[33]

Un branding efficace richiede quindi politiche efficaci. Ad esempio, i fondatori di Google decisero fin da subito di volersi distinguere come un'azienda nota per essere un ottimo posto in cui lavorare, quindi definirono politiche tangibili riguardanti tra l'altro particolari benefit e indennizzi per i dipendenti, allineandovi anche le pratiche di reclutamento e selezione.[33]

Spesso chi è in cerca di lavoro consulta varie recensioni online per decidere se candidarsi.[34] Come vuole essere vista l'azienda in qualità di posto di lavoro? Spesso il branding si concentra su come si lavora in azienda, su quali siano i valori e l'ambiente di lavoro.[35] GE, ad esempio, sottolinea il suo carattere innovativo (assumendo "persone brillanti e interessanti che lavorano insieme a progetti nuovi ed entusiasmanti").[36] Altre aziende insistono sul loro livello di responsabilità ambientale o sociale.[37]

4.3 Mercato interno del lavoro

Anche se il concetto di *reclutamento* fa subito pensare a LinkedIn, agenzie per il lavoro e annunci, spesso il miglior mercato per il reperimento di buoni candidati è quello *interno*; in altre parole, si valutano persone già dipendenti dell'azienda. Il reclutamento interno è sempre più popolare; ad esempio, Cisco Systems usa il programma proprietario Talent Connection per cercare dipendenti interni qualificati che non siano attivamente impegnati nella ricerca di una nuova posizione.[40]

La copertura di posizioni aperte con candidati interni presenta diversi vantaggi; anzitutto, il fatto di conoscere già i punti forti e deboli di un candidato è un vantaggio insostituibile. Un dipendente può anche essere più legato all'azienda, e morale e coinvolgimento possono aumentare se gli impiegati vedono dei colleghi promossi per la loro lealtà e competenza. Infine, i candidati interni dovrebbero richiedere meno orientamento e (forse) formazione di quelli esterni.

Ci sono altri vantaggi. Gli assunti all'esterno tendono a entrare con retribuzioni più alte degli interni promossi, e a volte capita che delle presunte "star" assunte all'esterno si rivelino brillanti più per merito dell'azienda per cui lavoravano che per meriti propri.

Un reclutatore di alto livello sostiene che i candidati interni sono sempre preferibili, a meno che non esistano in azienda persone adatte alla posizione. Uno studio ha concluso che le aziende che hanno nominato AD dall'interno anziché dall'esterno hanno generalmente ottenuto prestazioni migliori. È vero però anche che alcune organizzazioni, specie quando hanno avuto bisogno di una nuova guida per affrontare momenti difficili, hanno spesso conseguito ottimi risultati assumendo manager dall'esterno. Il caso McDonalds appare significativo in questo senso.[41]

Assumere all'interno però può anche creare problemi. Fare affidamento unicamente sulle persone interne all'azienda può essere inappropriato se l'organizzazione ha bisogno di nuove prospettive. Il processo di pubblicazione degli annunci sulle posizioni aperte e di gestione dei candidati interni può essere una perdita di tempo perché spesso il dirigente del reparto sa già chi vuole assumere. I candidati interni respinti possono risentirsi; spiegare perché sono stati respinti e che cosa possono fare per rimediare è importantissimo.

Esistono alcune regole pratiche per decidere se rivolgersi all'esterno o promuovere dall'interno. Se vi servono abilità specifiche non disponibili in azienda, o se dovete affrontare una congiuntura difficile, oppure una situazione nella quale la vostra pianificazione della successione e il vostro inventario delle competenze non sono all'altezza, meglio cercare all'esterno. Se invece l'azienda prospera, disponete internamente delle competenze che vi servono e la cultura aziendale è originale e forte, cercate all'interno.[42]

Canali di ricerca dei candidati interni

Parola chiave

Bacheca annunci aziendali (job posting)

Pubblicizzazione presso i dipendenti di una posizione aperta (spesso pubblicandola letteralmente in una bacheca) elencandone attributi come qualifiche, supervisore, orario di lavoro e retribuzione.

In un mondo perfetto, il datore di lavoro rispetta rigorosamente le politiche e le procedure formali di reclutamento interno, che tipicamente si basano sugli annunci delle posizioni libere e sull'inventario delle competenze dell'azienda. Gli annunci (job posting) prevedono la notifica ai dipendenti della disponibilità di una posizione (di solito postandola letteralmente sulle intranet o sui bollettini aziendali); di solito gli annunci specificano gli attributi della posizione (come qualifiche, supervisore, orario e salario). Gli inventari delle competenze possono indicare dipendenti con il potenziale per un'ulteriore formazione, o con il background giusto. Un esame dei record personali (inclusi i moduli di candidatura) e degli inventari di competenze può scoprire dipendenti che stanno lavorando con mansioni sottodimensionate rispetto al loro livello di istruzione o competenza.

4.4 Guida per manager al coinvolgimento dei dipendenti

Reclutamento interno e promozione dall'interno

Molte aziende incoraggiano il reclutamento interno, supponendo ragionevolmente che ciò migliori il coinvolgimento dei dipendenti. Quando IBM è passata dall'hardware alla consulenza, ha valutato i vuoti nelle abilità disponibili in azienda e ha istituito piani per formare la forza lavoro già presente in funzione di nuove posizioni; ciò si presume aver rafforzato il coinvolgimento dei dipendenti. Altre aziende hanno affrontato cambiamenti strategici semplicemente disfandosi dei dipendenti non più "pertinenti".

FedEx ha avuto forti politiche di reclutamento e promozione dall'interno quasi da subito. L'impegno di FedEx nella promozione dall'interno è nato dalla convinzione di Frederick Smith, il fondatore, secondo cui "quando le persone vengono al primo posto danno in cambio il miglior servizio possibile, e i profitti arrivano".[43] FedEx intreccia la promozione dall'interno con altre politiche, tra cui le indagini annuali sull'atteggiamento dei dipendenti, programmi di riconoscimento e ricompense, un processo di valutazione della leadership, comunicazione aperta con i dipendenti e un processo di ricorso, per rafforzare impegno e coinvolgimento. L'approccio di FedEx sottolinea la necessità di adottare un approccio integrato al rafforzamento del coinvolgimento. Come vedremo nel Capitolo 7, un programma efficace di promozione dall'interno richiede anche la somministrazione della formazione necessaria ai dipendenti per sviluppare il loro potenziale di promozione, nonché delle valutazioni orientate alla carriera. Prestazioni passate, preferenze di carriera e necessità per lo sviluppo del dipendente vengono collegate, insieme al supervisore, in un piano formale di carriera.

Infine, come in FedEx, una promozione dall'interno efficace richiede un sistema per accedere ai registri delle carriere e per pubblicare le aperture di posizioni, così da garantire che i dipendenti papabili siano informati delle aperture e considerati per coprirle. Federal Express ha denominato il suo sistema di annunci JCATS (Job Change Applicant Tracking System). Gli annunci delle nuove posizioni aperte vengono comunicati mediante questo sistema online generalmente il venerdì. Tutti i dipendenti candidati alla posizione ricevono un punteggio basato su prestazioni e anzianità di servizio, poi viene loro comunicato se sono stati scelti come candidati.

Per il manager interessato a stimolare il coinvolgimento dei dipendenti è possibile trarre linee guida utili dal successo del sistema di promozione dall'interno di FedEx: mostrare un interesse autentico nelle aspirazioni di carriera dei dipendenti, fornire valutazioni orientate alla carriera, curare che i dipendenti abbiano accesso alla formazione necessaria al loro sviluppo, e infine bilanciare il desiderio di trattenere i buoni dipendenti con i vantaggi di aiutarli a scoprire che in azienda esistono altre posizioni a cui possono candidarsi.

4.5 Mercato del lavoro

Non sempre le aziende trovano tutti i dipendenti necessari tra il personale già assunto, e a volte semplicemente non desiderano farlo. È il momento di rivolgersi al mercato del lavoro.

Reclutamento informale e mercato nascosto del lavoro

Molte posizioni aperte (o quasi tutte) non vengono affatto pubblicizzate: nascono e si rendono disponibili quando i datori di lavoro incontrano i candidati giusti con un po' di fortuna. Duncan Matheson, l'autore di *Unlock the Hidden Job Market,* stima che probabilmente negli USA la metà di tutte le posizioni viene ricoperta in modo informale, senza un vero e proprio reclutamento.[44] In modo analogo, una ricerca ha scoperto che il 28% degli intervistati ha trovato il suo posto di lavoro più recente grazie al passa-parola.[45]

Reclutare via Internet [46]

Moltissime aziende reclutano attraverso i loro siti web, oppure mediante portali come Indeed.com (e le relative app). Analoghi siti, come infojobs.it e molti altri, sono realtà consolidate anche in Italia e vengono ormai largamente impiegati ovunque. Gli utenti possono cercare lavoro usando parole chiave, leggere i mansionari e controllare la retribuzione, salvare le posizioni in un elenco di preferiti, inviare link delle posizioni, cercare posti di lavoro vicini a dove abitano, e spesso candidarsi direttamente. Una funzione particolarmente utile dell'app Indeed è l'aggiornamento della lista delle posizioni visualizzate dall'utente: quelle già viste in precedenza non compaiono più come "nuove", quindi alla successiva consultazione saranno meglio evidenziate le offerte più recenti.

Strumenti di reclutamento online

Il reclutamento online si fa sempre più sofisticato. In Ungheria, la filiale della società contabile PriceWaterhouseCoopers (PWC) consente agli aspiranti candidati di usare una simulazione online chiamata Multipoly per farsi un'idea di che cosa significhi lavorare per PWC. La società attribuisce un notevole aumento del numero di candidati proprio all'uso di questo gioco.[47] McDonald's Corporation ha pubblicato testimonianze dei dipendenti sui social media per attrarre nuovi candidati.[48] Altre aziende consultano semplicemente i curricula presenti nelle bacheche online. Il dominio *dot-jobs* consente a chi cerca lavoro di connettersi con un solo clic alle aziende che si registrano presso www.[ ].jobs. Ad esempio, chi cerca un lavoro a Disneyland può visitare www.Disneyland.jobs. HireVue "permette ai candidati di creare colloqui in video e di inviarli alle aziende che possono visionarli, condividerli e confrontarli con quelli di altri candidati."[49]

Un'ulteriore opzione sono le cosiddette "job fair" virtuali, completamente online, organizzate come lo omologhe reali: il visitatore può ascoltare presentazioni, visitare gli stand, lasciare CV e biglietti da visita, partecipare a chat dal vivo e ottenere informazioni di contatto per reclutatori e anche manager addetti alle assunzioni.[50] Queste "fiere del lavoro" durano circa 5 ore.

Reclutamento online nel mondo

Esistono siti di reclutamento praticamente in tutto il mondo (anche in Cina: Zhaopin.com). La fama di baitoru.com in Giappone mostra come la cultura stia cambiando anche là: dopo decenni nei quali gran parte dei lavoratori aveva un posto fisso a vita, il sistema non funziona più. Oggi moltissimi lavoratori giapponesi sono part-time o temporanei, e usano baitoru.com per trovare lavoro.[51]

Pro e contro

Il reclutamento online genera una risposta maggiore, più rapida e più duratura, con costi inferiori a qualsiasi altro metodo. Grazie alla possibilità di essere più ricchi ed esaurienti nel descrivere le posizioni, gli annunci di lavoro su Internet hanno un effetto attrattivo sui candidati molto superiore agli annunci a stampa.[52]

Però esistono due potenziali problemi. Anzitutto, le persone più mature e alcune minoranze usano meno Internet, quindi il reclutamento online può escludere i candidati più su d'età (e alcune minoranze). [53]

Il secondo problema è il sovraccarico: i datori di lavoro sono sommersi di curricula. L'autoesclusione aiuta: The Cheesecake Factory posta elenchi dettagliati dei compiti operativi per ciascuna posizione offerta, così chi non è interessato può evitare di presentarsi. Un altro approccio è quello di far compilare al candidato un breve questionario online di preselezione, da usare per identificare chi può procedere nel percorso di assunzione.[54]

Molte aziende usano strumenti di gestione dei candidati, che vedremo nel prossimo riquadro Migliorare i risultati con gli HRIS.

Agenzie per il lavoro

Le agenzie per il lavoro sono gli enti autorizzati dal Ministero del Lavoro e delle Politiche sociali a offrire i servizi relativi a domanda e offerta di lavoro. Per operare devono iscriversi ad apposito Albo, suddiviso in cinque sezioni in base alle tipologie d'appartenenza:

APPROFONDIMENTI **Migliorare i risultati con gli HRIS**

Gestione online dei candidati

In conseguenza dell'inondazione di curricula prodotta dai canali di reclutamento online, quasi tutte le aziende Fortune 500 e molte altre oggi usano sistemi software per la preselezione dei candidati.[55] I sistemi di gestione online dei candidati (Applicant Tracking Systems, ATS) sono sistemi che aiutano le aziende ad attrarre, raccogliere, scremare, compilare e gestire le candidature.[56] Forniscono anche altri servizi, quali la gestione delle offerte di lavoro (per monitorare le posizioni aperte dell'azienda), la raccolta dei dati dei candidati (per trasferirli nel sistema) e i resoconti (per creare vari report legati al reclutamento quali costo per assunzione e assunti per fonte).[57] La maggior parte dei sistemi è gestita da siti web in modalità Application Service Providers (ASP), che essenzialmente reindirizzano i candidati dal sito dell'azienda a quello del fornitore, nel quale possono ad esempio compilare moduli e sostenere test.[58] Tra i maggiori fornitori di questi servizi di reclutamento elettronico negli USA vi sono Automatic Data Processing (ADP.com), HRSmart (hrsmart.com), Silkroad Technology (silkroad.com) e Monster (monster.com).[59]

A titolo di esempio, una banca usa il suo ATS per escludere i candidati che non rispettano i requisiti base della posizione, poi impiega colloqui telefonici o sistemi di colloqui automatizzati per sfrondare ulteriormente il pool dei candidati. In seguito, i reclutatori tengono i colloqui e inviano i "superstiti" al processo di selezione finale.[60]

Gli strumenti ATS migliorano costantemente. Ad esempio, la percentuale di domande di lavoro completate scende moltissimo se la compilazione dei moduli richiede più di 15 minuti, quindi molti fornitori di ATS li hanno snelliti. Un fornitore consente ai reclutatori di personalizzare e inviare una comunicazione standard ai candidati respinti.[61]

Migliorare l'efficacia del reclutamento online

Esistono semplici tecniche per migliorare i risultati del reclutamento online. Ad esempio, potete rendere disponibili le informazioni sui posti di lavoro con un solo clic dalla home page,[62] permettere ai candidati di inviare i loro CV dal sito e dare la possibilità di compilare i moduli di richiesta di lavoro online.

Inoltre, i migliori annunci sul Web non sono semplici trasposizioni degli annunci a mezzo stampa. Secondo uno specialista, "far sì che i reclutatori escano dalla ristretta mentalità del 'cercasi' è un grosso problema". L'annuncio web a sinistra nella Figura 4.6 è inefficace: contiene abbreviazioni inutili, e non spiega molto sul perché un candidato dovrebbe essere interessato al posto.[63]

MyLab **Figura 4.6**

Ora osservate l'annuncio efficace della Figura 4.6: offre buone ragioni per lavorare per l'azienda. Inizia con un titolo che cattura l'attenzione, e usa lo spazio supplementare per fornire informazioni più specifiche sul lavoro. Molte aziende includono spesso l'intera job description.[64] L'annuncio ideale dovrebbe offrire un sistema (ad esempio una checklist dei requisiti personali della posizione) che permetta ai potenziali candidati di valutare l'idoneità alla posizione.[65]

Agenzie di somministrazione di tipo "generalista" Svolgono attività di somministrazione di manodopera, di intermediazione, ricerca e selezione del personale, attività di supporto alla ricollocazione professionale

Agenzie di somministrazione di tipo "specialista" Sono abilitate alla somministrazione di manodopera per una sola attività.

Agenzie di intermediazione Offrono attività di mediazione tra domanda e offerta di lavoro: raccolta dei curricula, preselezione, promozione e gestione dell'incontro tra domanda e offerta, formazione.

Agenzie di ricerca e selezione del personale Svolgono attività di consulenza finalizzata all'individuazione di candidature idonee a ricoprire posizioni lavorative su specifico incarico del committente

Agenzie di supporto alla ricollocazione professionale L'attività è effettuata su specifico incarico dell'organizzazione committente.

Parola chiave

Sistemi di gestione online dei candidati

Sistemi online che aiutano il datore di lavoro a raccogliere, raggruppare, selezionare, compilare e gestire i candidati.

Delocalizzazione ed esternalizzazione

Anziché richiamare personale per coprire le posizioni dell'azienda, delocalizzazione ed esternalizzazione fanno "uscire" le posizioni. Esternalizzare (*outsourcing*) significa affidare a fornitori esterni attività, processi o funzioni, (come la gestione dei benefit, o alcune fasi della produzione) che in precedenza erano svolte da dipendenti dell'azienda. Delocalizzare (*offshoring*) significa che attività, processi o funzioni precedentemente svolti da dipendenti interni dell'azienda sono gestiti da fornitori o dipendenti *all'estero*.

Dipendenti, sindacati, legislatori e anche molti imprenditori ritengono che "esportare" posti di lavoro, soprattutto in Paesi lontani, sia controproducente. A dispetto di ciò, le aziende esportano posizioni non solo di basso livello; varie aziende americane, ad esempio, hanno delocalizzato circa 135.000 posizioni IT in Paesi quali l'India.[95]

Così facendo si vengono a creare difficoltà particolari legate al personale. Il primo è la probabilità di fraintendimenti culturali (ad esempio, tra i clienti italiani e i dipendenti stranieri), e a seguire vi sono le questioni di sicurezza e privacy delle informazioni, la necessità di interfacciarsi con contratti, responsabilità e leggi stra-

APPROFONDIMENTI **Tendenze HR: Social media e digitale**

Reclutatori e social media

Se state cercando lavoro, iscrivetevi a LinkedIn. Accenture prevede che circa l'80% dei nuovi iscritti sarà presto intercettato dai contatti sui social media dei potenziali datori di lavoro.[66]

I reclutatori usano i social media in svariati modi. Passano al setaccio i siti social e le pubblicazioni delle aziende concorrenti per trovare candidati passivi che magari non stanno nemmeno cercando lavoro. Molte aziende usano Twitter per annunciare posizioni aperte agli iscritti ai loro feed.[67] Lo strumento Pipeline™ di Theladders.com consente ai reclutatori di mantenere un dialogo aperto con i possibili candidati prima ancora che inizino a cercare lavoro. Altri usano la funzione Cerca amici di Facebook e di Twitter per saperne di più sui candidati presenti e possibili. TalentBin ricerca utenti tecnicamente qualificati basandosi su siti come Pinterest.[68]

Oltre a permettere alle aziende di pubblicare annunci su LinkedIn, LinkedIn Recruiter Lite consente di effettuare ricerche nel database di LinkedIn per trovare i profili (nomi, CV e profili personali) più adatti alle posizioni aperte.[69] I reclutatori possono usare LinkedIn InMail per inviare brevi messaggi personalizzati alle persone a cui sono interessati, e iscrivendosi a gruppi LinkedIn del settore possono scoprire altri membri potenzialmente interessanti per l'azienda.[70] I reclutatori possono setacciare i siti dei candidati per ottenere altre informazioni utili, ad esempio dai post sui blog ai mi piace/non mi piace. Le posizioni aperte possono essere annunciate dai reclutatori anche sulle reti delle associazioni professionali e su altri social.[71]

Applicazioni cloud come Oracle Talent Acquisition Cloud danno modo alle aziende di integrare il reclutamento con la gestione dei candidati e dei colloqui. Oracle Taleo Social Sourcing Cloud Service è integrato con siti social come LinkedIn e Facebook. Notifica anche i dipendenti già in forza all'azienda cliente le posizioni aperte, e analizza i loro contatti social alla ricerca di possibili referenze; può suggerirle ai dipendenti o direttamente all'azienda. Con il sistema di gestione My Staffing Pro, i candidati possono proporsi su Facebook, condividere aperture di posizioni, collegarsi con i manager delle assunzioni e accedere con i profili social.[72]

APPROFONDIMENTI **Tendenze HR: Social media e digitale**

Il team People Operations di Google

Quando le ricerche del gruppo "People Operations" (HR) di Google stabilirono che le bacheche di annunci non erano economicamente convenienti, il gruppo creò un'agenzia di reclutamento interna che usa un database dei candidati proprietario denominato gHire. I reclutatori di Google continuano a espandere e attualizzare la lista dei candidati ricercando i siti social e altri, cercando chi lavora e in quale posizione, contattando i lavoratori papabili e mantenendo un dialogo con loro, a volte anche per anni. Questi reclutatori interni propongono candidati sceltissimi, e forniscono circa la metà degli assunti da Google ogni anno.[73]

Un'altra fonte importante di candidati per Google è il suo sito dedicato alle carriere. Chi è interessato può proporsi, mostrare le proprie capacità a dipendenti Google e scoprire che cosa significa lavorare per l'azienda.

Google richiede anche attivamente referenze tra dipendenti, e ha analizzato i modi per stimolarle. Ha scoperto che il fattore determinante non era tanto la ricompensa per chi forniva una referenza (i Googler amano raccomandare buoni candidati), ma un'ottimizzazione del processo di selezione che permettesse di assumere più candidati referenziati. Google usa reclutatori esterni solo per situazioni particolari, e da anni non usa più le bacheche.[74]

nieri, e il fatto che i dipendenti stranieri richiedono una formazione speciale per poter lavorare senza problemi.

L'aumento delle retribuzioni in Asia, insieme alle questioni di reputazione e al desiderio di investire di più sulle comunità locali, sta spingendo molte aziende statunitensi, come Apple e Microsoft, a riportare a casa i posti di lavoro.

Cacciatori di teste

I cacciatori di teste (o reclutatori di dirigenti) sono speciali agenzie di collocamento che le aziende incaricano di cercare personale di alto livello; la percentuale delle posizioni riempite da questi servizi può essere ridotta, ma si tratta di posizioni chiave dirigenziali o tecniche. L'azienda paga sempre le commissioni.

I reclutatori di dirigenti possono dedicarsi a posizioni temporanee o fisse; i membri dell'Association of Executive Search Consultants di solito si focalizzano su posizioni dirigenziali con stipendio da $150.000 o più, e di tipo fisso. Sono retribuiti anche se il cliente non assume il dirigente proposto. I *reclutatori per contingenze* tendono a gestire ricerche per posizioni dirigenziali di livello medio-basso, nell'intervallo tra $80.000 e $160.000. Le agenzie di reclutamento più stimate negli USA (tutte per posizioni fisse) sono Heidrick and Struggles, Egon Zehnder International, Russell Reynolds e Spencer Stuart. Oggi le commissioni dei reclutatori stanno scendendo; la norma era il 30% o più del primo anno di stipendio del dirigente.

APPROFONDIMENTI **HR e la Gig economy**

Lavoro temporaneo e impiego alternativo

Le aziende tendono sempre più a integrare la forza lavoro permanente con lavoratori temporanei o interinali. La forza lavoro interinale non è rappresentata solo da personale impiegatizio o di manutenzione; include anche occupazioni di supporto negli ambiti di ingegneria, scienze e management, come direttori finanziari ed esecutivi temporanei.[82]

Diversi fattori contribuiscono alla tendenza all'impiego temporaneo. Il primo è la fiducia nell'economia da parte delle aziende, che rimane debole, e a ciò si lega la flessibilità: sempre più aziende vogliono ridurre rapidamente la forza lavoro qualora le condizioni economiche peggiorino.[83] Altre aziende usano lavoratori inviati dalle agenzie interinali per "provarli" prima di assumerli formalmente.[84] Un altro fattore è la tendenza all'esternalizzazione del lavoro per progetti a breve termine. Ad esempio, Makino, una multinazionale USA che produce macchinari industriali e opera anche in Europa, esternalizza l'installazione di grandi macchinari a ditte terze, che a loro volta assumono precari per il lavoro.[85]

È possibile assumere lavoratori precari sia per chiamata diretta che tramite agenzie di lavoro interinale. Con la chiamata diretta, l'azienda assume temporaneamente i precari e li mette al lavoro; di solito l'azienda li paga direttamente, come tutti gli altri dipendenti, ma li classifica diversamente come occasionali, stagionali o temporanei, spesso con benefit ridotti o nulli.[86] L'altro approccio prevede l'intervento di un'agenzia per il lavoro interinale, che gestisce reclutamento, selezione e amministrazione delle paghe. Nike ha incaricato Kelly Services per la gestione dei precari.

Le aziende usano da tempo i precari per sostituire dipendenti malati, in vacanza o in maternità, ma esistono altri vantaggi: la produttività oraria dei precari è maggiore, visto che normalmente non hanno diritto a giornate libere retribuite. Se l'economia va a rilento, disfarsi dei precari è più facile. Molte aziende usano le assunzioni precarie per mettere alla prova i possibili futuri dipendenti. I lavoratori interinali, però, spesso hanno un costo orario maggiore di quello dei lavoratori fissi di pari livello, poiché l'agenzia richiede una commissione. E alcuni si sentono sfruttati.

Affinché una relazione precaria abbia successo, i supervisori devono comprendere le preoccupazioni dei lavoratori. Secondo un sondaggio, i precari hanno affermato di sentirsi:

1. Trattati in modo disumano e quindi scoraggiante.
2. Insicuri sul loro impiego e pessimisti sul futuro.
3. Preoccupati per la mancanza di copertura sanitaria e pensionistica.
4. Fuorviati in merito alle loro mansioni, e in particolare sulla probabilità che una mansione temporanea possa diventare a tempo indeterminato.
5. "Sottoimpiegati" (in particolare coloro che cercano di rientrare nel mercato del lavoro a tempo indeterminato).[87]

La difficoltà è da sempre trovare i potenziali candidati; i database su Internet sveltiscono molto le ricerche. I cacciatori di teste stanno anche creando unità specializzate mirate a funzioni specifiche (come le vendite) e a settori precisi (come i prodotti petroliferi).

I reclutatori hanno molti contatti, e sono relativamente capaci nel trovare candidati qualificati che non siano attivamente impegnati a cercare lavoro. Possono mantenere segreto il nome dell'azienda per cui reclutano, e possono far risparmiare tempo al top management costruendo pool di candidati. La commissione può rivelarsi in effetti conveniente, nei termini del tempo risparmiato dalla dirigenza per la ricerca.

Il problema più importante è garantire che il reclutatore comprenda davvero le esigenze dell'azienda, e proponga candidati opportunamente selezionati. È essenziale spiegare con la massima completezza il tipo di candidato richiesto. Alcuni reclutatori possono anche avere interesse nel convincere l'azienda ad assumere un certo candidato, anziché trovarne uno davvero adatto alla posizione. Alcuni "candidati finali" possono essere in realtà dei riempitivi per far fare una miglior figura al "vero" candidato del reclutatore.

MyLab In depth 2

Reclutamento interno

Molte aziende oggi preferiscono gestire internamente il reclutamento dei dirigenti.[101] Possono comunque rivolgersi ai cacciatori di teste per ricerche di altissimo livello (AD, presidente, consiglio d'amministrazione) e confidenziali, ma realtà che vanno da General Electric a PepsiCo oggi dispongono di uffici interni che gestiscono la maggior parte del reclutamento della dirigenza (GE dichiara circa 500 dipendenti dedicati al reclutamento). Time Warner ha dichiarato risparmi di milioni di dollari l'anno usando team di reclutamento interni.[102] Nel successivo riquadro Strumenti HR troverete indicazioni per le piccole aziende.

APPROFONDIMENTI **Strumenti HR per manager di linea e piccole imprese**

ABC del reclutamento

In gran parte delle piccole imprese arriva il momento in cui il proprietario si rende conto che per fare il salto di qualità serve un po' di sangue fresco. È opportuno che il proprietario si occupi personalmente del reclutamento?

Molte grandi aziende non si pongono nemmeno il problema, e ingaggiano studi di cacciatori di teste, ma per una piccola azienda è inevitabile qualche esitazione: negli USA per un marketing manager da $120.000 dollari la commissione può arrivare ai $40.000 o più.

Una ricerca a questo livello, però, non è uguale alla ricerca di un impiegato per l'inserimento dati. Molto probabilmente il candidato ideale non legge nemmeno gli annunci di lavoro. Molti candidati saranno capaci, ma per trovare quello giusto dovrete valutarli. Magari non sapete nemmeno dove pubblicare l'annuncio, né come costruirlo, dove cercare, chi contattare, o come escludere i fannulloni che a colpo d'occhio non sembrano male. Ma anche riuscendoci, dovrete investire molto tempo e attenzione che sottrarrete ad altri impegni.

Se decidete di fare da soli, considerate l'idea di ingaggiare uno psicologo del settore; in 4 o 5 ore riuscirà a valutare capacità di problem-solving, personalità, interessi e livello di energia dei due o tre candidati che vi sembrano più interessanti.

Dedicate una particolare attenzione al reclutamento da aziende concorrenti; controllate sempre se i candidati sono legati da clausole di non concorrenza o non divulgazione. E, soprattutto nel reclutamento di dipendenti di alto livello da altre aziende, può essere opportuno verificare con un avvocato prima di porre domande riguardanti, ad esempio, brevetti o potenziali problemi di antitrust.[103]

Anche se siete un manager con una posizione aperta da coprire in un'azienda Fortune 500 potreste avere qualche dubbio; potreste scoprire che il reclutamento da parte del vostro ufficio HR interno significa un annuncio in una bacheca online e poco altro, ma non potete nemmeno pubblicare un vostro annuncio. Potete però chiamare i vostri colleghi in altre aziende: usate il passa-parola per "pubblicizzare" la posizione aperta in azienda e fuori.

Referenze personali e candidature spontanee

Le campagne di referenze dei dipendenti sono un'opzione essenziale di reclutamento: l'azienda pubblica aperture e richieste di referenze sul sito web e sulle bacheche. Può anche offrire ricompense per le referenze che vanno a buon fine; ad esempio, alla Kaiser Permanente, una nota associazione di oltre 17.000 medici statunitensi che fornisce servizi professionali di assistenza sanitaria, una referenza per determinate posizioni "premiabili" può significare un bonus da $3.000 o più.[104] The Container Store, una grande catena statunitense di arredamento e prodotti per la casa, insegna ai dipendenti a reclutare candidati tra la clientela dell'azienda. Molte aziende usano strumenti quali Jobvite Refer per semplificare ai dipendenti la pubblicazione attraverso i siti social personali delle posizioni aperte in azienda.[105]

Il grande vantaggio delle referenze è che tendono a generare "più candidature, più assunzioni e un rapporto assunzioni/candidati più elevato."[106] I dipendenti correnti tendono a fornire informazioni più accurate a proposito delle loro referenze perché mettono in gioco la loro stessa reputazione. Un'indagine della SHRM (Society for Human Resource Management) ha rivelato che su 586 datori di lavoro, il 69% afferma che i suddetti programmi di referenze sono più economici delle altre pratiche di reclutamento, e l'80% ha specificato che sono più convenienti delle agenzie di collocamento.[107]

Le candidature spontanee (*walk-in*), ovvero le richieste di lavoro che avvengono direttamente presso l'azienda, sono una fonte importante di candidature soprattutto per i lavori a ore. A volte un cartello "cercasi collaboratori" appeso fuori dalla porta è il modo più conveniente di attrarre candidati locali validi. Chi si presenta direttamente va trattato con cortesia, sia per mantenere una buona reputazione dell'azienda nella comunità locale che per non ferire l'autostima del candidato. Molte aziende prevedono un breve colloquio a chiunque si presenti, anche solo per raccogliere informazioni nel caso si apra una posizione in futuro. Frequentemente vi saranno candidature spontanee anche da parte di professionisti e impiegati; rispondete prontamente a tutti.

Servizi di reclutamento esterni e on-demand

I **servizi di reclutamento esterni (recruitment process outsourcers, RPO)** si occupano, in blocco o in parte, delle esigenze di un'azienda in termini di reclutamento. Di solito stipulano contratti brevi con l'azienda e percepiscono un compenso mensile correlato all'entità di reclutamento effettivamente svolta; per l'azienda cliente è quindi facile modulare le spese per il reclutamento, al contrario di quanto accade con un ufficio interno che ha costi più o meno fissi.[109]

Oggi il cliente degli RPO si aspetta non solo proposte di candidati, ma anche un processo di richiesta più personalizzato, l'identificazione di candidati passivi e un contributo alla costruzione del brand occupazionale della sua azienda. Manpower Group Solutions, Allegis Global Solutions e IBM Recruitment Services sono esempi di grandi RPO.[110]

I **servizi di reclutamento on-demand (On-Demand Recruiting Services, ODRS)** sono reclutatori pagati a ora di progetto, anziché a percentuale, a supporto di un progetto specifico. Ad esempio, per assumere varie decine di persone con laurea scientifica ed esperienza nei farmaceutici il manager HR di un'azienda biotech si rivolge a un'agenzia ODRS. Un'agenzia tradizionale di reclutamento può chiedere dal 20% al 30% del salario per ciascun assunto, mentre un'agenzia ODRS si basa tipicamente su una tariffa oraria, gestisce reclutamento e preselezione e fornisce al cliente una lista breve di candidati qualificati.[111]

Parola chiave

Servizi di reclutamento on-demand
Servizi che forniscono reclutamento immediato a supporto di progetti specifici.

Reclutamento nelle università

Il **reclutamento nelle università**, ovvero l'invio nei campus di rappresentanti dell'azienda per preselezionare i candidati e creare un pool di laureandi, è una fonte importante di aspiranti manager e dipendenti professionali e tecnici. Qualche anno fa, uno studio ha rilevato che negli USA il reclutamento universitario ricopre oltre un terzo delle posizioni disponibili in azienda per i laureati.[112]

Un buon reclutamento all'università non è facile: è necessario fissare gli orari, stampare volantini, fare colloqui e investire molto tempo. Alcuni reclutatori poi non sono preparati, mostrano scarso interesse nei candidati e si comportano con sufficienza. Spesso i candidati non vengono selezionati in modo efficace.

Le aziende dovrebbero dare ai reclutatori una formazione specifica sulla conduzione dei colloqui, sul modo di spiegare ciò che l'azienda ha da offrire, e sul mettere i candidati a loro agio. Il reclutatore dovrebbe essere gradevole, ed essere noto per attrarre buoni candidati.[113] GE assume ogni anno da 800 a 1.000 studenti di circa 40 business school, e usa team di dipendenti e stagisti per costruire il brand GE in ciascuna di esse. Anche IBM ha un team di 10 persone focalizzato sul reclutamento nei campus.[114] Shell Oil ha ridotto la lista delle università visitate dai suoi reclutatori, usando criteri quali la qualità del programma accademico, il numero e l'eterogeneità degli studenti.[115]

Il reclutatore nei campus ha due obiettivi principali: il primo è determinare se un candidato merita di essere considerato. I tratti personali da valutare sono le capacità comunicative, il titolo di studio, l'esperienza e le abilità tecniche e interpersonali. Il secondo obiettivo è attrarre i candidati: un atteggiamento sincero e informale, il rispetto per il candidato e la velocità nel rispondere per iscritto possono aiutare a "vendere" l'azienda al candidato. Le aziende che riescono a costruire rapporti con opinion leader quali i consulenti e i docenti ottengono migliori risultati nel reclutamento.[116]

Di solito le aziende invitano i candidati promettenti a visitare la sede; l'invito dovrebbe essere cordiale ma serio, e offrire più possibilità per le date. Il candidato dovrebbe trovare in albergo, prima della visita, un pacchetto contenente l'agenda della giornata e altre informazioni, come i resoconti annuali dell'azienda e il programma di benefit. Pianificate i colloqui e attenetevi all'agenda. Evitate le interruzioni; il candidato deve avere tutta l'attenzione delle persone con cui sta facendo il colloquio. Eventuali offerte vanno fatte il prima possibile, magari già durante la visita, e frequenti contatti successivi per sapere "a che punto è la decisione" possono contribuire a far propendere il candidato a vostro favore.

Uno studio su 96 laureandi statunitensi fornisce alcuni dati interessanti. Il 53% afferma che "la possibilità di incontrare persone in posizioni simili a quella proposta, o superiori" ha avuto un effetto positivo. Il 51% ha menzionato "l'eccellente organizzazione di pernottamenti e pasti, nonché della visita in sede". "Il comportamento impreparato e disorganizzato dell'intervistatore, o le risposte standardizzate e inutili" hanno scoraggiato il 41%.[117]

Stage

Gli stage possono essere situazioni vincenti per tutti: lo studente può affinare le sue abilità, saperne di più sull'azienda e scoprire le sue preferenze di carriera, mentre l'azienda può usare gli stagisti in modo utile e valutarli come possibili dipendenti a tempo pieno. Circa il 60% degli stage negli USA sfocia in un'offerta di lavoro.[118]

Altri stage sono infernali: molti stagisti, specie in settori come l'alta moda e i media, lamentano orari lunghissimi per mansioni umili e non pagate. Recentemente il *New York Times* ha riportato l'affermazione di un manager secondo cui "bisogna assumere un 22—22—22", un 22enne disposto a lavorare 22 ore al giorno per $22.000 l'anno".[119]

Telelavoro

Il telelavoro consente di svolgere tutto il lavoro (o quasi) in remoto, generalmente da casa usando la tecnologia informatica. JetBlue, ad esempio, usa agenti che lavorano da casa per gestire le prenotazioni. Questi "membri dell'equipaggio" vivono nei dintorni di Salt Lake City, e lavorano con computer e formazione forniti da JetBlue.[121]

4.6 Sviluppo e utilizzo dei moduli di candidatura

Scopo dei moduli di candidatura

Una volta formato un pool di candidati è possibile iniziare il processo di pre-screening. Di solito il primo passo è rappresentato dal **modulo di candidatura**, usato dal datore di lavoro per raccogliere informazioni sull'identità e sulla storia scolastica, militare e lavorativa dei candidati (alcune aziende richiedono un breve colloquio o un test online di pre-screening).

Parola chiave

Modulo di candidatura
Un modulo usato dal datore di lavoro per raccogliere informazioni anagrafiche, su istruzione e formazione e sulle esperienze e capacità professionali e personali dei candidati.

Una candidatura compilata fornisce quattro tipi di informazioni. Per prima cosa consente di dare un giudizio su *questioni sostanziali*, come il fatto che il candidato possieda il titolo di studio o l'esperienza necessari alla posizione. Poi si possono trarre conclusioni sui *progressi precedenti* e sulla crescita professionale del candidato, importanti soprattutto per le posizioni dirigenziali. In terzo luogo si possono trarre conclusioni indicative sulla *stabilità*, in base alla storia lavorativa precedente (anche se dopo anni di ristrutturazioni aziendali è bene procedere con cautela). Infine, i dati nella candidatura possono essere usati per *predire* quali candidati potrebbero avere una buona riuscita nella posizione.

MyLab In depth 3

Gran parte delle aziende usa più moduli di candidatura; quello per il personale tecnico e dirigente può richiedere risposte dettagliate su studio e formazione, quello per gli operai può concentrarsi sulla familiarità con macchine e utensili.

Come abbiamo visto, alcune aziende usano metodi statistici per analizzare le informazioni dei moduli ("biodati") per *predire* la permanenza e la performance del dipendente. Nel corso di uno studio, i ricercatori hanno rilevato che i candidati con permanenze più lunghe presso i precedenti posti di lavoro avevano meno probabilità di dimettersi, e raggiungevano performance migliori entro i sei mesi dall'assunzione.[157] Esempi di biodati possono essere "lascia un lavoro senza preavviso", "laurea quinquennale" e "ha viaggiato molto in gioventù".[158]

Scegliete con attenzione le voci dei biodati; le leggi sulle pari opportunità limitano le voci utilizzabili (evitate età, razza e genere, ad esempio). E ci sono candidati che mentono sui biodati per cercare di fare buona impressione.[159]

MyLab In depth 4

CASO DI STUDIO

Webuild (ex Salini Impregilo)

di Gianluca Grondona e Francesca Abati

Webuild è un gruppo industriale specializzato nella realizzazione di grandi opere complesse, una forte realtà italiana capace di confrontarsi alla pari con i maggiori competitor internazionali.

Attivo in più di 50 Paesi con 35.000 dipendenti, un giro d'affari annuale di circa € 4,7 miliardi e un portafoglio ordini che supera i € 33 miliardi (risultati economico-finanziari consolidati 2015), il gruppo è un global player nel settore delle costruzioni, leader mondiale per le infrastrutture nel segmento acqua.

Salini Impregilo fonda fin dalle origini la propria attività su una forte passione per il costruire, consolidatasi attraverso le innumerevoli realizzazioni a livello internazionale. Dighe e impianti idroelettrici, opere idrauliche, ferrovie e metropolitane, aeroporti e autostrade, edilizia civile e industriale sono i settori di attività in cui il Gruppo opera da oltre 100 anni.

Quella di Salini Impregilo è una storia lunga più di un secolo che racconta di grandi famiglie, di infrastrutture che trainano lo sviluppo di Paesi in tutto il mondo, di percorsi societari che si intrecciano e che nel 2014 danno vita al Gruppo, risultato della fusione per incorporazione di Salini in Impregilo.

Le strade fino ad allora percorse da due grandi società, conosciute e apprezzate in Italia e all'estero, si uniscono per costruire insieme un futuro da protagonisti a livello mondiale. L'obiettivo è di unire le esperienze di due realtà ben consolidate per creare un player con indiscussa capacità tecnica e finanziaria, dotato di grandi ambizioni e di cultura industriale.

Webuild (il nuovo nome assunto dal 2020 da Salini Impregilo) è quindi oggi un gruppo industriale specializzato nella realizzazione di grandi opere complesse, una forte realtà italiana capace di confrontarsi alla pari con i maggiori competitor internazionali.

A fine 2015 il Gruppo ha acquisito Lane Industries, il maggiore costruttore di autostrade e il principale produttore privato di asfalto negli Stati Uniti. Con Lane, gli Stati Uniti diventano un'area fondamentale per Salini Impregilo. Successivamente viene posto in atto un ambizioso programma di acquisizioni, tra cui quelle di Lane Construction nel 2016 e di Cossi e di Seli Overseas nel 2019. Nel 2019, con il "Progetto Italia", viene costituito da Salini Impregilo il più grande gruppo italiano nel settore costruzioni, che prende il nome Webuild a partire dal 2020, con una presenza attiva in oltre 50 Paesi del mondo.

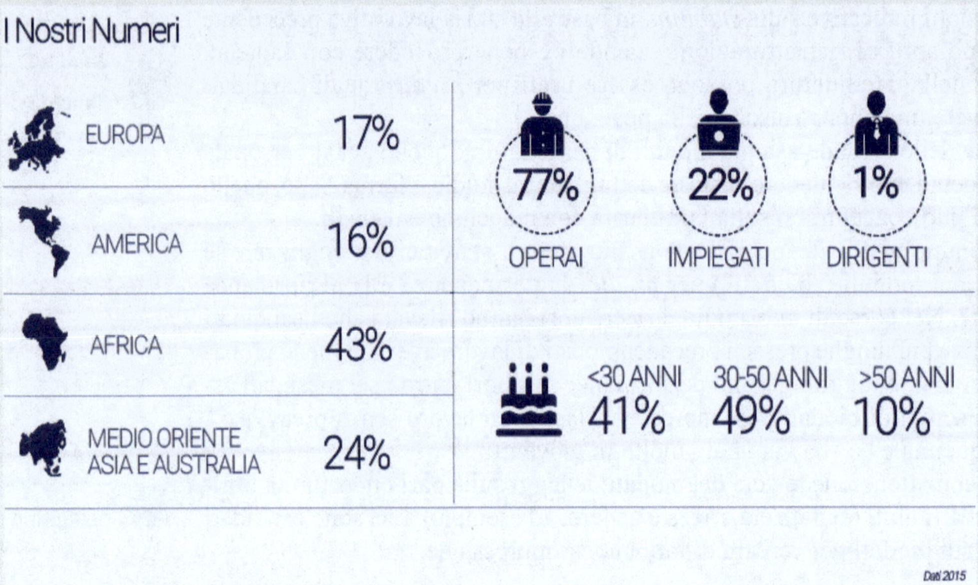

Tomorrow's Builders

Il trasferimento di skills e conoscenze per lo sviluppo di competenze specialistiche è un fattore chiave per la crescita in Salini Impregilo, in un settore dove si riscontra un gap importante tra figure esperte e giovani che si affacciano al mondo del lavoro.

Per questo nel 2014 il Gruppo ha lanciato il progetto "100 Young Engineers – Tomorrow's Builders". Il progetto prevedeva di assumere 100 tra i migliori ingegneri civili, meccanici, ambientali e gestionali, offrendo loro l'opportunità di sviluppare in maniera più veloce competenze e know-how interfunzionali necessari per ricoprire ruoli chiave nell'organizzazione e diventare i project manager del futuro. Nel 2015 i 100 ingegneri sono stati assunti, selezionati in tre mesi tra un pool di 1.800 candidature.

I neoassunti, con un'età media di 26 anni e una presenza femminile pari al 20%, sono stati assegnati a differenti progetti sia in Italia che all'estero, guidati dall'expertise dei migliori professionisti nel settore delle costruzioni.

Ad accoglierli in Salini Impregilo a marzo 2015 un evento dedicato della durata di tre giorni, strutturato in modo interattivo per dare loro il benvenuto nel Gruppo e avviare il processo di induction. Dal top management che ha presentato strategia e business dell'azienda ai manager che attraverso gruppi di lavoro hanno approfondito l'organizzazione aziendale e dei cantieri, i giovani assunti sono stati accompagnati in un percorso di integrazione e conoscenza dei valori e della cultura di Salini Impregilo. Con l'evento di induction, i 100 giovani ingegneri – Tomorrow's Builders sono entrati a far parte del programma "Build Up", un percorso di formazione e sviluppo progettato per favorire il loro inserimento in azienda e velocizzare il loro processo di apprendimento organizzativo e professionale, mirando a favorire lo sviluppo delle capacità e delle competenze individuali per avviare una carriera internazionale nel campo delle costruzioni.

Il programma Build Up si articola in un periodo di rotazione interfunzionale tra i diversi dipartimenti all'interno delle commesse o nelle sedi del Gruppo e training on-the-job sotto la supervisione di tutor e mentor esperti. Il programma prevede inoltre un percorso di sviluppo e social learning online e un processo di valutazione e monitoraggio. I 100 giovani ingegneri hanno inoltre partecipato a un Business Game sul Project Management, focalizzato sulla gestione di grande opere infrastrutturali.

Nel corso del 2015 sono state svolte, all'interno del programma, più di 100.000 ore di training on-the-job e tutoring, e più di 1.000 ore di formazione in e-learning.

Il programma di sviluppo per i 100 giovani ingegneri continua e si realizza attraverso la loro progressiva crescita nei progetti internazionali cui sono stati assegnati.

4.7 Riepilogo

1. Reclutamento e selezione iniziano con *programmazione e previsione della forza lavoro*. La programmazione è il processo di decisione delle posizioni che l'azienda dovrà coprire, e in che modo; spesso si parte dalla previsione del fabbisogno di personale, magari usando analisi dei trend, analisi a indici, diagrammi a dispersione o pacchetti software dedicati. L'altra parte dell'equazione consiste nel prevedere la disponibilità di candidati interni, per la quale le aziende usano sistemi manuali e diagrammi dei rimpiazzi, nonché inventari delle competenze computerizzati. Prevedere la disponibilità di candidati esterni è importante, soprattutto quando la disoccupazione è bassa ed è più difficile trovare candidati.

2. Tutti i manager devono capire perché *un reclutamento efficace è importante*. Se non c'è un numero sufficiente di candidati, i datori di lavoro non possono scremare i candidati in modo efficace, né assumere i migliori. Alcune aziende usano una piramide dei risultati del reclutamento per stimare il numero di candidati da generare per poter coprire le posizioni aperte previste.

3. Coprire le posizioni aperte attingendo al mercato interno del lavoro presenza svariati vantaggi: i punti di forza e debolezza delle persone sono noti, e l'orientamento necessario è meno oneroso. Spesso per trovare candidati interni si impiegano bacheche di annunci di lavoro interni (job posting). Per coprire le posizioni di alto livello, il processo più idoneo è la programmazione della successione, ovvero identificazione, valutazione e sviluppo sistematici di una leadership aziendale per migliorare le performance.

4. Nel reclutamento, le aziende usano svariate *fonti esterne di candidati*: Internet, annunci e agenzie del lavoro (pubbliche, no-profit e private), agenzie interinali e altri metodi di staffing, cacciatori di teste, reclutamento nelle università, referenze e autocandidature.

5. *Le aziende sviluppano e usano moduli di candidatura* per raccogliere informazioni essenziali di background sul candidato. La candidatura dovrebbe consentire di

esprimere un giudizio su questioni sostanziali, come il titolo di studio, e identificare i riferimenti lavorativi e i supervisori della persona. Naturalmente è importante accertarsi che il modulo rispetti le leggi sulle pari opportunità, specie per gli aspetti legati alle disabilità fisiche.

MyLab **Sulla piattaforma MyLab dedicata a questo testo troverete materiali di supporto e approfondimento. All'interno dello stesso ambiente è disponibile la piattaforma inglese MyManagementLab che offre ulteriori risorse, un ricco apparato multimediale ed esercizi guidati.**

Parole chiave

Programmazione della forza lavoro . 71
Programmazione della successione. . 71
Analisi dei trend 73
Analisi a indici 73
Grafico a dispersione 73
Tavole di rimpiazzo 75
Scheda di rimpiazzo della posizione 75
Reclutamento di dipendenti 77
Bacheca annunci aziendali (job posting) 80
Sistemi di gestione online dei candidati 83
Servizi di reclutamento on-demand . 87
Modulo di candidatura 89

Domande di discussione

4.1 Che cosa si intende per reclutamento efficace? E perché è importante?

4.2 Che cos'è il reclutamento interno? Indicate i vantaggi del reclutamento interno su quello esterno.

4.3 Quali sono le fonti esterne di reclutamento più usate dai manager?

4.4 Che cos'è il reclutamento online? Indicatene i pro e i contro.

4.5 Quali due fonti consigliereste al reparto HR per reclutare professori nell'università in cui studiate? Giustificate la vostra scelta.

4.6 Quali metriche usereste per analizzare l'efficacia del reclutamento del vostro datore di lavoro attuale o precedente? Spiegate i motivi della scelta.

4.7 Scegliete due strumenti che i manager HR usano per le previsioni della forza lavoro, e spiegate come usarli.

4.8 Descrivete brevemente come applichereste i principi della gestione dei talenti per migliorare i processi di programmazione della forza lavoro del vostro datore di lavoro.

Attività individuali e di gruppo

4.9 Portate in aula vari annunci di lavoro di diversa provenienza e analizzatene l'efficacia usando le linee guida trattate nel corso del capitolo.

4.10 Lavorando da soli o in gruppo, sviluppate una previsione quinquennale per offerta e domanda di cinque occupazioni quali contabile, infermiere e ingegnere.

4.11 Lavorando da soli o in gruppo, visitate i siti di bar e ristoranti della vostra zona in cui siete già stati qualche volta. Quale tipo di "employer brand" vuole trasmettere il locale ai possibili candidati attraverso il sito web? In base alla vostra esperienza con i dipendenti e con il servizio clienti, fino a che punto ritenete che il "brand" presentato coincida con la realtà? Ritenete che le aspettative dei lavoratori sull'ambiente lavorativo siano state soddisfatte? Idealmente, che tipo di politiche e incentivi dovrebbe avere il locale per allinearsi con il brand? Qual è la vostra esperienza complessiva nel locale, e come valutate il servizio clienti su una scala da 1 a 10?

4.12 Lavorando da soli o in gruppo, trovate almeno cinque annunci di lavoro, su Internet o su un quotidiano locale, che suggeriscano che l'azienda è attenta alla famiglia e potrebbe essere interessante per donne, minoranze, lavoratori maturi e genitori single. Spiegate in che cosa si esprime l'attenzione alla famiglia.

4.13 Lavorando da soli o in gruppo, intervistate un manager della vostra università che gestisca o supervisioni i dipendenti. Chiedetegli quali sono le soddisfazioni e le difficoltà che ha incontrato nel gestire gli stagisti.

Esercizio pratico

Carenza di infermieri

Anche in tempi di crisi economica e disoccupazione, le professioni sanitarie continuano ad essere molto richieste e questo trend secondo gli esperti sembra destinato a durare. Quasi ovunque nel mondo sembra esserci carenza di operatori sanitari, e molti tentano di soddisfare questa domanda ricorrendo a figure provenienti da altri Paesi. La crisi occupazionale, però, non riguardava gli infermieri professionisti: praticamente tutti gli ospedali reclutavano aggressivamente, e molti si rivolsero a infermieri formati all'estero, come ad esempio reclutando nelle Filippine. Gli esperti si attendevano un'offerta di infermieri molto ridotta per gli anni a venire.

Scopo Lo scopo dell'esercizio è fare esperienza nel creare un programma di reclutamento.

Requisiti Dovete aver capito a fondo i contenuti di questo capitolo, e analizzato i programmi di reclutamento di personale sanitario in diverse sedi Europee, reperibili ad esempio da https://www.medicis-jobboard.it/.

Come impostare l'esercizio/Istruzioni Formate gruppi di quattro/cinque studenti; i gruppi devono lavorare separatamente e non conversare con gli altri. Ciascun gruppo deve affrontare i seguenti compiti:

4.14 Sulla base delle informazioni sul sito web dell'ospedale, create un annuncio stampa per un quotidiano europeo a vostra scelta. Quale usereste e perché?

4.15 Analizzate gli attuali annunci online per la ricerca di infermieri. Come li migliorereste?

4.16 Preparate uno schema completo del programma di reclutamento di infermieri per un'ipotetica istituzione sanitaria europea a vostra scelta, includendo tutte le fonti di reclutamento proposte dal vostro gruppo.

Note bibliografiche

Le note di questo capitolo sono consultabili online sulla piattaforma MyLab oppure immediatamente visualizzabili su smartphone e tablet tramite questo QR-code.

CAPITOLO

5 Personale: criteri e tecniche di selezione

Argomenti

- Test e selezione dei dipendenti: fondamenti
- Tipi di test
- Colloqui
- Altre tecniche di selezione
- Guida per manager al coinvolgimento dei dipendenti
- Riepilogo

Obiettivi didattici

Al termine del capitolo:

- Saprete definire i concetti base dei test, tra cui validità e affidabilità.
- Potrete discutere almeno quattro tipi di base dei test sul personale.
- Sarete in grado di spiegare i fattori e i problemi che possono compromettere l'utilità di un colloquio, e le tecniche per eliminarli.
- Saprete spiegare come eseguire controlli sulle referenze dei candidati.
- Potrete discutere come usare i metodi di selezione dei dipendenti per aumentare il livello di coinvolgimento dei dipendenti in un'azienda.

5.1 Test e selezione dei dipendenti: fondamenti

Quando avete un pool di candidati, il passo successivo è selezionare la persona giusta per la posizione. Di solito ciò significa sfoltire il pool mediante strumenti di selezione quali test, colloqui e controlli delle referenze. Il fine della selezione è trovare il connubio persona-posizione, ovvero tra conoscenza, specializzazione, abilità e competenze richieste per la posizione (sulla base dell'analisi della posizione) e le corrispondenti caratteristiche del candidato.

Importanza di una selezione attenta

Una selezione del personale efficace è importante per varie ragioni.[1] La prima è che dovrebbe portare a un miglioramento della performance del personale e dell'organizzazione. Ad esempio, in un call center il tasso di abbandono a 90 giorni (la percentuale di dipendenti che lasciavano il lavoro dopo 3 mesi) è sceso dal 41% al 12% dopo l'istituzione dei test sui candidati.[2] La seconda è che le prestazioni di un manager dipendono sempre anche da quelle dei suoi subordinati. Se vi dotate di collaboratori privi delle capacità necessarie, oppure ostruzionisti, ne soffrirà non solo la performance dell'azienda, ma anche la vostra. La terza ragione è che lo screening aiuta a ridurre i comportamenti disfunzionali sul posto di lavoro. Secondo un'indagine, circa il 30% di tutti i dipendenti afferma di aver rubato in azienda, e per il 41% si tratta di manager.[3] Il momento giusto per prevenire queste disfunzioni è prima dell'assunzione. Assumere e formare anche un semplice commesso può costare migliaia di euro in commissioni e tempo di supervisione; se la scelta è sbagliata è tutto sprecato.[4] Inoltre, è importante evitare che scelte sbagliate di selezione possano compromettere l'organizzazione anche dal punto di vista legale, come avviene ad esempio con scelte discriminatorie o negligenti che violano la normativa sul lavoro o non valutano attentamente la condotta sospetta, fraudolenta o potenzialmente pericolosa dei candidati verificando l'attendibilità delle informazioni e dei comportamenti. Ad esempio, una grande azienda di vendita al dettaglio è stata citata perché pare che alcuni suoi dipendenti pregiudicati per reati sessuali abbiano molestato delle ragazzine sul lavoro.[5] L'azienda può essere giudicata negligente anche se un dipendente pericoloso ferisce un collega.[6] Per mettersi al riparo da accuse di assunzione negligente:

- Analizzate attentamente tutte le informazioni fornite dal candidato nella domanda di lavoro, come ad esempio periodi di disoccupazione non giustificati.
- Ottenete dal candidato un'autorizzazione scritta per il controllo delle referenze, e controllatele attentamente.
- Conservate tutti i dati e le informazioni che otterrete a proposito del candidato.
- Respingete i candidati che dichiarano il falso su questioni materiali, o che abbiano scontato pene per reati direttamente correlati alla posizione che possano avere importanza.
- Nel caso si verifichi un problema, prendete provvedimenti disciplinari immediati.[7]

Affidabilità di un test

In questo capitolo tratteremo i principali test e strumenti per la selezione dei dipendenti. Tutti i test e gli strumenti di screening hanno due caratteristiche importanti: affidabilità e validità. Inizieremo dalla prima.

Parola chiave

Affidabilità del test

La caratteristica che si riferisce alla costanza dei risultati ottenuti in test successivi identici o equivalenti sullo stesso soggetto.

Il concetto di **affidabilità** si riferisce alla coerenza del test; si tratta della "coerenza dei punteggi ottenuti dalla stessa persona sottoposta nuovamente allo stesso test o a uno di forma equivalente."[8] L'affidabilità è essenziale: se una persona totalizza 90 punti in un test di intelligenza il lunedì e 130 il martedì, il test non sarà molto affidabile.

L'affidabilità è misurabile in diversi modi; il primo consiste nell'eseguire il test su un gruppo di persone un giorno, rieseguirlo qualche giorno dopo sullo stesso gruppo, e quindi correlare il primo e il secondo set di punteggi (stime di affidabilità test-retest).[9] Oppure è possibile eseguire un test ed eseguire in seguito un test considerato equivalente da esperti; in questo caso si parla di stima in forma alternata o equivalente. Un esempio è costituito dallo Scholastic Assessment Test (SAT). Oppure, si possono confrontare le risposte del candidato a più domande dello stesso test concepite per misurare la stessa cosa. Ad esempio, uno psicologo inserisce in un test 10 punti che ritiene misurino l'interesse nel lavoro all'aperto; il test viene effettuato e in seguito si analizza statisticamente la misura in cui le risposte ai 10 punti variano tra loro. Si parla in questo caso di stima con confronto interno.

Un test può essere reso inaffidabile da molti fattori: condizioni fisiche (ambiente silenzioso un giorno, chiassoso un altro), differenze nel candidato (in salute un giorno, malato un altro), differenze nell'esaminatore (gentile un giorno, scontroso un altro), oppure le domande non sono formulate con la dovuta attenzione (il test 1 riguarda i Capitoli 1, 3 e 7, il test 2 i Capitoli 2, 4 e 8).

La misurazione dell'affidabilità prevede il confronto tra due misure (test 1 e test 2) che valutano lo stesso aspetto, quindi tipicamente l'affidabilità del test viene giudicata in termini di coefficiente di correlazione (in questo caso coefficiente di affidabilità), che indica il grado di correlazione tra le due misure (il punteggio del test in un giorno e quello del giorno dopo).

Nella Figura 5.1 è illustrata la correlazione. Nei grafici a dispersione a sinistra e a destra lo psicologo ha confrontato il punteggio di ciascun candidato (sull'asse x) con il risultato successivo (asse y). A sinistra, i punti del grafico a dispersione (ognuno dei quali mostra il punteggio del candidato nei due tentativi) sono sparpagliati, e non sembra esserci correlazione tra punteggi e prestazione. A destra, lo psicologo ha provato un test diverso e i punti risultanti formano un pattern prevedibile; ciò indica che i punteggi del candidato sono strettamente correlati in entrambi i tentativi.

Validità di un test

L'affidabilità, seppure indispensabile, indica soltanto se il test misura un aspetto in modo coerente; la validità indica invece se il test misura ciò che deve essere misurato. La **validità del test** "si riferisce alla fiducia che si ha nel significato associato ai punteggi."[10] Rispetto ai test di selezione del dipendente, il termine validità si riferisce al fatto che il test sia in grado di cogliere aspetti rilevanti sul lavoro, ovvero che sia un valido predittore delle successive performance sul lavoro. Un test di selezione deve essere valido, perché senza prove della sua validità non c'è ragione per usarlo per lo screening dei candidati.

Parola chiave
Validità del test
L'accuratezza con cui un test misura ciò che dovrebbe misurare, o soddisfa la funzione per cui è concepito.

Qualsiasi test si riferisce a una minima parte osservabile del comportamento di una persona, ma alcuni test rispecchiano più chiaramente i comportamenti che si ricercano. Ad esempio, un test di dattilografia corrisponde chiaramente a un comportamento sul lavoro. All'altro estremo, in un test di Rorschach lo psicologo chiede al candidato di spiegare come interpreta un'immagine vagamente inquietante; in questo caso è più difficile "dimostrare" che il test misuri ciò che dovrebbe, cioè che sia valido.

Parola chiave
Validità del criterio
Un tipo di validità basato sulla dimostrazione che i punteggi del test (predittori) sono correlati alla performance lavorativa (criterio).

Esistono principalmente due modi per dimostrare la validità di un test di assunzione: validità del criterio e validità del contenuto. La **validità del criterio** prevede la dimostrazione statistica di una relazione tra (1) punteggi in una procedura di selezione e (2) performance lavorativa di un campione di lavoratori (ad esempio, che coloro che ottengono un punteggio alto nel test siano anche produttivi sul lavoro, e viceversa). Nelle misure psicologiche, un predittore è la misurazione (in questo caso, il punteggio del test) che si cerca di legare a un criterio, come la prestazione sul lavoro (magari misurata da valutazioni sulla performance). Il termine validità del criterio deriva da tale terminologia.

Parola chiave
Validità del contenuto
Un test il cui contenuto è valido è quello che contiene un campione adeguato delle mansioni e delle competenze necessarie per la posizione a cui si riferisce.

La **validità del contenuto** è una dimostrazione che il contenuto di una procedura di selezione sia rappresentativo di aspetti importanti delle performance sul lavoro. Ad esempio, le aziende possono dimostrare la validità del contenuto di un test mostrando che esso costituisce un campione corretto del contenuto della posizione.

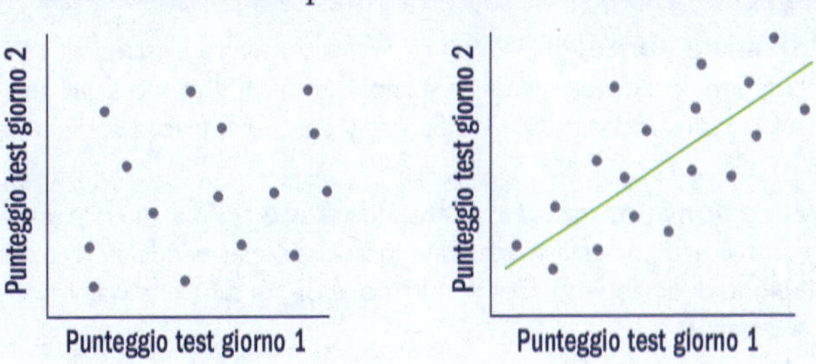

Figura 5.1
Esempi di correlazione.

Nella selezione per una scuola di odontotecnica, molte scuole danno ai candidati dei pezzi di gesso e chiedono di scolpire qualcosa che somigli a un dente. Se il contenuto scelto per il test è un campione rappresentativo di ciò che la persona deve saper fare sul lavoro, probabilmente il test è valido. È bene che uno studente maldestro non si avventuri nell'odontotecnica.

Parola chiave

Validità del costrutto

Un test il cui costrutto è valido è quello che dimostra che una procedura di selezione misura un costrutto, e che tale costrutto è importante per un rendimento lavorativo positivo.

La **validità del costrutto** è un altro approccio possibile, e prevede la dimostrazione di due aspetti: che la procedura di selezione misuri un costrutto (ciò che si ritiene essere un tratto o una caratteristica umana, come l'onestà), e che il costrutto sia importante per una performance lavorativa soddisfacente.

Validazione di un test

Che cosa rende utile per le selezioni universitarie un test come il Graduate Record Examination (GRE)? Che cosa rende utile ai manager che assumono macchinisti un test sulla comprensione della meccanica? La risposta a entrambe le domande è che di solito i punteggi dei candidati sono predittivi delle loro prestazioni, ad esempio nelle scuole professionali. L'azienda userà mezzi statistici per determinare il grado di correlazione tra punteggi nella comprensione meccanica e performance dei macchinisti; il processo di validazione (schematizzato nella Figura 5.2) di solito richiede la valutazione di uno psicologo del lavoro.

Figura 5.2
Validazione di un test.

Passo 1: Analizzare la posizione. Analizzate anzitutto i mansionari e le specifiche. Indicate i tratti e le abilità personali che ritenete indispensabili per una buona prestazione lavorativa. Ad esempio, il candidato deve essere aggressivo? Deve essere in grado di assemblare componenti minuti e complessi? Questi requisiti divengono i predittori. Sono i tratti e le abilità personali che ritenete predittivi di successo nella posizione.

In questo primo passo deve anche essere definito ciò che intendete con "successo nella posizione", perché a esso sono legati i predittori. Gli standard del successo sono detti *criteri*. Potete focalizzarvi su criteri di produzione (quantità, qualità e velocità), di dati sul personale (assenteismo, anzianità di servizio e così via) o di giudizio (della prestazione del lavoratore secondo altre persone, come un supervisore).Per una posizione di assemblatore, i predittori da usare nel mettere alla prova i candidati potrebbero includere manualità e pazienza. Tra i criteri che sperate siano prevedibili dai test possono esservi la quantità prodotta all'ora e il numero di scarti, sempre su base oraria.

Passo 2: Scegliere i test. Poi scegliete test che ritenete misurino gli attributi (predittori) importanti per il successo nella posizione. Di solito la scelta si basa su esperienza, ricerche precedenti e ipotesi, e normalmente non si inizia con un unico test, ma se ne scelgono alcuni e li si combina in una batteria che misuri vari possibili predittori, come aggressività, estroversione e abilità con i numeri.

Passo 3: Erogare i test. Erogate i test scelti ai dipendenti. Il modo più affidabile per validare un test è la *validazione predittiva*. Il test è erogato ai candidati prima dell'assunzione, quindi i candidati sono assunti usando solo le tecniche di selezione esistenti. Dopo un po' di tempo trascorso nella posizione, potrete misurare le prestazioni e confrontarle con quelle del test precedente. A quel punto potrete determinare se le loro prestazioni nel test avrebbero potuto essere usate per predire la successiva prestazione.

Passo 4: Correlare punteggi e criteri. Poi determinate l'esistenza di una relazione significativa tra i punteggi (predittori) e le prestazioni (criteri). Il modo consueto per farlo consiste nel determinare la relazione statistica tra punteggi del test e prestazione attraverso l'analisi della correlazione.

Passo 5: Validazione incrociata e rivalidazione. Prima di utilizzare il test può essere consigliabile controllarlo con una validazione incrociata, eseguendo nuovamente i passi 3 e 4 su un nuovo campione di dipendenti. Come minimo, è opportuna una validazione periodica del test da parte di un esperto.

Per molte aziende, specie se piccole, non sempre ha un senso economico condurre studi sulla validità dei test di selezione dei dipendenti. Queste aziende devono identificare test e altri strumenti di screening che si siano dimostrati validi in altre situazioni (aziende), e usarli nella speranza che siano validi anche per loro.[11]

Fino a che punto possiamo generalizzare, e presumere che se un test è valido in un'altra azienda lo sia anche per la nostra? Il termine **generalizzazione della validità** "si riferisce al grado in cui la prova della validità di una misura ottenuta in una situazione sia generalizzabile a un'altra situazione senza ulteriori studi."[12] La chiave è, ovviamente, poter usare il test senza bisogno di un ulteriore studio di validazione. I fattori da considerare includono le prove esistenti di convalida sull'uso del test per vari scopi specifici, la similarità delle situazioni su cui il test è stato convalidato con quelle della vostra organizzazione, e la similarità delle mansioni prese in esame.[13]

I test possono avere costi superiori ai benefici attesi assumendo dipendenti migliori. Rispondere alla domanda "vale la pena di usare il test?" richiede un'*analisi dell'utilità*. Due esperti di selezione affermano che "in termini prettamente monetari, [l'analisi dell'utilità] mostra il grado in cui l'uso di una misura di selezione migliora la qualità delle persone selezionate rispetto a quanto accadrebbe se la misura non fosse usata."[14] In pratica, il fatto che l'uso dei test "paghi" dipende dalla validità della misura di selezione, da una misura monetaria della performance sul lavoro, dai punteggi medi dei candidati, dal costo del test di un candidato e dal numero di candidati testati.[15]

Parola chiave

Analisi dell'utilità di un criterio di selezione

La misura in cui l'uso di un criterio di selezione migliora la qualità delle persone selezionate rispetto a quanto accadrebbe senza il criterio.

5.2 Tipi di test

I test sono molto usati nei posti di lavoro, specie negli USA e nei Paesi anglosassoni. In Italia, anche se le grandi imprese e le multinazionali ne fanno spesso largo impiego, l'opportunità e l'effettiva efficacia delle valutazioni basate sui test sono spesso poste in discussione. In particolare, le valutazioni basate su test hanno bisogno di essere scelte, effettuate e interpretate con una logica, una metodica e un'attenzione al quadro complessivo degli elementi di valutazione che non sempre viene posta in essere nel nostro Paese. Negli Stati Uniti è ormai consolidata la prassi di impiego di questi strumenti nelle più svariate situazioni. Ad esempio, Outback Steakhouse (una grande catena di steakhouse nata nel 1988 a Tampa, Florida) vuole dipendenti socievoli, meticolosi, empatici e adattabili, e usa un test di valutazione della personalità nella fase di pre-assunzione. I candidati sostengono il test, poi l'azienda confronta i risultati con il profilo desiderato, e due manager si occupano dei colloqui con chi ha ottenuto un punteggio alto.[18]

Moltissime aziende, come Outback, si stanno concentrando sull'assunzione di personale di qualità. Oggi i test sui candidati vengono usati dall'80% delle grandi aziende americane.[19] Provate a rispondere al test della Figura 5.3 per verificare quanto siete soggetti a incidenti sul lavoro.

Possiamo classificare i test in base a ciò che misurano: abilità cognitive (mentali), abilità fisiche e motorie, personalità e interessi, oppure risultati. Osserveremo tutte le tipologie, e test speciali quali i centri di valutazione (assessment center.)[20]

Test cognitivi

È frequente che l'azienda voglia valutare le abilità cognitive, o mentali, del candidato; è bene ad esempio valutare in anticipo l'abilità nei calcoli mentali di un potenziale addetto alla contabilità . I test di intelligenza, come quelli del QI, riguardano le abilità intellettuali generali e non misurano un singolo tratto dell'intelligenza ma una gamma di abilità quali memoria, vocabolario e dimestichezza con i numeri. Spesso gli psicologi misurano l'intelligenza con test individuali quali lo Stanford-Binet o il Wechsler Adult Intelligence Scale. Le aziende usano test quali il Wonderlic Personnel Test per misurare rapidamente il QI sia di individui che di gruppi.[21]

Esistono anche misure di abilità mentali specifiche, spesso identificate con i test attitudinali. Ad esempio, i test della Figura 5.4 riguardano l'attitudine alla meccanica, quindi potrebbero individuare una persona adatta a una posizione di ingegnere.

Test fisico-motori

Esistono abilità fisiche o motorie che è opportuno misurare, come destrezza delle dita, forza e destrezza manuale. Lo Stromberg Dexterity Test è un esempio; misura velocità e accuratezza di semplici valutazioni e la velocità di dito, mano e braccio.

Personalità

È raro che le sole abilità psicofisiche di una persona bastino a spiegare le sue performance lavorative; sono importanti anche altri fattori, quali la motivazione e le abilità di rapporto interpersonale. Secondo un consulente, gran parte delle persone viene assunta sulla base delle qualifiche e licenziata per basse performance "risultanti da caratteristiche personali quali atteggiamento, motivazione e soprattutto temperamento".[22] Aziende quali Outback Steakhouse usano test (o "inventari") di

Figura 5.3
Esempio di test di selezione.

Fonte: Basato su un esempio di test di selezione dal *The New York Times*.

INDICATE SÌ O NO	SÌ	NO
1. Nella vita amate le emozioni forti.		
2. Un impiegato che batte la fiacca è disonesto con l'azienda.		
3. Siete una persona cauta.		
4. Negli ultimi tre anni siete stati coinvolti in scontri verbali a scuola o al lavoro.		
5. Vi diverte correre forte in macchina.		

Analisi: Secondo lo psicologo industriale John Kamp, i candidati che hanno risposto no, sì, sì, no, no alle domande 1, 2, 3, 4 e 5 hanno statisticamente meno probabilità di essere assenti, di avere infortuni sul lavoro e, se il lavoro implica la guida, di avere meno incidenti durante l'orario di lavoro. I punteggi del test vero e proprio si basano sulle risposte a 130 domande.

Figura 5.4
Tipo di domanda che un candidato può aspettarsi in un test di comprensione meccanica.

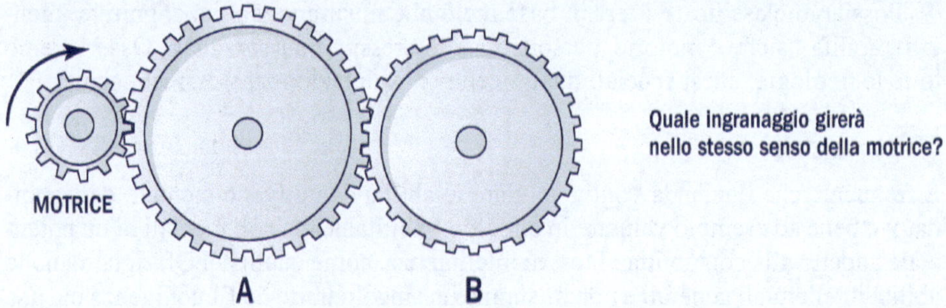

personalità e interessi per misurare e predire questi elementi intangibili, e Acxiom Corporation usa il Metodo Birkman (www.birkman.com) di valutazione della personalità per aiutare i nuovi dipendenti a capire quali attività svolgono meglio.[23]

I test della personalità misurano aspetti di base della personalità del candidato, quali introversione, stabilità e motivazione. Ecco un esempio di voce di inventario della personalità:

Non ha senso lavorare duramente su qualcosa se nessuno se ne accorgerà.

a. Assolutamente vero
b. Parzialmente vero
c. Né vero né falso
d. Parzialmente falso
e. Assolutamente falso[24]

Naturalmente, i test della personalità non sono limitati agli ambienti lavorativi: servizi di incontri online come eHarmony.com respingono coloro che sono considerati non abbinabili dal software preposto.

Molti test della personalità sono proiettivi, nel senso che la persona sottoposta al test deve interpretare uno stimolo ambiguo, quale una macchia d'inchiostro o un'immagine sfocata; si suppone che la persona proietti nell'immagine le sue emozioni. Quindi, una persona attenta alla sicurezza potrebbe descrivere un'immagine del test di Rorschach come "un grosso insetto che viene a pungermi". Altre tecniche proiettive includono Make a Picture Story (MAPS) e il Forer Structured Sentence Completion Test. Alcuni test della personalità sono compilati dall'utente stesso; ad esempio, il Minnesota Multiphasic Personality Inventory (MMPI) evidenzia tratti come ipocondria e paranoia. Il test Myers-Briggs è disponibile online, e fornisce una classificazione per tipi di personalità utile per decisioni quali le scelte e la programmazione delle carriere.[25] Il suo strumento didattico DiSC Profile permette all'utente di fare chiarezza sul proprio stile comportamentale.[26]

I test della personalità, in particolare quelli proiettivi, sono difficili da valutare e usare. Un esperto deve analizzare le interpretazioni e le reazioni dell'analizzato, e da esse dedurre la sua personalità.[27] L'utilità di questi test per la selezione presuppone poi che si stabilisca una relazione tra un tratto misurabile della personalità (come l'estroversione) e il successo sul lavoro. Data la natura personale dei test, le aziende devono usarli con cautela; i candidati respinti possono legittimamente sostenere che i risultati siano inattendibili.

Gli **inventari degli interessi** (interest inventory) confrontano gli interessi dichiarati da una persona con gli interessi e le qualità con cui si identificano coloro che ricoprono diverse posizioni lavorative; quando una persona si sottopone allo "Strong Interest Inventory", quindi, riceve un resoconto che indica in quali ambiti lavorativi i suoi interessi siano maggiormente riscontrati.[28] La assunzione alla base di questi test, confermata da alcuni studi, è che esiste una relazione tra scarso interesse e attitudine per la posizione che si ricopre e comportamenti lavorativi inadeguati, magari dovuti alla frustrazione.[29]

Parola chiave

Inventario di interessi
Uno strumento di sviluppo individuale e selezione che confronta gli attuali interessi della persona con quelli di altre che ricoprono posizioni diverse, allo scopo di determinare l'occupazione preferita della persona.

Efficacia dei test della personalità

Nonostante le potenziali difficoltà di valutazione e uso, i test della personalità possono aiutare le aziende ad assumere lavoratori efficienti. Gli psicologi del lavoro si concentrano spesso sulle "cinque grandi" dimensioni della personalità: estroversione, stabilità emotiva, amabilità, coscienziosità e apertura alle esperienze.[30]

La nevrosi indica la tendenza a mostrare poca adattabilità emotiva e a vivere effetti negativi, quali ansia, insicurezza e ostilità. L'estroversione rappresenta una tendenza a un comportamento socievole, assertivo, attivo e a manifestare effetti positivi, quali energia e zelo. L'apertura alle esperienze è la disposizione a essere fantasiosi, anticonformisti, non convenzionali e autonomi. L'amabilità è la tendenza a essere fiduciosi, accondiscendenti, premurosi e gentili. La coscienziosità comprende due risvolti correlati: capacità di ottenere risultati e affidabilità.[31]

Ad esempio, in uno studio su professionisti, agenti di polizia, manager, venditori e lavoratori specializzati e semispecializzati, la coscienziosità ha mostrato una relazione coerente con tutti i criteri di performance lavorativa di tutte le occupazioni. L'estroversione ha predetto le performance di manager e venditori, l'apertura alle esperienze e l'estroversione hanno predetto la padronanza della formazione in tutte le occupazioni.[32]

Gli psicologi del lavoro si sono interrogati sul fatto che i test della personalità svolti dai candidati in autonomia (self-report) possano effettivamente predire le performance.[33] Nel complesso, i risultati suggeriscono che le misure della personalità contribuiscano effettivamente a prevedere le performance lavorative; le persone possono dare risposte fasulle, e lo fanno, nei test di personalità e integrità, ma le aziende possono ridurre questo comportamento avvertendo che riduce le possibilità di assunzione.[34] L'aspetto più importante è comunque accertarsi che qualsiasi test sulla personalità, e in particolare quelli self-report, predicano effettivamente le performance.[35]

Test di rendimento

Un test di rendimento è una misura di ciò che la persona ha imparato; quasi tutti i test scolastici sono di questo tipo quando misurano la conoscenza di materie quali economia, marketing o contabilità. Oltre alla conoscenza del lavoro, questi test possono misurare le abilità del candidato: un esempio è un test di dattilografia.[36]

Test computerizzati e online

La maggior parte dei test di questo capitolo è disponibile in forma sia computerizzata sia cartacea, e alcuni studi indicano che i punteggi delle due versioni sono equivalenti.[38]

Gran parte dei test per la selezione si sta spostando online. Ad esempio, Timken Company usa la valutazione online di caratteristiche quali l'abilità matematica per i candidati alle posizioni a ore.[39] Molte aziende, prima di consultare i curricula e di indire colloqui, sottopongono i candidati a brevi test sul Web; in questo modo si riduce il pool di candidati a cui dedicare le fasi più personali e costose del processo di selezione.[40] Ora sono disponibili anche test da sostenere sul proprio smartphone; ad esempio, www.iphonetypingtest.com illustra un test di dattilografia da eseguire su iPhone.[41]

Oltre alla rapidità e ai costi inferiori di distribuzione, i test computerizzati hanno altri vantaggi. Fornitori di test come PreVisor (www.previsor.com) offrono test online della personalità adattivi, che adattano cioè le domande successive alle risposte date a quelle precedenti. In questo modo la validità migliora, e complica la vita a chi vuole copiare i test altrui (di fatto, ogni candidato esegue un test personalizzato).[43] Per i test a composizione libera, di recente un programma informatico addestrato a leggere testi ha dato recentemente risultati affidabili quanto quelli di un valutatore umano.[44]

APPROFONDIMENTI **Migliorare i risultati con gli HRIS**

City garage: esempio di test computerizzato

Il City Garage, in Texas, sapeva che per crescere avrebbe dovuto cambiare totalmente le modalità di assunzione.[42] Il vecchio processo prevedeva una domanda scritta su carta e un colloquio, seguiti da una decisione di assunzione/non assunzione; non era sufficiente per un'azienda in rapida crescita. Tanto per cominciare i manager locali non avevano tempo, quindi "nel caso di una carenza di personale protratta nel tempo, avrebbero assunto chiunque avesse un po' d'esperienza". In più, City Garage si differenziava per la disposizione "aperta", che permetteva ai clienti di interagire direttamente con i tecnici, quindi era fondamentale trovare meccanici che reagissero positivamente al cliente.

Il City Garage ha dunque deciso di fare uso del test online Personality Profile Analysis (PPA) dalla Thomas International USA di Dallas. Ora, dopo un rapido controllo della candidatura e del background, i candidati possibili sostengono il PPA, che dura 10 minuti e consta di 24 domande. Il personale del City Garage inserisce poi le risposte nel sistema software PPA e in 2 minuti circa riceve i risultati del test, che indicano i valori del candidato in quattro caratteristiche della personalità. Vengono anche prodotte altre domande riguardanti aspetti che potrebbero causare problemi, come ad esempio la pazienza. Se i candidati rispondono in modo soddisfacente viene fissato un appuntamento per una serie di colloqui della durata di una giornata, dopo la quale viene presa una decisione di assunzione.

APPROFONDIMENTI **Tendenze HR: Social media e digitale**

Talent analytics

Indica l'uso di strumenti informatici di analisi dei dati quali tecniche statistiche, algoritmi, data mining e problem-solving, e sta rivoluzionando il processo di selezione dei dipendenti.[45] Permette alle aziende di setacciare i dati dei dipendenti per identificare schemi e correlazioni che mostrino i tipi di persone che hanno successo e quelli che falliscono.

Ad esempio, la catena di grandi magazzini Bon-Ton Stores Inc. aveva un altissimo turnover tra i commessi del reparto cosmetici. Sono stati scelti 450 commessi correnti del settore cosmetici per sondaggi anonimi mirati all'identificazione dei tratti personali dei dipendenti. Usando tecniche di data mining per analizzare questi e altri dati, l'azienda ha individuato una relazione tra indicatori di performance e permanenza; in precedenza si credeva che i migliori commessi fossero quelli più socievoli ed entusiasti del settore cosmetici, ma in realtà i migliori si sono rivelati i problem-solver, che assumono informazioni su ciò che il cliente desidera e risolvono il suo problema.[46] In questo modo, per Bon Ton è stato possibile formulare strumenti di selezione migliori.

Prove e simulazioni

Le prove e le simulazioni del lavoro possono essere considerate test, come quelli di valutazione della situazione e i centri di valutazione (assessment center) che tratteremo di seguito. La differenza rispetto alla maggior parte dei test discussi finora è che si concentrano sulla misurazione diretta delle performance lavorative, mentre gli inventari di personalità e interessi cercano di predirle misurando tratti personali quali estroversione e interessi.

> Parola chiave
> **Talent analytics**
> Uso di nuovi software di "data mining" e di analisi avanzata per "scavare" nei dati dei dipendenti esistenti e identificare meglio quali tipi di persone hanno avuto successo e quali no, e di conseguenza decidere chi assumere.

Test di valutazione della situazione

I test di valutazione della situazione sono test sul personale "concepiti per stimare la valutazione del candidato di una situazione incontrata sul posto di lavoro."[47] Ecco un esempio di domanda:

> Siete un commesso al Best Buy di Miami, Florida. Molti clienti provano il prodotto con voi e chiedono il prezzo, poi lo comprano a meno su Amazon. Come commesso siete responsabile di tre fattori principali: fornire un servizio clienti eccezionale, dimostrare un'eccezionale conoscenza del prodotto, e massimizzare le vendite. Siete salariati con un fisso settimanale, non con incentivi. Indicate come reagireste alla seguente situazione (di solito ne è presentata più d'una):

Situazione 1: Un cliente arriva con una stampa da Amazon.com di un telefono Samsung Galaxy, e inizia a farvi domande dettagliate a proposito di prezzo, durata della batteria e uso dello smartphone, menzionando il fatto che "su Amazon costa circa il 25% in meno". Avete passato tre quarti d'ora con questo cliente, e ce ne sono altri in coda. Che cosa fate?

1. Dite al cliente di comprare il telefono da Amazon.
2. Dite al cliente di aspettare 20 minuti mentre vi occupate di un altro cliente.
3. Dite al cliente di andare in un vicino negozio Best Buy dove è disponibile un telefono simile a prezzo inferiore.
4. Spiegate i vantaggi di telefoni simili che avete disponibili e che potrebbero soddisfare meglio i requisiti del cliente.
5. Chiedete al vostro supervisore di cercare di convincere il cliente a comprare il Galaxy da Best Buy.

I test di valutazione della situazione sono efficaci e molto usati.

APPROFONDIMENTI **HR e la Gig economy**

Selezione di lavoratori freelance

Oggi molte aziende hanno un personale composto del tutto o in parte da lavoratori freelance (programmatori, progettisti o personale marketing) inquadrati come autonomi a breve termine. Il proprietario di un'azienda di progettazione web sostiene che se ha bisogno di personale per progetti brevi gli basta "postare" la posizione online per ottenere candidature in pochi minuti.[48]

I siti della comunità dei freelance consentono a queste aziende di reclutare e selezionare il team giusto, basandosi sulla reputazione e sulle esperienze di ciascun lavoratore. Ad esempio, Upwork.com (www.upwork.com) riporta la valutazione delle capacità dei suoi membri ed elenca in dettaglio le esperienze su lavori a progetto, semplificando per le aziende la decisione su chi ingaggiare. In modo analogo, il sito TopCoder.com (www.topcoder.com) della comunità dei programmatori aiuta le aziende a identificare i membri migliori in base alla loro reputazione nella comunità.

Assessment center

Parola chiave

Assessment center

Una struttura in cui ai manager viene richiesto di prendere decisioni in situazioni ipotetiche, e le loro prestazioni vengono valutate.

Un tipico **assessment center** fornisce valutazioni manageriali basate su una simulazione, di solito della durata di due o tre giorni, in cui 10-12 candidati eseguono compiti realistici di management (come tenere delle presentazioni) sotto lo sguardo di esperti che valutano il potenziale di leadership di ciascuno.[49] Il centro può essere una qualsiasi sala riunioni, ma spesso è una sala speciale con un falso specchio per l'osservazione. Ecco alcuni esercizi simulati tipici:

- Il metodo "in basket". Il candidato riceve in un raccoglitore (basket) una serie di resoconti, memo, note di chiamate in arrivo, lettere e altri materiali, e deve affrontare ognuno di essi nel modo appropriato.
- La discussione di gruppo senza un leader. A un gruppo senza leader viene posta una domanda di discussione, e il gruppo deve arrivare a una decisione. Di ciascun membro del gruppo sono valutate le capacità interpersonali, l'accettazione da parte del gruppo, l'abilità nella leadership e l'influenza individuale.
- Presentazioni individuali. Sono valutate le capacità persuasive e di convincimento di ogni partecipante.

Le aziende usano gli assessment center sia per la valutazione che per la formazione e lo sviluppo manageriale. Di solito le raccomandazioni dei supervisori giocano un ruolo importante nella scelta dei partecipanti. I manager di linea fanno di solito da valutatori, e arrivano a una valutazione mediando.[50] In uno studio su 40 candidati agenti di polizia, i ricercatori hanno concluso che "la performance nei centri di valutazione mostra un contributo unico e sostanziale alla previsione del successo nei ranghi della polizia, e ciò giustifica l'uso di tale metodo."[51]

Test situazionale a video

I test a video propongono agli esaminandi scenari rappresentativi del lavoro, seguiti da una domanda a scelta multipla.[52] uno scenario potrebbe riguardare un dipendente che gestisce una situazione sul lavoro; in un momento critico, lo scenario si conclude e il video chiede al candidato di scegliere tra diverse possibili azioni. Alcune aziende, come Knack, usano videogiochi per determinare la creatività e le capacità di multitasking dei candidati.[53]

APPROFONDIMENTI — HR in pratica

Selezione dei dipendenti in un nuovo impianto Honda

Quando Honda decise di costruire un impianto di produzione di automobili a Lincoln, Alabama, dovette assumere migliaia di nuovi dipendenti; iniziò quindi a collaborare con un'agenzia specializzata di selezione e formazione e a pubblicare annunci di lavoro.

Honda e l'agenzia dell'Alabama iniziarono a scremare i candidati eliminando quelli privi dei titoli di studio e dell'esperienza necessari, e diedero la precedenza a quelli che abitavano vicino all'impianto. Circa 340 candidati per ogni sessione di sei settimane ricevettero una formazione speciale in una nuova struttura a una ventina di km a sud dell'impianto; la formazione prevedeva lezioni in classe, video di dipendenti Honda al lavoro e la pratica di alcuni lavori particolari. Alcuni candidati si ritirarono dopo aver visto nei video i ritmi e la ripetitività del lavoro.

Le sessioni di formazione avevano un duplice scopo: il primo era insegnare ai candidati le abilità necessarie per le posizioni in Honda, il secondo era offrire ai valutatori dell'agenzia statale dell'Alabama la possibilità di osservare il lavoro dei candidati e di classificarli. I candidati che superavano la formazione potevano richiedere una posizione presso l'impianto, e lo screening finale avveniva a cura dei team Honda, composti da dipendenti delle HR e rappresentanti dei reparti.[54]

L'approccio con mini-formazione e valutazione

La **mini-formazione e valutazione** prevede che l'azienda formi i candidati per l'esecuzione di un campione dei compiti della posizione, e poi ne valuti la prestazione. Il presupposto è che una persona che dimostri di poter imparare ed eseguire il campione di compiti sarà in grado di svolgere il lavoro richiesto. Il successivo riquadro HR in pratica fornisce un esempio reale.

> Parola chiave
>
> **Mini-formazione e valutazione della posizione**
>
> Una procedura di selezione in cui il datore di lavoro forma i candidati all'esecuzione di una delle attività della posizione, e poi valuta le prestazioni.

Strumenti multimediali per la valutazione dei candidati

Le aziende usano sempre più questo tipo di strumenti per far svolgere ai candidati attività virtuali, come quelli usati da Honda. La Ford Motor Company ne usa uno per assumere addetti all'assemblaggio. "L'azienda può testare tutto, dal modo di stringere un bullone alla corretta esecuzione di una procedura…"[55] Il seguente riquadro Strumenti HR spiega come i manager di linea possano creare semplici strumenti per testare i dipendenti.

5.3 Colloqui

Non tutte le aziende usano i test, ma sarebbe davvero insolito se un manager non avesse un colloquio con un possibile dipendente. Un colloquio è una procedura concepita per assumere informazioni tramite domande poste di persona al candidato. Un colloquio di selezione è "una procedura di selezione concepita per predire le future performance lavorative sulla base delle risposte del candidato a domande verbali."[56]

Tipi di colloquio di selezione

Come saprete per esperienza, esistono diversi modi di condurre colloqui di selezione.

Struttura

Anzitutto, i colloqui possono variare rispetto a struttura e standardizzazione.[57] Nei colloqui *non strutturati*, l'intervistatore pone le domande che gli vengono in mente, senza un formato preciso. Nei colloqui più strutturati o direttivi, le domande (e magari anche le risposte accettabili) sono specificate in anticipo, e le risposte possono essere valutate in termini di appropriatezza. Nella Figura 5.5 è mostrato un modulo di colloquio strutturato.

MyLab **Figura 5.5**

Parola chiave

Colloquio situazionale strutturato

Colloquio basato su questionari a risposte chiuse in cui vengono presentati problemi e situazioni tipiche dell'attività lavorativa per la posizione oggetto di selezione.

Tipi di domande

Tutti conosciamo le consuete domande del tipo "Quali direbbe siano i suoi punti di forza?", la cui utilità però è molto dubbia. Di solito risultano più utili le domande situazionali, comportamentali e sulla conoscenza. Quelle *situazionali* sono incentrate sulla capacità del candidato di spiegare quale sarebbe il suo comportamento in una certa situazione.[58] Per esempio, "Come reagirebbe al fatto che un subordinato arrivi in ritardo per tre giorni di fila?"

APPROFONDIMENTI **Strumenti HR per manager di linea e piccole imprese**

Test e selezione dei dipendenti

Uno degli aspetti ironici dell'essere un line manager, anche in una grande azienda, è che quando si tratta dello screening dei dipendenti spesso ci si deve arrangiare da soli. In qualche grande impresa i reparti delle risorse umane possono lavorare con il manager delle assunzioni per creare e usare strumenti di screening come quelli trattati in precedenza, ma di fatto i reparti HR si occupano essenzialmente del pre-screening (ad esempio, dei test di dattilografia per gli aspiranti impiegati), e poi intervengono in seguito con i controlli del background e gli esami fisici.

Che fare se siete, ad esempio, il marketing manager e volete operare uno screening più formale dei vostri candidati? Potreste creare una batteria di test ad hoc, ma dovete fare attenzione. L'acquisto e l'uso di test preconfezionati può essere un problema: potreste violare la politica aziendale, sollevare questioni di validità, e persino esporre l'azienda a problemi di rispetto delle pari opportunità.

Un approccio più indicato consiste nel creare e usare strumenti di screening di ovvia validità nominale (cioè che misurino molto chiaramente solo ciò che intendono misurare). Il semplice test con la prova del lavoro è un esempio classico; è ragionevole che il marketing manager chieda a un candidato a una posizione pubblicitaria di passare un'ora a progettare un annuncio, o a un aspirante ricercatore marketing di delineare un programma di ricerca di mercato per un ipotetico prodotto. Allo stesso modo, è ragionevole pensare che un manager della produzione chieda a un candidato per il controllo dell'inventario di usare un modello standard per risolvere un problema di inventario.

Per i piccoli imprenditori, alcuni test sono molto adatti per la facilità di utilizzo. Uno di essi è il Wonderlic Personnel Test, che misura l'abilità mentale generale in circa 15 minuti. Il tester legge le istruzioni, e poi tiene il tempo mentre il candidato affronta i 50 problemi nei due fogli interni. Il tester calcola il punteggio del candidato sommando le risposte esatte, e lo confronta con i punteggi minimi raccomandati per le varie occupazioni per verificare il raggiungimento del livello necessario per la posizione. L'indice predittivo (Predictive Index) misura i tratti della personalità legati al lavoro su un foglio fronte-retro; esiste ad esempio il pattern "interesse sociale" per una persona generalmente altruista, cordiale e alla mano,un tratto che ad esempio è importante per chi intervista i candidati.

Le domande *comportamentali* intendono scoprire come il candidato si sia comportato in passato in determinate situazioni. Ad esempio, "Le è mai successo che un subordinato arrivasse in ritardo? Se sì, come ha gestito la situazione?" Quando alla Citizen's Banking Corporation nel Michigan si è scoperto che 31 delle 50 persone del call center si erano dimesse in un anno, il direttore del centro è passato ai colloqui comportamentali. Non cerca più di prevedere il comportamento dei candidati chiedendo loro se sono disposti a lavorare con clienti arrabbiati, ma pone domande quali "Mi racconti di una volta in cui ha parlato con una persona arrabbiata, e di come ha risolto la situazione." Nell'anno successivo, solo quattro persone si dimisero dal call center.[59] Vanguard usa una tecnica di colloqui basata sul comportamento denominata STAR. Durante il colloquio, il manager Vanguard deve chiedere al candidato di parlare di una particolare situazione (S), o un compito (task, T) che ha dovuto affrontare, e quindi scoprire le azioni o comportamenti (A) adottati dal candidato e il risultato (R) di tali azioni.[60]

Le domande su conoscenza e background valutano le conoscenze e l'esperienza del candidato attinenti al lavoro; "Quali corsi di matematica ha seguito all'università?"

Le domande "trabocchetto" stanno diventando sempre più frequenti (ad esempio, "Perché le palle da tennis sono lanuginose?" e "Se potesse eliminare una regione italiana, quale sarebbe e perché?"[61] Google cerca persone che si accordino con la cultura creativa, flessibile e aperta dell'azienda.[62] Per scoprire se un candidato è idoneo, Google ha ideato alcune domande interessanti per i colloqui come ad esempio "Un uomo ha spinto la sua macchina fino all'albergo e ha perso tutti i soldi. Che cosa è successo?"[63] (La risposta è alla fine del prossimo paragrafo.)

Svolgimento del colloquio

Il colloquio può svolgersi in diversi modi, il più comune dei quali è il colloquio uno a uno: un candidato e un intervistatore. Nel colloquio in serie, più persone intervistano il candidato in sequenza prima di prendere la decisione di selezione. Nel colloquio con pannello il candidato è intervistato simultaneamente, anziché in sequenza, da un gruppo (o pannello) di intervistatori. (Giocava a Monopoli.)

A volte il colloquio è condotto tramite video o telefonicamente. I colloqui al telefono possono essere più accurati di quelli uno a uno per giudicare aspetti quali le capacità interpersonali; il fatto che le due parti non debbano preoccuparsi di fattori quali abbigliamento o strette di mano consente a entrambe di focalizzarsi sulla sostanza delle risposte. In occasione di uno studio, gli intervistatori tendevano a dare valutazioni più favorevoli nei colloqui telefonici che in quelli di persona. Gli intervistatori giungevano grosso modo alle stesse conclusioni nei colloqui di persona e in quelli in videoconferenza, mentre i candidati preferivano i colloqui di persona.[64]

Alcune aziende usano per i colloqui un approccio di tipo speed-dating; un'azienda ha inviato un'email a tutti gli interessati a una posizione pubblicizzata; degli 800 interessati se ne presentarono 400, e nelle ore successive i candidati si mescolarono informalmente con i dipendenti, per poi passare (in una specifica "area di speed-dating") a contatti uno a uno per qualche minuto. Su questa base, il team di reclutamento scelse 68 candidati per colloqui successivi.[65]

Il valore della diversità

Pregiudizi sulle madri lavoratrici

Assumereste una mamma? Per assurda che sembri, questa domanda deve rendere consapevoli i manager di una triste realtà: le aziende vedono in modo negativo le madri lavoratrici.[67] Dei ricercatori hanno fornito a 100 studenti MBA (per il 34% donne, tutti impiegati a tempo pieno) copie del sommario di una job description per la posizione di vicepresidente finanziario. Agli studenti è stato anche chiesto di valutare un "modulo informativo di richiesta di promozione" per ciascun "candidato", nel quale comparivano informazioni scelte dai ricercatori quali stato coniugale e commenti dei supervisori. Alcuni "candidati" erano madri.

Gli studenti valutarono le madri come meno competenti, e furono meno disposti a raccomandarle per la posizione. Come conclusero i ricercatori, ciò è coerente con la realtà delle maggiori difficoltà subite dalle madri sul lavoro, un problema chiamato "muro della maternità".[68]

Utilità dei colloqui

La maggior parte delle aziende utilizza i colloqui, ma le prove statistiche della loro utilità sono controverse.[69] Il punto chiave è che l'utilità del colloquio dipende da come viene condotto.[70] Gli indizi suggeriscono quanto segue:

- Per predire le performance lavorative, i colloqui con domande situazionali forniscono una validità media superiore a quella dei colloqui comportamentali.
- I colloqui strutturati, indipendentemente dai contenuti, sono più validi e affidabili di quelli non strutturati per la previsione delle performance lavorative.[71]
- I colloqui uno a uno tendono a essere più validi di quelli con pannello.[72]

Riassumendo, i colloqui situazionali strutturati (in cui si chiede al candidato che cosa farebbe in una certa situazione) condotti uno a uno sembrerebbero i più utili per la previsione delle performance lavorative.

APPROFONDIMENTI — **Tendenze HR: Social media e digitale**

Colloqui asincroni on-demand

La diffusione dei colloqui attraverso dispositivi mobili sta rivoluzionando il concetto stesso di colloquio: il candidato può "sostenerlo" quando vuole e ovunque si trovi, e il manager del personale può osservare il colloquio quando meglio crede.[73]

Ad esempio, Urban Outfitters richiede commessi che condividano i suoi valori di comunità, orgoglio, creatività e rispetto, ma non è facile trovare e attrarre candidati adatti tenendo sotto controllo i costi di assunzione in un mercato molto competitivo come il commercio al dettaglio. L'azienda è passata ai "colloqui on-demand HireVue" nei suoi 200 punti vendita. Il sistema HireVue consente ai candidati di guardare video riguardanti Urban Outfitters e la posizione proposta, e rispondere per iscritto e in video alle domande e alle istruzioni dell'azienda, con comodo e "on demand". I manager poi possono guardare le interviste registrate, di solito in orario non di punta, quando i negozi sono meno affollati.

Il nuovo sistema si è confermato una manna per Urban Outfitters: riduce dell'80% i tempi di screening, permette ai direttori dei negozi di gestire molti più candidati, e anche i candidati lo preferiscono.[74]

Errori comuni nei colloqui

Quasi tutti si ritengono buoni intervistatori, ma la realtà è diversa.[76] Esistono infatti alcuni errori comuni che spesso riducono l'utilità di un colloquio. Evitando questi errori, anche il candidato ha una performance migliore.[77]

Giudizi affrettati

Gli intervistatori tendono a saltare alle conclusioni, con giudizi affrettati sui candidati, nei primi minuti del colloquio. Spesso ciò accade prima ancora che il colloquio inizi, sulla base dei punteggi dei test o del curriculum. Una psicologa che ha intervistato gli AD di 80 aziende di punta ha concluso che gran parte dei manager giudica il candidato ancor prima che questi apra bocca, basandosi su aspetti quali postura, stretta di mano e sorriso.[78] Anche i colloqui strutturati di solito sono preceduti da una breve discussione, e l'impressione data dal candidato può contaminare anche i risultati di questo tipo di colloqui.[79]

La conclusione per i candidati: è fondamentale partire col piede giusto. Per gli intervistatori: tenete la mente aperta fino alla fine del colloquio.

Enfasi negativa

Il fatto di saltare alle conclusioni è particolarmente problematico dati tre aspetti dei colloqui: (1) spesso i colloqui sono soprattutto ricerche di informazioni negative, (2) gli intervistatori tendono a essere influenzati più dalle informazioni negative che da quelle positive, e (3) è più probabile che le impressioni dell'intervistatore cambino da positive a negative che da negative a positive. Di nuovo, in qualità di candidati, ricordate che avete un'unica possibilità di fare una buona impressione iniziale. In qualità di intervistatori, ciò implica che è necessario tenere aperta la mente e fare uno sforzo cosciente per evitare impressioni negative ingiustificate.

Conoscenza della posizione

Gli intervistatori che non sanno esattamente ciò che comporta la posizione, né quale sia il tipo di candidato a essa più idoneo, di solito affrontano il colloquio con uno stereotipo sbagliato del candidato ideale, e a esso confrontano il candidato reale. Questo è un errore; gli studi hanno dimostrato ormai da tempo che una miglior conoscenza della posizione da parte dell'intervistatore si traduce in colloqui migliori.[80] (Ciò che cercano realmente gli intervistatori può essere tutt'altro. In una ricerca condotta con 120 decisori del personale è emerso che la maggior parte di loro cercava una sorta di "alchimia personale" in termini di background e hobby simili ai loro.)[81]

Pressione all'assunzione

La necessità di assumere rapidamente mina la validità del colloquio. In uno studio, ai manager di un primo gruppo è stato detto che erano al di sotto della loro quota di reclutamento, a quelli di un secondo gruppo che erano a buon punto. Il primo gruppo ha valutato molto più positivamente del secondo gli stessi candidati.[82]

Ordine dei candidati (confronto)

Un errore dovuto all'ordine in cui sono presentati i candidati (o di confronto) significa che tale ordine influisce sul giudizio. In uno studio, i ricercatori hanno chiesto a dei manager di valutare un candidato "appena sufficiente" dopo averne valutati alcuni "poco idonei". Il candidato sufficiente ha avuto una valutazione superiore a quella che avrebbe avuto altrimenti perché, a confronto con i candidati poco idonei, è sembrato migliore di quanto fosse in realtà.[83]

Influenza dei comportamenti non verbali

Gli intervistatori giudicano più favorevolmente i candidati che hanno maggior facilità nel contatto visivo, nel movimento della testa e nel sorriso; questi comportamenti possono pesare per l'80% del giudizio complessivo.[84] Uno studio ha rivelato come gli elementi vocali (tono di voce, velocità del parlato e pause del candidato) e visivi (avvenenza, sorriso e orientamento del corpo) siano fortemente correlati con la valutazione della credibilità del candidato.[85] In modo analogo, anche la capacità del candidato di promuovere sé stesso ha una forte relazione con la percezione di idoneità alla posizione da parte dell'intervistatore.[86] Tatuaggi e/o piercing possono risultare elementi negativi per la selezione di un candidato, specie nelle posizioni a contatto col pubblico.[87]

Avvenenza

In generale, le persone associano più tratti favorevoli e più possibilità di riuscita nella vita ai soggetti attraenti.[88] In uno studio, i ricercatori hanno chiesto ai soggetti di valutare la promuovibilità dei candidati basandosi solo su fotografie. A parità di qualifiche, gli uomini sono stati percepiti come più adatti a una promozione e con maggiori probabilità di passare al livello successivo rispetto alle donne, e i candidati più attraenti, soprattutto uomini, sono stati preferiti a quelli meno attraenti.[89] Questi stereotipi stanno cambiando, ma comunque le donne sono soltanto il 15% circa dei dirigenti delle aziende Fortune 500.[90]

Aspetto fisico

In uno studio, i ricercatori hanno manipolato l'aspetto dei "candidati", ad esempio simulando delle cicatrici sul viso di alcuni, ma non di tutti. I manager che hanno intervistato un candidato con lesioni sul viso "lo hanno giudicato meno favorevolmente [e] ricordavano meno informazioni sul colloquio" (apparentemente, le "lesioni" distraevano gli intervistatori).[91]

Accondiscendenza

Il candidato può migliorare le sue possibilità autopromuovendosi e avendo un atteggiamento accondiscendente, ad esempio dimostrandosi d'accordo con le opinioni dell'intervistatore, segnalando così di condividere valori simili. Autopromuoversi significa promuovere le proprie abilità e specializzazioni per creare un'impressione di competenza.[92] L'autopromozione è la tattica più efficace, ma di solito mentire o esagerare è controproducente.[93]

Implicazioni non verbali

In sintesi, candidati anche inferiori che "ci sanno fare" ai colloqui vengono valutati in modo più positivo dei candidati più qualificati ma carenti in comunicatività. L'intervistatore deve quindi osservare il candidato al di là dei comportamenti, e concentrarsi su ciò che dice. Inoltre, poiché attributi quali l'avvenenza, il sesso e la razza sono generalmente irrilevanti per la performance lavorativa, deve prevenire l'impatto di questi fattori e impedire che influiscano sul giudizio.

MyLab **In depth 1**

Impiego di modelli e profili di competenza nei colloqui

Come abbiamo visto nel Capitolo 3, molte aziende usano modelli di competenza (l'insieme di competenze, tratti personali, conoscenza ed esperienza desiderabili) per reclutamento, selezione, formazione, valutazione e compenso del dipendente. Ad esempio, nella programmazione della forza lavoro, IBM ha identificato circa 500 possibili "ruoli" che i dipendenti possono coprire, come ad esempio quello dell'analista, e ha creato per ciascuno di essi dei profili o dei set di abilità richieste. I dipendenti vengono valutati da 0 a 3 sulla base di tali abilità, e le valutazioni servono poi come guida per promozioni, trasferimenti e formazione.

Nella Tabella 5.1 troverete un esempio dell'uso del profilo di una posizione per formulare domande per i colloqui di selezione; contiene competenze, conoscenza, tratti personali ed esperienza illustrativi per una posizione di ingegnere chimico, e le relative domande per il colloquio. Il team di gestione dei talenti potrà quindi usare tale profilo come guida per il reclutamento, la formazione, la valutazione e la retribuzione dei candidati a tale posizione.

APPROFONDIMENTI **Tendenze HR: Scienza e talent management**

Google impiega un approccio scientifico, basato su prove concrete, alle pratiche di selezione (e di altri aspetti HR). I componenti principali della selezione includono esempi di lavoro, test e colloqui.

Quasi tutti coloro che vengono assunti in posizioni tecniche passano test di esempi di lavoro, come ad esempio la scrittura di veri algoritmi, abbinati a test cognitivi sulle abilità logico-matematiche e mentali e a test su alcuni tratti della personalità, specie sulla coscienziosità. Agli inizi, Google richiedeva ai candidati anche più di una decina di colloqui; poi l'analisi di Google stessa mostrò che dopo i primi colloqui la quantità di informazioni utili residua era minima. Oggi in genere le decisioni di assunzione avvengono dopo il quarto colloquio.

I colloqui Google privilegiano le domande situazionali e comportamentali. Per alcune domande mirate, Google dà ai suoi intervistatori l'accesso al sistema "QDroid", che invia per e-mail le domande da porre al candidato per la specifica posizione. Gli intervistatori Google erano famosi per le domande trabocchetto, ma oggi la preferenza va all'uso di domande convalidate (dal sistema QDroid). Le domande mirano a stabilire le capacità cognitive, di leadership (in particolare, la disponibilità a guidare progetti), la cosiddetta "Googleyness" (valori della cultura Google quali l'essere allo stesso tempo giocosi e impegnati nel lavoro) e la conoscenza legata al ruolo (in informatica, ad esempio). Chi è a condurre l'intervista, quindi? In questo ambito, Google crede alla intelligenza collettiva: il collettivo degli intervistatori non include solo il potenziale superiore, ma anche i potenziali subordinati e rappresentanti di altri reparti non correlati. Google calcola poi una media delle valutazioni del candidato per ottenere un punteggio. Gli intervistatori ricevono un resoconto della loro efficacia in termini di candidati assunti o non assunti. Infine, il comitato per le assunzioni rivede la pratica, e la rivedono anche un manager anziano e l'AD, prima di fare una proposta.[100] In questo modo il processo dei colloqui di Google è realmente analitico, basato su prove concrete e scientifico.

Tabella 5.1 Domande orientate al profilo in un colloquio

Componente del profilo	Esempio	Esempio di domanda al colloquio
Competenza	Capacità di utilizzare software di disegno tecnico	Mi parli di una situazione in cui ha usato il software CAD Pro.
Conoscenza	Effetto del calore estremo sull'acido cloridrico (HCl)	Supponiamo di avere un'applicazione in cui l'HCl sia riscaldato a 205 gradi Celsius a 2 atmosfere di pressione: cosa succede all'HCl?
Tratto personale	Disponibilità a viaggiare all'estero per almeno quattro mesi l'anno per visitare gli impianti	Immagini di avere un impegno importante a cui partecipare la settimana prossima, e che l'azienda la informi che deve partire immediatamente per un lavoro all'estero per tre settimane. Come gestirebbe la situazione?
Esperienza	Progettazione di filtri anti-inquinamento per impianti di pulitura ad acido	Mi parli di una volta in cui ha progettato un filtro anti-inquinamento per un impianto di pulitura ad acido. Come ha funzionato? Quali problemi specifici ha incontrato? Come li ha risolti?

5.4 Altre tecniche di selezione

Di solito i test sono solo una parte del processo di selezione di un'azienda; tra gli altri strumenti possono esservi le indagini sul background e la verifica delle referenze, i servizi di informazioni pre-assunzione, la verifica dell'onestà, la grafologia e i test sull'uso di stupefacenti.

Informazioni sul background e verifica delle referenze

Una grande azienda stava per presentare il nuovo AD, poi scoprì che aveva una moglie e due figli in uno Stato degli USA e un'altra moglie e altri due figli in un altro.[101] Circa l'80% dei manager HR conferma l'esecuzione di controlli sul passato e sulla fedina penale dei candidati, e il 35% effettua controlli sul credito.[102] Alcune aziende effettuano controlli precauzionali periodici sulla situazione dei dipendenti.[103]

Esistono due ragioni chiave per controllare il background: la prima è verificare che le informazioni fornite dal candidato siano accurate, l'altra è scoprire informazioni potenzialmente dannose, come una fedina penale sporca. (Ricordate che alcuni imprenditori avventurosi offrono servizi a pagamento per creare false storie lavorative e referenze per chi cerca lavoro.)[104]

Che cosa verificare

Le verifiche più comuni del background riguardano la possibilità legale di impiego (in ottemperanza alle leggi sull'immigrazione), le date degli impieghi precedenti, gli studi e l'identificazione (data di nascita e indirizzo). Altri elementi dovrebbero essere fedina penale (da verificare per l'attuale residenza e per quella precedente), situazione della patente e delle infrazioni stradali, credito, verifica delle licenze, numero di codice fiscale e controllo delle referenze.[105] Alcuni stati degli USA, come Massachusetts e Hawaii, vietano alle aziende private qualsiasi domanda sulla fedina penale nelle richieste di lavoro scritte iniziali.[106]

L'esaustività della ricerca è determinata dalla posizione; ad esempio, una verifica su credito e studi è più importante per un contabile che per un custode. In ogni caso, è bene anche verificare la situazione del credito dei dipendenti che possono accedere facilmente a beni aziendali, e la situazione della patente degli utenti di auto aziendali.

Raccolta di informazioni di background [107]

Gran parte delle aziende cerca di verificare direttamente posizione, salario e date dell'impiego corrente del candidato telefonando all'attuale datore di lavoro (previa autorizzazione del candidato); in altri casi vengono contattati i supervisori passati e quello attuale per saperne di più su motivazione, competenza tecnica e capacità di lavoro di squadra del candidato.

Molte aziende si rivolgono ad agenzie di controllo del credito o a servizi di screening, che forniscono informazioni su situazione creditizia, indebitamento, reputazione, carattere, stile di vita e sulla veridicità dei dati indicati dal candidato nella richiesta di lavoro. Esistono anche migliaia di database e fonti online per ottenere informazioni di background, tra cui i registri dei reati sessuali, quelli dei compensi dei lavoratori e varie fonti per risalire alla storia penale, d'impiego e didattica.[108]

Efficacia della verifica delle referenze

Se gestite correttamente, le verifiche del background sono un modo economico e diretto di verificare i fatti (come ad esempio le qualifiche presenti e passate). Però può essere difficile ottenere risposte oneste; tanto per cominciare, non è facile dimostrare la fondatezza di una cattiva referenza: il candidato respinto potrebbe ricorrere a vie legali, e denunciare per diffamazione. È comprensibile che ciò possa inibire i datori di lavoro precedenti.[117] È noto un caso in cui a un uomo è stata versata una penale di $56.000 dopo essere stato respinto per una posizione perché, tra le altre cose, un precedente datore di lavoro l'aveva definito "un personaggio". Inoltre, molti supervisori non vogliono ridurre le possibilità di lavoro per un ex dipendente, al punto che alcuni danno buone referenze a una persona incompetente per liberarsene in fretta.

MyLab **In depth 2**

MyLab **Figura 5.6**

APPROFONDIMENTI **Tendenze HR: Social media e digitale**

Controllo della situazione sui social media

Gli strumenti digitali stanno cambiando il processo di controllo del background. Le aziende cercano i candidati su Google e controllano i loro Facebook e LinkedIn, e spesso trovano cose poco carine. Un candidato papabile indicava tra i suoi interessi "fumare marijuana e sparare alla gente"; era uno studente e magari scherzava, ma così facendo ha perso l'offerta.[109] Un articolo intitolato "Che strano, le referenze che hanno usato non sono le mie!" osserva che il nuovo servizio premium Reference Search di LinkedIn permette ai selezionatori di identificare persone tra i loro contatti che hanno lavorato nella stessa azienda di un candidato, e chiedere loro delle referenze su di lui.[110] Secondo LinkedIn basta selezionare Reference Search e inserire il nome dell'azienda, quello del candidato e un periodo di tempo, poi avviare la ricerca. Le aziende stanno integrando strumenti di questo tipo con soluzioni software come Oracle/Taleo Verify per semplificare l'ottenimento di informazioni di questo tipo e integrarle nel profilo del candidato accessibile dai cruscotti.

Il problema è che una ricerca su Google è abbastanza sicura da un punto di vista legale, mentre quelle sui social network possono risultare rischiose.[111] Ad esempio, prima di svolgere una ricerca sui social è opportuno essere autorizzati dal candidato.[112] Sebbene normalmente i candidati non mettano nel CV razza, età, disabilità né origine etnica, le loro pagine Facebook possono rivelare queste informazioni e creare presupposti per problemi di pari opportunità. Anche un supervisore troppo zelante potrebbe condurre in proprio una ricerca "sul background" nelle pagine Facebook.[115]

La soluzione non è necessariamente proibire l'uso legittimo delle informazioni su candidati e dipendenti presenti nei social media (a meno che la consultazione sia illegale, come nello stato del Maryland); è invece opportuno che l'azienda formuli e segua politiche e procedure intelligenti in quest'ambito, ad esempio informando in anticipo dipendenti e candidati a proposito delle informazioni che prevede di verificare. Una buona policy è affidare la ricerca sui social media, ad un profilo HR specializzato, in modo riservato, negando l'accesso a tali informazioni al personale non autorizzato (come il possibile supervisore).[116] Naturalmente i candidati devono considerare la possibilità che l'azienda acceda alle loro informazioni sui siti, gestendole con molta attenzione.

Utilizzo di servizi di informazioni pre-assunzione

Esistono molti servizi per lo screening pre-assunzione; tra i più noti vi sono ADP, Hireright, LEXIS-NEXIS Screening Solutions ed Employment Background Investigations.[125] Impiegano database per accedere alla storia dei compensi e del credito dei lavoratori, alla fedina penale e alle infrazioni stradali. Ad esempio, negli USA i dettaglianti usano la First Advantage Corporation per verificare se i candidati siano stati coinvolti in casi di taccheggio.[126] A volte però, a seconda della loro natura e provenienza, le informazioni possono risultare poco affidabili e vanno verificate e usate con precauzione.[127]

Decisione di selezione

Una volta esauriti test e controlli, è il momento di chiedersi come unire tutte le informazioni per prendere una decisione di selezione. Naturalmente, se usate un solo predittore (il punteggio di un unico test, ad esempio) la decisione è semplicissima. Ad esempio, il candidato a una posizione di ingegnere dovrebbe rispondere correttamente ad almeno 30 domande del test Wonderlic per essere nominabile. Un candidato con un punteggio inferiore probabilmente non sarebbe assunto, se invece il punteggio è superiore le probabilità aumentano.

Nella realtà, però, le cose non sono così semplici. Tanto per cominciare, difficilmente prenderete una decisione basandovi su un unico predittore (in questo caso, il punteggio del test); vanno considerate anche le referenze della persona, le informazioni della candidatura e del colloquio (il titolo di studio, ad esempio), e magari i risultati di altri test. Inoltre, probabilmente non avrete un unico candidato.[152] Sceglieresti semplicemente quello con il punteggio più alto nel test Wonderlic? Probabilmente no. Quindi è necessario un modo per valutare tutte le fonti di informazioni di cui disponete a proposito di ciascun candidato.

Come si fa a tener conto di tutto per raggiungere una decisione di selezione? Le scelte fondamentali sono tre. La prima è un approccio clinico (o intuitivo, o critico): pesate in modo intuitivo, ma cosciente, tutti gli elementi che avete sul candidato, quindi prendete una decisione. Il secondo approccio è quello statistico o "meccanico", che nel senso più puro prevede di quantificare tutte le informazioni raccolte sul candidato (comprese, ad esempio, quelle soggettive dalle referenze), e poi di combinare tutte le informazioni quantificate, magari con una formula che predica il probabile successo sul lavoro. Nel terzo approccio, naturalmente, potete unire i risultati meccanici ottenuti dalla formula al senso critico. Il metodo meccanico/statistico è l'ideale, ma l'approccio critico di solito è meglio di niente.[153]

Utilità dei dispositivi di test e selezione

Quanto è utile per un'azienda usare i dispositivi di test e selezione descritti in precedenza? Gli indizi suggeriscono che un programma ben concepito è in grado di migliorare le performance e i risultati dell'azienda. Ad esempio, un programma di selezione è stato implementato presso un'azienda che gestisce strutture con assistenza infermieristica specializzata a Dayton, Ohio. L'azienda doveva affrontare diversi problemi, tra cui un turnover del 146% annuo. Lavorando con un consulente, l'azienda mise a punto una batteria di test per assistenti infermieri che prevedeva tre test: un inventario dei dipendenti pensato per identificare le persone che mostravano un comportamento coscienzioso sul lavoro, un'analisi della personalità mirata all'identificazione dei candidati più orientati alle persone e con maggiori probabilità di interazioni positive con gli altri, e un inventario delle preferenze di lavoro che ricercasse una corrispondenza tra effettive condizioni lavorative e preferenze delle persone per le condizioni suddette.

Il programma di test sembra aver avuto successo; dopo un anno dall'introduzione i tassi di turnover scesero al 71% annuo, ed entro i due anni di implementazione raggiunsero il 51%. Furono anche registrati risparmi di oltre $300.000 annui grazie alla riduzione del turnover e alla maggior produttività degli assistenti infermieri.

L'efficacia di un programma di selezione dipende naturalmente dalla validità dei suoi componenti. Di regola, test con alto valore nominale come prove di lavoro, valutazione tra pari e centri di valutazione tendono a raggiungere risultati migliori, mentre le valutazioni indirette, come i test psicologici, si sono rivelate meno efficaci.

APPROFONDIMENTI — Migliorare i risultati con gli HRIS

Schemi esaustivi di gestione e screening dei candidati

I sistemi ATS di gestione dei candidati introdotti nel Capitolo 4 non si limitano a tenere traccia dei candidati; molte aziende li usano anche per escludere con il pre-screening i candidati che non soddisfano i requisiti minimi, non negoziabili della posizione, come ad esempio il possesso della patente di guida. Gran parte delle aziende li usa anche per testare e scremare i candidati online, con test di abilità basati sul Web (di aritmetica, ad esempio), test cognitivi (come quelli per la comprensione meccanica) e anche psicologici.[159]

Sviluppare e ampliare l'offerta lavorativa

Una volta scelto il candidato a cui fare l'offerta, l'azienda sviluppa l'offerta vera e propria; i termini finanziari e di altro tipo si baseranno, ad esempio, sull'attrattività del candidato come possibile dipendente, sul livello della posizione e sulla retribuzione di posizioni simili. L'azienda estende poi verbalmente l'offerta al candidato, e in questa situazione la persona di contatto dell'azienda (che può essere quella a cui risponderà il dipendente, o il direttore delle risorse umane, ad esempio) discute i parametri principali dell'offerta in termini di salario, benefit e doveri della posizione. Può esserci una contrattazione, poi, al raggiungimento di un accordo, l'azienda propone un'offerta scritta.

Qui vanno considerati alcuni elementi; quello forse più importante è la differenza tra lettera di incarico e contratto. Nella prima, l'azienda elenca le informazioni di base dell'offerta; inizia con una frase di benvenuto, prosegue con informazioni specifiche sulla posizione (con dettagli su salario e pagamento), sui benefit, sui permessi e sui termini dell'impiego (come ad esempio il superamento dei test e degli esami fisici).[160] Segue una frase di chiusura, nella quale si ribadisce il benvenuto al dipendente, indica la persona di riferimento in caso di dubbi, e chiede al candidato di firmare l'offerta se la ritiene accettabile.[161] È consigliabile sottoporre la proposta a un avvocato prima di estenderla.

Per altre posizioni (magari dirigenziali) può invece essere necessario un contratto, che diversamente da una lettera di incarico non di rado specifica una durata del rapporto (ad esempio, tre anni). Dato ciò, il contratto specifica anche le motivazioni per la risoluzione del rapporto da entrambe le parti e i termini di liquidazione, e include quasi sempre anche termini di confidenzialità, accordi di non divulgazione e clausole di non concorrenza. (In alcuni casi anche le lettere per posizioni di ingegnere, ad esempio, possono contenere disposizioni di questo tipo).[162]

A seconda della posizione, il contratto di assunzione (e a volte la lettera di incarico) può includere una clausola che indica ciò che l'azienda è disposta a riconoscere al nuovo dipendente che si debba trasferire, ad esempio in termini di spese vive per il trasloco.

5.5 Guida per manager al coinvolgimento dei dipendenti

Il termine *coinvolgimento* si riferisce a una situazione psicologica di coinvolgimento, legame e impegno nello svolgere il proprio lavoro; in che modo un manager può determinare se un candidato a una posizione ha i tratti giusti per diventare un dipendente coinvolto?

Esistono alcuni tratti misurabili che contraddistinguono i candidati giusti. Lo studio di consulenza Development Dimensions International, ad esempio, ha rilevato che i tratti dei dipendenti più coinvolti includono gradevolezza, stabilità emotiva, apertura alle esperienze, orientamento al risultato e atteggiamento positivo ("posso farcela").[165]

Costruire il coinvolgimento: un programma di selezione totale

Come si fa a trovare persone così? Prima del colloquio formulate alcune domande comportamentali e/o situazionali, come (per i tratti gradevolezza ed etica del lavoro) "Mi parli di una volta in cui aveva dei progetti personali, come un weekend fuori città con gli amici, e il suo capo le ha chiesto all'ultimo momento di fermarsi a lavorare. Come ha gestito la situazione?"

In pratica, il "potenziale di coinvolgimento" è soltanto uno dei vari attributi che l'azienda cerca nei candidati a una posizione; l'azienda dovrebbe quindi creare un programma di selezione totale il cui obiettivo è scegliere candidati la cui totalità degli attributi si adatta al meglio alla totalità dei requisiti. Il programma usato da Toyota Motor per selezionare i dipendenti per i team di assemblaggio delle auto è un esempio. Toyota cerca svariate cose nei candidati: buone capacità di rapporti interpersonali per via dell'importanza del lavoro di squadra nella posizione dell'assemblatore; l'enfasi sul concetto di *kaizen*, ovvero il miglioramento dei processi lavorativi da parte dei dipendenti attraverso l'impegno alla massima qualità, aiuta a spiegare l'attenzione per le capacità di ragionamento e problem-solving, e l'assunzione di una forza lavoro intelligente, istruita e coinvolta.[166] Tutti i lavoratori di Toyota hanno almeno un diploma di scuola superiore o equivalente, e in molti impianti i dipendenti, inclusi gli assemblatori, hanno una formazione universitaria. La qualità è uno dei valori fondanti di Toyota, quindi l'azienda cerca nelle persone da assumere una storia di impegno alla qualità. Questa è una delle ragioni per cui svolge colloqui di gruppo che si concentrano sui risultati: chiedendo ai candidati di che cosa vanno più orgogliosi, Toyota ottiene una visione più chiara sui valori delle persone legati alla qualità e al fare le cose nel modo giusto. L'azienda cerca anche persone desiderose di imparare, e disposte a fare le cose non solo a modo loro, ma al modo di Toyota o del team. Il sistema produttivo si basa su decisioni condivise, rotazione delle mansioni e percorsi di carriera flessibili, e anche per questo sono necessari giocatori di squadra aperti e flessibili, non dogmatici.

Il metodo Toyota

Il processo di assunzione di assemblatori di Toyota cerca candidati di questo tipo; dura circa 20 ore, distribuite in 6 fasi e alcuni giorni:[167]

Fase 1: candidatura online approfondita (20–30 minuti)
Fase 2: valutazione di 2–5 ore svolta al computer
Fase 3: valutazione di 6–8 ore con simulazione del lavoro
Fase 4: colloquio di persona
Fase 5: controllo del background, esame antidroga e controllo medico
Fase 6: offerta di lavoro

Nella Fase 1, i candidati compilano un modulo che riassume le esperienze e le abilità, e spesso guardano un video che descrive l'ambiente lavorativo e il sistema di selezione di Toyota. Ciò offre ai candidati un'anteprima realistica del lavoro e della dimensione del processo di assunzione. Molti candidati abbandonano già in questa fase.

La Fase 2 mira a valutare la conoscenza e le potenzialità tecniche del candidato, che svolge vari test per l'identificazione delle capacità di problem-solving e del potenziale di apprendimento, oltre alle preferenze occupazionali. I candidati specializzati (come i meccanici esperti, ad esempio) svolgono test incentrati sugli utensili o di manutenzione generica.

Nella Fase 3 i candidati si impegnano in simulazioni realistiche delle attività produttive nel centro di valutazione di Toyota, un luogo a parte in cui i candidati eseguono esercizi sotto l'osservazione di esperti di screening. Il test di produzione valuta il rendimento di ciascun candidato in una reale attività di assemblaggio. Qui si tengono anche discussioni di gruppo, che aiutano a capire il modo in cui i candidati interagiscono con gli altri e risolvono problemi. In una delle simulazioni, ad esempio, i candidati giocano i ruoli di manager e lavoratori di un'azienda che produce circuiti elettrici; in uno degli scenari di pianificazione e produzione, il team deve decidere quale circuito produrre e come allocare in modo efficace persone, materiali e denaro per produrlo. Un altro esercizio tipico è quello in cui i partecipanti che interpretano i dipendenti dell'azienda costituiscono un team responsabile della scelta delle nuove caratteristiche dell'auto del prossimo anno; i membri del team classificano individualmente 12 caratteristiche in base all'appeal sul mercato, e ne suggeriscono una non presente nella lista. Poi devono raggiungere il consenso sulla classifica migliore. Uno dei candidati che ha partecipato al processo racconta: "Ci sono tre stazioni di lavoro, e viene richiesto di lavorare per due ore a ciascuna. Poi si passa a un gruppo in cui vanno risolti i problemi di un progetto per circa un'ora. Sono uscito di casa alle 5 del mattino, e sono tornato alle 18.30; è stata una giornata molto lunga."[168]

Il tempo e l'impegno investito dai candidati nelle visite in azienda non è un caso; Toyota cerca giocatori di squadra coinvolti, flessibili e attenti alla qualità, e le persone che non possiedono questi tratti e valori tendono a non superare il rigoroso screening. È proprio il rigore del processo a scremare chi probabilmente non sarebbe un dipendente molto coinvolto.

Riassumendo, aziende con alto coinvolgimento come Toyota usano programmi totali di assunzione per selezionare i dipendenti. Le modalità sono diverse a seconda dell'azienda, ma dal processo Toyota emergono cinque temi comuni. Anzitutto, l'azienda sa quello che vuole. L'assunzione basata sui valori significa che chiarisce i suoi valori prima di imbarcarsi in un programma di selezione: che si tratti di eccellenza, di kaizen/miglioramento continuo, integrità o altro, l'assunzione basata sui valori inizia col chiarire quali sono i valori dell'azienda e che cosa essa cerca nei suoi dipendenti.

Il secondo tema è che le aziende con alto coinvolgimento impegnano tempo e risorse per un processo di screening esaustivo. Colloqui da otto a dieci ore non sono insoliti nemmeno per dipendenti di livello base, e aziende come Toyota investono 20 ore o più con una persona prima di decidere per l'assunzione. Molti vengono respinti.

Terzo, il processo di screening non identifica soltanto conoscenza e abilità tecniche, ma confronta anche valori e capacità dei candidati con le necessità dell'azienda. Lavoro di squadra, kaizen e flessibilità sono valori essenziali per Toyota, quindi le capacità di problem-solving, quelle interpersonali e il coinvolgimento nell'impegno dell'azienda verso la qualità sono requisiti personali fondamentali.

Quarto, l'assunzione in aziende di questo tipo prevede generalmente prove realistiche del lavoro; le aziende sono certamente interessate a "vendere" buoni candidati, ma è più importante accertarsi che i candidati sappiano che cosa significherà lavorare per l'azienda, e ancor più che capiscano il tipo di valori apprezzato dall'azienda.

Infine, in aziende di questo tipo l'auto-selezione è una pratica di screening importante. In alcune aziende ciò significa semplicemente prove realistiche, in altre esistono pratiche quali lunghi periodi in prova nelle posizioni di base, che aiutano a eliminare le persone meno adatte. Alla Toyota, lo stesso processo di screening impone un sacrificio in termini di tempo e impegno.

CASO DI STUDIO

Può un algoritmo sostituire l'uomo nei processi di selezione del personale?

di Francesco Bolici

Secondo il rapporto "The Future of Jobs" appena pubblicato dal World Economic Forum (2016, http://reports.weforum.org/future-of-jobs-2016/) più di 5 milioni di posti di lavoro verranno persi nel mondo entro il 2020. Per gli autori dello studio, la causa principale di questo fenomeno è l'emergere di una nuova rivoluzione industriale, trainata da settori quali l'intelligenza artificiale, la robotica, la stampa 3D, la genetica e le biotecnologie, che porterà un'ampia distruzione (widespread disruption) dei modelli industriali esistenti. Oltre i due terzi dei posti di lavoro che scompariranno riguardano task d'ufficio e amministrativi, con la conseguenza che le attività di tipo routinario (tradizionalmente considerate da colletti bianchi) saranno decimate.

Quello sopra descritto è uno scenario da tempo anticipato, con robot e computer che progressivamente sostituiscono l'uomo nei lavori altamente standardizzati e con bassa incertezza. Invece un fenomeno meno pubblicizzato, ma altrettanto dirompente, è l'uso crescente di sistemi automatizzati a supporto della selezione del personale. Diverse aziende usano quotidianamente algoritmi[1] computerizzati nei processi di reclutamento e selezione, con la conseguenza che l'assunzione o meno di una persona può essere influenzata dai software e dalle modalità con cui sono stati progettati (e utilizzati).

Un numero crescente di start-up quali ad esempio Doxa (http://www.doxascore.com/), Entelo, (https://www.entelo.com/) GapJumpers (https://www.gapjumpers.me/), Gild (https://www.gild.com/), Textio (https://textio.com/), WorkDay (https://www.workday.com/en-us/applications/human-capital-management/recruiting.html) e aziende già consolidate quali Korn Ferry, (http://www.kornferry.com/kf4d/kf4d-animation), una delle principali aziende per l'*executive recruitment* con il sistema KF4D, propongono soluzioni automatizzate per i processi di assunzione del personale. Spesso questi sistemi si basano sull'idea che incorporare degli algoritmi computerizzati all'interno dei processi di selezione porterà non solo ad una diminuzione dei costi per l'azienda ma anche al miglioramento del processo stesso. Uno degli assunti ricorrenti è che l'uso di algoritmi ridurrà il rischio di incorrere in pregiudizi da parte dei selezionatori. Si potrebbe evitare ad esempio di sopravvalutare alcuni candidati per l'affinità che hanno con alcune caratteristiche ed esperienze dei selezionatori (stesso tipo di formazione, medesima provenienza geografica, etc.) oppure di sottostimarli per caratteristiche opposte. Potenzialmente l'uso degli algoritmi nei processi di selezione aumenterebbe la diversità all'interno dell'azienda perché limiterebbe il fenomeno di immedesimazione in ciò che è più simile. Inoltre, la capacità di calcolo e il crescente numero di dati elaborati permetterebbe di selezionare più velocemente candidati con skill estremamente specifici e con un miglior grado di adattamento alle esigenze aziendali.

Gild, per esempio, analizza tutti i dati pubblici (per esempio da social network come Linkedin, Facebook o Twitter) dei potenziali candidati per incrociarli con quelli a disposizione dell'azienda. Come risultato fornisce una lista di persone con skill e caratteristiche allineati alle necessità dell'organizzazione. Inoltre, Gild cerca di calcolare la probabilità che i potenziali candidati siano interessati a uno specifico lavoro e suggerisce anche il momento migliore per contattarli.

Doxa offre invece un diverso approccio (pensato inizialmente soprattutto per lavoratrici nei settori tecnologici): propone una descrizione accurata dell'ambiente lavorativo di ogni organizzazione attraverso l'analisi delle informazioni raccolte anonimamente tra gli impiegati. In questo modo riesce a suggerire in quale organizzazione un candidato può dare il meglio, spingendosi in alcuni casi ad indicare lo specifico dipartimento o team in cui sarebbe preferibile lavorare.

Entelo propone una soluzione incentrata sulla piena integrazione dei processi di reclutamento e selezione, andando a identificare i candidati che, per attuale posizione e caratteristiche, potrebbero essere i più adatti a ricoprire la posizione vacante. In più sono proposte soluzioni per la sintesi e l'analisi automatica di tutti i dati relativi ai candidati, oltre a metriche real-time di valutazione del processo di selezione stesso.

Un approccio differente è quello proposto da Textio che, attraverso tecniche di *machine learning*, compara il *job-post* che l'organizzazione vuole pubblicare con gli oltre 40 milioni presenti nel suo archivio per anticipare la performance di quell'annuncio ed eventualmente suggerire come modificarlo per renderlo più vicino alle aspettative dell'azienda e facilitare il processo di selezione.

Queste e altre soluzioni sono in questo momento presenti sul mercato e usate da un numero crescente di aziende per la selezione del proprio personale. Il dibattito sulle loro potenzialità e sui loro limiti è aperto e non si concluderà rapidamente. Ai potenziali vantaggi dell'uso di algoritmi automatizzati per supportare la selezione del personale si contrappongono diversi limiti. Ad esempio, alcuni ricercatori sostengono che i processi di selezione non riguardano solo la scelta del candidato più adatto, ma in realtà sono necessari all'organizzazione per meglio specificare i requisiti e le necessità che l'azienda ha per una certa posizione e che non erano stati compresi a pieno o formalizzati nelle fasi precedenti. In questo senso il confronto diretto con potenziali candidati faciliterebbe l'identificazione delle caratteristiche richieste per ricoprire una specifica posizione. Un'altra limitazione del processo di selezione automatizzato è la difficoltà di valutare aspetti quali l'empatia o gli skill di tipo sociale dei candidati. Infine, anche in caso di algoritmi automatizzati, i parametri necessari per operare una scelta di selezione sono tutt'ora il frutto di decisioni umane e in quanto tali sono potenzialmente soggetti al rischio di pregiudizi.

In conclusione, l'uso di software a supporto dei processi di selezione del personale è destinato a divenire sempre più diffuso (anche per l'aumentare dei dati a disposizione) ma, almeno nel breve periodo, la possibilità che queste attività vengano completamente automatizzate è relativamente bassa.

---

1 Per algoritmo si intende un procedimento, eseguibile anche da un elaboratore, che risolve un determinato problema (la cui soluzione è l'output del processo) attraverso un numero finito di passi elementari.

5.6 Riepilogo

1. In questo capitolo abbiamo trattato varie tecniche per lo screening e la selezione dei candidati per una posizione; la prima sono i test. La validità dei test risponde alla domanda: "Che cosa misura questo test?" Dimostrare la validità del criterio significa dimostrare che chi supera il test è in grado di ricoprire la posizione. La validità del contenuto è dimostrabile provando che il test costituisce un campione adeguato del contenuto della posizione. Nel senso psicologico, il termine affidabilità significa sempre "coerenza"; uno dei modi per misurarla prevede l'esecuzione dello stesso test (o di test equivalenti) da parte delle stesse persone in due momenti diversi. È anche possibile concentrarsi sulla coerenza interna, confrontando le risposte a elementi sostanzialmente equivalenti nello stesso test. In base alle leggi sulle pari opportunità, all'azienda può essere richiesto di dimostrare che i test impiegati sono predittivi del successo o del fallimento sul lavoro; di solito ciò richiede uno studio predittivo di validazione, ma spesso sono accettabili anche altri mezzi di validazione.
2. Esistono molti tipi di test per il personale, tra cui quelli di intelligenza, di abilità fisica, di profitto, attitudinali, di personalità e gli inventari degli interessi. I centri di valutazione (assessment center) sono dispositivi di screening che espongono i candidati a una serie di simulazioni di situazioni reali. Le prestazioni vengono osservate e valutate da esperti, che controllano in seguito le loro stesse valutazioni osservando i partecipanti quando tornano al loro lavoro. Esempi di questi esercizi reali includono un gioco di simulazione, un esercizio di "vaschetta in entrata" e discussioni di gruppo.
3. L'utilità di un colloquio può essere compromessa da vari fattori e problemi: decisioni premature, prevalenza delle informazioni negative, mancata conoscenza dei requisiti della posizione, pressione per l'assunzione, mancata considerazione dell'effetto dell'ordine dei candidati e comportamenti non verbali. I cinque passi del colloquio includono pianificazione, instaurazione del rapporto, interrogazione del candidato, chiusura del colloquio e controllo dei dati.
4. Altri strumenti di screening includono controlli di referenze e background, esami fisici e prove realistiche. Dopo aver selezionato il candidato al quale proporre un'offerta, l'azienda sviluppa l'offerta vera e propria, che si baserà, ad esempio, sull'attrattività del candidato come futuro dipendente e sulle fasce salariali per posizioni simili. L'azienda estende poi l'offerta di lavoro verbalmente al candidato, e una volta raggiunto un accordo sarà formulata la proposta scritta.
5. I candidati con maggior potenziale di coinvolgimento tendono a essere gradevoli, emotivamente stabili, aperti a nuove esperienze, orientati al profitto, fiduciosi delle loro capacità, con un certo controllo degli eventi che li riguardano, alta autostima e auto-promozione, una forte etica del lavoro e un atteggiamento intraprendente. Il manager di linea o il supervisore può porre domande comportamentali e/o situazionali mirate all'identificazione di questi tratti personali. L'azienda può istituire programmi esaustivi di selezione totale per identificare i candidati che corrispondano ai diversi requisiti della posizione. Aziende con alto coinvolgimento come Toyota usano programmi

di assunzione totali per la selezione dei dipendenti, con attività che includono il chiarimento dei valori dell'azienda, l'impegno in termini di tempo e di sforzo, il confronto dei valori del candidato con quelli dell'azienda, prove realistiche e l'incoraggiamento all'autoselezione.

MyLab **Sulla piattaforma MyLab dedicata a questo testo troverete materiali di supporto e approfondimento. All'interno dello stesso ambiente è disponibile la piattaforma inglese MyManagementLab che offre ulteriori risorse, un ricco apparato multimediale ed esercizi guidati.**

Parole chiave

Affidabilità del test 96
Validità del test 97
Validità del criterio 97
Validità del contenuto 97
Validità del costrutto 98
Analisi dell'utilità di un criterio di selezione 99
Inventario di interessi 101
Talent analytics 103
Assessment center 104
Mini-formazione e valutazione della posizione 105
Colloquio situazionale strutturato . 106

Domande di discussione

5.1 Spiegate che cosa si intende per validità del contenuto e del costrutto nei test di selezione.

5.2 Discutete almeno quattro tipi di base di test sul personale.

5.3 Quali tipi di test ritenete siano più efficaci nel predire la performance di un candidato a un ruolo dirigenziale nel reparto prestiti di una banca? Supportate la risposta con esempi.

5.4 Per quali tipi di lavoro ritenete siano più appropriati i colloqui computerizzati? E perché?

5.5 Discutete il test di selezione del centro di valutazione (assessment center). Quali sono gli esercizi simulati tipici per questi test?

5.6 A parte i test di selezione, discutete altri modi per indagare su integrità, performance lavorative passate e credibilità come futuro dipendente di un candidato.

5.7 Scrivete un breve saggio sull'argomento "Leggi sulle pari opportunità e selezione dei dipendenti", includendo almeno cinque esempi specifici.

5.8 Avete appena fatto un colloquio a un venditore per un lavoro nella vostra rivendita di mobili in centro. Il colloquio è andato bene, ma volete fare altri due test di selezione per accertarvi che sia la persona giusta per la posizione. Quali usereste, e perché?

Attività individuali e di gruppo

5.9 Lavorando da soli o in gruppo, sviluppate un elenco di tecniche di selezione specifiche che suggerireste al preside per assumere il prossimo professore di HR presso la vostra scuola. Spiegate il motivo della scelta di ciascuna tecnica.

5.10 Siete il manager HR di un hotel a 5 stelle in centro a Bangkok. Lavorando in gruppo, create un test di giudizio situazionale che preveda due situazioni per un receptionist che si è recentemente candidato. Ogni situazione deve avere quattro risposte in un formato a scelta multipla, con una sola risposta corretta. Nel concepire le domande, la risposta corretta deve essere concordata solo dopo averne confermato la correttezza con ricerche approfondite su Internet. Se possibile, il gruppo può verificare ulteriormente l'esercizio e le risposte con il direttore di un albergo nei dintorni. Presentate i risultati alla classe.

5.11 Tenete una breve presentazione intitolata "Come essere un intervistatore efficace".

5.12 Scrivete un breve saggio che tratti alcune considerazioni etiche e legali dei test.

5.13 Fornite alcuni esempi dei modi in cui gli inventari di interessi siano utilizzabili per migliorare la selezione dei dipendenti, e suggerite qualche esempio di interessi occupazionali che ritenete possano predire il successo in varie occupazioni, tra le quali professore universitario, contabile e programmatore di computer.

5.14 Lavorando da soli o in gruppo, cercate su Internet o in biblioteca tre casi in cui delle aziende siano state legalmente accusate di assunzione negligente e presentateli in sintesi. Fornite poi qualche esempio di misure che prevengano per il datore di lavoro la possibilità di problemi legali per questo motivo.

Esercizio pratico

La persona più importante che assumerete

Scopo: Fare pratica con alcune tecniche di colloquio imparate in questo capitolo.

Comprensione richiesta: Dovreste avere dimestichezza con le informazioni presentate nel capitolo, e leggere quanto segue:

I figli sono preziosi per i genitori, quindi è interessante come i genitori che assumono una tata di solito si limitino a fare qualche domanda e, nei casi migliori, una superficiale verifica delle referenze. Data la validità spesso discutibile dei colloqui, e la (spesso) scarsa esperienza del genitore che conduce il colloquio, non sorprende che molti rapporti con le tate finiscano per deludere. In questo capitolo avete appreso come sia difficile condurre un colloquio valido se non sapete esattamente cosa state cercando e, preferibilmente, anche come strutturare il colloquio. Gran parte dei genitori semplicemente non l'ha imparato.

Impostazione dell'esercizio/Istruzioni:

a Formate gruppi di cinque o sei studenti; due saranno i candidati, gli altri il pannello di intervistatori. I candidati svilupperanno un modulo per valutare gli intervistatori, e il pannello svilupperà un colloquio situazionale strutturato per una tata.

b Istruzioni per i candidati: Lasciate l'aula per una ventina di minuti, e in questo tempo sviluppate un modulo di valutazione dell'intervistatore, basato sulle informazioni di questo capitolo, riguardante i fattori che possono minare l'utilità di un colloquio. Durante il colloquio con il pannello dovrete valutare gli intervistatori usando il modulo. Alla fine del colloquio con il pannello, uscite dall'aula e discutete le vostre annotazioni. Gli intervistatori hanno mostrato dei fattori che possono compromettere l'utilità del colloquio? Se sì, quali? Quali suggerimenti dareste (come candidati) agli intervistatori per migliorare l'utilità del colloquio?

c Istruzioni per gli intervistatori: Mentre i candidati sono fuori dall'aula, gli intervistatori del pannello devono sviluppare un modulo di colloquio situazionale breve e strutturato per una tata. Il team del pannello deve fare un colloquio con due candidati alla posizione; nel corso del colloquio, ciascun intervistatore deve prendere note su una copia del modulo per il colloquio situazionale strutturato. Dopo il colloquio, discutete le annotazioni: quali sono state le prime impressioni per ciascun candidato? Le impressioni sono state simili? Quale candidato scegliereste per la posizione, e perché?

Note bibliografiche

Le note di questo capitolo sono consultabili online sulla piattaforma MyLab oppure immediatamente visualizzabili su smartphone e tablet tramite questo QR-code.

PARTE

3 Formazione e sviluppo delle risorse umane

CAPITOLO 6
Formazione e sviluppo dei dipendenti

CAPITOLO 7
Valutazione e gestione delle prestazioni

CAPITOLO 8
Gestione delle carriere

Nella Parte 2 abbiamo visto come determinare quali siano i compiti, le responsabilità e i requisiti di una posizione, e come reclutare per la posizione. Dopo aver selezionato e assunto il dipendente, il manager deve orientarlo, formarlo, valutarlo, coinvolgerlo e trattenerlo, quindi in questa parte affronteremo i metodi per gestire questi aspetti delle risorse umane.

I concetti e le tecniche che studieremo nella Parte 3 giocano un ruolo importante nella gestione strategica delle risorse umane; come mostrato nel modello strategico delle HR, essa consiste nella formulazione ed esecuzione di politiche e pratiche HR che producono le competenze e i comportamenti necessari all'azienda per raggiungere i suoi obiettivi strategici. Non basta aver selezionato dipendenti con un alto potenziale; è necessario anche che sappiano che cosa fare e come farlo. Nella Parte 3 vedremo che per produrre le competenze e i comportamenti è necessario implementare politiche e pratiche HR per formare, sviluppare, valutare e trattenere i dipendenti. Nella Parte 4 tratteremo l'argomento dei sistemi di ricompensa.

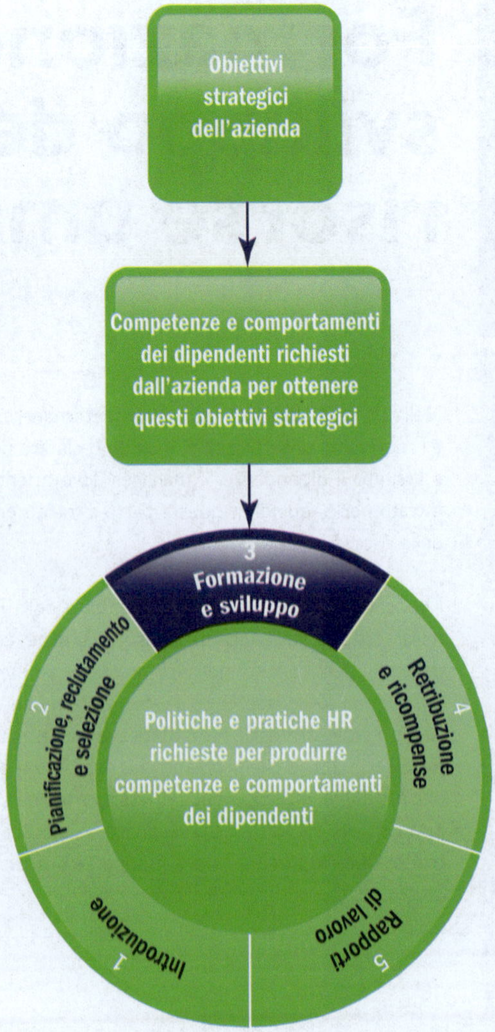
Obiettivi strategici dell'azienda
Competenze e comportamenti dei dipendenti richiesti dall'azienda per ottenere questi obiettivi strategici
Politiche e pratiche HR richieste per produrre competenze e comportamenti dei dipendenti
1 Introduzione
2 Pianificazione, reclutamento e selezione
3 Formazione e sviluppo
4 Retribuzione e ricompense
5 Rapporti di lavoro

CAPITOLO

6

Formazione e sviluppo dei dipendenti

Argomenti

- Orientamento/onboarding dei nuovi dipendenti
- Guida per manager al coinvolgimento dei dipendenti: Onboarding in Toyota
- Panoramica del processo di formazione
- Implementazione del programma di formazione
- Implementazione dei programmi di sviluppo manageriale
- Gestione dei programmi di cambiamento dell'organizzazione
- Valutazione della formazione
- Riepilogo

Obiettivi didattici

Al termine del capitolo:

- Potrete riassumere lo scopo e il processo dell'orientamento dei dipendenti.
- Saprete fornire un esempio della creazione dell'onboarding per migliorare il coinvolgimento.
- Potrete elencare e spiegare brevemente i cinque passi del processo di formazione.
- Saprete spiegare l'uso di cinque tecniche di formazione.
- Potrete elencare e spiegare brevemente quattro metodi di sviluppo manageriale.
- Saprete che cos'è lo sviluppo dell'organizzazione, e in che cosa differisce dagli approcci tradizionali al cambiamento dell'organizzazione.
- Saprete spiegare che cosa considerare nella valutazione dell'efficacia di un programma di formazione.

6.1 Orientamento/onboarding dei nuovi dipendenti

Una selezione accurata dei dipendenti non garantisce una prestazione efficace. Nemmeno i dipendenti con alto potenziale possono svolgere il loro lavoro se non sanno che cosa devono fare e come farlo; accertarsi che lo sappiano è lo scopo di orientamento e formazione. Di solito i programmi di orientamento e formazione sono progettati dal reparto delle risorse umane, ma la maggior parte dell'attività quotidiana è svolta dal supervisore, quindi tutti i manager devono sapere come orientare e formare i dipendenti. Inizieremo dall'orientamento.

Scopi dell'orientamento/onboarding

L'**orientamento dei dipendenti** (spesso chiamato *onboarding*) offre ai nuovi dipendenti le informazioni di base essenziali (come le password dei computer e le regole dell'azienda) per svolgere proprio lavoro; idealmente dovrebbe anche aiutarli a legarsi e coinvolgersi emotivamente con l'azienda.[1]

Nell'orientamento dei nuovi dipendenti, il manager dovrebbe quindi mirare a ottenere quattro risultati:

Parola chiave

Orientamento dei dipendenti

Una procedura per fornire ai nuovi dipendenti informazioni di base sull'azienda.

1. Far sì che il nuovo dipendente si senta il benvenuto, a suo agio e parte della squadra.
2. Accertarsi che il nuovo dipendente disponga delle informazioni di base per operare in modo efficace: accesso e-mail, politiche del personale e benefit, aspettative in termini di comportamento sul lavoro.
3. Aiutare il nuovo dipendente a capire l'organizzazione in senso più ampio (storia, presente, cultura e strategie della visione del futuro).
4. Iniziare a integrare la persona nella cultura e nei modi operativi dell'azienda.[2]

Il processo di orientamento

La durata del programma di orientamento dipende da ciò che deve trattare. I programmi tradizionali durano diverse ore; lo specialista delle risorse umane (o, nelle aziende più piccole, il manager dell'ufficio) di solito effettua la prima parte dell'orientamento spiegando questioni di base quali l'orario di lavoro, le regole, i benefit e le ferie, poi passa a presentare il nuovo dipendente al suo supervisore. Il supervisore prosegue l'orientamento spiegando l'organizzazione, presentando la persona ai nuovi colleghi, facendogli conoscere il luogo di lavoro e aiutandola a superare l'ansia del primo giorno di lavoro. Per i nuovi dipendenti, integrazione e socializzazione sono molto influenzate dal comportamento di colleghi e supervisori.[3] I supervisori devono vigilare: i nuovi dipendenti vanno seguiti e incoraggiati nelle attività (come ad esempio socializzare con i dipendenti durante le pause) che li aiuteranno a "farsi le ossa" e diventare produttivi.

Come minimo, di solito l'orientamento fornisce informazioni su benefit, politiche del personale, routine quotidiana, organizzazione e operatività dell'azienda, misure e regolamenti di sicurezza.[4] Ai nuovi dipendenti dovrebbe essere consegnato (con una ricevuta firmata) un manuale del dipendente, stampato oppure online, che tratti questi argomenti. (Troverete numerose checklist per l'orientamento online.[5])

All'estremo opposto, il programma di onboarding dell'azienda cosmetica L'Oreal dura circa due anni, e include formazione speciale, tavole rotonde, incontri con figure chiave dell'azienda, formazione on-the-job, mentoring individuale ed esperienze speciali quali visite esterne.[6]

Idealmente, l'orientamento non dovrebbe limitarsi al primo giorno di lavoro (o meno): il neoassunto dovrebbe ricevere qualche tempo prima una nota di benvenuto e l'agenda di orientamento della prima settimana, oltre a istruzioni sui documenti (quelli fiscali, ad esempio) necessari per il primo giorno. È anche bene accertarsi che tutti sappiano che c'è un nuovo dipendente, e magari anche accordarsi con uno o più colleghi affinché il primo giorno lo portino a pranzo. Nei giorni successivi, il neoassunto dovrebbe incontrare i colleghi di altri reparti, e dopo due settimane qualcuno dovrebbe parlargli per capire se ci siano problemi di qualunque genere.[7]

I supervisori dovrebbero vigilare. È importante seguire e incoraggiare i neoassunti a partecipare ad attività (come passare le pause insieme ad altri dipendenti) che li aiutino a familiarizzare e a diventare produttivi.[8]

L'onboarding non è solo per i dipendenti di basso livello. Un sondaggio ha evidenziato come il 69% dei nuovi dirigenti anziani inciampi proprio su una "cattiva comprensione del funzionamento dell'organizzazione". L'onboarding per dirigenti dovrebbe toccare argomenti quali i piani operativi e le aree fondamentali del business dell'azienda, i percorsi di carriera dei membri chiave del team, i più importanti portatori esterni di interessi e indicazioni sulla cultura aziendale e su come l'azienda 'fa' le cose."[9]

6.2 Guida per manager al coinvolgimento dei dipendenti: Onboarding in Toyota

In molte aziende, l'orientamento va ben oltre le semplici informazioni quali l'orario di lavoro[16] e un ottimo esempio in questo senso è l'onboarding alla Toyota Motor Manufacturing USA; esso tratta argomenti di routine quali i benefit, ma il suo obiettivo principale è coinvolgere i nuovi dipendenti nell'ideologia aziendale fatta di qualità, lavoro di squadra, sviluppo personale, comunicazione aperta e rispetto reciproco.[17] Il programma iniziale dura circa quattro giorni:[18]

Giorno 1: Il primo giorno inizia presto, e include una panoramica del programma, un benvenuto nell'azienda e una presentazione della struttura organizzativa e del reparto delle risorse umane dell'azienda tenuta del vicepresidente delle HR, che dedica circa un'ora e mezza alla discussione della storia e della cultura Toyota, e circa due ore ai benefit dei dipendenti. A questo seguono varie ore dedicate all'impegno dell'azienda per la qualità e il lavoro di squadra.

Giorno 2: Un tipico secondo giorno è incentrato anzitutto sulle comunicazioni e sull'importanza del rispetto reciproco, del lavoro di squadra e delle comunicazioni aperte in azienda. Nel resto della giornata sono trattati argomenti quali sicurezza, questioni ambientali e il sistema di produzione di Toyota.

Giorno 3: Data l'importanza del lavoro in squadra, anche questa giornata inizia con due-tre ore dedicate alla formazione sulla comunicazione, in questo caso "presentare richieste e dare riscontri". Il resto della giornata affronta argomenti quali metodi di problem-solving, garanzia di qualità, comunicazione dei rischi e sicurezza.

Giorno 4: Gli argomenti della giornata includono la formazione al lavoro di squadra e il sistema di suggerimenti di Toyota. Questa sessione tratta anche della responsabilità affidata alle squadre di lavoro e del modo di lavorare insieme come squadra. La sessione del pomeriggio riguarda la formazione sulla prevenzione incendi e sull'uso degli estintori. Al termine della quarta giornata, i nuovi dipendenti dovrebbero essere a buon punto nell'integrazione e nel coinvolgimento nell'ideologia dell'azienda, in particolare per quanto riguarda la mission della qualità e i valori di lavoro di squadra, miglioramento continuo e problem-solving.[19]

La lezione per il manager è che l'orientamento dei dipendenti è molto più che una semplice presentazione ai nuovi colleghi; anche in assenza di un programma strutturato come quello di Toyota, è opportuno usare l'occasione dell'onboarding per iniziare a instillare nei nuovi dipendenti i valori e le tradizioni dell'azienda in cui ci si aspetta di coinvolgerli.

6.3 Panoramica del processo di formazione

La formazione dovrebbe iniziare subito dopo l'orientamento iniziale; **formare** significa fornire ai dipendenti nuovi o attuali le capacità necessarie a svolgere il proprio lavoro, quindi mostrare a un nuovo rappresentante come vendere i prodotti dell'azienda.[20] La formazione può prevedere che sia l'attuale titolare della posizione a spiegare il lavoro al neoassunto, oppure corsi in aula di più settimane, o anche corsi via

Internet. Di recente, le aziende negli USA hanno speso circa $1.252/dipendente per formazione e didattica diretta.[21]

La formazione è importante. Se un dipendente, anche con molto potenziale, non sa che cosa fare né come, improvviserà o non farà nulla di utile. Inoltre, molte persone ambiziose cominciano a cercare un altro lavoro entro un anno dall'assunzione, e spesso il motivo è l'insoddisfazione dovuta a una formazione inadeguata.[22] Le aziende stanno capitalizzando sempre più sulla capacità della formazione di promuovere il coinvolgimento. Per esempio, Coca-Cola UK utilizza i piani di sviluppo dei dipendenti, la formazione e lo sviluppo della leadership per attrarre, trattenere e coinvolgere i dipendenti migliori.[23]

Il processo di formazione in cinque passi

L'azienda dovrebbe usare un processo di formazione razionale, e in questo senso lo standard di riferimento è tuttora il modello analisi-progetto-sviluppo-implementazione-valutazione (analysis-design-develop-implement-evaluate, ADDIE) utilizzato per anni dagli esperti di formazione.[27] A titolo di esempio, un fornitore di formazione descrive il processo come segue:[28]

- *Analisi* del fabbisogno formativo.
- *Progetto* del programma di formazione complessivo.
- *Sviluppo* del corso (l'attività di assemblaggio/creazione dei materiali formativi).
- *Implementazione* della formazione, formando il gruppo di dipendenti con metodi on-the-job oppure online.
- *Valutazione* dell'efficacia del corso.

Nel seguito analizzeremo ciascun passo.

Analisi del fabbisogno formativo

L'analisi può riguardare il fabbisogno *strategico/di lungo termine* e/o quello *corrente* dell'azienda.

Analisi del fabbisogno formativo strategico

Gli obiettivi strategici (magari l'ingresso in nuove linee di attività o l'espansione all'estero) spesso prevedono che l'azienda vada a coprire nuove posizioni. L'analisi del fabbisogno formativo strategico identifica la formazione che sarà necessaria ai dipendenti per coprire le posizioni future. Ad esempio, quando la Signicast Corp. nel Wisconsin decise di costruire un nuovo impianto ad alta tecnologia, il top management dell'azienda sapeva che gli impiegati avrebbero dovuto assumere nuove abilità per gestire le macchine computerizzate e lavorò in stretta collaborazione con il team HR per formulare politiche di assunzione e programmi di formazione che garantissero all'azienda le risorse umane necessarie per popolare il nuovo impianto.

Analisi del fabbisogno formativo corrente

Una gran parte dei programmi formativi è diretta a migliorare la performance attuale, specificamente formando i nuovi dipendenti e quelli attuali che presentano carenze nelle prestazioni.[29]

Il modo di analizzare il fabbisogno formativo corrente dipende dal fatto che riguardi i nuovi dipendenti o quelli attuali; il compito principale per i nuovi dipendenti consiste nel determinare ciò che prevede la posizione, e nel suddividerla in attività che possano essere insegnate al nuovo dipendente.

L'analisi del fabbisogno formativo per i dipendenti correnti è più complessa, perché è anche necessario accertarsi che la formazione sia una soluzione; ad esempio, la performance potrebbe essere scarsa per via di una bassa motivazione. I manager usano l'analisi dei compiti (*task analysis*) per identificare il fabbisogno formativo dei nuovi dipendenti, e l'analisi della performance (*performance analysis*) per identificare quello dei dipendenti correnti.

Analisi dei compiti: fabbisogno formativo dei nuovi dipendenti

È consueto, soprattutto con i lavoratori di basso livello, assumere personale inesperto e formarlo in seguito. L'obiettivo è fornire ai nuovi dipendenti le abilità e la conoscenza necessarie a svolgere il lavoro. L'**analisi dei compiti** è uno studio dettagliato della posizione per determinare le abilità specifiche richieste, come Java per uno sviluppatore web e lo svolgimento di colloqui nel caso di un supervisore. A questo scopo sono utili le descrizioni e i requisiti della posizione, che elencano i compiti e le abilità che costituiscono i punti di riferimento di base per determinare la formazione necessaria. I manager possono anche scoprire fabbisogni formativi osservando gli standard prestazionali, eseguendo le mansioni e interrogando i titolari correnti della posizione e i loro supervisori.[30]

Alcuni manager affiancano alla descrizione e ai requisiti della posizione la raccolta di dati tramite un modulo di analisi dei compiti (*task analysis record form*, Tabella 6.1) che riepiloga le informazioni riguardanti i compiti e le abilità richiesti. Come illustrato nella Tabella 6.1, il modulo contiene sei colonne di informazioni quali "Abilità o conoscenza richiesta".

> Parola chiave
> **Analisi dei compiti**
> Studio dettagliato di un compito specifico (task), cioè di un'attività lavorativa assegnata a una posizione, per identificare le specifiche competenze richieste.

> Parola chiave
> **Modello delle competenze**
> Un modello grafico che consolida, generalmente in un diagramma, una panoramica precisa delle competenze (conoscenza, abilità e comportamenti) richieste per svolgere bene un lavoro.

Uso dei modelli delle competenze

Un'altra possibilità è il **modello delle competenze**, che riassume in un diagramma una panoramica precisa delle competenze necessarie per svolgere bene il lavoro; ne abbiamo visto un esempio nella Figura 3.8.

L'azienda può quindi usare questo modello per progettare un programma di formazione che promuova tali competenze. Ad esempio, l'American Society for Training and Development (ASTD) ha costruito un modello delle competenze per la posizione di Professionista della formazione e dello sviluppo, che come esempio di competenza descrive la progettazione didattica come "progettazione, creazione e sviluppo di soluzioni formative formali in funzione del fabbisogno dell'organizzazione; analisi e selezione della strategia, delle metodologie e delle tecnologie più appropriate per massimizzare l'esperienza e l'impatto della didattica."[31] La formazione di un formatore richiede quindi la verifica che, dopo il completamento della formazione, egli dimostri le abilità e la conoscenza (competenza) che gli consentano di progettare, creare e sviluppare soluzioni didattiche formali che corrispondano al fabbisogno dell'organizzazione.[32]

> Parola chiave
> **Analisi delle performance**
> Verifica dell'esistenza di una carenza di prestazioni, e determinazione del fatto che sia possibile correggerla attraverso la formazione o altri mezzi (come il trasferimento del dipendente).

Analisi delle performance: fabbisogno formativo dei dipendenti correnti

Se gli attuali dipendenti mostrano una bassa performance, non è scontato che la formazione sia una soluzione: si tratta di una carenza formativa o di qualcos'altro? L'**analisi delle performance** è il processo di verifica di un'effettiva carenza prestazionale, e la determinazione della possibilità di correggerla attraverso la formazione o con altri mezzi (come il trasferimento del dipendente).

Tabella 6.1 Modulo di analisi dei compiti, con alcuni tra i compiti principali e secondari di un operatore di presse da stampa

	Elenco dei compiti	Tempi e frequenza di esecuzione	Quantità e qualità della prestazione	Condizioni di esecuzione	Abilità o conoscenza richiesta	Luogo ideale di apprendimento
1.	Azionamento taglierina	4 volte al giorno		Sala presse rumorosa: distrazioni		
1.1.	Avviare il motore	4 volte al giorno				Sul lavoro
1.2.	Impostare intervallo di taglio		Tolleranza ± 2 mm		Leggere la dima	Sul lavoro
1.3.	Posizionare la carta sul piano di taglio		Dev'essere perfettamente a filo per evitare tagli storti		Sollevare correttamente la carta	Sul lavoro
1.4.	Spingere la carta fino alla taglierina				Dev'essere a filo	Sul lavoro
1.5.	Afferrare la leva dello sblocco di sicurezza con la mano sinistra		100% delle volte, per sicurezza		Essenziale per la sicurezza	Sul lavoro, ma previa pratica senza distrazioni
1.6.	Afferrare la leva dello sblocco della taglierina con la mano destra				Entrambe le mani devono essere sulle leve	Sul lavoro, ma previa pratica senza distrazioni
1.7.	Tirare simultaneamente lo sblocco di sicurezza con la mano sinistra e lo sblocco della taglierina con la mano destra				Entrambe le mani devono essere sulle leve	Sul lavoro, ma previa pratica senza distrazioni
1.8.	Attendere il ritorno della taglierina		100% delle volte, per sicurezza		Entrambe le mani devono essere sulle leve	Sul lavoro, ma previa pratica senza distrazioni
1.9.	Ritirare la carta				Attendere il ritorno della taglierina	Sul lavoro, ma previa pratica senza distrazioni
1.10	Spegnere		100% delle volte, per sicurezza			Sul lavoro, ma previa pratica senza distrazioni
2.	Azionamento pressa					
2.1	Avviare il motore					

L'analisi delle performance inizia con il confronto della prestazione effettiva con quella desiderata; in questo modo è possibile confermare che esista una carenza, e auspicabilmente si pone il manager nella posizione di identificarne la causa. Ecco qualche esempio di carenza prestazionale:

Mi aspetto che tutti i rappresentanti chiudano 10 nuovi contratti alla settimana, ma la media di Giovanni è solo di sei.

In altri impianti delle stesse dimensioni la media degli incidenti gravi non supera i due al mese; per noi arriva a cinque.

Esistono svariati modi per identificare il rendimento di un dipendente corrente, che includono l'analisi di quanto segue:

- Valutazioni della performance
- Dati sulla performance relativi alla posizione (produttività, assenteismo, ritardi, lamentele, sprechi, consegne in ritardo, qualità del prodotto, inattività, riparazioni, utilizzo dei macchinari e lamentele da parte dei clienti)
- Osservazione da parte dei supervisori o altri specialisti
- Colloqui con il dipendente o con il suo supervisore
- Test su fattori quali conoscenza del lavoro, abilità e presenze
- Valutazione dell'atteggiamento
- Diari dell'attività quotidiana del dipendente
- Risultati di processi di assessment center
- Software speciale per l'analisi delle discrepanze prestazionali.

Non posso/non voglio

L'essenza dell'analisi delle performance *è* scoprire il motivo per cui esiste una carenza; in particolare, il manager dovrà distinguere fra problemi di natura diversa, denominati 'non posso' o 'non voglio'. Si dovrà anzitutto determinare se si tratta di un problema *non posso*, e nel caso trovare le cause specifiche: i dipendenti non sanno che cosa fare o quali siano gli standard, esistono ostacoli nel sistema quali mancanza di strumenti o materiali, non esistono ausili per la lavorazione (come ad esempio dei codici colore che mostrino agli assemblatori dove debba essere collegato un certo cavo), sono state assunte persone che non hanno la capacità di svolgere il lavoro, oppure la formazione non è adeguata.

Il problema potrebbe invece essere un *non voglio*: i dipendenti potrebbero fare un buon lavoro, se volessero. Un esperto afferma che "il tranello più grave in cui cadono i formatori è sviluppare una formazione per problemi che la formazione non è in grado di risolvere."[33] Per esempio, la soluzione migliore potrebbe essere un aumento degli incentivi.[34]

Progettazione del programma di formazione

Armato dei risultati dell'analisi del fabbisogno, il manager può passare alla progettazione del programma formativo. Con *progettare* si intende pianificare il programma di formazione nel suo insieme, con obiettivi, metodi di somministrazione e valutazione del programma. Tra i passi più dettagliati vi sono la definizione degli obiettivi in termini di performance attese, la creazione di uno schema dettagliato di formazione (tutti i passi del programma di formazione dall'inizio alla fine), la scelta della modalità di somministrazione del programma (lezioni in aula o Web) e la verifica del progetto complessivo del programma con il management. Il progetto dovrebbe includere riepiloghi del modo in cui si prevede di creare un ambiente formativo che motivi gli allievi tanto a imparare quanto a trasferire sul lavoro ciò che hanno imparato; in questa fase, il manager rivede anche i possibili contenuti del programma (testi, esercizi e attività) e stima un budget.[35] Se il programma prevede l'uso di tecnologia, il manager dovrebbe includere nell'analisi un riepilogo della tecnologia che intende utilizzare.[36] Dovrà anche decidere come organizzare le varie componenti del contenuto formativo, scegliere come valutare il programma, sviluppare un piano di riepilogo complessivo del programma e ottenere l'approvazione del management per proseguire. Nel seguito osserveremo più da vicino alcune questioni progettuali specifiche, a partire dagli obiettivi.

Obiettivi didattici[37]

Dopo aver analizzato il fabbisogno formativo si dovranno definire obiettivi concreti e misurabili per la formazione. Gli obiettivi di formazione, sviluppo, apprendimento o (più in generale) didattici dovrebbero specificare in termini misurabili ciò che l'allievo dovrebbe essere in grado di fare dopo aver completato con successo il programma di formazione.[38] Ad esempio:

> Il rappresentante del servizio tecnico sarà in grado di regolare le linee guida del colore di questa stampante HP Officejet All-in-One entro 10 minuti rispettando le specifiche del dispositivo.

Gli obiettivi didattici dovrebbero anzitutto affrontare le carenze di performance identificate attraverso l'analisi del fabbisogno; se i risultati del team delle vendite sono troppo bassi del 40%, gli obiettivi dovrebbero concentrarsi sul garantire che il team assuma conoscenza, abilità e atteggiamento necessari alla crescita delle vendite. Allo stesso tempo, dati i vincoli, gli obiettivi didattici devono essere pratici.

Uno dei vincoli è quello finanziario: l'azienda vorrà di norma valutare e approvare un budget di formazione per il programma. Tipicamente i costi includono quelli di sviluppo (ad esempio uno specialista delle risorse umane che lavori sul programma per una settimana o due), i costi diretti e indiretti (overhead) per il tempo dei formatori, il compenso ai partecipanti (per il periodo di formazione) e il costo di valutazione del programma.[39] La domanda, naturalmente, non è soltanto "possiamo permetterci questo programma?", ma "questa spesa sarà ripagata, dati i vantaggi che trarremo dal programma? La performance migliorerà, e se sì, di quanto?" Preparatevi quindi a difendere il programma sulla base di costi e benefici.

Vanno considerati anche altri vincoli: ad esempio, quelli di tempo potrebbero imporre di passare da tre o quattro obiettivi didattici desiderabili a uno o due.

Creazione di un ambiente didattico motivante

Per imparare sono necessarie sia abilità che motivazione, quindi il progetto del programma di formazione deve considerarle entrambe. In termini di abilità, l'allievo richiede (tra l'altro) le necessarie capacità di lettura, scrittura e matematica; nell'impostare l'ambiente didattico, il manager deve quindi affrontare diverse questioni di abilità degli allievi. Per esempio, in che modo il programma riuscirà a tenere conto delle differenze di capacità degli allievi? È necessaria una formazione di recupero?

In secondo luogo, l'allievo deve anche essere motivato. Il manager non dovrebbe mai sprecare il suo tempo per mostrare a un dipendente non interessato come fare qualcosa, nemmeno se ha le abilità richieste.

Esistono molti libri dedicati all'argomento della motivazione dei dipendenti, ma alcune osservazioni specifiche sono d'obbligo.[40] Gli effetti del programma di formazione saranno ridotti se gli allievi tornano al loro lavoro e vengono accolti da commenti acidi da parte dei colleghi come "ti sei fatto un po' di vacanza, eh?", quindi una delle prime cose da considerare nella motivazione degli allievi è accertarsi che colleghi e supervisore supportino la formazione. Idealmente, soprattutto per i programmi più ampi, il top management dovrebbe supportare il programma in modo molto esplicito.

MyLab **In depth 1**

Sviluppo del programma

Sviluppare il programma significa assemblare i contenuti e i materiali di formazione del programma, cioè scegliere i contenuti veri e propri che saranno presentati e progettare/scegliere nello specifico i metodi didattici (lezioni, casi, Web e cosi via).

L'attrezzatura e i materiali potrebbero includere iPad, eserciziari, lezioni, diapositive PowerPoint, attività basate su Web e su computer, attività del corso, risorse del formatore (come ad esempio i manuali) e materiali di supporto.

Alcune aziende creano i contenuti della formazione internamente, ma ne esistono molti reperibili online e offline (vedi, ad esempio, l'Infoline dell'American Society for Training and Development presso www.astd.org, www.trainerswarehouse.com e www.gneil.com).[52] I pacchetti di formazione Turnkey includono spesso una guida per il formatore, testi per lo studio autonomo, video e altri contenuti.

Una volta che il programma è stato progettato, approvato e sviluppato, il management può implementarlo e successivamente valutarlo; implementare significa fornire la formazione, usando uno o più metodi didattici (come le lezioni) che vedremo nel seguito.

APPROFONDIMENTI **Tendenze HR: Social media e digitale**

Formazione sul cloud

Nel progetto e sviluppo del piano di formazione, l'azienda dovrà decidere in che modo veicolarlo. La soluzione è sempre più spesso "il cloud", che significa essenzialmente caricare programmi e servizi software su server remoti dei fornitori, dai quali è possibile distribuirli via Internet in modo diretto ai dispositivi digitali dei dipendenti.

Il cloud sta rivoluzionando la formazione: i corsi e il sistema complessivo di gestione della didattica sono ospitati dal fornitore: il datore di lavoro non deve occuparsi di impostare né aggiornare i programmi sui suoi computer, perché il fornitore si occupa di tutto. Inoltre, i sistemi didattici su cloud più avanzati consentono agli allievi di accedere a corsi e software ovunque, con vari dispositivi mobili. Il cloud è comodamente accessibile via web o con una mobile app e facilita anche la collaborazione tra dipendenti quando, ad esempio, lavorano insieme su un progetto formativo. I componenti tipici della formazione via cloud sono una biblioteca del corso, valutazioni e quiz, resoconti e cruscotti (per monitorare la performance della formazione), elementi di ludificazione (come punti e distintivi), sistemi di messaggistica e notifica, e una struttura per programmare e distribuire la formazione, sia virtuale che in aula.[53]

6.4 Implementazione del programma di formazione

Una volta definiti gli obiettivi, e progettato e sviluppato il programma, il manager può concentrarsi sull'implementazione, ovvero avviare la formazione usando uno o più dei seguenti metodi formativi.

Formazione on-the-job

Formazione on-the-job (on-the-job training, OJT) significa che una persona impara un lavoro eseguendolo; tutti i dipendenti, dal fattorino all'AD, dovrebbero seguire una formazione on-the-job quando entrano in azienda. In molte realtà l'OJT è l'unica formazione disponibile.[54]

Parola chiave
Formazione on-the-job
Formazione effettuata sul luogo di lavoro.

Tipi di formazione on-the-job

La formazione on-the-job più nota è il *coaching, o metodo del sostituto*, in cui un lavoratore esperto o il supervisore si occupa della formazione dell'allievo. Ciò può significare una semplice osservazione del supervisore, oppure (preferibilmente) che il supervisore o l'esperto mostrino al nuovo dipendente ciò che deve fare passo per passo. È fondamentale un coaching efficace. Ad esempio, in uno studio sui rappresentanti farmaceutici le capacità di coaching sono state associate alle sensibili differenze nei risultati in zone di vendita diverse.[55] La rotazione della mansione, nella quale un dipendente (di solito un aspirante manager) passa da una mansione all'altra a intervalli stabiliti, è un'altra tecnica OJT. Allo stesso modo, gli incarichi speciali offrono ai dirigenti di basso livello la possibilità di sperimentare direttamente il lavoro su problemi reali.

Non date per scontata la formazione on-the-job: pianificatela e strutturatela. Formate anche i formatori (che spesso sono i supervisori dei dipendenti), e fornite materiali formativi; i formatori devono sapere, ad esempio, come motivare gli allievi. Poiché delle basse aspettative possono risultare in una scarsa performance degli allievi, i supervisori/formatori devono sottolineare le loro alte aspettative. In questo senso può rivelarsi utile un approccio formativo on-the-job in quattro passi: anzitutto preparate l'allievo, ad esempio mettendolo a suo agio, spiegando il lavoro e il motivo per cui gli viene insegnato. Poi presentate l'operazione, svolgendola prima a un ritmo normale e poi più lentamente per evidenziare i punti chiave. Successivamente mettete alla prova l'allievo facendogli eseguire il lavoro più volte per migliorare abilità e velocità. Infine, approfondite riducendo gradualmente la supervisione, correggendo gli errori ed elogiando una buona esecuzione.

In molte aziende, per questo tipo di formazione è utilizzato il metodo "peer training": ad esempio, dipendenti esperti rispondono alle domande in momenti stabiliti della giornata, o partecipano a "programmi radiofonici" interni per rispondere alle domande proposte dai loro pari su aspetti tecnici dell'esecuzione del lavoro.[56] In altri casi si utilizzano team di dipendenti per analizzare le posizioni e preparare i materiali formativi. I dipendenti già esperti del lavoro hanno dimostrato di poter condurre analisi dei compiti in modo più rapido ed efficace degli esperti di formazione.[57]

Apprendistato

L'**apprendistato** è un processo attraverso il quale i lavoratori si specializzano attraverso una combinazione di didattica formale e formazione on-the-job a lungo termine, spesso sotto la guida di un lavoratore molto esperto.

Formazione informale

Alcune indagini stimano che il 70-80% di ciò che i dipendenti imparano sul loro lavoro è appreso non attraverso un vero e proprio percorso formativo, ma informalmente.[60] Gli esperti di formazione usano la notazione "70/20/10" per riassumere il concetto che, di regola, il 70% dell'apprendimento avviene informalmente, sul posto di lavoro o fuori, il 20% deriva da interazioni sociali (ad esempio, tra dipendenti sul lavoro), e solo il 10% è riferibile a una formazione vera e propria.[61] Qualche esempio di formazione informale: partecipare a forum e conferenze, cercare informazioni su Internet, lavorare con i clienti, partecipare a programmi di job rotation e di coaching, leggere libri e riviste, usare videogiochi e informarsi attraverso la TV.[62]

Le aziende possono supportare l'apprendimento informale; ad esempio, nelle zone caffetteria di un impianto Siemens sono presenti degli attrezzi, che possono far parte delle discussioni lavorative che si svolgono durante le pause; anche il semplice posizionamento di lavagne e pennarelli può essere di supporto all'apprendimento informale. Sun Microsystems ha implementato uno strumento online di apprendimento informale denominato Sun Learning eXchange, che si è trasformato in una piattaforma contenente più di 5000 tra voci e suggerimenti informali riguardanti argomenti che vanno dalle vendite al supporto tecnico.[63] I dipendenti di Cheesecake Factory usano VideoCafé, una piattaforma simile a YouTube che consente loro di "caricare e condividere spezzoni video relativi al lavoro, su argomenti che vanno dall'accoglienza del cliente alla preparazione dei cibi."

Lezioni

Le lezioni sono un modo rapido e semplice di presentare informazioni a grandi gruppi di allievi, per esempio nel caso di rappresentanti che debbano apprendere le caratteristiche di un nuovo prodotto.[65] Ecco alcune linee guida sulla presentazione di una lezione:[66]

- Non partite col piede sbagliato, ad esempio con una battuta fuori luogo.
- Parlate solo di argomenti che conoscete bene.
- Date dei segnali agli ascoltatori; ad esempio, se dovete presentare un elenco iniziate dicendo "Ci sono quattro ragioni per cui i resoconti delle vendite sono necessari... La prima è..."
- Usate aneddoti e storie che aiutino a visualizzare i concetti.
- Fate attenzione al pubblico, e a segnali negativi del linguaggio del corpo quali l'irrequietezza.
- Mantenete il contatto visivo con il pubblico.
- Accertatevi che tutti sentano ciò che dite. Ripetete le domande poste dagli allievi.
- Tenete le mani lungo i fianchi in posizione naturale e rilassata.
- Prendete spunto da annotazioni o da diapositive PowerPoint, anziché da una scaletta.
- Evitate una panoramica breve per poi trascorrere un'ora per presentare il materiale punto per punto. Spezzate un discorso lungo in parti più brevi da una decina di minuti, ciascuna con una sua introduzione. Create diapositive PowerPoint brevi, dedicando a ciascuna circa un minuto.[67]

Formazione incrementale

La **formazione incrementale** è un metodo passo per passo di auto-istruzione composto da tre parti:

1. Presentare all'allievo domande, fatti o problemi.
2. Consentire all'allievo di rispondere.
3. Fornire un riscontro sull'accuratezza delle risposte, con istruzioni su come procedere.

Generalmente, la didattica incrementale presenta fatti e relative domande in modo progressivo; la domanda successiva dipende spesso dalla risposta a quella precedente. Il riscontro alle risposte rafforza i concetti.

La didattica incrementale riduce i tempi di formazione, e consente agli allievi di imparare secondo i propri ritmi, ottenendo un riscontro immediato e riducendo il rischio di errori. Secondo alcuni, gli allievi non imparano di più da una didattica incrementale rispetto a un libro di testo, ma gli studi generalmente confermano l'efficacia di questo tipo di formazione.[68]

I *sistemi di tutoring intelligenti* sono un passo successivo della didattica incrementale, che affiancano alle forme consuete un sistema computerizzato intelligente che rileva le domande e gli approcci più o meno adatti all'allievo, e regola la sequenza didattica in funzione delle necessità specifiche di ciascun allievo.

Parola chiave

Formazione incrementale

Un metodo sistematico di formazione, basato su una sequenza progressiva di domande, con un riscontro immediato sull'accuratezza delle risposte.

Parola chiave

Modelli comportamentali

Un metodo di formazione che prevede (1) un'introduzione teorica del "modello" corretto del comportamento oggetto di formazione (ad esempio, come svolgere una determinata mansione), (2) una sessione di applicazione pratica, e infine (3) un riscontro sul rendimento dei partecipanti.

Modelli comportamentali

La formazione per **modelli comportamentali** prevede di (1) indicare agli allievi il modo giusto (o "modello") di eseguire un'operazione, (2) lasciare che gli allievi facciano pratica di tale modo, e quindi (3) fornire un riscontro sulla performance degli allievi. Questo tipo di formazione è uno degli interventi formativi psicologici più usati, più analizzati dalla ricerca e più apprezzati.[69] La procedura di base è descritta di seguito:

1. **Modelli.** Per prima cosa, gli allievi guardano esempi dal vivo o in video di modelli che si rivelano efficaci in una situazione problematica; se l'obiettivo del programma di formazione è insegnare a prendere provvedimenti disciplinari, un video potrebbe mostrare un supervisore che rimprovera in modo efficace un sottoposto.
2. **Gioco di ruolo.** Gli allievi assumono dei ruoli da giocare in una simulazione in cui fanno pratica dei comportamenti mostrati dai modelli.
3. **Rafforzamento sociale.** Il formatore fornisce un rafforzamento sotto forma di elogio e riscontro costruttivo.
4. **Trasferimento della formazione.** Infine, gli allievi sono incoraggiati ad applicare le nuove abilità quando tornano al loro lavoro.

Formazione con audiovisivi e videoconferenza

Seppure sempre più sostituite da metodi basati sul Web, le tecniche di formazione che impiegano supporti audiovisivi quali DVD, filmati, diapositive PowerPoint e nastri audio sono tuttora molto usate.[70] La Ford Motor Company, ad esempio, utilizza nelle sessioni di formazione per i rivenditori video in cui sono simulati problemi e reazioni alle diverse lamentele dei clienti.

Con i *sistemi di videoconferenza* è possibile fornire programmi formativi attraverso linee a banda larga, Internet o satellite. Ad esempio, la linea di prodotto Cisco Unified Video Conferencing (CUVC) unisce software Cisco di collaborazione di gruppo e decisione con funzioni di videoconferenza, videotelefonia e "TelePresence" realistica.[71]

Simulazioni in laboratorio didattico

Gli allievi lavorano con strumenti veri o simulati, ma non sul posto di lavoro, bensì in un luogo dedicato. Questo tipo di formazione è necessario quando risulta troppo costoso o pericoloso formare i dipendenti sul posto di lavoro; mettere subito alla catena di montaggio i nuovi lavoratori può rallentare la produzione, ad esempio, e quando esistono problemi di sicurezza, come nel caso dei piloti, la formazione simulata può essere l'unica alternativa praticabile. Ad esempio, UPS utilizza un laboratorio didattico di dimensioni reali per fornire ai candidati autisti un programma di formazione realistico di 40 ore in cinque giorni.[72]

Electronic Performance Support Systems (EPSS)

Gli **electronic performance support systems (EPSS)** sono strumenti e monitor computerizzati che automatizzano formazione, documentazione e supporto telefonico.[73] Quando contattate un addetto al servizio Dell, probabilmente vi farà domande indicate da un EPSS che conduce entrambi, passo per passo, attraverso una sequenza di analisi. Senza l' EPSS, Dell dovrebbe far memorizzare ai suoi addetti al servizio un numero di soluzioni non realistico. Aetna Insurance ha ridotto la formazione degli addetti al call center dalle 13 settimane di corso con un istruttore a circa due settimane dotando gli addetti di strumenti di performance support.[74]

I sistemi di performance support rappresentano moderni supporti al lavoro (**job aids**); si tratta di insiemi di istruzioni, diagrammi o metodi simili disponibili sul posto di lavoro per guidare il lavoratore.[75] Funzionano particolarmente bene per mansioni complesse che richiedono numerosi passi, e nei casi in cui dimenticare un passaggio sia pericoloso. Ad esempio, i piloti civili utilizzano i job aids (una check-list di operazioni da eseguire prima del decollo).

Parola chiave

Job aid

Un insieme di istruzioni, diagrammi o metodi analoghi disponibili presso il posto di lavoro come guida per il lavoratore.

Formazione basata su computer (computer-based training, CBT)

Questo tipo di formazione si basa su metodi che impiegano sistemi informatici interattivi per migliorare conoscenza o capacità, e le aziende la usano per insegnare ai dipendenti metodi sicuri per evitare errori. Il sistema consente agli allievi di riprodurre le lezioni e rispondere a domande, ed è particolarmente efficace se abbinato a una parte pratica seguita attentamente dal formatore.[76]

La formazione al computer è sempre più realistica; ad esempio, la formazione multimediale interattiva integra l'uso di testo, video, grafica, foto, animazioni e audio per creare un ambiente formativo complesso con cui l'allievo interagisce.[77] Nella formazione medica, ad esempio, un sistema di questo tipo consente allo studente di consultare l'anamnesi di un paziente, condurre una visita e analizzare test di laboratorio; lo studente potrà poi interpretare gli elementi audio e trarre conclusioni per una diagnosi.

Formazione simulata e giochi

"Formazione simulata" può avere significati diversi a seconda della situazione. Un'indagine ha chiesto a dei formatori professionisti quali fossero le esperienze da considerare come didattica simulata; le risposte furono del tipo "giochi di tipo realtà virtuale", "guide passo-passo animate", "scenari con animazioni sovrapposte di alberi delle domande e delle decisioni" e "giochi di ruolo online con foto e video".[78]

Le forze armate statunitensi usano programmi di formazione basati sulla simulazione per soldati e ufficiali; ad esempio, l'esercito ha sviluppato programmi di addestramento di tipo videoludico denominati Full-Spectrum Command e Full-Spectrum Warrior per addestrare le truppe alla guerriglia urbana. Offrono caratteristiche di realismo, e coltivano le abilità decisionali e di leadership in tempo reale.[79]

Molte aziende usano simulazioni computerizzate (chiamate a volte apprendimento interattivo) per dare realismo alla formazione. Environmental Tectonics Corporation, con sede a Orlando, ha creato una simulazione Advanced Disaster Management per la formazione alla medicina d'emergenza. Uno degli scenari simulati è quello di un disastro aereo, dal realismo "inquietante", con gli allievi che, insieme a pompieri e personale aeroportuale, reagiscono alle scene e ai suoni del disastro usando dispositivi di puntamento e radio.[80] The Cheesecake Factory usa una simulazione che mostra ai dipendenti come costruire "l'hamburger perfetto".[81]

Produttori specializzati in software multimediale, come Graphic Media di Portland, Oregon, creano gran parte dei contenuti di questi programmi; vengono prodotti sia titoli personalizzati che programmi generici, come il pacchetto per la formazione sulla sicurezza del posto di lavoro.

La *realtà virtuale* (VR) cala l'allievo in un ambiente tridimensionale artificiale che simula eventi e situazioni che possono verificarsi sul lavoro.[82] Dispositivi sensoriali trasmettono al computer le reazioni dell'allievo, che "vede, percepisce e sente" ciò che accade, assistito da speciali occhiali e dispositivi tattili e sonori.[83] Svariate squadre della National Football League statunitense usano la VR per allenare i giocatori, e migliaia di studenti hanno fatto gite virtuali grazie al Pioneer Expeditions Program di Google.[84] Facebook ha comprato il produttore di occhiali per realtà virtuale Oculus VR Inc. e ciò dovrebbe indicare il potenziale crescente di questo settore.[85]

I giochi formativi però non sono necessariamente complicati. Ad esempio, i formatori di Korea Ginseng Corporation (azienda leader nel settore degli alimenti salutari) hanno scritto giochi accessibili attraverso le interfacce delle app. Ciascun turno di ogni gioco consiste in cinque quiz a risposta multipla; il dipendente guadagna punti accumulando risposte giuste date in tempi brevi, ed è in gara con gli altri dipendenti. I profili dei dipendenti/concorrenti con i punteggi più alti vengono annunciati pubblicamente con nomi e foto.[86]

Formazione online

Gran parte delle aziende sta sostituendo la formazione in aula con quella online per via della maggiore efficienza. Ad esempio, fino a poco tempo fa la formazione agli agenti di vendita dell'azienda Clearlink nello Utah avveniva in aula. I venditori tornavano spesso sul campo senza alcuna verifica di quanto appreso, e in generale la formazione risultava meno efficace. L'azienda ha quindi optato per la didattica online, e i suoi formatori sono passati dall'insegnamento in aula alla creazione di nuovi corsi online e al monitoraggio dei risultati sui dipendenti. Questi però hanno gradito il fatto di poter effettuare la formazione a richiesta, senza interferenze con i loro impegni quotidiani. L'azienda stima di aver risparmiato quasi $800.000 in un anno recente grazie alla digitalizzazione del programma di formazione.[87]

Le aziende usano la didattica online per quasi tutti i tipi di formazione di cui abbiamo parlato fin qui. Ad esempio, il servizio postale pubblico cinese China Post ha creato un nuovo centro per gestire il suo college di formazione online, che oggi fornisce circa 9.000 ore di formazione all'anno in oltre 600 programmi.[88] ADP forma online i nuovi venditori, usando un sistema di gestione della didattica Blackboard simile a quello usato nelle università.[89]

I *sistemi di gestione della didattica* (Learning Management Systems, LMS) sono strumenti software che supportano la formazione su Internet aiutando le aziende a identificare i fabbisogni formativi e a organizzare, fornire, valutare e gestire la formazione online vera e propria. Tra di essi vi sono prodotti a pagamento come Blackboard e WebCT, due noti sistemi di questo tipo dedicati all'università, ma anche pacchetti open source come Schoology. General Motors impiega un LMS per aiutare i suoi rivenditori in Africa e in Medioriente a fornire la formazione. Gli LMS basati su Internet includono un catalogo dei corsi, la possibilità di iscrizione volontaria approvata dal supervisore e i test pre e post corso; il sistema organizza anche automaticamente la formazione individuale.[90] Molte aziende integrano gli LMS con i sistemi di gestione dei talenti; in questo modo gli inventari delle competenze e i piani di successione si aggiornano automaticamente man mano che i dipendenti completano la formazione.[91]

La didattica online non garantisce una formazione necessariamente migliore né più rapida.[92] Ma naturalmente, la necessità di formare grandi numeri di studenti lontani, o di consentire loro di studiare con i loro tempi, spesso rende l'e-learning talmente efficiente da svuotare di significato le lievi differenze tra la didattica via web e quella in aula.[93] Alcune aziende optano per una didattica integrata, nella quale gli allievi sfruttano diversi metodi (manuali, lezioni in aula e seminari Web, o "webinar") per l'apprendimento.[94] Ad esempio, il produttore di attrezzi Stihl propone agli aspiranti costruttori di utensili una didattica online combinata con corsi tecnici di formazione pratica in aula.[95]

Portali didattici Un **portale didattico** è una sezione del sito web di un'azienda che offre ai dipendenti accesso online ai corsi di formazione. Molte aziende si accordano con i fornitori di formazione online per rendere disponibili i corsi attraverso il portale aziendale; l'azienda stipula contratti con provider di servizi applicativi (applications service provider, ASP), e quando i dipendenti accedono al portale didattico aziendale accedono in realtà ai menu della formazione offerta dall'ASP all'azienda. Cercando su Google troverete un gran numero di aziende di e-learning, come SkillSoft, Plateau Systems ed Employment Law Learning Technologies.

L'aula virtuale Un'**aula virtuale** usa software collaborativo per consentire a più allievi di partecipare in remoto, utilizzando i loro computer, a discussioni dal vivo audio e visive, comunicare con testo scritto e imparare tramite contenuti quali le diapositive PowerPoint.

L'aula virtuale unisce il meglio della didattica su web offerta da sistemi quali Blackboard e WebCT con audio e video dal vivo. Elluminate Live! consente agli allievi di comunicare con un audio bidirezionale chiaro, costruire comunità con profili utente e video dal vivo, collaborare attraverso chat e lavagne condivise e imparare con applicazioni condivise quali le diapositive PowerPoint.[96]

Didattica mobile e pillole formative La *didattica mobile* ("on-demand") prevede la distribuzione dei contenuti didattici, a richiesta dell'allievo, tramite dispositivi mobili quali telefoni cellulari, computer portatili e tablet che lasciano all'allievo la scelta del luogo e del momento in cui accedervi.[97] Ad esempio, è possibile seguire corsi online completi utilizzando il Touch Learning Center Portal ottimizzato per iPhone proposto da dominKnow's (www.dominknow.com).[98]

Moltissime grandi aziende distribuiscono comunicazioni interne e formazione tramite dispositivi mobili.[99] I dipendenti di CompuCom Systems Inc. accedono ai manuali d'istruzioni attraverso dispositivi mobili; per promuovere questo sistema, l'azienda sovvenziona l'acquisto di smartphone e tablet da parte dei dipendenti. J.P. Morgan incoraggia l'uso dei messaggi istantanei, ad esempio per aggiornare in fretta i colleghi sui nuovi prodotti. Interfacce naturali come Siri di Apple coadiuvano questo tipo di formazione.[100]

Le aziende usano la didattica mobile per fornire informazioni su argomenti che vanno "dal chiudere un contratto importante di vendita all'ottimizzare i cambiamenti a livello di organizzazione."[101] IBM usa questo metodo per fornire informazioni tempestive (ad esempio sulle caratteristiche dei nuovi prodotti) alla sua forza vendita. Il reparto formazione dell'azienda semplifica l'uso di questo metodo suddividendo programmi di un'ora in "pillole" più maneggevoli da 10 minuti. Questa formazione online in pillole richiede la costruzione di ciascuna unità didattica intorno a informazioni essenziali, con un messaggio il più possibile "snello" ed essenziale.[102] Grafica e video possono migliorare l'esperienza di apprendimento.

Le aziende forniscono formazione tramite social media quali LinkedIn, Facebook e Twitter, e mondi virtuali come Second Life.[103] Ad esempio, British Petroleum usa Second Life per formare i nuovi dipendenti delle pompe di benzina, mostrando loro come utilizzare le caratteristiche di sicurezza delle cisterne di deposito dei carburanti. BP ha costruito dei rendering tridimensionali in Second Life dei sistemi di cisterne, e gli allievi li usano per "vedere" sottoterra e osservare gli effetti dell'impiego dei dispositivi di sicurezza.[104]

La **didattica Web 2.0** usa tecnologie online quali i social network, i mondi virtuali (come Second Life) e altri sistemi che uniscono una distribuzione sincrona e asincrona attraverso blog, chat, condivisione di segnalibri e strumenti come le simulazioni tridimensionali.[105] I forum collaborativi di pari (*collaborative peer forum*) richiedono a team di 6-8 allievi di "vendere" virtualmente a un dirigente il loro problema di vendita e la relativa soluzione.[106] L'e-learning a scenario prevede l'inserimento di problemi o scenari lavorativi realistici che piccoli gruppi di allievi possono discutere nel corso delle lezioni virtuali. Un fornitore di e-learning include compiti realistici che i dipendenti devono affrontare, altri includono casi di business.[107]

APPROFONDIMENTI **HR e la Gig economy**[108]

Un esempio: pillole formative on-demand presso Uber

Se pensate che gli autisti Uber vengano ingaggiati e messi in strada senza una vera formazione, sbagliate di grosso. Per guidare per Uber, gli autisti devono sapere moltissime cose: da come usare l'app e il sistema di guida a come accogliere i clienti e gestirli. E Uber deve formare più di 30.000 nuovi autisti ogni settimana. Come fa?

Le sfide formative per Uber sono simili a quelle della maggior parte delle aziende che usano il lavoro precario. I problemi maggiori sono (1) gli allievi non sono dipendenti permanenti, ma per la maggior parte sono "di passaggio", quindi è necessario controllare con cura l'investimento per la formazione, e (2) i lavoratori seguono tempistiche loro, quindi la formazione dev'essere disponibile on-demand, quando si vuole e si può.

Quindi, la risposta breve alla domanda "come fa Uber?" è che la formazione per gli autisti è online, on-demand e fornita in pillole. Uber usa un sistema di gestione della didattica chiamato MindFlash, che offre ai suoi clienti di tutto il mondo migliaia di corsi, spesso mirati alla formazione dei precari come quelli di Uber.[109] Tra gli altri benefit, il sistema MindFlash fornisce resoconti in tempo reale dei risultati degli allievi, quindi Uber sa se un autista è pronto per cominciare a lavorare.

La costruzione di programmi di formazione adatti ai precari ha diverse peculiarità. La prima, e forse la più cruciale, è che tutte le persone coinvolte (direzione, HR e soprattutto il lavoratore precario) propongono "schemi" dettagliati delle attività del lavoratore, attraverso i quali sia possibile desumere con certezza i compiti, le abilità e la conoscenza del lavoratore stesso (in questo caso, dell'autista). Poi i corsi vengono suddivisi in pillole facilmente "digeribili", memorizzati sul cloud del fornitore, e trasmessi a richiesta di ciascun lavoratore, quando vuole, sul suo dispositivo mobile.

Tecniche di formazione continua e alfabetizzazione

Formazione continua significa fornire ai dipendenti esperienze didattiche continue per tutto il periodo di permanenza in azienda, con il proposito di dar loro l'opportunità di imparare le abilità necessarie al proprio lavoro e di espandere gli orizzonti. Il fatto che le persone debbano sempre più passare tra diversi lavori e carriere rende indispensabile, per molti, questo tipo di formazione.

La formazione continua può quindi andare da un livello di base (come ad esempio l'inglese come seconda lingua) a quello universitario. Ad esempio, un cameriere anziano presso il ristorante Rhapsody di Chicago si è laureato e ha iniziato a lavorare a un master in servizi sociali utilizzando l'account del programma di formazione continua (lifelong learning account, LiLA) offerto dalla sua azienda.

Formazione alla diversità

La *formazione alla diversità* mira al miglioramento della sensibilità interculturale e l'obiettivo è stimolare relazioni lavorative più armoniose tra i dipendenti. Questa formazione include tipicamente il miglioramento delle capacità di relazione interpersonale, la comprensione e l'apprezzamento delle differenze interculturali e delle riflessioni comuni sull'origine e i pericoli dei pregiudizi nelle relazioni sul lavoro.[114] Ad esempio, IBM propone programmi online per educare i manager alla diversità, alla leadership inclusiva e alla gestione delle molestie sessuali; i materiali formativi includono moduli didattici interattivi che consentono agli allievi di mettere in pratica ciò che hanno imparato, testimonianze di dirigenti IBM e strumenti di autovalutazione.[115]

La maggior parte delle aziende opta per un programma di formazione alla diversità preconfezionato, come *Just Be F.A.I.R.* di VisionPoint Productions, che include video in streaming, una guida alla discussione, eserciziari e materiali per i partecipanti, un DVD con materiali stampabili e diapositive PowerPoint. I potenziali tranelli rappresentati dagli stereotipi sulle persone sono illustrati attraverso aneddoti in video.[116]

Formazione al lavoro di squadra

Non sempre il lavoro di squadra riesce senza difficoltà, e le aziende dedicano molte ore alla formazione dei nuovi dipendenti all'ascolto reciproco e alla cooperazione. Ad esempio, un impianto Coca-Cola a Baltimora soffriva di alti livelli di turnover e assenteismo.[118] Il nuovo manager dell'impianto decise di affrontare questi problemi riorganizzando il lavoro in squadre e utilizzò una formazione specifica per supportare e migliorare il funzionamento delle squadre.

Questa formazione era incentrata sulle questioni tecniche, interpersonali e di gestione delle squadre; in termini di formazione tecnica, ad esempio, il management incoraggiava i lavoratori a imparare il lavoro degli altri, a supporto di una distribuzione flessibile delle mansioni. La **formazione incrociata** prevedeva l'addestramento dei dipendenti all'esecuzione di compiti o mansioni diversi da quelli abituali; in questo modo si supportavano flessibilità e rotazione, e anche le situazioni in cui i membri della squadra condividevano temporaneamente le mansioni.

Parola chiave

Formazione incrociata
Formazione nella quale i dipendenti devono svolgere mansioni o lavori diversi dal proprio; supporta la flessibilità e la rotazione delle posizioni.

Spesso i problemi interpersonali compromettono il funzionamento della squadra; la formazione in questo impianto includeva quindi una parte dedicata alle abilità interpersonali come l'ascolto, la gestione del conflitto e la negoziazione.[119] Una squadra efficace richiede anche capacità di gestione della squadra stessa, ad esempio nel problem-solving, nelle decisioni consensuali e nella leadership della squadra; i team ricevettero anche questo tipo di formazione.

Molte aziende usano il team training per costruire squadre di management più forti. Il proposito è stimolare la fiducia e la cooperazione tra gli allievi; il direttore finanziario di una banca ha partecipato all'organizzazione di un ritiro per 73 dipendenti del settore finanziario, e ha commentato: "Il loro approccio al lavoro è molto individualista… quello che ho cercato di fare è stato obbligarli a capire la forza del lavoro di squadra."[120] Alcuni approcci anche semplici al team building funzionano egregiamente. Ad esempio, Google supporta, anche con cibo gratis, il ritrovarsi in caffetteria in azienda. I dipendenti tendono a mangiare insieme, e le loro interazioni diffondono idee nuove e rafforzano le relazioni.[121] Altri metodi di team training includono action learning e team building, che affronteremo nel seguito del capitolo.

MyLab **In depth 2**

6.5 Implementazione dei programmi di sviluppo manageriale

Si definisce **sviluppo manageriale** qualunque tentativo di migliorare la performance manageriale impartendo conoscenza, modificando atteggiamenti o migliorando le abilità; sono quindi inclusi programmi interni quali corsi, coaching e incarichi a rotazione, programmi professionali e online di varie fonti e programmi universitari quali gli MBA dirigenziali.

Lo sviluppo manageriale è importante per diverse ragioni; anzitutto, la promozione dall'interno è una fonte importante di talenti manageriali e quasi tutti i manager promossi richiedono un po' di formazione per essere pronti alle nuove mansioni. In più, lo sviluppo manageriale supporta la continuità dell'organizzazione, preparando dipendenti e manager attuali ad assumere posizioni di livello superiore senza problemi.

Il ruolo della strategia nello sviluppo manageriale

I programmi di sviluppo manageriale dovrebbero rispecchiare i piani strategici dell'azienda.[128] Ad esempio, le strategie di ingresso in nuovi settori o di espansione all'estero implicano la necessità da parte dell'azienda di piani di successione che consentano di ottenere e/o sviluppare manager che abbiano le capacità di gestire i nuovi sviluppi; i programmi di sviluppo manageriale devono quindi impartire la conoscenza, l'atteggiamento e le capacità che serviranno a questi manager per eccellere nel loro lavoro.[129]

Alcuni programmi di questo tipo riguardano tutta l'azienda, e coinvolgono tutti o quasi i manager nuovi o potenziali. Così, dei nuovi MBA potrebbero entrare nel programma di sviluppo manageriale di GE e ruotare attraverso vari incarichi ed esperienze didattiche; l'azienda potrebbe poi inserire i candidati migliori in una "corsia preferenziale", un programma di sviluppo che li preparerà più in fretta a posizioni di livello senior.

Altri programmi di sviluppo mirano a coprire posizioni specifiche, come quella dell'AD; ad esempio, GE trascorrerà anni per sviluppare, testare e tenere d'occhio potenziali successori dell'AD.

Pianificazione della successione

Lo sviluppo manageriale spesso fa parte del processo di pianificazione della successione dell'azienda.[130] La **pianificazione della successione** prevede lo sviluppo di piani della forza lavoro per le posizioni più alte dell'azienda; è il processo continuo e sistematico di identificazione, valutazione e sviluppo della leadership dell'organizzazione per migliorare la performance.[131]

I programmi di pianificazione della successione consistono in diverse fasi.[132] La prima è una proiezione dell'organizzazione:[133] basandosi sui piani strategici e di business dell'azienda, il top management e il direttore delle risorse umane identificano i futuri fabbisogni dell'azienda in termini di posizioni chiave. L'azienda anticipa le sue necessità manageriali sulla base di fattori quali espansione o contrazione degli impianti; successivamente, HR e management analizzano l'inventario delle capacità manageriali dell'azienda per identificare i talenti già presenti.[134] Come ricorderete, questi inventari contengono dati relativi ad aspetti quali titolo di studio ed esperienza lavorativa, preferenze di carriera e valutazione delle performance. In questa fase è possibile tracciare schemi di rimpiazzo del management (vedi Figura 4.3), che riassumono i potenziali candidati per ciascuna posizione manageriale, insieme alle necessità di sviluppo delle singole persone. Come nella Figura 4.3, le necessità di sviluppo per un futuro vicepresidente di divisione possono includere rotazione delle mansioni (per ottenere una maggiore esperienza nelle divisioni finanziarie e produttive dell'azienda), programmi di sviluppo manageriale (per fornire formazione e pianificazione strategica) e un incarico per due settimane presso il centro di sviluppo manageriale interno. In questa fase, la direzione può decidere di reclutare anche uno o più candidati esterni.

Il management si dedica poi alla fase di sviluppo del processo di pianificazione della successione; ciò significa fornire ai possibili candidati le esperienze di sviluppo necessarie a diventare candidati papabili. Le aziende sviluppano i dipendenti con alto potenziale tramite formazione interna ed esperienze interfunzionali, rotazione delle mansioni, formazione esterna e incarichi a livello globale/regionale.[135]

Infine, la pianificazione della successione richiede la valutazione di tutti i candidati e la selezione di coloro che andranno effettivamente a coprire le posizioni chiave.[136]

APPROFONDIMENTI **Migliorare i risultati con gli HRIS**

Sistemi di successione

La strategia del nuovo presidente di Dole Foods prevedeva di migliorare la performance finanziaria riducendo gli esuberi e centralizzando alcune attività, tra cui la pianificazione della successione.[137] La tecnologia del Web fu di supporto: Dole si accordò con fornitori di sistemi applicativi (application system providers, ASP) per risolvere aspetti quali la gestione delle paghe.[138] Per la gestione della successione, l'azienda scelse il software NAI di Pilat, che conserva tutti i dati sui propri server con accordi di pagamento mensile. I manager di Dole possono accedere al programma via web utilizzando una password, e compilare i loro curricula, completi di interessi di carriera, segnalando considerazioni speciali quali le limitazioni geografiche.

I manager possono anche autovalutarsi su quattro competenze; l'input fornito da un manager fa sì che il programma lo segnali al suo superiore, che lo valuta e indica se la persona sia promuovibile. La valutazione e i curricula online passano automaticamente al capo e al direttore HR della divisione; il senior vice president delle risorse umane di Dole utilizza poi le informazioni per creare piani di sviluppo della carriera per ciascun manager, che possono comprendere seminari e altri programmi.

Valutazione dei candidati e matrice prestazione/potenziale

Come fa un'azienda a scegliere chi avviare a un costoso programma di sviluppo? Una possibilità è rappresentata dagli assessment centers (vedi Capitolo 5)[139].

Un'altra è la matrice prestazione/potenziale; visualizza il potenziale (basso, medio, alto) sull'asse verticale e la performance (bassa, media, alta) su quello orizzontale, per un totale di nove caselle possibili.

La matrice può semplificare in una certa misura il compito della scelta dei candidati da avviare allo sviluppo; se potenziale e prestazioni sono entrambi bassi, il candidato non sarà giudicato meritevole. La maggior parte delle aziende concentra le risorse per lo sviluppo sulle persone con alti valori di performance e di potenziale, e in seconda istanza su quelle che mostrano un valore alto e uno medio.[140]

Formazione manageriale on-the-job

I metodi manageriali di formazione on-the-job includono la rotazione delle mansioni e l'action learning.

Rotazione delle mansioni

La **rotazione delle mansioni** prevede lo spostamento dei manager da un reparto all'altro per ampliare la loro comprensione dell'azienda e per mettere alla prova le loro abilità. In aziende del lusso come LVMH (proprietaria di Louis Vuitton), la rotazione su marchi diversi offre ai dipendenti ciò che due esperti hanno definito "opportunità di apprendimento eccezionalmente ricche".[141]

Parola chiave
Rotazione delle mansioni
Spostamento sistematico dei lavoratori da una mansione all'altra.

L'allievo può essere un neolaureato, ma anche un manager senior che viene preparato per una promozione. Oltre a fornire un'esperienza di formazione a tutto tondo per ciascuna persona, la rotazione delle mansioni contribuisce a evitare la stagnazione in quanto introduce continuamente nuovi punti di vista in ciascun reparto, e aiuta anche a identificare i punti di forza e di debolezza dei soggetti. Un cambia-

MyLab In depth 3

mento periodico della mansione può anche migliorare la cooperazione tra reparti: i manager riescono a capire meglio i problemi dei loro colleghi, e ampliano le loro conoscenze nel livello dirigenziale.

Action learning

Parola chiave
Action learning
Una tecnica di formazione manageriale che prevede l'analisi e la risoluzione di problemi sul campo.

I programmi di **action learning** prevedono che i manager dedichino del tempo all'analisi e alla soluzione di problemi in reparti diversi dai loro. Vengono sempre più spesso impiegati anche per la formazione alla leadership, da aziende che vanno da Wells Fargo a Boeing.[143]

Essenzialmente prevedono un'attenta selezione dei team composti da 5 a 25 membri, l'assegnazione ai team di problemi reali che vanno oltre le loro consuete aree di competenza, e una didattica strutturata mediante coaching e riscontri. I senior manager di solito scelgono i progetti e decidono se accettare le raccomandazioni dei team.[144] Ad esempio, l'Action-Forum Process della Pacific Gas & Electric Company (PG&E) è composto di tre fasi:

1. Una fase di strutturazione (*framework*) di sei-otto settimane, durante la quale il team definisce e raccoglie dati su un problema;
2. L'*action forum*, da due a tre giorni presso il centro di formazione della PG&E per discutere il problema e sviluppare le raccomandazioni del piano di intervento;
3. Le *accountability sessions*, nelle quali i team si incontrano con il gruppo della leadership a intervalli mensili per analizzare i progressi.

Stretch Assignments (incarichi sfidanti)

Si tratta di incarichi, ad esempio task o progetti, che "spingono una persona oltre il limite entro cui si sente a suo agio", ponendo gli incaricati in situazioni e sfide diverse e più impegnative dell'ordinario.[145] Il problema critico è comprendere le capacità del dipendente: lo stretch assignment dovrebbe essere difficile ma non impossibile.

Tecniche di formazione e sviluppo manageriale off-the-job

Esistono anche svariate tecniche off-the-job di formazione e sviluppo manageriale.

Metodo dei casi di studio

Parola chiave
Metodo dei casi di studio
Un metodo di formazione nel quale ai partecipanti viene presentata una descrizione scritta di un problema dell'organizzazione da diagnosticare e risolvere.

Com'è noto, il **metodo dei casi di studio** prevede che gli allievi risolvano problemi realistici dopo aver studiato descrizioni di casi scritte o in video; la persona analizza il caso, diagnostica il problema e presenta le sue conclusioni e soluzioni in una discussione insieme ad altri allievi.[146]

Gli *scenari integrati dei casi* creano situazioni e casistiche complete e di lungo termine. Ad esempio, uno scenario integrato dell'FBI Academy inizia con "la telefonata di un cittadino allarmato e finisce 14 settimane dopo con un processo simulato. Nel mezzo ci sono tutti gli elementi di una vera investigazione…". I copioni sono scritti da sceneggiatori, che spesso sono dipendenti del gruppo di formazione dell'azienda e contengono narrazioni di antefatti, storie dettagliate del personale e istruzioni per il gioco di ruolo; l'obiettivo è sviluppare abilità specifiche, come l'interrogazione dei testimoni.[147]

Giochi gestionali

I **giochi gestionali** computerizzati consentono agli allievi di imparare prendendo decisioni realistiche in situazioni simulate. Ad esempio, *Interpret* è un esercizio di gruppo che "esplora la comunicazione del team, la gestione delle informazioni e la pianificazione e implementazione di una strategia. Aumenta le abilità comunicative degli allievi manager, li aiuta a gestire meglio il flusso di informazioni fra persone e team, e migliora le capacità di pianificazione e problem-solving."[148] Ciascun team può dover decidere quanto spendere in pubblicità, quanto produrre e quanto magazzino mantenere.

Parola chiave

Gioco gestionale

Una tecnica di sviluppo nella quale dei team di manager competono prendendo decisioni informatiche riguardanti situazioni simulate ma realistiche.

Le persone imparano meglio se sono coinvolte, e i giochi forniscono il coinvolgimento; aiutano anche gli allievi a sviluppare le capacità di problem-solving, e a concentrare l'attenzione sulla pianificazione anziché sulle emergenze. Possono anche sviluppare le capacità di leadership e stimolare cooperazione e lavoro di squadra. A quanto pare, la ludificazione migliora anche apprendimento, coinvolgimento e morale, e non è difficile da ottenere. Alcune aziende integrano nella formazione sistemi di punteggi, badge (segni indicativi dei livelli raggiunti) e classifiche tipici dei videogiochi.[149]

Seminari esterni

Molte aziende e università offrono seminari e conferenze di sviluppo manageriale, sia sul Web che in aula. La scelta di programmi di formazione da uno a tre giorni proposta dall'American Management Association illustra le varie possibilità. Di recente le proposte andavano da "sviluppo dell'intelligenza emotiva" a "esercizio dell'autoaffermazione", "autoaffermazione per manager", "autoformazione per donne in carriera", "abilità di ascolto dinamico per una comunicazione di successo" e "fondamenti di controllo di gestione".[150]

Programmi legati all'università

Molte università forniscono programmi manageriali e corsi di leadership, supervisione e cosi via, che possono andare da programmi di pochi giorni a corsi che durano fino a quattro mesi.

L'Advanced Management Program della Harvard Graduate School of Business Administration è un esempio.[152] Gli studenti sono manager esperti, e il programma utilizza casi e lezioni per fornire capacità manageriali. In uno di questi programmi, Hasbro voleva migliorare le capacità creative dei suoi dirigenti; la Amos Tuck Business School della Dartmouth University ha fornito un "approccio personalizzato alla creazione di un programma costruito da zero in funzione delle necessità specifiche di Hasbro."[153]

Giochi di ruolo

L'obiettivo dei **giochi di ruolo** è creare una situazione realistica e far sì che gli allievi assumano le parti (o ruoli) di persone specifiche all'interno della situazione. A ogni allievo è affidato un ruolo, Ad esempio:

Parola chiave

Gioco di ruolo

Una tecnica di formazione nella quale gli allievi interpretano delle parti in una situazione manageriale realistica.

> Sei a capo di una squadra di operai per la manutenzione telefonica, ciascuno dei quali guida un furgone per andare e tornare dai diversi interventi. Ogni tanto un vecchio furgone viene sostituito da uno nuovo, e si pone il problema di decidere a quale membro del gruppo dare il furgone nuovo. Spesso ci sono tensioni, quindi è difficile rimanere imparziali.[154]

Unito alle istruzioni generali e agli altri ruoli, il gioco di ruolo può innescare discussioni accese tra gli allievi. L'obiettivo è sviluppare le capacità degli allievi in aree quali la leadership e la capacità di delegare. Ad esempio, un supervisore può sperimentare uno stile di leadership accomodante e uno autocratico, cosa che nella realtà non sarebbe molto semplice. Il gioco di ruolo può anche aiutare le persone a migliorare la propria sensibilità verso i sentimenti altrui.

Corporate University

Molte aziende, soprattutto quelle più grandi come ad esempio GE, Caterpillar e IBM, creano **centri di sviluppo interni** spesso denominati corporate university. Le aziende possono collaborare con istituti accademici, oltre che con fornitori di programmi di formazione e sviluppo e con portali didattici sul Web, per creare pacchetti di programmi e materiali per i loro centri.[155]

In molti casi i servizi universitari aziendali sono virtuali anziché in aula.

Executive coach

Parola chiave

Executive coach

Un consulente esterno che aiuta ad analizzare gli aspetti comportamentali e professionali di un manager individuandone i punti di forza e di debolezza, e gli fornisce un servizio di counseling per sfruttare al meglio i primi e superare i secondi.

Per contribuire a sviluppare l'efficacia dei top manager, molte aziende impiegano la figura dell'**executive coach**, un consulente esterno che consulta il capo del manager, i suoi subordinati e (a volte) i familiari per identificare i punti di forza e di debolezza, e assistere il manager affinché possa sfruttare al meglio i primi e superare i secondi.[156] Il coaching manageriale può costare $50.000 per dirigente; gli esperti raccomandano di utilizzare valutazioni formali prima del coaching, per scoprire i punti forti e deboli e fornire un coaching più mirato.[157]

Il settore del coaching non è regolamentato, quindi è bene prendere le opportune informazioni; controllate le referenze e consultate l'International Coach Federation, un gruppo del settore.

Sviluppo della leadership in GE

General Electric è famosa per i suoi successi nello sviluppo dei talenti manageriali. Ecco la scelta dei programmi di sviluppo manageriale offerti dall'azienda:[159]

Programmi di leadership: Questi programmi di formazione pluriennali prevedono la rotazione di circa 3000 dipendenti all'anno su varie funzioni con l'obiettivo di formare le persone alla gestione di una grande azienda del gruppo GE.

Session C: È l'intenso programma multilivello di valutazione della performance; l'AD valuta personalmente ogni anno i 625 dirigenti di massimo livello.

Crotonville: Il campus di formazione aziendale a New York; offre sia didattica convenzionale in classe che formazione e viaggi culturali di gruppo.

Boca Raton: Il meeting annuale dei 625 dirigenti di massimo livello, che si incontrano, fanno rete, condividono le idee migliori e capiscono la strategia aziendale dell'anno successivo.

The next big thing: Che si tratti di produttività e miglioramento della qualità attraverso "Six Sigma" o "innovazione", GE stimola i suoi dipendenti su tematiche e iniziative di rilievo.

Cene mensili: Jeffrey Immelt, l'AD di GE, organizza periodicamente cene e colazioni per conoscere meglio i suoi top manager e per "rafforzare i contatti con il suo top team".[160]

6.6 Gestione dei programmi di cambiamento dell'organizzazione

Aziende come AT&T, Comcast, Barnes & Noble e Macy's sono fortemente colpite dalla concorrenza digitale; le riorganizzazioni sono perciò sempre più frequenti, ma spesso falliscono. McKinsey and Company ha intervistato 1.800 dirigenti per capire il perché. Tra i motivi principali dei fallimenti erano indicati *dipendenti che si oppongono ai cambiamenti, insufficienti risorse dedicate alla riorganizzazione, produttività del singolo in calo per via della preoccupazione, leader che si oppongono al cambiamento* e *persone che fanno le stesse cose nonostante il cambiamento dell'organigramma aziendale.*[161]

Spesso, la parte più difficile è superare l'opposizione dei dipendenti. Singoli, gruppi e anche intere organizzazioni tendono a resistere al cambiamento, perché sono abituati a un certo modo di fare le cose, o perché percepiscono una minaccia alla loro influenza.[162, 163]

MyLab In depth 4

Sviluppo organizzativo

Esistono molti modi per ridurre le resistenze. Tra i vari suggerimenti per i manager c'è l'istituzione di premi e sanzioni che guidino i comportamenti dei dipendenti, la spiegazione dei motivi per cui è necessario il cambiamento, la negoziazione con i dipendenti, i discorsi motivazionali o la richiesta ai dipendenti di contribuire alla definizione del cambiamento.[164] Lo **sviluppo organizzativo** (organizational development, OD) si rifà a quest'ultima opzione: è un processo di cambiamento nel corso del quale i dipendenti formulano i cambiamenti necessari e li implementano, spesso con l'aiuto di consulenti specifici. L'OD ha varie caratteristiche distintive:

1. Di solito prevede l'*action research*, ovvero la raccolta di dati a proposito di un gruppo, di un reparto o di un'organizzazione e la riproposizione delle informazioni ai dipendenti in modo che possano analizzarle e sviluppare ipotesi sui possibili problemi.

2. Applica principi delle scienze comportamentali per migliorare l'efficacia dell'organizzazione.

3. Cambia l'organizzazione in una specifica direzione: verso responsabilizzazione, miglioramento del problem solving, reattività, qualità del lavoro ed efficacia.

Ad esempio, secondo gli esperti French e Bell uno dei metodi OD, i meeting di *team-building*, inizia con un colloquio del consulente a ciascun appartenente al gruppo e al leader prima del meeting.[167] Viene chiesto quali sono i loro problemi, come ritengono funzioni il gruppo e quali ostacoli impediscono al gruppo di essere più performante. Il consulente poi categorizza i dati dei colloqui in diversi temi (come "comunicazioni inadeguate"), che presenta al gruppo all'inizio del meeting. Il gruppo classifica i temi per importanza, e i più importanti diventano l'ordine del giorno del meeting. Il gruppo quindi esplora e discute i problemi, esamina le cause e inizia a proporre soluzioni.

Un'altra opzione è la *survey research*, che prevede che i dipendenti di tutta l'organizzazione completino dei sondaggi sull'atteggiamento rispetto a un problema. Il consulente userà poi i dati raccolti come base per l'analisi del problema e la pianificazione dell'azione.[168]

6.7 Valutazione della formazione

Due esperti hanno recentemente rilevato che dopo aver effettuato investimenti in formazione per oltre 500 miliardi di dollari in un anno, molte organizzazioni sostengono di aver conseguito risultati deludenti perché "non si è ottenuto un evidente incremento di performance...".[169] Quando gli allievi hanno completato la formazione (o magari a intervalli pianificati nel corso della formazione stessa), il programma dovrebbe essere valutato per verificare la misura in cui ha raggiunto gli obiettivi.

Nella valutazione dei programmi di formazione esistono due fattori principali da affrontare: il primo è la progettazione della valutazione, e in particolare l'opportunità dell'impiego della sperimentazione controllata. Il secondo è la scelta di che cosa misurare.

Progettazione della valutazione

Al termine di un percorso di formazione la questione fondamentale è: in che modo possiamo accertarci che la formazione abbia generato i risultati che stiamo cercando di misurare? Una delle opzioni è la valutazione pre-post; come illustrato nella Figura 6.1, si rileva una serie di misure di performance prima e dopo il programma di formazione, e in questo modo è possibile verificare l'efficacia del programma.[170] Il problema è che non ci può essere una certezza assoluta che i cambiamenti siano stati causati dalla formazione (e non, per esempio, da una nuova politica dei salari).

Parola chiave

Sperimentazione controllata

Metodi formali per valutare l'efficacia di un programma di formazione, preferibilmente con test "prima e dopo" e un gruppo di controllo.

Di conseguenza, lo standard di riferimento per la valutazione è la **sperimentazione controllata**, che prevede l'impiego di un gruppo che riceve la formazione e di un gruppo di controllo che non la riceve. I dati (ad esempio sulla quantità di vendite o sulla qualità del servizio) vengono ottenuti prima e dopo la somministrazione della formazione al primo gruppo, e prima e dopo un periodo corrispondente per il gruppo di controllo. In questo modo è più semplice determinare l'entità dei cambiamenti nella performance del primo gruppo causati dalla formazione, anziché

Figura 6.1 Uso di un grafico di serie storiche per valutare gli effetti di un programma di formazione.

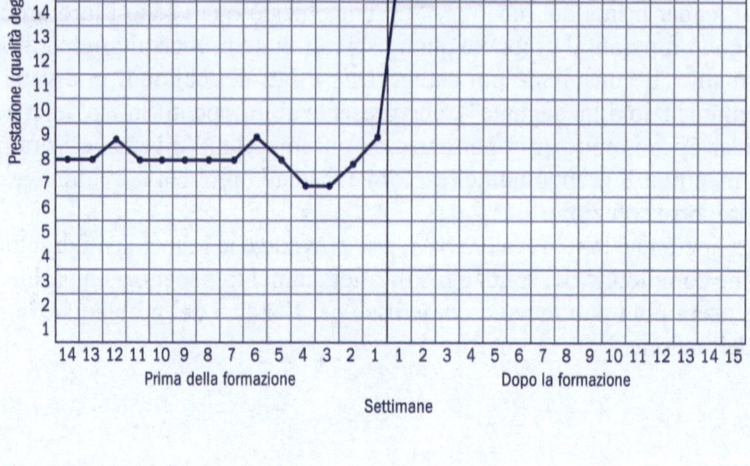

da altri cambiamenti che hanno interessato tutta l'organizzazione come un aumento degli stipendi (che dovrebbe influire allo stesso modo su entrambi i gruppi).[171]

Effetti della formazione da misurare

Il diffusissimo modello di Kirkpatrick per la valutazione della formazione individua quattro ambiti di effetti misurabili nei programmi di formazione, che sono in qualche modo collegati in una catena causale:[172]

1. **Reazione.** Valutate le reazioni degli allievi al programma. L'hanno apprezzato? Ritengono che ne valesse la pena?
2. **Apprendimento.** Testate gli allievi per determinare se abbiano appreso i principi, le abilità e i fatti che avrebbero dovuto apprendere.
3. **Comportamento.** Chiedete se i comportamenti sul lavoro degli allievi sono cambiati grazie al programma di formazione. Ad esempio, gli addetti al servizio reclami sono più gentili con i clienti scontenti?
4. **Risultati.** Soprattutto, chiedete: "Quali risultati abbiamo ottenuto, in termini degli obiettivi di formazione che ci eravamo posti?" Ad esempio, il numero di reclami dei clienti si è ridotto?

Reazione, apprendimento e comportamento sono importanti, ma se il programma di formazione non produce risultati misurabili legati alle performance, probabilmente non ha raggiunto i suoi obiettivi.[173] Un'indagine che ha interessato circa 500 organizzazioni statunitensi ha rivelato che il 77% ha valutato i programmi di formazione osservando le reazioni, il 36% l'apprendimento e solo il 10%-15% ha valutato i comportamenti e/o i risultati.[174]

La valutazione è semplice: potete valutare l'apprendimento degli allievi testando le nuove conoscenze. Per i cambiamenti comportamentali, nel caso di una formazione dedicata alla performance dei supervisori può essere opportuno chiedere ai subordinati se il supervisore, nell'ultima valutazione, ha fornito loro degli esempi di performance buona e scarsa. Infine, per valutare direttamente i risultati di un programma è possibile, ad esempio, misurare la percentuale di chiamate a cui gli addetti al call center hanno risposto in modo corretto dopo la formazione.[175]

Sono disponibili online vari esempi di moduli per la valutazione della formazione, come ad esempio quello all'URL www.cal.org/caelanetwork/profdev/states/iowa/training-evaluation.pdf. Un attento confronto tra costi e benefici può consentire al manager di calcolare il ritorno sull'investimento del programma.

Un programma presso MGM Resorts illustra la valutazione della formazione.[176] Nel settore alberghiero, la frequenza con cui gli ospiti ritornano è una metrica cruciale, e all'MGM è misurata in "Net Promoter Scores" (NPS): gli ospiti passati ci promuovono? Con punteggi NPS al di sotto delle aspettative, il team della formazione di MGM ha concluso che i dipendenti a contatto col cliente non erano sufficientemente coinvolti, così ha creato un programma di "Fondamenti della gestione alberghiera" per manager e operatori front desk. Il programma sottolineava abilità quali collaborazione e comunicazione. Dopo circa un anno, alla fine del programma, i punteggi NPS erano saliti del 2% circa, un valore considerato notevole.[177]

CASO DI STUDIO

Gruppo Reale Mutua

A cura del Team Learning Center dell'Academy

Il contesto

La Società Reale Mutua di Assicurazioni è la più grande compagnia assicurativa italiana costituita in forma di mutua.

Autorizzata all'esercizio dell'assicurazione, nelle varie forme e in tutti i rami danni e vita, il suo business riguarda l'offerta di servizi assicurativi e di soluzioni innovative per individui, famiglie, imprese e professionisti.

Nata nel 1828, Reale Mutua ha percorso da allora quasi due secoli di storia; un lungo cammino fatto di professionalità, affidabilità e innovazione, caratteristiche che ancora oggi fanno della Società un punto di riferimento nel proprio mercato.

La missione della Società è strettamente legata alla sua natura mutualistica: porre sempre i soci/assicurati al centro delle proprie attenzioni, garantendo loro qualità e certezza delle prestazioni attraverso il costante impegno di persone competenti e professionali.

Con oltre 1.100 dipendenti e 343 agenzie distribuite in tutta la penisola, Reale Mutua è anche capofila di Reale Group, un Gruppo presente in Italia e in Spagna che impiega più di 3.100 dipendenti e che tutela circa 3 milioni e 800 mila assicurati, con una raccolta premi di oltre 3,8 miliardi di euro.

Reale Group opera nel settore assicurativo, immobiliare, bancario e dei servizi.

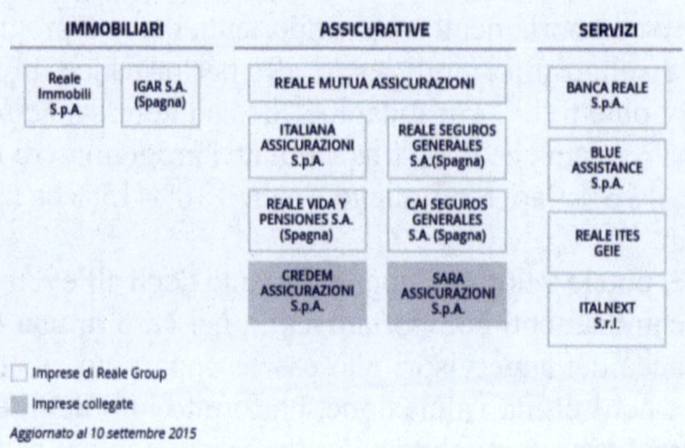

Il progetto

Una realtà come Reale Group ha la necessità di affrontare in modo continuo e innovativo il tema della formazione e dello sviluppo dei propri dipendenti.

Nel 2016 l'Academy di Reale Group ha inaugurato un nuovo modello formativo volto a creare una cultura del cambiamento, pronta a reagire rapidamente alle nuove sfide. Il processo di formazione e sviluppo delle professionalità è stato articolato su 3 linee guida che intendono superare la tradizionale divisione tra formazione tecnica e manageriale:

Be the change:

- Stimolare capacità di innovare, anche in modo disruptive, scambiando ed integrando esperienze diverse in una visione più ampia
- Responsabilizzare le persone circa il contributo che possono dare alla realizzazione del cambiamento

Drive your growth

- Rendere le persone consapevoli della propria crescita personale e professionale;
- Offrire il supporto necessario all'aggiornamento delle competenze garantendo lo sviluppo delle professionalità attuali e future;
- Fornire stimoli diversi per favorire la motivazione e il benessere in azienda.

Lead your people

- Creare una cultura comune della leadership
- Rafforzare la capacità di gestione e sviluppo dei collaboratori
- Favorire la crescita del management

Come è stato realizzato tutto questo?

Attraverso un **Redesign** dei modelli di apprendimento e dei format dei corsi; canali differenziati, fonti integrate, monitoraggio sugli impatti della formazione.

Nello specifico, tutti quanti i corsi sono stati rivisti per garantire all'utente una vera e propria "**Learning Experience**". Sono state inserite delle attività pre-aula (articoli da leggere, video da vedere, survey ecc..) e delle attività post-aula per assicurare che quanto appreso nel corso sia messo in pratica anche nell'attività quotidiana e garantire una maggiore efficacia dell'apprendimento. Il momento d'aula è quindi visto sempre più come un momento di confronto, in quanto i colleghi devono presentarsi avendo già svolto delle attività. Inoltre le giornate d'aula sono state ridotte per andare incontro alle esigenze dei colleghi che, visti gli incessanti ritmi di lavoro, hanno sempre meno tempo a disposizione.

A livello di **Engagement** si è passati da un approccio **push** a uno **pull** responsabilizzando le persone, attraverso nuove modalità di coinvolgimento ai corsi e la diffusione di una cultura dell'apprendimento continuo. Dal corso singolo si è appunto passati alla Learning Experience. Mentre in passato era l'Academy che coinvolgeva i colleghi nei corsi, oggi sono i colleghi che possono **autocandidarsi** ai corsi che troveranno sulla nuova piattaforma chiamata MyLearning e che suscitano il loro interesse.

I corsi sono stati messi in evidenza all'interno di un catalogo nel quale saranno disponibili schede multimediali di presentazione dei percorsi e programmi formativi.

Tali corsi sono stati costruiti secondo logiche modulari e permetteranno di tenere in considerazione i suggerimenti degli altri colleghi. Dopo aver seguito un corso, infatti, è possibile **suggerire** lo stesso corso a un collega ed è possibile votare tramite un vero proprio **rating** quanto un corso è piaciuto.

Ecco un esempio concreto di questo nuovo approccio

LABORATORIO DEDICATO ALLA DELEGA

Destinatari: Tutti i Responsabili di Team.

Obiettivi: Sviluppare e potenziare la capacità di esercitare la delega in un processo a cascata che parta dai livelli più alti (Executive) e si propaghi su tutta la linea attraverso un circolo virtuoso; Favorire e velocizzare i processi decisionali; Diffondere un modello di gestione basato sulla fiducia e favorire la responsabilizzazione dei livelli intermedi.

Contenuti: Il laboratorio si struttura in:

- un'attività pre-aula
- una giornata d'aula
- mezza giornata di follow up
- 2 sessioni di coaching individuale per tradurre quanto appreso in azioni concrete nell'ambito della propria realtà lavorativa

Attività pre aula: Case History (vedi immagine a fronte, in basso)

Follow Up: Follow up sui ritorni rispetto ai casi gestionali affrontati.

Come anticipato nella parte sopra, quello sulla delega è un laboratorio che prevede un'attività pre-aula, una giornata d'aula e mezza giornata di follow up. Rispecchia bene, quindi, le nuove logiche che sono state introdotte nel 2016 per rendere i corsi più snelli, più efficaci e per garantire agli utenti una vera e proprio Learning Experience. Un altro aspetto interessante di questo laboratorio è che al termine della prima giornata d'aula, viene reso disponibile ai partecipanti un manuale attraverso la nostra piattaforma social aziendale Fabbrica Futuro. Qui, un collega dell'Academy ha condiviso un post con i partecipanti alle varie edizioni (che di volta in volta aumentano) invitandoli a commentare e a condividere esperienze e suggerimenti per contribuire alla diffusione della cultura della delega all'interno di Reale Group.

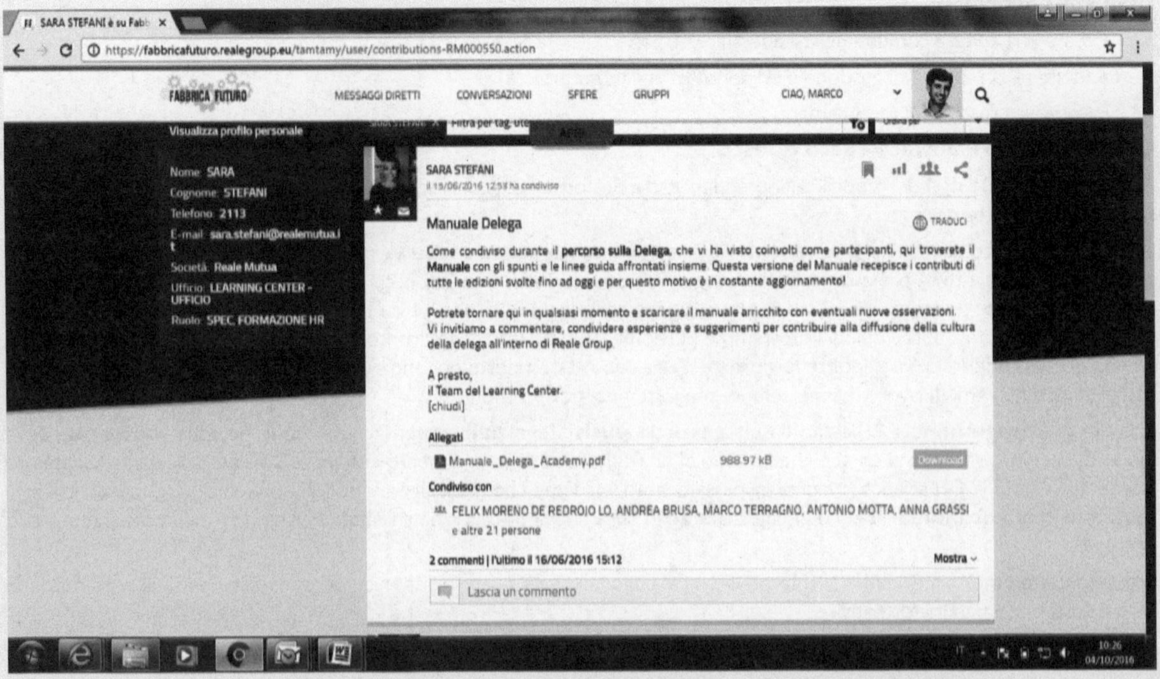

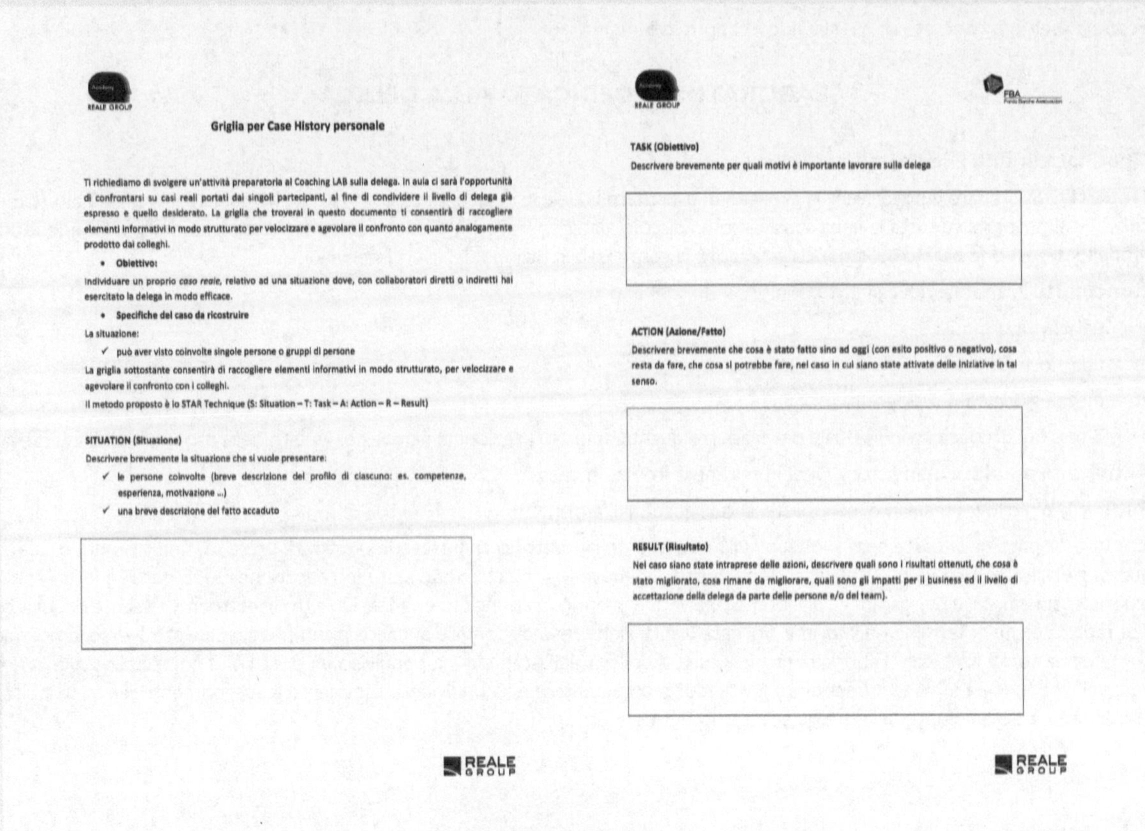

Griglia per Case History personale

Ti richiediamo di svolgere un'attività preparatoria al Coaching LAB sulla delega. In aula ci sarà l'opportunità di confrontarsi su casi reali portati dai singoli partecipanti, al fine di condividere il livello di delega già espresso e quello desiderato. La griglia che troverai in questo documento ti consentirà di raccogliere elementi informativi in modo strutturato per velocizzare e agevolare il confronto con quanto analogamente prodotto dai colleghi.

- **Obiettivo:**

Individuare un proprio *caso reale*, relativo ad una situazione dove, con collaboratori diretti o indiretti hai esercitato la delega in modo efficace.

- **Specifiche del caso da ricostruire**

La situazione:

✓ può aver visto coinvolte singole persone o gruppi di persone

La griglia sottostante consentirà di raccogliere elementi informativi in modo strutturato, per velocizzare e agevolare il confronto con i colleghi.

Il metodo proposto è lo STAR Technique (S: Situation – T: Task – A: Action – R – Result)

SITUATION (Situazione)

Descrivere brevemente la situazione che si vuole presentare:

✓ le persone coinvolte (breve descrizione del profilo di ciascuno: es. competenze, esperienza, motivazione ...)

✓ una breve descrizione del fatto accaduto

TASK (Obiettivo)

Descrivere brevemente per quali motivi è importante lavorare sulla delega

ACTION (Azione/Fatto)

Descrivere brevemente che cosa è stato fatto sino ad oggi (con esito positivo o negativo), cosa resta da fare, che cosa si potrebbe fare, nel caso in cui siano state attivate delle iniziative in tal senso.

RESULT (Risultato)

Nel caso siano state intraprese delle azioni, descrivere quali sono i risultati ottenuti, che cosa è stato migliorato, cosa rimane da migliorare, quali sono gli impatti per il business ed il livello di accettazione della delega da parte delle persone e/o del team).

CASO DI STUDIO

Poste Italiane - Corporate University

di Manuela Gallo

La Corporate University nasce in Poste Italiane all'inizio del 2015, all'interno della funzione Risorse Umane e Organizzazione, con la mission di sviluppare le competenze strategiche e distintive per il presidio dei business del Gruppo e come leva strategica per la realizzazione del piano industriale.

Deve infatti assicurare la governance unitaria a livello di gruppo di tutti i processi e servizi per la formazione, per garantire il costante adeguamento, consolidamento e sviluppo delle competenze professionali e manageriali. Deve inoltre assicurare il rapporto con il mondo accademico e gli enti di ricerca, nonché, all'interno dell'azienda, con gli "esperti di contenuto" presenti nelle diverse linee di business.

L'organizzazione interna che la Corporate University si è data rispecchia la struttura organizzativa aziendale e definisce, a fianco delle linee di business, un presidio manageriale specifico focalizzato sulle esigenze formative delle risorse operanti nelle diverse funzioni. La Corporate University si avvale inoltre dei referenti di formazione presenti nelle funzioni di business e dei referenti di formazione operanti su tutto il territorio nazionale.

La formazione assume infatti il ruolo di fattore abilitante per lo sviluppo delle competenze delle nostre persone, che rappresentano il vero vantaggio competitivo per l'intero Gruppo.

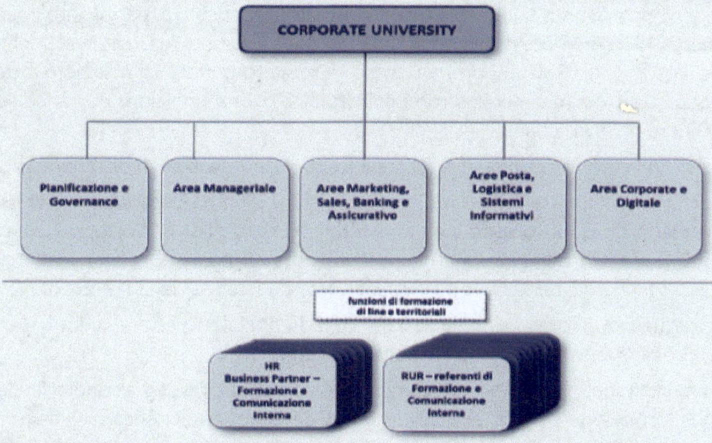

Il target di riferimento è costituito da tutti i dipendenti (dirigenti, quadri e impiegati). Com'è noto, Poste Italiane è un'azienda di 140.000 persone, distribuite su tutto il territorio nazionale con profili professionali di diverse tipologie, in particolare di front-end finanziario/assicurativo e di recapito postale. A ciò si aggiunge un'infrastruttura tecnologica a supporto dei business che richiede un costante allineamento delle competenze alle sue continue evoluzioni.

Ciò conduce alla necessità di mettere in campo iniziative formative specifiche rispetto ai diversi ruoli ricoperti dalle persone dell'azienda. Si citano a titolo di esempio alcuni dei profili professionali presenti in azienda: direttori di ufficio postale, sportellisti, specialisti consulenti finanziari, venditori fuori sede, portalettere, specialisti e operatori di trasporto e logistica, specialisti di area di staff (amministrazione, finanza, controllo, acquisti, immobiliare, legale, societario, risorse umane, comunicazione, sistemi informativi, controllo interno, affari regolamentari, relazioni istituzionali, architetture digitali, tutela aziendale), specialisti di marketing strategico e operativo.

A tale proposito, come tutti i dipartimenti di formazione, anche la Corporate University di Poste Italiane individua annualmente i fabbisogni formativi globali. In particolare ci si avvale della partecipazione di tutte le funzioni aziendali a una survey on line, mirata ad evidenziare le specifiche esigenze connesse ai diversi business gestiti, con una vision prospettica verso il futuro e i business emergenti. Le risultanze della survey costituiscono il Piano di Formazione annuale, che è declinato nei filoni formativi "Formazione Manageriale", "Formazione Tecnico Specialistica" e "Formazione Obbligatoria e di Compliance", estremamente rilevante quest'ultima nel nostro Gruppo che, per la propria conformazione di business è soggetto, oltre che alle norme relative alla Sicurezza sul Lavoro, alle specifiche normative bancarie e assicurative. Il piano di formazione evidenzia anche le diverse iniziative formative e le ore di formazione previste.

Nell'anno 2015 sono state erogate più di 3 milioni di ore di formazione con oltre 1 milione di partecipazioni, intendendo per partecipazioni la somma delle partecipazioni individuali alle diverse iniziative formative fruite dalle singole risorse. Dei 3 milioni di ore citate, circa 1,7 riguardano la formazione obbligatoria e di compliance.

Il mix formazione d'aula/formazione online (e-learning) si è attestato sul 74% contro il 26% per quanto riguarda le ore di formazione (un corso online ha una durata media di 1 ora/1 ora e mezza) , mentre sotto il profilo delle partecipazione la percentuale è ribaltata attestandosi sul 32 % contro il 68%. Per comprendere il fenomeno va considerato che un'alta percentuale della formazione obbligatoria, destinata a larghe fasce di popolazione, utilizza la metodologia online che è per propria natura pervasiva e non impattante sugli spostamenti fisici delle risorse, essendo fruita in massima parte dalla postazione di lavoro.

Nel 2015 il 92% dei dipendenti (pari a 131.000 risorse) è stato coinvolto in almeno un corso, le partecipazioni medie per dipendente formato sono circa 9 e le ore pro capite corrispondono a circa 3 giornate e mezza.

Nello stesso anno sono state erogate circa 71.000 ore di formazione manageriale, segmentata per i due diversi filoni denominati dal Piano di Formazione "Leadership One Company", a supporto dei processi di change management e "Leadership Professionale ed efficacia manageriale nel ruolo" per potenziare i saperi professionali nello svolgimento del ruolo manageriale ricoperto. La formazione manageriale, che sta proseguendo anche nell'anno in corso con gli stessi filoni contenutistici, è infatti funzionale al governo dei processi di cambiamento avviati con il Piano Industriale Poste 2020 e altresì ad accelerare l'evoluzione richiesta dalla recente quotazione in borsa di Poste Italiane. Si è infatti focalizzata sulla costruzione di una cultura manageriale centrata sul valore del cliente, dell'eccellenza professionale e dello sviluppo delle risorse, avendo come priorità l'efficacia manageriale delle risorse che presidiano i processi di business chiave per l'azienda.

Per quanto riguarda le iniziative di formazione tecnico-specialistica, focalizzate sullo sviluppo e sul mantenimento delle competenze più strategiche di business e innovazione digitale, particolare attenzione viene posta al mondo del front end, nella logica della trasformazione della rete di vendita sotto il profilo della gestione della relazione con il cliente, sia al mondo della logistica, accompagnando la profonda riconfigurazione dei processi industriali. In particolare, per quanto riguarda le iniziative formative che hanno interessato nel 2015 larghe fasce della popolazione, si citano i corsi collegati all'implementazione del Nuovo Modello di Servizio degli Uffici Postali (circa 100.000 ore) e il corso "Il recapito cambia, cambiamo il recapito" destinato ai colleghi portalettere il cui ruolo, per la prossimità nei confronti dei cittadini, riveste un valore di grande responsabilità sociale (circa 9000 risorse per 139.000 ore di formazione).

Per quanto riguarda l'anno corrente, si prevede di replicare il trend quanti-qualitativo dell'anno precedente.

In particolare, sempre nell'ottica di fornire un servizio di consulenza al cliente trasparente e professionale, per il mondo degli specialisti in campo finanziario/assicurativo sono stati avviati due filoni formativi: "Sviluppo Cultura Assicurativa Protezione Risparmio" e "Consulenza Guidata". Partirà a breve l'ulteriore iniziativa formativa "Risparmio gestito". Il target di riferimento è di circa 15.000 risorse per ognuno dei percorsi formativi, che si concluderanno nel 2017-2018.

Anche nel 2016 sta proseguendo la formazione dedicata ai colleghi portalettere, che vedrà la partecipazione di circa 2000 risorse e proseguirà nei prossimi anni fino a completamento del target.

Sotto il profilo degli strumenti a supporto della formazione, il governo del processo è garantito fin dal 2004 da una piattaforma informatica che registra la formazione erogata, abilita la fruizione delle iniziative in e-learning da parte dei 140.000 dipendenti aziendali e consente il monitoraggio del piano di formazione e le connesse situazioni statistiche/informative, compresa la rilevazione dei KPI annualmente assegnati ai referenti territoriali. Allo stato si sta procedendo a far evolvere la piattaforma attuale in una piattaforma integrata per la gestione end to end del processo formativo, che supporti al meglio sia le attività di gestione operativa che di pianificazione e controllo.

In linea con il processo di trasformazione digitale dell'azienda, la piattaforma garantirà sia la fruizione di diversi stili di apprendimento, di persona e online, realizzati anche con metodologie didattiche innovative (video streaming, aula virtuale, Web, mobile learning), sia il governo unitario della formazione a livello di Gruppo.

Si prevede inoltre di realizzare una piattaforma di knowledge management, dedicata alla gestione dei processi di generazione, utilizzo e condivisione della conoscenza: processi organizzativi, ruoli, policy, documentazione, FAQ, buone prassi, dizionari, etc., definendone il modello di gestione e governo.

Ciò consentirà la creazione di community on line a disposizione di determinati target di popolazione, che hanno partecipato a percorsi formativi e/o iniziative di sviluppo, per accrescere e condividere conoscenza, mettere a fattor comune prassi ed esperienze, abbattere le distanze fisiche, consolidare le relazioni professionali e far emergere i knowledge owner, nonché la creazione di ambienti di Knowledge Management dedicati (Qualità, Vendite, Risorse Umane, ecc.).

Obiettivo specifico dell'anno 2017 sarà la creazione di un'area di formazione dedicata al libero apprendimento, ovvero di una Open Learning Area (OLA). Nella OLA verrà visualizzato il catalogo dell'offerta formativa online multidisciplinare fruibile, in modalità on demand, da parte di tutti i dipendenti attraverso l'auto-iscrizione in piattaforma. Il processo di auto-iscrizione sarà gestito da un workflow automatico e regole di fruizione e monitoraggio.

Inoltre sarà attuata una sperimentazione di nuovi sistemi/contesti di apprendimento per consolidare e acquisire conoscenze sulla base di meccanismi non convenzionali, introducendo spazi di formazione in cui allenare le competenze utilizzando abilità tipiche dei contesti di gioco: palestre didattiche in cui mettersi alla prova e attivare competizioni di gruppo, simulatori di processo per esercitarsi in ambiente protetto, simulazioni comportamentali, palestre di coaching, sperimentazione di standard open badge, ecc. La sperimentazione prevedrà ambienti di apprendimento che propongono percorsi formativi 'adattivi' costruiti analizzando dati e informazioni di ogni discente: il ruolo/mestiere assegnato, la conoscenza formale e informale, i risultati dei test di apprendimento, la valutazione di livelli di conoscenza posseduti su aree tematiche di pertinenza. Le soluzioni di gamification possono infatti essere applicate proficuamente per misurare i livelli di conoscenza attraverso un approccio non strettamente valutativo.

In tale quadro verranno realizzati anche percorsi formativi volti a sviluppare la 'self efficacy' rafforzando la capacità di organizzare ed eseguire azioni necessarie a produrre determinati risultati, con un livello di prestazione target, nonché la progettazione e sviluppo di 'snackable content' fruibili da dispositivi mobili per garantire una user experience positiva e favorire una partecipazione attiva alle iniziative formative. Progettazione e sviluppo di corsi online in 'modalità responsive' per consentire l'adattabilità dei contenuti formativi al dispositivo utilizzato (pc, smartphone, tablet) e favorire la fruizione della formazione in qualsiasi contesto.

Altra iniziativa messa in atto già dall'anno in corso è la "video library", modalità di divulgazione di particolari interventi formativi destinati in prima battuta a un target ristretto ed erogati di persona, che vengono registrati allo scopo di produrre pillole video erogabili attraverso la piattaforma di formazione a una popolazione più ampia (centrale e territoriale).

Nel 2017 sarà realizzata anche la Faculty, che rappresenta il corpo docente di Poste Italiane ed è costituita prevalentemente da risorse interne (circa 2.000) che già svolgono, oltre al ruolo professionale ricoperto, attività di docenza in iniziative formative, prevalentemente di addestramento operativo. Il progetto ha l'obiettivo di valorizzare appieno il capitale culturale e il patrimonio di conoscenze dell'azienda posseduto dai trainer interni, riconoscendone il contributo, formandoli e certificandone le competenze. In particolare il progetto Faculty si propone di:

- creare una base condivisa di competenze specialistiche nella docenza;
- abilitare i trainer, attraverso una formazione specifica, a contribuire alle attività formative aziendali;
- trasferire la visione, i valori e i codici di comportamento necessari per essere membro della Faculty di Poste Italiane;
- regolare il trasferimento e la conservazione/aggiornamento del knowledge interno
- rafforzare il senso di appartenenza di docenti alla community della Faculty di Poste Italiane.

I trainer interni della Faculty sono scelti in base all'esperienza professionale nella disciplina e in azienda, quali esperti nelle comunità di pratica e conoscenza e per le riconosciute competenze nelle attività di comunicazione.

Si prevedono tre percorsi formativi differenziati per profilo di Trainer: Trainer Expert, Senior e Master"

Il corpo docente di Poste Italiane sarà costituito, oltre che dai trainer interni, da altre figure aziendali (progettisti ed esperti di contenuto) e da docenti esterni provenienti da università, enti di ricerca e Istituti di Alta Formazione.

Per quanto concerne la valutazione della qualità degli interventi formativi (oltre ai classici questionari di qualità percepita) si sta sperimentando, per alcune iniziative di formazione manageriale e per alcune iniziative "pilota" di formazione tecnico-specialistica, la metodologia NPS.

Il Net Promoter Score (NPS) è un metodo diffuso nelle grandi aziende per misurare il livello di soddisfazione dei propri clienti, tramite l'"indice di raccomandabilità".

In molti settori, infatti, i clienti migliori si trovano o si perdono grazie al meccanismo del "passaparola", soprattutto dove il valore del prodotto/servizio è importante e se lo stesso riveste un grado di complessità elevato.

Per le aziende, dunque, è basilare saperne di più su quali sono i clienti sostenitori, i "fan" (quelli che più probabilmente attiveranno un passaparola positivo) e i "detrattori", coloro che distruggono le iniziative (quelli che, al contrario, sicuramente attiveranno un passaparola negativo).

Il metodo è stato ripreso e ritarato per misurare proprio la soddisfazione dei partecipanti alle iniziative formative. Le risposte fornite dai partecipanti sono classificate come segue:

- da 0 a 6 = detrattori — partecipanti insoddisfatti che potrebbero danneggiare il corso attraverso un passaparola negativo
- da 7 a 8 = passivi — partecipanti soddisfatti ma indifferenti, che potrebbero essere influenzati da variabili che, se non considerate, possono far spostare lo stesso nel cluster detrattori
- da 9 a 10 = promotori — partecipanti fedeli che consiglieranno il corso ad altre persone

$$\text{NPS score} = \frac{\text{\% promotori - \% detrattori}}{\text{numero partecipanti}}$$

In ogni area d'indagine vengono inoltre analizzati i commenti dei partecipanti alle "domande aperte" per permettere di evidenziare le "parole chiave" dei punti di forza e di miglioramento.

Di seguito sono illustrati alcuni esempi di analisi dei commenti alle "domande aperte" (tratti dall'iniziativa di formazione manageriale "Scenari di Business"):

Segnaliamo infine che sta partendo la sperimentazione di una ulteriore iniziativa di monitoraggio della qualità delle aule di formazione, che si aggiunge ai classici "questionari di qualità percepita" compilati dai discenti.

In tale quadro si sta prevedendo la compilazione, da parte dei referenti territoriali della Corporate University, della scheda "Le dimensioni da monitorare in aula" , che mette sotto osservazione i seguenti fattori:

Aree d'Indagine	Singoli Item
PRE-AULA	Discenti: consapevolezza dei contenuti e finalità del corso
GESTIONE AULA	Gestione Apertura
	Gestione Chiusura
	Test di Ingresso
	Test di Fine corso
	Gestione Feedback per i Test
DOCENZA	Presentazione finalità e obiettivi didattici dell'iniziativa
	Collegamento tra obiettivi strategici e obiettivi didattici del corso
	Coerenza del programma svolto in funzione degli obiettivi didattici
	Gestione materiale didattico
	Gestione del tempo e puntualità
	Gestione dell'interazione con l'aula
	Gestione esercitazioni e feedback
CLIMA	Interesse e coinvolgimento dei partecipanti
	Dinamiche d'aula

6.8 Riepilogo

1. Per accogliere e mettere a regime un nuovo dipendente potete iniziare con l'orientamento e la formazione. L'orientamento prevede il passaggio delle informazioni necessarie al lavoro, e un aiuto per iniziare a creare un legame emotivo all'azienda. A volte sono sufficienti dei brevi materiali orientativi e un manuale del dipendente, ma in alcuni casi è opportuno un processo formale mirato a instillare nel dipendente i valori dell'azienda.

2. L'orientamento dei dipendenti non è una semplice presentazione ai colleghi; anche in assenza di un programma totale come quello di Toyota, sfruttate l'occasione dell'onboarding per iniziare a trasmettere ai neoassunti i valori e le tradizioni dell'azienda nei quali volete coinvolgerli.

3. Il processo di formazione prevede analisi, sviluppo, progettazione, implementazione e valutazione. Prima di formare i dipendenti è necessario analizzare le loro necessità formative e progettare il programma di formazione. Le aziende utilizzano l'analisi dei compiti (task analysis), essenzialmente uno studio dettagliato della posizione, per determinare le abilità richieste. Per i dipendenti attuali è richiesta l'analisi della performance, specificamente per verificare l'efficienza della performance e determinare se la formazione sia una soluzione appropriata. Una volta comprese le criticità, potrete progettare e sviluppare il programma di formazione identificando obiettivi specifici, approvando un budget e compilando i contenuti e la tecnologia.

4. Tra i metodi formativi specifici vi sono formazione on-the-job, apprendistato, didattica informale, lezioni, didattica programmata, formazione basata su audiovisivi, simulazioni, videoconferenza, sistemi elettronici di supporto alla performance e formazione al computer; quest'ultima è sempre più popolare, e sono disponibili numerosi programmi pacchettizzati. Spesso i programmi sono basati su Internet; i dipendenti accedono ai programmi online, supportati da sistemi di gestione della didattica, attraverso il portale didattico dell'azienda. Sono sempre più utilizzati anche i sistemi di didattica mobile, che permettono ai dipendenti di seguire brevi corsi sui propri iPad.

5. Come tutti i dipendenti, anche i nuovi manager vengono spesso formati on-the-job, ad esempio con la rotazione delle mansioni e il coaching. Inoltre, spesso vengono forniti vari tipi di formazione off-the-job e di opportunità di sviluppo, utilizzando ad esempio il metodo dei casi di studio, giochi gestionali, seminari esterni, programmi legati all'università, università aziendali, executive coach.

6. Per affrontare difficoltà economiche, competitive o di altro tipo, i manager devono mettere in atto programmi di cambiamento dell'organizzazione; spesso la parte più difficile è rappresentata dalle resistenze dei dipendenti. Può rendersi necessario creare una sensazione di urgenza, ravvivare il senso di dedizione, creare una coalizione guida, sviluppare e comunicare una visione condivisa, aiutare i dipendenti a costruire il cambiamento, dare un maggior peso ai nuovi modi di fare le cose, e monitorare e valutare i progressi. Lo sviluppo organizzativo prevede la raccolta di dati relativi a un gruppo, che poi saranno riproposti ai dipendenti in modo che li possono analizzare e sviluppare soluzioni.

7. È importante valutare il lavoro di formazione; è possibile misurare reazione, apprendimento, comportamento e risultati, idealmente utilizzando un gruppo di controllo non sottoposto alla formazione e parallelo al gruppo che la riceve.

MyLab

Sulla piattaforma MyLab dedicata a questo testo troverete materiali di supporto e approfondimento. All'interno dello stesso ambiente è disponibile la piattaforma inglese MyManagementLab che offre ulteriori risorse, un ricco apparato multimediale ed esercizi guidati.

Parole chiave

Orientamento dei dipendenti	125	Formazione incrociata	141
Analisi dei compiti	129	Rotazione delle mansioni	143
Modello delle competenze	129	Action learning	144
Analisi delle performance	129	Metodo dei casi di studio	144
Formazione on-the-job	133	Gioco gestionale	145
Formazione incrementale	135	Gioco di ruolo	145
Modelli comportamentali	136	Executive coach	146
Job aid	137	Sperimentazione controllata	148

Domande di discussione

6.1 Nel condurre un'analisi della performance, un manager dovrebbe concentrarsi non solo sui dipendenti "non posso", ma anche su quelli "non voglio". Siete d'accordo?

6.2 Confrontate e discutete vantaggi e svantaggi della formazione apprendistica on-the-job e di quella con lezioni in aula. Quale ritenete più efficace?

6.3 Discutete alcune forme di didattica basata su Internet sempre più utilizzate in vari tipi di organizzazioni. Quali sono i vantaggi di questi metodi formativi?

6.4 Descrivete i pro e i contro di cinque metodi di sviluppo manageriale.

6.5 Ritenete che la rotazione delle mansioni sia un buon metodo da utilizzare per lo sviluppo dei manager in formazione? Perché, o perché no?

6.6 Che cos'è lo sviluppo dell'organizzazione, e in che cosa è diverso dagli approcci tradizionali ai cambiamenti organizzativi?

6.7 Spiegate la pianificazione della successione, e discutete brevemente le fasi previste dai programmi di questo tipo.

Attività individuali e di gruppo

6.8 Un centro commerciale specializzato in abbigliamento, dopo aver ricevuto lamentele per il servizio clienti, ha recentemente implementato un programma di sette giorni per la formazione dei dipendenti a contatto col pubblico. Il programma include argomenti sulle capacità necessarie a un'accoglienza efficace, sulla gestione dei clienti arrabbiati e sulla conoscenza dei vari tessuti usati nei capi. Il vostro compito è (1) valutare l'effetto della formazione usando il modello di Kirkpatrick e (2) analizzare il programma di sperimentazione controllata che dovrebbe verificare l'efficacia della formazione.

6.9 Scegliete un compito che vi sia familiare (falciare il prato, preparare un'insalata o studiare per un test) e sviluppate per esso una scheda di istruzioni.

6.10 Lavorando da soli o in gruppi, sviluppate un breve programma di didattica programmata sull'argomento "Linee guida per dare lezioni più efficaci".

6.11 Trovate un fornitore di seminari per lo sviluppo manageriale, e ottenete delle copie degli elenchi di seminari offerti recentemente. A quale livello di manager sono mirate le proposte? Quali sembrano essere i tipi più popolari di programmi di sviluppo? Quale credete sia il motivo?

6.12 Lavorando da soli o in gruppo, sviluppate esempi specifici su come motivare 25 dipendenti di un grande parco a tema che partecipano a un programma di formazione per operatori di giostre e montagne russe. Usate almeno due elementi di tutte le linee guida generali presentate in questo capitolo per motivare gli allievi.

6.13 Lavorando da soli o in gruppi, sviluppate un programma di orientamento per studenti superiori che entrano come matricole nella vostra università.

Esercizi pratici

Cieli più cordiali

Obiettivo: lo scopo di questo esercizio è fare pratica nello sviluppo di un programma di formazione per la posizione di addetto alle prenotazioni di un'importante compagnia aerea.

Comprensione richiesta: dovreste avere un'ottima familiarità con il materiale del capitolo e leggere la seguente descrizione dei doveri di un addetto alle prenotazioni:

I clienti contattano i nostri addetti alle prenotazioni aeree per ottenere orari, prezzi e itinerari. Gli addetti alle prenotazioni cercano le informazioni nei sistemi online di schedulazione della nostra compagnia, che sono costantemente aggiornate. L'addetto deve trattare in modo cortese e rapido con il cliente, ed essere in grado di trovare rapidamente situazioni alternative per fornire al cliente l'itinerario più adatto alle sue necessità. Voli e prezzi alternativi devono essere trovati rapidamente, in modo che il cliente non debba aspettare e che il gruppo operativo delle prenotazioni mantenga i suoi standard di efficienza. Spesso è necessario cercare più itinerari, perché le possibilità di viaggio alternative tra il punto di partenza e quello di destinazione indicati dal cliente possono essere una decina o più.

Potete supporre che siano stati appena assunti 30 nuovi addetti, e dovete creare un programma di formazione di tre giorni.

Impostazione dell'esercizio/istruzioni: Dividete la classe in gruppi di cinque o sei studenti.

Gli addetti alle prenotazioni aeree devono ovviamente possedere varie capacità per poter fare il loro lavoro. JetBlue Airlines vi ha chiesto di sviluppare rapidamente la struttura di un programma di formazione per i suoi nuovi addetti; producete tale struttura, accertandovi di essere molto specifici su ciò che intendete insegnare ai nuovi addetti, e sui metodi e gli ausili che suggerite di usare.

Note bibliografiche

Le note di questo capitolo sono consultabili online sulla piattaforma MyLab oppure immediatamente visualizzabili su smartphone e tablet tramite questo QR-code.

CAPITOLO

7

Valutazione e gestione delle prestazioni

Argomenti

- Concetti di base della valutazione delle prestazioni
- Metodi tradizionali di valutazione
- Valutazione delle prestazioni e colloquio: gestione dei problemi
- Guida per manager al coinvolgimento dei dipendenti: uso del colloquio di valutazione per il coinvolgimento
- Gestione delle prestazioni oggi
- Riepilogo

Obiettivi didattici

Al termine del capitolo:

- Saprete spiegare lo scopo della valutazione delle prestazioni.
- Saprete discutere i pro e i contro di almeno otto metodi di valutazione delle prestazioni.
- Potrete fornire esempi dei potenziali problemi di valutazione e la relativa gestione.
- Sarete in grado di elencare i passaggi da usare nel colloquio di valutazione per migliorare il coinvolgimento dei dipendenti.
- Saprete spiegare in che modo potreste adottare un approccio alla valutazione orientato alla gestione delle prestazioni.

7.1 Concetti di base della valutazione delle prestazioni

In gran parte delle aziende esistono mezzi formali o informali per valutare le prestazioni dei dipendenti. Può dirsi **valutazione delle prestazioni** qualsiasi procedura che preveda (1) definizione di standard lavorativi, (2) valutazione della prestazione effettiva del dipendente in rapporto agli standard, e (3) riscontro al dipendente allo scopo di motivarlo a eliminare le carenze prestazionali, o a continuare a fornire prestazioni superiori alla media. Potreste essere tentati di considerare una "valutazione delle prestazioni" la compilazione dei moduli di valutazione come quello della Figura 7.1, ma in realtà non è tutto qui; una valutazione efficace richiede in precedenza un'attenta definizione di obiettivi standard di performance da parte del supervisore; inoltre, subito dopo è necessario che il dipendente riceva i riscontri, gli interventi formativi e gli incentivi necessari a eliminare le eventuali carenze.

La valutazione delle prestazioni avviene continuamente, ma è un'attività manageriale piuttosto rischiosa: i dipendenti tendono a essere troppo ottimisti sui risultati delle loro valutazioni, e sanno che da questi risultati dipendono aumenti di stipendio, carriere e tranquillità. Come se non bastasse, pochi processi di valutazione sono imparziali come crede l'azienda, in quanto minati da svariati problemi (come i pregiudizi, o la valutazione "media" di tutti i dipendenti da parte di alcuni manager). Nonostante i rischi, comunque, la valutazione delle prestazioni gioca un ruolo fondamentale nella gestione delle risorse umane. Il difficile è farla come si deve.

Parola chiave

Valutazione delle prestazioni

Qualsiasi procedura che implichi (1) la definizione di standard di performance sul lavoro; (2) la valutazione delle prestazioni effettive del dipendente in rapporto agli standard; (3) un feedback al dipendente con l'obiettivo di motivarlo a eliminare le carenze prestazionali, o a mantenere le prestazioni sopra la media.

Figura 7.1 Modulo di valutazione online per i docenti.

Fonte: Copyright Gary Dessler, PhD.

Istruzioni: Valutazioni attente aiutano i membri della facoltà a capire meglio e a migliorare le pratiche didattiche. Assegnate un punteggio alle seguenti voci, con un massimo di 7 per indicare Straordinario, 4 per Medio, il minimo 1 per Deve migliorare ed NA per Non applicabile.

Voci di valutazione

______ 1. Il docente era preparato per le sue lezioni.

______ 2. Il corso era coerente con i suoi obiettivi.

______ 3. Il docente mi ha valutato in modo equo.

______ 4. Il docente ha pianificato e organizzato attentamente il corso.

______ 5. Il docente era disponibile negli orari d'ufficio pubblicati.

______ 6. Il docente ha risposto tempestivamente alle domande poste online.

______ 7. Il docente era competente in termini di conoscenza e/o esperienza per il corso.

______ 8. Come valutereste il corso nel suo insieme?

Passaggi della valutazione delle prestazioni

Come abbiamo detto, la valutazione delle prestazioni prevede tre fasi: (1) definire gli standard lavorativi, (2) valutare la reale prestazione del dipendente rispetto agli standard, e (3) dare al dipendente un riscontro in merito alle sue prestazioni. Alcuni manager indicano queste fasi come *ciclo di valutazione delle prestazioni*, per riconoscere il fatto che al riscontro (Fase 3) debba seguire la definizione di nuovi obiettivi (Fase 1).

Perché valutare le prestazioni?

Esistono diversi motivi per valutare le prestazioni dei subordinati; anzitutto molte aziende, specie quelle di maggiori dimensioni e le multinazionali, basano sulla valutazione le decisioni su stipendi, promozioni e permanenza del dipendente in azienda.[1] Secondariamente, le valutazioni hanno un ruolo centrale nel processo di gestione delle prestazioni da parte dell'azienda (vedremo come la gestione delle prestazioni significhi accertarsi continuamente che le prestazioni di ciascun dipendente siano allineate agli obiettivi dell'azienda). Il terzo motivo è che la valutazione consente tanto al manager quanto al subordinato di sviluppare un piano per correggere eventuali carenze, o di confermare che tutto va bene. La quarta ragione è che le valutazioni dovrebbero costituire un'opportunità per esaminare e ricalibrare i progetti di carriera del dipendente alla luce dei punti forti e deboli evidenziati. Infine, i supervisori possono usare le valutazioni per identificare le necessità di formazione e sviluppo dei dipendenti; risulta possibile identificare le discrepanze tra prestazioni desiderate e fornite, e formulare i passi correttivi necessari.

Definizione degli standard di performance dei dipendenti

A volte la job description non basta per descrivere ciò che si richiede al dipendente: elenca i compiti, ma di solito non specifica gli obiettivi. Il primo passo nella valutazione e gestione delle prestazioni consiste quindi nel comunicare ai dipendenti ciò che ci si aspetta da loro attraverso gli standard di performance. È possibile usare una o più delle tre basi (obiettivi, dimensioni del lavoro e competenze) per stabilire quali saranno gli standard.

Per prima cosa, il manager può valutare in che misura *il dipendente contribuisce al conseguimento degli obiettivi aziendali*. Gli obiettivi di performance assegnati a ciascun dipendente dovrebbero derivare da quelli complessivi dell'azienda; ad esempio, un obiettivo aziendale di riduzione dei costi del 10% dovrebbe tradursi in obiettivi di taglio dei costi per ciascun dipendente. Troverete un esempio nel seguente riquadro HR come centro di profitto.

APPROFONDIMENTI **HR come centro di profitto**

Definizione degli obiettivi di performance presso Ball Corporation

Ball Corporation è una grande industria manifatturiera statunitense che produce contenitori di metallo su larga scala per clienti quali aziende alimentari e produttori di vernici in tutto il mondo.[2] Il team direzionale di uno degli impianti Ball ha ritenuto di poter migliorare le prestazioni complessive istituendo un processo più idoneo per definire gli obiettivi di performance e per accertarsi che i lavoratori dell'impianto operassero in linea con tali obiettivi.[3] Il nuovo programma ha avuto inizio con la formazione dei leader del reparto produzione sui modi per migliorare le prestazioni, e con la definizione e comunicazione degli obiettivi di prestazione giornalieri. A quel punto i leader comunicavano gli obiettivi, e tenevano traccia del loro conseguimento distribuendo al team dei lavoratori delle schede di valutazione (score card). Inoltre, i lavoratori dell'impianto ricevevano coaching e formazione mirati a far sì che disponessero delle capacità richieste per raggiungere gli obiettivi. Secondo il management, entro 12 mesi la produzione di contenitori ha avuto un aumento di 84 milioni di unità, le lamentele dei clienti si sono ridotte del 50% e il ritorno sull'investimento ha superato i 3 milioni di dollari.[4]

Spesso si dice che gli obiettivi efficaci dovrebbero essere "SMART": *specifici*, con una specificazione ben definita dei risultati attesi, *misurabili*, *accessibili*, cioè alla portata di coloro a cui vengono assegnati, *rilevanti* per manager e organizzazione, e infine *temporizzati*, con una esplicita definizione di scadenze e tappe intermedie.[5] La ricerca fornisce indicazioni sulla definizione di obiettivi efficaci, riassunte nel successivo riquadro Strumenti HR.

APPROFONDIMENTI **Strumenti HR per manager di linea e piccole imprese**

Definizione di obiettivi efficaci

Alcuni studi propongono quattro linee guida per la definizione di obiettivi prestazionali:

1. Assegnare obiettivi specifici; di solito chi ne riceve ha prestazioni migliori di chi non ne riceve.
2. Assegnare obiettivi misurabili, in termini quantitativi e con date e scadenze. Se i risultati attesi non sono misurabili, una buona alternativa è il "completamento soddisfacente", come ad esempio un "workshop frequentato in modo soddisfacente".
3. Assegnare obiettivi impegnativi ma fattibili, non così difficili da sembrare irrealizzabili.
4. Incoraggiare la partecipazione. Spesso i manager devono affrontare il dubbio: meglio comunicare ai sottoposti quali siano gli obiettivi, o farli partecipare alla definizione? Dalle prove si desume che gli obiettivi definiti in modo partecipativo non sempre danno come risultato prestazioni superiori a quelli assegnati, e lo stesso vale viceversa. Si ottiene una prestazione più elevata soltanto quando gli obiettivi partecipati sono più ambiziosi di quelli assegnati; siccome la definizione di standard più elevati tende a essere più semplice quando i dipendenti partecipano, in questo senso possiamo dire che la partecipazione tende a portare prestazioni migliori.[6]

Una seconda base sulla quale esprimere una valutazione consiste nell'uso di un modulo contenente dimensioni di base del lavoro (come "Qualità" e "Quantità"). Ad esempio, il modulo di valutazione dell'istruttore nella Figura 7.1 include dimensioni (o criteri) di base del lavoro quali "l'istruttore è ben preparato". Il presupposto è che "essere preparati" sia uno standard guida utile per "ciò che dovrebbe essere".

Una terza opzione consiste nel valutare i dipendenti sulla base della padronanza delle competenze (generalmente le abilità, la conoscenza e/o i comportamenti personali) richiesti dalla posizione. Consideriamo un esempio; nel Capitolo 3 abbiamo visto che BP valutava le abilità dei dipendenti mediante una matrice (vedi Figura 3.8) che indicava le abilità di base da valutare (come "esperienza tecnica") e il livello minimo di ciascuna abilità richiesto dalla posizione (quello che "dovrebbe essere" il livello di abilità minimo). I dipendenti che vengono giudicati in possesso del livello richiesto di ciascuna abilità sono qualificati per ricoprire la posizione.

Chi dovrebbe eseguire la valutazione?

Di solito la valutazione vera e propria è eseguita dal supervisore, che quindi dovrebbe conoscere le tecniche di base della valutazione, capire ed evitare i problemi che possono comprometterla ed eseguirla in modo equo. Di solito il reparto HR assume un ruolo di creazione delle politiche e di supporto; ad esempio, potrebbe fornire consigli e assistenza in merito allo strumento valutativo da usare, ma lasciare le decisioni finali sulle procedure di valutazione ai direttori delle funzioni operative dell'azienda. In altre aziende, l'ufficio del personale preparerà moduli e procedure dettagliati che dovrebbero essere utilizzati da tutti i reparti.

In ogni caso, non sempre è consigliabile affidarsi soltanto al giudizio dei supervisori; ad esempio, un supervisore potrebbe non capire o apprezzare il giudizio dato da clienti e colleghi sulla prestazione di un dipendente. Inoltre, esiste sempre il rischio di un pregiudizio in positivo o in negativo nei confronti del dipendente. In questi casi, i manager hanno diverse opzioni.

Valutazioni dei pari grado (peer appraisal)

Con l'aumento dei dipendenti che lavorano in squadra, la valutazione di un dipendente da parte dei suoi pari prende sempre più piede. L'esercito americano richiede che generali e ammiragli siano valutati dai loro pari (e subordinati).[7] Facebook fa compilare valutazioni tra pari ogni 6 mesi.[8] I dipendenti Google ricevono ogni anno un riscontro sia dai supervisori che dai pari grado.[9] (Nel seguito del capitolo vedremo anche le valutazioni collettive basate sui social media). Presso un'azienda di software, i dipendenti si attribuiscono riconoscimenti reciproci quali "vittorie" e "progetti completati" nel corso di riunioni mensili in video.[10]

Le valutazioni tra pari possono essere efficaci. Spesso le prestazioni e il potenziale di una persona sono chiari soprattutto alle altre persone con cui lavora. In più, le persone tendono a essere inclini a soddisfare le aspettative dei colleghi.[11] Di solito, un dipendente che deve sottoporsi alla valutazione annuale sceglie un responsabile della valutazione, che a sua volta sceglie un supervisore e tre pari per valutare il lavoro.

Comitati di valutazione

Alcune aziende impiegano i comitati di valutazione, di solito composti dal supervisore diretto del dipendente e da tre o quattro altri supervisori.[12]

L'impiego di più valutatori porta dei vantaggi: può contribuire a eliminare problemi quali il pregiudizio da parte dei singoli valutatori,[13] e può anche dare la possibilità di includere nella valutazione le diverse sfaccettature della prestazione di un dipendente osservate da più valutatori. Gli studi hanno rilevato che difficilmente i punteggi forniti da più valutatori coincidono,[11] quindi è consigliabile ottenere un giudizio almeno dal supervisore, dal superiore del supervisore e magari anche da un altro manager che conosca il lavoro del dipendente.[14] Come minimo, la maggior parte delle aziende richiede che le valutazioni del supervisore siano firmate da un superiore.

Autovalutazioni

Alcune organizzazioni richiedono ai propri dipendenti un'autovalutazione, spesso unitamente a quella dei supervisori. Il problema di base, naturalmente, è che spesso i dipendenti danno a se stessi una valutazione più alta di quella dei supervisori o dei pari.[15] Secondo uno studio, alla richiesta di valutare le proprie prestazioni, il 40% dei dipendenti in qualsiasi tipo di posizione si è collocato nel gruppo del 10% più alto in classifica, e quasi tutti gli altri si sono ritenuti nel 50% più alto.[16] In un altro studio, le autovalutazioni dei soggetti si correlavano negativamente con le successive prestazioni in un centro di valutazione: più alta era l'autovalutazione, peggiore era la prestazione presso il centro. Invece, una media dei giudizi del supervisore, di un pari e di un subordinato risultava allineata alla prestazione del soggetto nel centro di valutazione.[17]

Valutazione da parte dei subordinati

Molte aziende fanno valutare i manager dai loro subordinati, di solito ai fini dello sviluppo più che del salario. In questo feedback dal basso assume una certa importanza l'anonimato: i manager che vengono valutati da subordinati che si identificano hanno una visione più positiva di questo processo rispetto a coloro che ottengono una valutazione anonima. È vero anche però che i subordinati preferiscono mantenere l'anonimato, e quelli che devono identificarsi tendono a dare valutazioni gonfiate.[18]

La valutazione dal basso può migliorare la prestazione di un manager. Uno studio si è occupato di 252 manager nell'ambito dell'amministrazione quinquennale di un programma di valutazione dal basso; i manager che inizialmente avevano ricevuto valutazioni scarse o medie "hanno mostrato miglioramenti significativi nelle valutazioni dal basso nel corso del periodo di cinque anni", e i manager che hanno incontrato i subordinati per discutere delle valutazioni sono migliorati più dei manager che non l'hanno fatto.[19] Naturalmente, i dipendenti non hanno più bisogno dell'azienda per le valutazioni dal basso: siti come Glassdoor e app come Memo consentono di postare autonomamente commenti anonimi.[20]

Valutazioni a 360 gradi

Con le **valutazioni a 360 gradi**, l'azienda raccoglie informazioni sulle prestazioni da tutti coloro che circondano un dipendente: supervisori, subordinati, pari e clienti interni ed esterni (generalmente a fini di formazione e sviluppo anziché di retribuzione).[21] Di solito il processo prevede la compilazione online dell'indagine da parte dei valutatori; i soggetti valutati ricevono poi un resoconto individuale elaborato da sistemi informatici sulla base di tutte le informazioni. Il soggetto può poi incontrarsi con il supervisore per sviluppare un piano di miglioramento.

I risultati non sono univoci. I partecipanti sembrano preferire questo approccio; uno studio ha concluso che la valutazione da più fonti ha portato a miglioramenti "generalmente ridotti" nelle successive valutazioni da parte di supervisori, pari e subordinati.[22] Inoltre, queste valutazioni sono più sincere quando non coinvolgono premi né promozioni.

Esistono diversi modi per migliorare le valutazioni a 360 gradi.[23] È necessaria un'attenta formazione sia dei valutatori che dei valutati.[24] È necessario accertarsi che le valutazioni siano produttive,che non siano distorte e che siano orientate al miglioramento.[25] I costi amministrativi associati alla raccolta di valutazioni da più fonti possono essere ridotti utilizzando un sistema basato sul Web. Il valutatore accede al sistema e giudica il soggetto su diverse competenze con valutazioni quali "capace ed efficace".[26]

APPROFONDIMENTI **Tendenze HR: Social media e digitale**

Valutazioni collettive ("crowd" appraisals)

Sempre più aziende usano le valutazioni tramite social media per far sì che tutti possano esprimere una valutazione (la massa - crowd: il termine "crowd appraisal" rispecchia quello usato per le valutazioni on line dei siti Internet: https://www.freevaluator.com/crowd-appraisals). Workforce Rypple (parte di salesforce.com) è una di queste "piattaforme social di gestione delle prestazioni".[27] Dipendenti e dirigenti la usano per definire obiettivi e fornire riscontro e riconoscimento.[28] Di solito si affianca alle valutazioni tradizionali.

Ad esempio, i dipendenti di un'azienda usano i commenti su Rypple come input per le valutazioni formali.[29] Anche l'azienda del solare Sunrun usa Rypple. Un portavoce sostiene che "È ottima per rendere pubbliche le idee, si possono condividere gli obiettivi con tutto il team, chiedere opinioni e consigli e poi lavorarci insieme. Ogni settimana diamo un riscontro a 360 gradi."[30] Spesso le aziende accorpano queste valutazioni continue usando siti quali Globoforce (www.globoforce.com/), che automatizzano il processo di riconoscimento e ricompensa immediati dei colleghi.

7.2 Metodi tradizionali di valutazione

Parola chiave

Scala grafica di valutazione

Uno strumento di valutazione delle prestazioni che elenca alcune dimensioni del lavoro e un intervallo di valori prestazionali legati a ciascuna. Il supervisore valuta il subordinato indicando il punteggio che meglio ne descrive le prestazioni per ciascun tratto o dimensione.

Di solito la valutazione vera e propria è condotta dal manager con uno o più dei metodi formali descritti in questa sezione.

Metodo della scala grafica di valutazione

La **scala grafica di valutazione** resta probabilmente il metodo più familiare e diffuso per valutare le prestazioni; quella mostrata nella Figura 7.2 elenca diverse dimensioni del lavoro e un intervallo di valori prestazionali (da 1 a 4) per ognuna. Il supervisore valuta ogni subordinato indicando il punteggio che meglio descrive la prestazione per ciascun tratto o dimensione, poi somma le valutazioni.

Un'altra possibilità è rappresentata dalle *scale grafiche di valutazione basate sulle competenze o abilità*; ad esempio, nella Figura 7.3 è mostrata parte di una scala grafica di valutazione per un pizzaiolo. Qui l'azienda vuole valutare le abilità lavorative del pizzaiolo, una delle quali è: "capacità di gestire una scorta adeguata di pasta da pizza". In un altro esempio, la scala grafica di valutazione può concentrarsi sulla misura in cui il dipendente dimostra le competenze comportamentali necessarie a svolgere il lavoro, come illustrato nella Sezione I della Figura 7.4,in cui "Guida e motiva gli infermieri in modo efficace" è una competenza comportamentale richiesta per il supervisore degli infermieri.[31]

MyLab **Figura 7.4**

Infine, il modulo potrebbe valutare (come nella Sezione II della Figura 7.4) a che punto sia il dipendente rispetto al raggiungimento di obiettivi specifici; un esempio potrebbe essere "l'unità infermieristica ha totalizzato zero errori nelle medicazioni ai pazienti nel periodo".

Metodo di valutazione per classifica tra estremi opposti

Un altro metodo di valutazione molto usato prevede la classificazione dei dipendenti dal migliore al peggiore in uno o più aspetti. Poiché generalmente risulta più facile distinguere tra migliore e peggiore che non stilare una vera e propria classifica, il metodo per estremi opposti risulta utile: il supervisore usa un modulo come quello della Figura 7.5 per specificare il dipendente con il voto massimo nell'aspetto che viene misurato, e anche quello con il voto minimo. Prosegue così, alternando fra massimo e minimo, fino a classificare tutti i dipendenti da valutare.

ISPRA
Istituto Superiore per la Protezione e la Ricerca Ambientale

Valutazione della prestazione individuale dei Responsabili di Strutture di livello dirigenziale

B.3 Scheda delle competenze manageriali

Competenza	Peso	Valutazione (1-4) [7]	Valutazione ponderata
Autonomia			
Orientamento al risultato			
Capacità di relazione e comunicazione			
Senso di appartenenza			
Condivisione e diffusione del know-how			
Capacità di affrontare i problemi e assumere le decisioni			
Capacità di guida delle persone			
Capacità di delega			
Capacità di valorizzare le persone			
Contributo all'innovazione e al cambiamento			
Totale	100		(punteggio V^c)

B.4 Scheda sinottica di valutazione

Ambito di valutazione	Punteggi	Peso	Valutazione ponderata
Performance di struttura (punteggio V^a)			
Obiettivi individuali (punteggio V^b)			
Competenze manageriali (punteggio V^c)			
Differenziazione dei giudizi (punteggio V^d)			
Totale			

[7] *Con riferimento all' Allegato A "LE COMPETENZE DEI RUOLI DIRIGENZIALI, si indicherà la valutazione su scala 1-4, la cui legenda si può ricondurre alla seguente scala.*
4 = Molto sopra le aspettative
3 = In linea con le aspettative
2 = Abbastanza in linea con le aspettative
1= Sotto le aspettative

Elaborazione a cura del Servizio DIR VAL

39

Figura 7.2 Modelli ISPRA per la valutazione del personale.

Fonte: *Valutazione della prestazione individuale dei responsabili di strutture di livello dirigenziale, Manuale metodologico-operativo,* ISPRA, marzo 2011.

POSIZIONE: PIZZAIOLO			
ABILITÀ 1: CAPACITÀ DI GESTIRE UNA SCORTA ADEGUATA DI PASTA DA PIZZA	**VALUTAZIONE**		
Ogni forma rotonda di pasta da pizza deve pesare tra i 340 e i 400 grammi, deve essere lavorata per almeno 2 minuti prima di essere posta nel frigorifero a temperatura e umidità controllata, e deve rimanerci per almeno 5 ore prima dell'uso. Deve essercene una quantità sufficiente ma non superiore alla necessità giornaliera.	Da migliorare	Soddisfacente	Eccellente

Figura 7.3 Una voce da un modulo di valutazione delle prestazioni per abilità specifiche.

Figura 7.5 Metodo di classifica tra estremi opposti.

SCALA DI CLASSIFICAZIONE TRA ESTREMI OPPOSTI

Tratto: ______________________

Elencate tutti i dipendenti che volete classificare per il tratto da misurare. Inserite sulla riga 1 il nome del dipendente primo classificato. Inserite nella riga 20 il nome del dipendente ultimo classificato. Inserite poi il secondo classificato sulla riga 2 e il penultimo sulla riga 19, proseguendo fino a quando nella scala appaiono tutti i nomi.

Dipendente primo in classifica

1. ______	11. ______
2. ______	12. ______
3. ______	13. ______
4. ______	14. ______
5. ______	15. ______
6. ______	16. ______
7. ______	17. ______
8. ______	18. ______
9. ______	19. ______
10. ______	20. ______

Dipendente ultimo in classifica

Metodo del confronto a coppie

Con questo metodo, tutti i subordinati da valutare sono abbinati e confrontati a tutti gli altri su ciascun tratto. Supponiamo ad esempio di dover valutare cinque dipendenti; con questo metodo, un grafico come quello della Figura 7.6 mostra tutte le coppie di dipendenti possibili per ciascun tratto; il supervisore indica (con un + o un -) qual è il dipendente migliore tra i due, poi si somma il numero di volte il cui il dipendente è risultato migliore. Nella Figura 7.6, la dipendente Maria si è classificata prima (con il maggior numero di +) per "qualità del lavoro", mentre per "creatività" il migliore è risultato Art .

Figura 7.6 Metodo del confronto a coppie.

Nota: + significa "migliore di", – significa "peggiore di". Sommate il numero di + delle colonne per ottenere il dipendente con la valutazione migliore in ciascuna tabella.

PER IL TRATTO "QUALITÀ DEL LAVORO"

Dipendente classificato:

In confronto a:	A Art	B Maria	C Chuck	D Diane	E José
A Art		+	+	–	–
B Maria	–		–	–	–
C Chuck	–	+		+	–
D Diane	+	+	–		+
E José	+	+	+	–	

Qui Maria è la più alta in classifica

PER IL TRATTO "CREATIVITÀ"

Dipendente classificato

In confronto a:	A Art	B Maria	C Chuck	D Diane	E José
A Art		–	–	–	–
B Maria	+		–	+	+
C Chuck	+	+		–	+
D Diane	+	–	+		–
E José	+	–	–	+	

Qui Art è il più alto in classifica

Metodo della distribuzione forzata

Con questo metodo, il manager pone percentuali predeterminate di subordinati in categorie di prestazione. Si stima che il 60% delle aziende Fortune 500 usi una qualche forma di classifica di questo genere; presso Lending Tree, il 15% dei dipendenti migliori è classificato con "1", il 75% intermedio con "2" e il 10% dei peggiori con "3" e "primi ad andarsene".[32] I vantaggi della distribuzione forzata sono che (1) impedisce ai supervisori di valutare "soddisfacente" o "buona" la maggior parte dei dipendenti, e (2) mette in evidenza i migliori e i peggiori.

Nonostante sia molto usata, la valutazione con distribuzione forzata riscuote anche molte critiche. Nei college americani, dove questo approccio è molto frequente, i risultati sono inflessibili: se si vuole ottenere il voto più alto (A) o si è dentro il 10% "top" o si è fuori. E se ci si trova nel 10% "bottom", si prende il voto più basso (E) senza discussioni. Alcuni autori hanno poco simpaticamente soprannominato questo metodo "Rank and Yank" ("classifica e licenzia").[33]

Una ricerca su questo metodo ha concluso che a breve termine riesce a motivare e può migliorare la prestazione, ma a lungo termine è controproducente perché lascia a molti dipendenti l'impressione di avere avuto una valutazione ingiusta e di essere stati impegnati in una competizione disfunzionale con i colleghi.[34] Possono nascere delle ineguaglianze, ad esempio, quando un team ad alte prestazioni deve tagliare i suoi componenti "peggiori" (che in realtà potrebbero avere una performance pari a quella dei "migliori" del team peggiore).[35]

Le aziende devono quindi vigilare.[36] Nominate un comitato per rivedere i punteggi bassi di qualsiasi dipendente, addestrate i valutatori all'obiettività e considerate l'impiego di più valutatori con l'approccio a distribuzione forzata.

Per molti anni, Microsoft ha imposto ai suoi manager di valutare i dipendenti compilando una classifica a cinque livelli che in azienda era chiamata lo "stack".[37] Recentemente questa pratica è stata eliminata, e sostituita da riscontri più frequenti e qualitativi con i dipendenti.

Metodo dell'incidente critico

Questo metodo prevede la compilazione di una rassegna aneddotica di esempi buoni o indesiderabili di comportamento sul lavoro. Gli incidenti critici vengono usati come punto di riferimento per riscontri periodici sugli effettivi comportamenti dei lavoratori. Spesso le aziende utilizzano questo metodo a complemento di altri sistemi di classificazione o valutazione. Mantenere un elenco aggiornato di incidenti critici fornisce esempi concreti di quanto i subordinati possano specificamente fare per eliminare eventuali deficienze prestazionali, e se necessario offre anche opportunità per apportare correzioni durante l'anno. Questo aiuta anche a ridurre la tendenza dei supervisori a concentrarsi ingiustificatamente solo sulle settimane più vicine al momento della valutazione.

Scale di valutazione ancorate ai comportamenti

Questo metodo di valutazione unisce i vantaggi delle valutazioni degli incidenti critici e quantitative associando una scala quantificata a esempi narrativi di prestazioni buone e scarse espressi come comportamenti specifici. Nella Figura 7.7 è mostrato un esempio che visualizza la scala di valutazione associata ai comportamenti per il tratto "abilità di vendita" di un venditore di automobili; notate come i vari livelli di prestazioni, da 10 (alto) a 1 (basso), siano abbinati a esempi comportamentali specifici quali "Il venditore ha detto al cliente 'lo stile è stile', e che probabilmente un'auto della concorrenza gli sarebbe piaciuta di più."

Figura 7.7 Scala di valutazione ancorata a comportamenti.

Abilità nella vendita di automobili

Convince i potenziali clienti ad acquistare una delle nostre auto; usa i vantaggi delle nostre auto per incoraggiare all'acquisto; usa le abilità di venditore per superare le ragioni dichiarate dal cliente per non acquistare; modula il tono della proposta sulle necessità del cliente.

10

Una possibile cliente ha affermato che avrebbe acquistato solo una delle nostre decappottabili di lusso, oppure un'auto da un concorrente. Quando la finanziaria ha respinto la sua richiesta, il venditore ha confrontato una nostra auto più economica con quella del concorrente e l'ha convinta ad acquistare un nostro modello meno costoso.

9

8

Il venditore chiede al potenziale cliente che cosa cerca in un'auto e perché, ascolta attentamente e poi spiega come e perché il nostro modello soddisfa le sue richieste.

7

6

Il potenziale cliente ha detto di cercare un'auto da usare per trainare la barca e per attività fuoristrada; il venditore ha sottolineato nella proposta il prezzo conveniente e la qualità dell'auto.

5

4

La potenziale cliente ha affermato di voler davvero ordinare un modello con colore e dotazione particolari; il venditore le ha risposto che per lei sarebbe stato meglio non aspettare due mesi e ripiegare su un modello standard.

3

2

Il potenziale cliente ha detto che "non gli piaceva l'aspetto" della nostra auto; il venditore gli ha risposto che "lo stile è stile" e che probabilmente gli sarebbe piaciuta di più l'auto di un concorrente.

1

Valutazione in pratica

Nella pratica, i sistemi di valutazione uniscono spesso più approcci; ad esempio, nella Figura 7.2 è mostrata una scala grafica di valutazione supportata da specifiche aspettative di competenza comportamentale (esempi di prestazione buona o scarsa), che indicano con precisione ciò che i valutatori devono cercare. Anche senza usare l'approccio più elaborato della valutazione associata ai comportamenti, fornire dei punti di riferimento per la scala di valutazione può migliorarne l'affidabilità e la validità.

Management by objectives

Il concetto di *management by objectives (MBO, management per obiettivi)* indica un programma di definizione di obiettivi e valutazione articolato e applicato all'intera azienda. Richiede al manager di definire per ciascun dipendente obiettivi specifici, misurabili e rilevanti per l'organizzazione, e di discutere periodicamente i progressi verso tali obiettivi. È tuttora impiegato, ma è sempre meno diffuso.[38] Si compone dei seguenti passaggi:

5. **Definizione degli obiettivi dell'organizzazione.** Viene definito un piano aziendale per l'anno successivo, e vengono stabiliti gli obiettivi.
6. **Definizione degli obiettivi dei reparti.** I capireparto e i loro superiori definiscono insieme gli obiettivi dei reparti.
7. **Discussione degli obiettivi dei reparti.** I capireparto discutono gli obiettivi del reparto con i loro subordinati, e chiedono loro di sviluppare obiettivi individuali. La domanda dovrebbe essere: "Che cosa può fare ciascun dipendente per aiutare il reparto a raggiungere i suoi obiettivi?"
8. **Definizione dei risultati attesi (definizione degli obiettivi individuali).** I capireparto e i loro subordinati definiscono obiettivi prestazionali di breve termine per ciascun dipendente.
9. **Analisi delle prestazioni.** Dopo un certo periodo, i capireparto confrontano i risultati ottenuti da ciascun dipendente con quelli attesi.
10. **Riscontro.** I capireparto tengono periodicamente riunioni di analisi delle prestazioni con i subordinati, nelle quali discutono delle prestazioni dei subordinati e impostano eventuali piani per rettificare o mantenere la situazione.

I programmi MBO formali richiedono numerose riunioni impegnative, e sono sempre meno usati.[39] Alcune aziende, però, ne impiegano con successo versioni snellite. Ad esempio, l'AD di Google Larry Page definisce ogni trimestre gli "OKR" (objectives and key results, obiettivi e risultati chiave), e tutti i dipendenti devono accertarsi che i loro obiettivi si mantengano in linea con quelli di Page. Gli obiettivi di ciascun dipendente sono pubblicati, accanto al suo nome, sull'intranet di Google.[40]

Valutazione delle prestazioni computerizzata e online

Molte aziende usano strumenti di valutazione informatici e online. Ad esempio, "Employee Appraiser" (vedi www.halogensoftware.com) si basa su una serie di dimensioni di valutazione quali affidabilità, iniziativa, comunicazione, decisione, leadership, buonsenso, pianificazione e produttività.[41] Entro ogni dimensione (ad esempio, "comunicazione") vi sono fattori prestazionali distinti per aspetti quali capacità di scrittura, comunicazione verbale e ricettività alle critiche. Quando l'utente clicca su un fattore, apre un grafico con una classificazione grafica che però non è numerica. Employee Appraiser usa infatti esempi legati ai comportamenti: per la comunicazione verbale esistono sei possibilità, che vanno da "presenta le idee chiaramente" a "manca di struttura". Il manager sceglie la frase che meglio rappresenta il lavoratore, poi Employee Appraiser genera una valutazione con un testo esemplificativo. Successfactors, sussidiaria di SAP, offre una soluzione Internet di valutazione dei dipendenti che include moduli di valutazione della prestazione, 51 competenze per la maggior parte dei tipi di posizioni, un assistente incorporato per la stesura del testo e una scansione legale.[42]

Giochi di valutazione virtuale

L'insoddisfazione per l'attuale processo di valutazione delle prestazioni ha stimolato la società di software indiana Persistent Systems a passare a un *gioco di valutazione*, incaricando il produttore di giochi eMee di creare di creare un gioco in cui i dipendenti si valutano e premiano a vicenda. Ciascun dipendente ha un avatar, che usa per dare agli altri un riscontro in tempo reale, con regali e punti virtuali (i rimproveri sono consentiti solo ai diretti supervisori). Il sistema sembra aver ridotto il turnover e migliorato le prestazioni.[43]

Gestione dei talenti e valutazione dei dipendenti

Nel Capitolo 3 abbiamo definito la gestione dei talenti come "il processo olistico, integrato e orientato a risultati e obiettivi di programmazione, reclutamento, selezione, sviluppo, gestione e retribuzione dei dipendenti". Gran parte delle aziende tende tuttora a legare aumenti salariali e riconoscimenti alla prestazione del dipendente, ma c'è chi si chiede se ciò abbia senso come best practice della gestione dei talenti, che sottolinea l'importanza dell'associazione delle decisioni HR agli obiettivi aziendali. Alcuni manager attenti alla gestione dei talenti sostengono quindi che l'allocazione dei riconoscimenti basata principalmente sui risultati della valutazione non sia ottimale, e propendono per la destinazione delle risorse verso i dipendenti mission-critical, cioè fondamentali per il raggiungimento degli obiettivi strategici dell'azienda.

Nella Figura 7.8 è illustrato un possibile metodo: Accenture usa una matrice di valutazione del ruolo strategico 4 × 4 per inquadrare i dipendenti in base a *prestazione* (eccezionale, alta, media, bassa) e *valore per l'organizzazione* (mission-critical, essenziale, necessario, non essenziale). Consideriamo ad esempio un'azienda chimica che progetti dispositivi per il controllo dell'inquinamento; gli ingegneri esperti potrebbero essere "mission-critical", quelli meno esperti "essenziali", vendite, contabilità (e HR) "necessari" e i dipendenti esternalizzabili, come gli addetti alla manutenzione, "non essenziali". L'azienda legherà quindi salari, sviluppo, licenziamenti e altre decisioni sul personale alla posizione del dipendente nella matrice, non solo alla sua valutazione prestazionale.

Giornate di dialogo

Quando i dipendenti di Juniper Networks, Inc., un'importante società californiana nel settore delle reti informatiche, ha espresso preoccupazione per l'analisi annuale delle prestazioni e l'assenza di riscontri positivi, il processo è stato modificato e le analisi annuali delle prestazioni si sono trasformate in "giornate di dialogo" seme-

Figura 7.8 Matrice Accenture di valutazione del ruolo strategico.

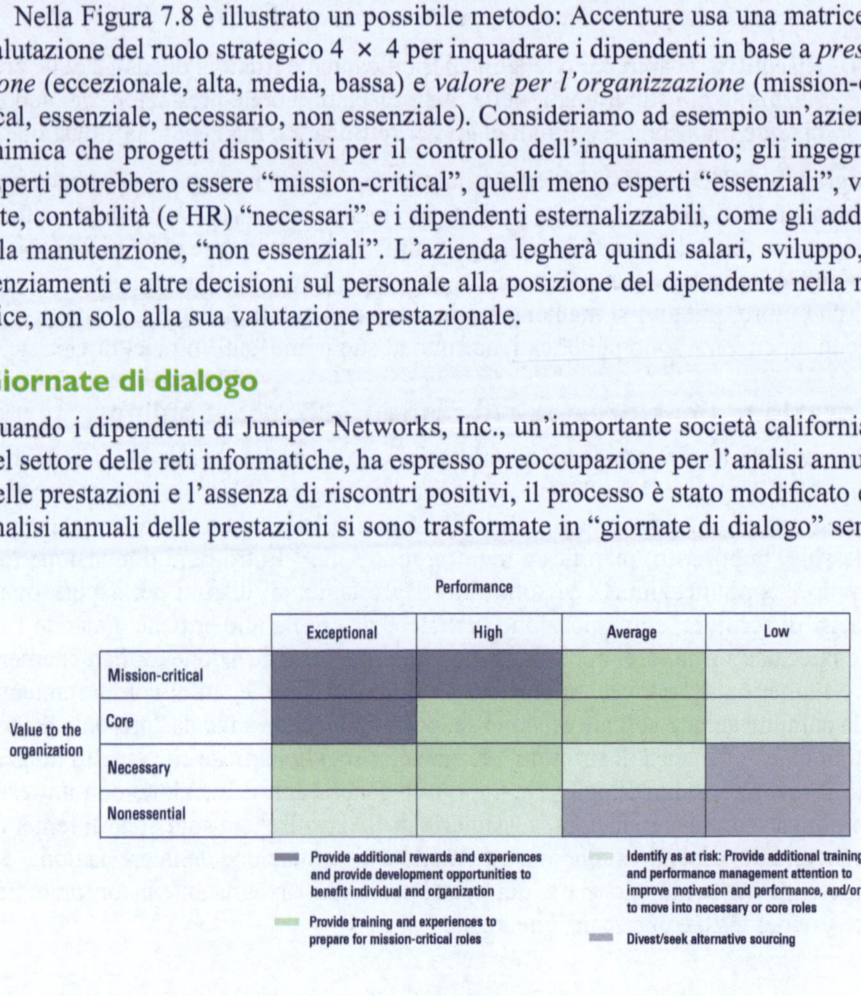

Fonte: "The New Talent Equation" da Outlook, giugno 2009. Copyright © 2009 Accenture. Ristampa autorizzata. Tutti i diritti riservati.

strali. L'enfasi in queste conversazioni tra manager e dipendenti è sulle possibilità di miglioramento e crescita, e sulla definizione di obiettivi flessibili che si allineino con gli interessi di carriera del dipendente. Non esistono più valutazioni esplicite delle prestazioni. Di recente, come vedremo nel seguito del capitolo, molte altre aziende stanno sperimentando la sostituzione delle tradizionali valutazioni con dialoghi periodici.

7.3 Valutazione delle prestazioni e colloquio: gestione dei problemi

Le preoccupazioni alla Juniper Networks illustrano un aspetto spiacevole della valutazione delle prestazioni. Spesso le valutazioni descrivono più i valutatori che i valutati, perché i valutatori fanno spesso, più o meno consciamente, cose che causano errori di valutazione. (Oppure, come sostiene un ricercatore, "le distorsioni soggettive dei valutatori costituiscono la percentuale più consistente delle variazioni osservate nelle valutazioni delle prestazioni".[47]) Quindi capita spesso (e giustamente) che i dipendenti considerino le valutazioni inique, inutili e controproducenti.[48] La soluzione inizia con la conoscenza dei problemi e del come evitarli, iniziando proprio dall'iniquità.

MyLab **In depth 1**

Standard chiari

Esistono varie altre fonti di potenziali errori di valutazione. Ad esempio, la scala della Figura 7.10 può sembrare obiettiva, ma potrebbe dare valutazioni inique poiché i tratti e i gradi di merito sono poco chiari e interpretabili. Supervisori diversi

- I dipendenti devono capire su quali basi vengono valutati, e le valutazioni devono essere obiettive. Basate la valutazione delle prestazioni su comportamenti lavorativi osservabili o su dati di prestazione obiettivi, nonché sul mansionario.
- Usate una procedura di valutazione standardizzata per tutti i dipendenti.
- Comunicate in anticipo ai dipendenti come saranno condotte le valutazioni.
- Accertatevi di aver avuto occasioni frequenti di osservare la prestazione lavorativa dei dipendenti.
- Assicuratevi di aver compreso la procedura di valutazione da utilizzare.
- Tenete in considerazione la vostra personalità: i valutatori più attenti alla "coscienziosità" tendono a valutare peggio i loro pari (sono più fiscali); quelli più "indulgenti" danno valutazioni più generose.
- Siate coerenti. I manager tendono a essere più "morbidi" nel valutare i subordinati per questioni quali un aumento di stipendio rispetto a quando, ad esempio, danno consigli di carriera.
- Documentate il processo di valutazione e i risultati.
- Discutete i risultati della valutazione con il dipendente.
- Consentite al dipendente di fornire input sulla vostra valutazione che lo riguarda.
- Indicate di che cosa ha bisogno il dipendente per migliorare.
- Fate valutare il risultato della valutazione da un vostro superiore.
- Prevedete un meccanismo di appello.

Figura 7.9 Checklist delle best practice per l'esecuzione di valutazioni eque delle prestazioni.

Fonte: Basato su Richard Posthuma, "Twenty Best Practices for Just Employee Performance Reviews," *Compensation and Benefits Review*, gennaio/febbraio 2008, pp. 47–54; www.employeeperformance.com/ PerformanceManagement Resources/BestPractices forPerformanceAppraisals.php, visitato nel luglio 2010; e www.successfactors.com/articles/optimize-performancemanagement, visitato nel luglio 2010. Ristampa autorizzata dalla Society for Human Resource Management (www.shrm.com), Alexandria, VA, editrice di HR Magazine, © SHRM.

Figura 7.10 Una scala grafica di valutazione con standard ambigui.

Nota: Ad esempio, che cosa si intende esattamente con "buona", "quantità di lavoro" e così via?

	Eccellente	Buona	Accettabile	Scarsa
Qualità del lavoro				
Quantità di lavoro				
Creatività				
Integrità				

potrebbero dare definizioni diverse di "buona prestazione", e lo stesso vale per tratti come "qualità del lavoro". Il modo migliore per risolvere questo problema consiste nello sviluppare e includere frasi descrittive che definiscano ciascun tratto e grado di merito.

Gestire l'effetto alone

Questo effetto indica la situazione in cui un giudizio su un tratto specifico (come "va d'accordo con gli altri") influisce sui giudizi su altri tratti (come "quantità del lavoro"); è quindi possibile che un dipendente antipatico sia valutato "insoddisfacente" in tutti i tratti, anziché soltanto in quello dell'empatia. Essere consci del problema è un primo passo per evitarlo.

Attenzione alle valutazioni medie

Il problema della "tendenza verso il centro" indica la propensione a dare di tutti i dipendenti una valutazione "nella media"; ad esempio, se la scala di valutazione va da 1 a 7, il supervisore tenderà a evitare gli estremi alti (6 e 7) e bassi (1 e 2), e a valutare gran parte dei suoi subordinati tra 3 e 5. Così facendo, i supervisori riducono l'intervallo delle loro valutazioni (che non vanno più da "alto" a "basso"), e quindi esprimono valutazioni che non descrivono in modo valido le reali prestazioni dei subordinati.

Queste limitazioni minano l'utilità delle valutazioni ai fini di promozioni, aumenti e counseling. Il problema è eliminabile stilando una classifica dei dipendenti, anziché valutandoli su una scala grafica di valutazione: in una classifica non è possibile che tutti siano "nella media".[53]

Evitare le omologazioni verso l'alto o verso il basso

Per contro, alcuni supervisori danno costantemente valutazioni alte o basse di tutti i subordinati; il problema è detto di indulgenza/rigore. Anche in questo caso una delle soluzioni consiste nella classifica dei subordinati, che obbliga il supervisore a distinguere tra prestazioni alte e basse.

Spesso le valutazioni sono meno obiettive di quanto il valutatore possa credere. Uno studio ha verificato l'influenza della personalità sulle valutazioni alla pari tra studenti; chi aveva un alto punteggio in "coscienziosità" tendeva a dare valutazioni più basse dei suoi pari, mentre chi aveva una maggior "piacevolezza" dava valutazioni più alte.[54]

L'importanza della diversità

Evitare i pregiudizi

Le differenze individuali tra le persone valutate (in termini di età, razza e genere) possono influire sulle valutazioni in modo anche molto divergente dalle loro effettive prestazioni. Ad esempio, spesso si afferma che per le donne in carriera vi sia un effetto "glass ceiling" (soffitto di vetro), che ostacola fortemente il loro accesso a posizioni di top management. Esso è tipicamente provocato da una insufficiente connessione alle reti dei manager che detengono il potere e da uno scarso sostegno da parte dei colleghi senior. Uno studio recente, però, suggerisce ulteriori fattori esplicativi del fenomeno.

Lo studio ha rilevato che "a parità di tutto il resto, il valutatore darà un giudizio peggiore a una subordinata con segnali di competenza più forti rispetto a una i cui segnali siano più deboli".[55] In altre parole, migliore è una lavoratrice donna, in termini di prestazione reale ed esperienza lavorativa e di studi, più è probabile che venga valutata negativamente.

Possibile? Purtroppo, secondo questo studio è possibile. Non tutti i valutatori presentavano questo pregiudizio negativo; secondo i ricercatori, "solo i valutatori uomini con una predisposizione alla dominanza sociale [SDO, Social Dominance Orientation] che valutino una subordinata con alte prestazioni sembrano tendere a questo pregiudizio".[56] In ogni caso, sembra che le aziende che non contrastano pregiudizi del genere possano finire per tollerare tacitamente promozioni e decisioni salariali inique nei confronti di dipendenti donna con prestazioni e potenziale alti. Nella Tabella 7.1 è riassunto un confronto su questo problema dei metodi di valutazione più usati.

La valutazione delle prestazioni culmina di solito in un colloquio, nel quale manager e subordinato discutono della valutazione e formulano piani per ovviare alle carenze. In alcuni casi questi colloqui possono risultare spiacevoli, perché poche persone amano ricevere (e dare) riscontri negativi.[58] Una preparazione adeguata e un'implementazione efficace sono quindi fondamentali.

MyLab **In depth 2**

Tabella 7.1 Importanti similitudini, differenze, vantaggi e svantaggi degli strumenti di valutazione.

Strumento	Similitudini/differenze	Vantaggi	Svantaggi
Scala grafica di valutazione	Entrambe le scale mirano alla misurazione della prestazione *assoluta* del dipendente sulla base dei criteri obiettivi indicati sulle scale.	Facile da usare; fornisce una classificazione quantitativa per ciascun dipendente.	Gli standard possono essere poco chiari; altri possibili problemi sono effetto alone, tendenza al centro, indulgenza e pregiudizio.
BARS		Fornisce "ancore" comportamentali. Molto accurato.	Difficile da sviluppare.
Classifica tra estremi opposti	Entrambi i metodi servono a valutare la prestazione relativa dei dipendenti, ma sempre basandosi su criteri obiettivi.	Semplice da usare (ma non quanto le scale grafiche); evita la tendenza al centro e altri problemi delle scale.	Può creare disaccordi tra i dipendenti, e può essere iniqua se tutti i dipendenti sono effettivamente eccellenti.
Distribuzione forzata		Finisce con una proporzione predeterminata di persone in ciascun gruppo.	I risultati della valutazione dipendono dall'adeguatezza nella scelta iniziale dei punti di suddivisione.
Incidente critico	Sono entrambi metodi soggettivi e narrativi di valutazione delle prestazioni.	Aiuta a chiarire esattamente che cosa sia "giusto" e "sbagliato" nella prestazione del dipendente; obbliga il supervisore a valutare i subordinati a intervalli regolari.	È difficile ottenere una valutazione o classificazione relativa dei dipendenti.
MBO		Legato a obiettivi di prestazione concordati.	Richiede molto tempo.

7.4 Guida per manager al coinvolgimento dei dipendenti: uso del colloquio di valutazione per il coinvolgimento

Le ricerche mostrano che i manager possono usare il colloquio di valutazione anche per migliorare il livello di coinvolgimento dei dipendenti. Di seguito sono riportate le conclusioni e le relative implicazioni.

1. I dipendenti che capiscono il modo in cui loro stessi e il loro reparto contribuiscono al successo dell'azienda sono più coinvolti.[62] Quindi, cogliete l'opportunità di mostrare al dipendente in che modo il suo impegno contribuisce al "quadro generale", ovvero al successo del suo team e dell'azienda.
2. Un altro studio ha rilevato che il coinvolgimento dei dipendenti aumentava quando provavano ciò che i ricercatori chiamavano "significatività psicologica" (ovvero la percezione che il proprio ruolo nell'azienda sia importante e di valore).[63] Usate il colloquio per enfatizzare l'importanza per l'azienda di ciò che fa il dipendente.
3. I dipendenti che provano "sicurezza psicologica" (cioè la percezione che assumere un ruolo non debba comportare paura di danneggiare l'immagine di sé stessi, lo status né la carriera) sono più coinvolti.[64] Quindi, siate sinceri e obiettivi, ma offrite anche sostegno e non minate inutilmente l'immagine che il dipendente ha di sé stesso.[65]
4. Usate il colloquio per accertarvi che il dipendente abbia tutto ciò che gli serve per fare un buon lavoro. Parafrasando un autore, date ai lavoratori la possibilità di operare al meglio fornendo supporto, risorse e strumenti.[66]
5. Aziende e manager affrontano le valutazioni con trepidazione, perché spesso esse si concentrano sugli aspetti negativi. I manager dovrebbero essere schietti e onesti, ma spesso enfatizzano inutilmente i punti negativi, e così facendo minano il coinvolgimento dei dipendenti. In un'indagine, ad esempio, il noto istituto di ricerca e consulenza statunitense Gallup ha chiesto a 1.000 dipendenti americani di rispondere a due affermazioni: "Il mio supervisore si concentra sui miei punti forti e sulle mie caratteristiche positive" e "Il mio supervisore insiste sulle mie debolezze e caratteristiche negative". La ricerca ha mostrato che i manager che si concentravano sulle caratteristiche positive generavano un numero triplo di dipendenti coinvolti rispetto a quelli che sottolineavano i punti deboli.[67]
6. Le ricerche mostrano che coinvolgendo i dipendenti nelle decisioni e consentendo loro di esprimere idee e opinioni si migliora il coinvolgimento complessivo.[68] Usate il colloquio come opportunità di mostrare ai dipendenti che ascoltate le loro idee e apprezzate i loro contributi.
7. Il coinvolgimento aumenta quando i dipendenti hanno l'opportunità di sviluppare le loro carriere.[69] Durante il colloquio, cogliete l'occasione per discutere la valutazione della persona nel contesto in cui si vede proiettata in termini di carriera.[70]
8. Le ricerche mostrano "un'associazione positiva significativa tra il coinvolgimento dei dipendenti e le dimensioni distributiva (i riconoscimenti ottenuti dalle persone) e informativa (le informazioni che ottengono) della giustizia."[71] In sintesi: fate in modo che l'interlocutore percepisca come giuste ed eque la valutazione, le gratificazioni o le azioni correttive.

7.5 Gestione delle prestazioni oggi

In teoria la valutazione delle prestazioni è una buona cosa, ma in pratica non sempre le valutazioni funzionano bene. Ciò avviene ad esempio quando gli obiettivi della valutazione non vengono attentamente definiti: la "valutazione" non può consistere solo nella compilazione di un modulo standard prestampato. Anche il feedback annuale, ammesso che esista, può divenire in questi casi un'agonia da cui entrambe le parti fuggono prima che possa iniziare una qualsiasi forma di riscontro costruttivo. Tutto ciò è contrario al buonsenso: i dipendenti devono sapere quali sono i loro obiettivi, i riscontri sulle prestazioni devono essere utili, e se c'è un problema bisogna agire subito, non mesi dopo.

Total quality management e valutazione delle prestazioni

Gli esperti di management sostengono da tempo che la maggior parte delle valutazioni delle prestazioni non motiva i dipendenti e non ne indirizza la crescita.[72] Alcuni fautori del movimento per il *total quality management* (TQM) hanno persino auspicato l'eliminazione completa delle valutazioni delle prestazioni.[73] I programmi di total quality management (TQM) sono concepiti per l'intera organizzazione, e integrano tutte le funzioni e i processi in modo tale che tutti gli aspetti dell'azienda (progettazione, pianificazione, produzione, distribuzione e servizi di assistenza) siano mirati a massimizzare la soddisfazione dei clienti attraverso un continuo miglioramento.[74] I programmi TQM si basano su una filosofia sintetizzabile in alcuni principi: raggiungere la qualità eliminando la dipendenza dall'ispezione, mirare a un miglioramento continuo, istituire una formazione diffusa, eliminare la paura in modo che tutti possano lavorare in modo efficace, eliminare ciò che può compromettere l'affermazione di un senso di orgoglio per il proprio lavoro (in particolare la classificazione annuale per merito) e istituire un forte programma di auto-miglioramento.[75] Essenzialmente, i fautori del TQM sostengono che l'organizzazione è un sistema di parti interrelate, e che la prestazione dei dipendenti è legata a fattori quali formazione, comunicazione, strumenti e supervisione, e non solo alla motivazione.

Che aspetto avrebbe la valutazione delle prestazioni in un'azienda di questo tipo? Un sistema del genere è presente nell'impianto Toyota Motor di Lexington, Kentucky, che produce il modello Camry: team di dipendenti monitorano i propri risultati, generalmente senza alcun intervento da parte dei manager. I membri dei team tengono spesso riunioni in cui allineano continuamente i risultati agli standard lavorativi dei team e agli obiettivi complessivi dell'impianto in termini di qualità e produttività. I membri che necessitano di coaching e formazione le ricevono. Le procedure che devono cambiare vengono cambiate.

Gestione delle prestazioni: esempi

In effetti, oggi le valutazioni stanno indubbiamente trasformandosi dalle tradizionali verifiche periodiche (di solito annuali) basate sulla compilazione di moduli standard a forme di riscontro meno formali e più frequenti.[76]

Ad esempio, dopo anni di utilizzo di un ranking di valutazione a distribuzione forzata imitato un po' ovunque, GE è passata da qualche tempo a un sistema qualitativo. I supervisori danno ai dipendenti etichette quali "modello di ruolo" o "strong contributor", e usano anche un'app per smartphone denominata PD@GE (Performance Development at GE) per valutare i dipendenti continuativamente anziché una volta all'anno.[77] Ora GE sta provando a passare dalle valutazioni categorizzanti del tipo "modello di ruolo" a valutazioni interamente narrative.[78]

IBM ha recentemente introdotto una nuova modalità di valutazione delle prestazioni tramite app chiamata Checkpoint.[79] Il nuovo sistema supporta la flessibilità (ad esempio, consente ai dipendenti di modificare i loro obiettivi) e permette un monitoraggio della prestazione e un riscontro più continui.

Altre aziende quali Gap, Adobe Systems e Microsoft hanno eliminato le valutazioni numeriche delle prestazioni. Goldman Sachs continua ad avere valutazioni scritte annuali che sono cruciali per la carriera dei dipendenti, ma ha istituito un nuovo sistema attraverso il quale i dipendenti possono avere anche un feedback continuo. Mentre Goldman continua anche a far uso di valutazioni periodiche a 360° sui propri dipendenti nel mondo, in Italia esse sono generalmente limitate ai livelli più elevati della gerarchia. Accenture invece ha eliminato la valutazione annuale, sostituendola con sessioni di comunicazione più frequenti. Morgan Stanley non ha più valutazioni numeriche, e privilegia il riscontro qualitativo.[80]

Anche le compagnie aeree lo fanno. Con un decollo o un atterraggio con il muso troppo alto di un Boeing 767 stretched (versione allungata), si può rischiare che la coda tocchi la pista, quindi per pilotarlo serve un'attenzione particolare. Fino a poco tempo fa, i piloti non sapevano come stavano andando fino a ben dopo l'atterraggio, quando ricevevano il resoconto dei dati di volo (oppure, naturalmente, se la coda toccava la pista). Oggi i piloti ricevono un rapporto immediato, subito dopo decollo e atterraggio, che confronta la loro prestazione (in termini di angolo e velocità di decollo, ad esempio) con gli standard della compagnia e del settore in generale. Questo permette ai piloti di verificare e correggere la loro prestazione prima del successivo decollo o atterraggio.[81]

"Gestione delle prestazioni" non significa che un'azienda non possa essere rigorosa. Per molti anni, Kimberly-Clark Corp. era nota per essere un posto di lavoro sicuro a vita, e per trattenere anche i dipendenti non esattamente performanti. Di recente ha adottato un sistema di gestione delle prestazioni molto più analitico e preciso, che include una valutazione continua online per tenere traccia più attentamente della prestazione dei dipendenti in rapporto agli obiettivi. Il turnover è aumentato vertiginosamente.[82]

Che cos'è la gestione delle prestazioni?

Quanto appena descritto costituisce la cosiddetta gestione delle prestazioni. Rispetto alla valutazione delle prestazioni, che è una rilevazione puntuale, di solito effettuata alla fine dell'anno[83], la **gestione delle prestazioni** è invece il processo continuo di identificazione, misurazione e sviluppo delle prestazioni di individui e squadre, e l'allineamento di tali prestazioni con gli obiettivi dell'organizzazione.[84] Di seguito sono riassunti i sei elementi base della gestione delle prestazioni:[85]

> Parola chiave
> **Gestione delle prestazioni**
> Il processo continuo di identificazione, misurazione e sviluppo delle prestazioni individuali e dei team e di allineamento di tali prestazioni agli obiettivi aziendali.

- Condivisione della direzione: comunicare gli obiettivi aziendali a tutta l'azienda e tradurli in obiettivi fattibili a livello di reparto, team e individuo.
- Allineamento degli obiettivi: disporre di un metodo che consenta a manager e dipendenti di vedere il collegamento tra gli obiettivi del dipendente e quelli del reparto e dell'azienda.
- Monitoraggio continuo delle prestazioni: di solito è l'impiego di sistemi informatici che misurano e comunicano, con resoconti via e-mail, progressi ed eccezioni basandosi sul progresso delle singole persone verso il raggiungimento dei loro obiettivi di prestazione.
- Feedback (riscontro) continuo: un riscontro continuo, sia di persona che attraverso mezzi informatici, riguardante il progresso verso gli obiettivi.

- Supporto al coaching e allo sviluppo: dovrebbe essere parte integrante del processo di riscontro.
- Riconoscimento e gratificazioni: le conseguenze necessarie a mantenere in linea le prestazioni dirette agli obiettivi dei dipendenti.

APPROFONDIMENTI **Tendenze HR: Social media e digitale**

Molte aziende usano tecnologie digitali, come il cloud computing e i social media, a supporto della gestione delle prestazioni. Ad esempio, con l'Oracle TBE Performance Management Cloud Service, il management è in grado di:

- Anzitutto, assegnare obiettivi finanziari e non finanziari a tutte le attività dei team, in modo che tali obiettivi siano di supporto agli obiettivi strategici complessivi dell'azienda. (Ad esempio, una compagnia aerea potrebbe misurare i tempi di turnaround degli aerei da parte del personale di terra in termini di "ridurre per quest'anno i tempi di turnaround da una media di 30 minuti per aereo a 26 minuti.")
- Informare tutti i team e i dipendenti dei loro obiettivi.
- Usare strumenti informatici (software su cloud di gestione delle prestazioni, HR scorecard e cruscotti digitali) per visualizzare, monitorare e valutare continuamente le prestazioni di ciascun team e dipendente (Figura 7.11), come illustrato da Oracle TBE Performance Management Cloud Service.[86] Con questo prodotto gli obiettivi sono "nel cloud" anziché sepolti nei documenti, quindi i manager non devono aspettare le valutazioni annuali o semestrali per valutarli. I cruscotti del sistema, poi, permettono ai manager di monitorare continuamente, e ai dipendenti di aggiornare i progressi verso il raggiungimento degli obiettivi; dipendenti e dirigenti possono inserire commenti, e così il processo diventa interattivo e in tempo reale.[87]
- Infine, se vengono rilevate delle eccezioni, prendere provvedimenti correttivi prima che la situazione sfugga al controllo.

Il ruolo del manager nella gestione delle prestazioni

Per quanto utile, la tecnologia non è obbligatoria per i manager che vogliano adottare per la valutazione l'approccio di gestione delle prestazioni. Ciò che è obbligatorio sono la filosofia giusta e i comportamenti sul lavoro. A livello di filosofia, la gestione delle prestazioni riflette i principi non minatori del TQM quali abbandonare la dipendenza dall'ispezione per ottenere la qualità, mirare a un miglioramento continuo, istituire un programma di formazione diffuso, liberarsi dalla paura in modo che tutti possano lavorare in modo efficace ed eliminare le barriere che sottraggono ai dipendenti l'orgoglio del loro lavoro. In termini di comportamenti, significa collegare gli obiettivi di performance dei dipendenti agli obiettivi aziendali, dando ai subordinati un riscontro continuo sul loro andamento, fornendo le risorse e il coaching necessario, e ricompensando le buone prestazioni. E, probabilmente la cosa più importante, ricordare sempre che la prestazione di un dipendente di solito non dipende soltanto dalla sua "motivazione"[88].

MyLab **Figura 7.11**

Rendere praticabile la gestione delle prestazioni

Un riscontro soggettivo frequente è alla base della gestione delle prestazioni, ma questi programmi hanno un punto debole potenzialmente dannosissimo: in fin dei conti, l'azienda deve avere un modo per distinguere i dipendenti e prendere decisioni nette su aumenti e promozioni. Se un processo di gestione delle prestazioni non consente di farlo, non è molto pratico.

MyLab **In depth 3**

APPROFONDIMENTI **HR e la Gig economy**

Valutare gli autisti Uber [90]

Il sistema Uber di valutazione degli autisti

Gli autisti Uber sono giudicati su tre metriche: la valutazione da parte dei clienti, la percentuale di corse che l'autista accetta e il numero di corse che cancella. Quando il cliente chiede una corsa, il sistema Uber avvisa l'autista più vicino, che ha 15 secondi per accettare. La percentuale di corse accettate è detta tasso di accettazione. Uber vuole che gli autisti mantengano un tasso di accettazione dell'80–90% e un tasso di cancellazione non superiore al 5%. Se questi valori non sono rispettati, l'autista rischia la disattivazione (temporanea o definitiva).

Come ben sa la maggior parte dei clienti, dopo ogni corsa Uber chiede al passeggero di valutare l'autista su una scala da 1 a 5 stelle, in modo da ottenere una valutazione continua sulla prestazione degli autisti. La valutazione del passeggero da parte dell'autista è obbligatoria, mentre quella dell'autista da parte del passeggero è facoltativa. Un nuovo autista inizia con una valutazione di 5 stelle; con le valutazioni dei passeggeri, probabilmente la valutazione media cambia. La valutazione dell'autista è di solito la media delle sue ultime 500 corse; quelle cancellate o non accettate non fanno media. Una valutazione inferiore a 4,6 mette l'autista a rischio di disattivazione. Solo il 2–3% circa degli autisti ricade in quest'area. Una o due stelle di solito indicano una lite o molestie. Gli autisti ricevono una mail settimanale da Uber che include l'avviso di un'attivazione a rischio.

Potenziali problemi di valutazione

Come nella maggior parte dei sistemi di valutazione, il pericolo è che, almeno potenzialmente, la valutazione dica di più sul passeggero che sull'autista. Ad esempio, chi non conosce bene il sistema di Uber potrebbe pensare che 4 stelle equivalgano a un "9" e non siano affatto male, mentre per Uber si tratta di una bocciatura. Inoltre, mentre la maggior parte delle aziende cerca di ridurre al minimo le valutazioni viziate o discriminatorie da parte di dipendenti e supervisori, è molto più difficile prevenire problemi di questo tipo quando il valutatore non è un dipendente (e in realtà è probabilmente uno sconosciuto). In più, fattori esterni che non dipendono dall'autista, come i prezzi nei periodi "di punta", possono spingere i passeggeri a ridurre le stelle (anche se Uber dice di tenerne conto.)

Come ottenere una valutazione migliore

In ogni caso, Uber e i suoi autisti hanno elencato alcune delle cose che gli autisti possono fare per ottenere valutazioni migliori. Tra le cose da evitare: atteggiamenti scortesi, perdersi, guida spericolata e messaggiare durante la guida. Qualche "plus" per l'autista è offrire bottigliette d'acqua al passeggero, aprirgli la portiera, offrirsi di portare le borse, tenere pulita l'auto… e non chiedere le 5 stelle.

CASO DI STUDIO

Poste Italiane - Performance management

di Silvia Marinari

Attualmente Poste Italiane è la più grande infrastruttura di servizi in Italia. Grazie alla presenza capillare su tutto il territorio nazionale, ai forti investimenti in ambito tecnologico e al patrimonio di conoscenze rappresentato dai suoi 143.000 dipendenti, Poste Italiane ha assunto un ruolo centrale nel processo di crescita e modernizzazione del Paese.

Il Gruppo Poste Italiane fornisce servizi logistico-postali, di risparmio e pagamento, assicurativi e di comunicazione digitale a oltre 32 milioni di clienti con una rete di oltre 13.000 uffici postali.

Dal 27 ottobre 2015, le azioni di Poste Italiane sono quotate sul Mercato Telematico Azionario (MTA) organizzato e gestito da Borsa Italiana S.p.A, un traguardo importante nella storia del Gruppo. Con l'ingresso in Piazza Affari Poste Italiane ha puntato a coniugare il suo nuovo profilo di azienda profondamente ancorata al mercato con il pieno rispetto della sua funzione sociale e di tradizionale vicinanza ai cittadini.

Lo sfidante processo di trasformazione che l'Azienda sta affrontando richiede il pieno ed efficace coinvolgimento di tutta la popolazione aziendale, che viene realizzato anche attraverso un sistema unico di valutazione delle prestazioni. Oggi tale sistema rappresenta uno dei principali strumenti a supporto delle politiche di gestione, sviluppo e formazione del personale interessando gran parte delle risorse del Gruppo Poste Italiane.

Il Performance Management è stato avviato nel 2000 e ha coinvolto progressivamente un numero crescente di persone: in particolare i valutatori, inizialmente 3.000, sono diventati circa 8.100 nel 2015 e i valutati sono aumentati costantemente passando da circa 20.000 persone a 124.000 nell'ultima campagna 2015/2016, vale a dire circa l'85% del totale delle risorse del Gruppo.

Naturalmente, nel tempo, il sistema è stato migliorato per dare maggiore supporto ai valutatori, per ampliare lo spazio e la qualità del feedback e per perfezionare le scale di valutazione.

L'ottimizzazione nel tempo è stata finalizzata anche al miglioramento dell'equità nelle valutazioni e all'introduzione della possibilità di scegliere direttamente dal catalogo aziendale gli interventi formativi utili al sostegno delle performance dei propri collaboratori.

La valutazione della prestazione in Poste Italiane è un processo consolidato e riconosciuto come un momento importante di ascolto e confronto tra capo e collaboratore per orientare obiettivi e comportamenti, partendo dal presupposto che le attitudini e le attività delle persone nel contesto organizzativo modellano l'intera cultura aziendale: quest'ultima è, infatti, il risultato delle quotidiane interazioni fra colleghi e fra questi e gli interlocutori esterni, in particolar modo i clienti.

Il processo attuale di valutazione misura in termini qualitativi e quantitativi i risultati conseguiti, e individua le capacità e conoscenze attraverso specifiche schede di valutazione suddivise in tre macro-ambiti correlati a differenti tipologie di ruoli: Professionale, Commerciale e Gestionale.

Gli elementi oggetto della valutazione sono: le capacità, intese come i comportamenti che orientano l'azione del singolo verso le aspettative e gli obiettivi aziendali, le conoscenze, intese come il sapere che l'azienda si aspetta da una specifica figura professionale per agire al meglio il proprio ruolo e gli obiettivi assegnati alle risorse.

L'intero processo si articola in quattro fasi principali:

- VALUTAZIONE: i valutatori accedono ad un sistema informativo e compilano le schede relative ai propri collaboratori esprimendo una valutazione su capacità, obiettivi e conoscenze professionali ed evidenziando, in particolare, i punti di forza e le aree di miglioramento;
- CALIBRATION (Allineamento): il responsabile gerarchico del valutatore visualizza le schede compilate all'interno della propria area organizzativa e ne assicura la coerenza complessiva;
- COLLOQUIO: il valutatore comunica al valutato la sintesi della valutazione effettuata, illustrando, in particolare, punti di forza ed aree di miglioramento e, nei casi in cui sono previsti, assegna i nuovi obiettivi e indica le azioni da intraprendere per il conseguimento ottimale degli output attesi;
- FEEDBACK DEL VALUTATO: i valutati possono esprimere, sempre attraverso il sistema informativo dedicato, le proprie considerazioni sulla valutazione ricevuta e sul colloquio gestionale con il proprio valutatore.

Il processo di Performance Management in Poste Italiane sta attraversando una fase evolutiva che ha preso le mosse da benchmark esterni e confronti con i nuovi trend di mercato relativi al tema, oltreché da focus group interni composti da un campione di valutatori e valutati. Per ridisegnare il processo è stata utilizzata la modalità del design thinking che partendo dall'employee experience ha cercato di individuare gli aspetti del sistema da far evolvere per migliorarne la fruibilità e l'efficacia.

Da tale analisi sono emersi come ulteriori elementi di semplificazione/evoluzione del processo:

- aumentare progressivamente la trasparenza verso i valutati in fase di restituzione della valutazione;
- aumentare la frequenza dei feedback, selettivamente per alcune popolazioni;
- rendere più omogenee e flessibili le curve di distribuzione;
- diffondere nuovamente la cultura della valutazione, del merito e dello sviluppo come rafforzamento di un approccio inclusivo alla leadership;
- aprire nel tempo la valutazione a più punti di osservazione (capi, peer, etc).

In particolare su quest'ultimo punto si sta avviando un progetto pilota sulla popolazione manageriale che avrà l'obiettivo di integrare molteplici fonti di osservazione e valutazione superando il concetto della valutazione esclusiva del diretto responsabile (valutazione 180° - 360°).

Al fine di abilitare tali innovazioni, l'azienda si doterà di una piattaforma tecnologica evoluta capace di flessibilizzare il processo e renderlo fruibile con qualsiasi dispositivo digitale, anche mobile.

La flessibilità della futura piattaforma e la sua fruibilità anche in movimento consentirà l'utilizzo del Performance Management come strumento di coaching continuo da parte del capo verso il collaboratore al fine di supportarne la continua crescita professionale e allo stesso tempo sostenere lo sviluppo di attitudini digitali.

In conclusione, i benefici che l'azienda si aspetta di ottenere dall'evoluzione del sistema di Performance Management sono un maggiore coinvolgimento delle persone, una forte consapevolezza degli obiettivi aziendali, la diffusione della cultura dello sviluppo e l'evoluzione della cultura digitale.

CASO DI STUDIO

EY

di Luca Solari

EY (precedentemente conosciuta con il brand name Ernst & Young) è un network mondiale di servizi professionali di revisione e organizzazione contabile, fiscalità, transaction e advisory. EY conta 210.000 dipendenti in tutto il mondo. Il network è presente con più di 700 uffici in 150 Paesi.

Fa parte delle cosiddette "Big Four", ovvero le quattro società di revisione che a livello mondiale si spartiscono la grande parte del mercato; le altre tre "big" sono Pricewaterhouse Coopers, Deloitte & Touche e KPMG.

Nel 2015 il fatturato aggregato globale ammonta a 28,7 miliardi di dollari, con un aumento dell'11,6% rispetto al precedente anno fiscale (FY14). Tra i mercati maturi più performanti l'Italia, che ha registrato ricavi pari a 525 milioni di euro, in crescita del 14,4% rispetto all'anno precedente. A livello locale tutte le linee di servizio sono cresciute, segno della grande attenzione e vicinanza alle necessità delle imprese del Paese: Advisory + 28,9%; Assurance +7%; Transaction Advisory Services (TAS) +15,8%; Tax +12,5%.

La struttura è da un lato composta dalla leadership globale, dagli organi di governance e dalle quattro aree geografiche che raggruppano i 28 Paesi in cui EY opera: America, Europa, Medio Oriente, India e Africa (EMEIA), Asia Pacifico, Giappone.

Le società di consulenza sono in generale organizzate su una logica piramidale. all'apice della piramide si trova il Partner che è la figura più senior e di solito responsabile della generazione di fatturato e acquisizione di lavoro. Sotto il Partner ci sono due o più Senior Manager, figure in transizione verso la partnership, caratterizzati da autonomia commerciale (possono incontrare il cliente anche da soli) e da competenze di organizzazione e gestione del team avanzate. I manager sono le figure che operativamente gestiscono i team e sono responsabili dello svolgimento dei progetti. Alla base, poi, si trovano i Senior e gli Staff, differenziati dall'esperienza e dalle conoscenze acquisite. Questa struttura si trova anche in EY ed è responsabilità della Direzione Risorse Umane assicurarsi che tutti i consulenti posseggano le conoscenze e le competenze più adeguate.

EY And You (EYU) è il programma di sviluppo delle carriere, pensato per fornire le competenze, le conoscenze e le certezze indispensabili per indirizzare la propria vita professionale. La crescita delle persone è al centro della cultura di EY e si focalizza su fornire gli strumenti necessari per uno sviluppo continuo.

Il coaching consente un confronto aperto e onesto tra persone di tutti i livelli e spazia dalle discussioni informali sul lavoro, fino al feedback su progetti e agli esami periodici formali dei risultati. Ogni candidato ha un tutor che dedica tempo e risorse nel farlo diventare un esperto e a far progredire la sua carriera.

In EY un cambiamento importante si è avuto con lo sviluppo del programma "10 Degrees" che ha sostituito al logica tradizionale di valutazione delle prestazioni con un modello più orientato allo sviluppo e al feedback. Il programma 10 Degrees prevede sessioni di formazione per i counselor, le figure esperte che affiancano i colleghi in sviluppo. In queste sessioni si trasferisce il metodo del counselling e si scambiano le esperienze ricevute nei colloqui di supporto. vi sono poi momenti di aula insieme in cui counselor e counseled affrontano alcune delle fasi classiche dello sviluppo professionale, acquisendo conoscenze e strumenti pratici.

7.6 Riepilogo

1. La valutazione delle prestazioni implica l'analisi delle prestazioni correnti o passate di un dipendente rispetto agli standard. La gestione delle prestazioni è il processo attraverso il quale le aziende si accertano che i dipendenti lavorino coerentemente con gli obiettivi dell'organizzazione; prevede la definizione degli obiettivi, lo sviluppo delle abilità, la valutazione delle prestazioni e la gratificazione del dipendente. I manager valutano le prestazioni dei loro subordinati per ottenere input sulle possibili decisioni legate a promozioni e aumenti del salario, per sviluppare piani per correggere le carenze prestazionali e per scopi di pianificazione delle carriere. I giudizi dei supervisori sono tuttora il cuore della maggior parte dei processi di valutazione.

2. Di solito la valutazione è condotta utilizzando uno o più metodi o strumenti noti, tra cui scale di valutazione grafiche, classifica tra estremi, confronto a coppie, distribuzione forzata, incidenti critici, scale di valutazione ancorate a

comportamenti, MBO, valutazioni delle prestazioni computerizzate e monitoraggio elettronico delle prestazioni.

3. Il processo di valutazione può essere migliorato anzitutto eliminando i problemi cronici che spesso compromettono i giudizi, in particolare le scale di valutazione grafiche. Tra i problemi comuni vi sono standard poco chiari, effetto alone, tendenza alle mezze misure, indulgenza/rigore, pregiudizi. Tipicamente una valutazione culmina con un colloquio; è fondamentale una preparazione adeguata, con un avviso al subordinato, un'analisi del suo mansionario e delle prestazioni passate, un luogo adatto in cui tenere il colloquio e l'allocazione di un tempo sufficiente per condurlo.

4. Il manager può usare il colloquio di valutazione per migliorare il livello di coinvolgimento del dipendente. Ad esempio, è opportuno mostrare al dipendente in che modo il suo impegno contribuisce al successo della sua squadra e dell'azienda, usare il colloquio per enfatizzare l'importanza per l'azienda del lavoro del dipendente e sottolineare il supporto anziché usare le minacce.

5. La gestione delle prestazioni è il processo *continuo* di identificazione, misurazione e sviluppo delle prestazioni di individui e squadre, e di allineamento di tali prestazioni con gli obiettivi dell'organizzazione. Implica interazioni e riscontri continui per garantire un continuo miglioramento nelle capacità e nelle prestazioni del dipendente e della squadra. Soprattutto, implica il ricordare sempre che la prestazione di un dipendente di solito non è legata soltanto alla sua "motivazione".

MyLab

Sulla piattaforma MyLab dedicata a questo testo troverete materiali di supporto e approfondimento. All'interno dello stesso ambiente è disponibile la piattaforma inglese MyManagementLab che offre ulteriori risorse, un ricco apparato multimediale ed esercizi guidati.

Parole chiave

Valutazione delle prestazioni 161
Scala grafica di valutazione 166
Gestione delle prestazioni. 178

Domande di discussione

7.1 Spiegate la valutazione delle prestazioni e discutete le ragioni principali per condurla.

7.2 Descrivete i tre passi di un ciclo di valutazione delle prestazioni.

7.3 Di solito la valutazione di un dipendente è svolta dal diretto superiore. Quali problemi possono nascere usando questo approccio?

7.4 Fornite esempi di quattro possibili problemi di valutazione.

7.5 Spiegate gli strumenti di valutazione comunemente utilizzati nelle organizzazioni per giudicare le prestazioni dei dipendenti.

7.6 Fornite un esempio di valutazione orientata alla gestione dei talenti.

7.7 Discutete le misure che un'organizzazione può prendere per accertarsi che il suo processo di valutazione delle prestazioni sia equo e produttivo.

7.8 Discutete i pro e i contro dell'uso di più potenziali valutatori della prestazione di un dipendente.

Attività individuali e di gruppo

7.9 Lavorando da soli o in gruppo, sviluppate una scala grafica di valutazione per le seguenti posizioni: segretario, professore, operatore del servizio informazioni elenchi telefonici.

7.10 Lavorando da soli o in gruppo, discutete i problemi che un'azienda potrebbe incontrare usando il metodo della distribuzione forzata per valutare i commessi di un negozio di computer, e i modi in cui tali problemi potrebbero essere ridotti al minimo.

7.11 Lavorando da soli o in gruppo, sviluppate nel corso di una settimana un insieme di incidenti critici relativi alle prestazioni in aula di uno dei vostri docenti.

7.12 Lavorando da soli o in gruppo, analizzate la scala di valutazione della Figura 7.1 e discutete le possibilità di migliorarla.

7.13 Create una griglia come quella di Accenture per il vostro posto di lavoro o per l'università che frequentate, mostrando come segmentereste i dipendenti in quattro gruppi.

Esercizio pratico

Definizione degli obiettivi e valutazione di un docente

Scopo: Lo scopo di questo esercizio è impratichirsi nello sviluppo e nell'impiego di un modulo di valutazione delle prestazioni.

Prerequisiti: Svilupperete un modulo di valutazione delle prestazioni per un docente, quindi dovreste conoscere a fondo la trattazione dell'argomento di questo capitolo.

Impostazione dell'esercizio/istruzioni: Suddividete la classe in gruppi di quattro o cinque studenti.

7.14 Per prima cosa, sulla base di ciò che ora sapete sulle valutazioni delle prestazioni, ritenete che la scala nella Figura 7.1 possa essere efficace per la valutazione dei docenti? Perché, o perché no?

7.15 Successivamente, il vostro gruppo dovrebbe sviluppare uno strumento proprio per valutare la prestazione di un docente. Decidete quale strumento utilizzerete (scale grafiche di valutazione, classifiche tra estremi e cosi via), poi progettate lo strumento vero e proprio. Applicate quanto avete imparato in questo capitolo sulla definizione degli obiettivi per fornire al docente obiettivi pratici.

7.16 Poi incaricate un portavoce di ciascun gruppo di mostrare alla lavagna lo strumento di valutazione scelto. Quanto sono simili gli strumenti dei diversi gruppi? Misurano tutti gli stessi fattori? Qual è il fattore che appare più spesso? Quale tra gli strumenti presentati ritenete sia più efficiente? Riuscite a immaginare un modo per combinare gli aspetti migliori di più strumenti in un nuovo strumento di valutazione delle prestazioni?

Note bibliografiche

Le note di questo capitolo sono consultabili online sulla piattaforma MyLab oppure immediatamente visualizzabili su smartphone e tablet tramite questo QR-code.

CAPITOLO

8 Gestione delle carriere

Argomenti

- Gestione della carriera
- Migliorare le capacità di mentoring e coaching
- Guida per manager al coinvolgimento dei dipendenti
- Gestione di retention e turnover dei dipendenti
- Gestione di promozioni e trasferimenti
- Gestione dei licenziamenti
- Riepilogo

Obiettivi didattici

Al termine del capitolo:

- Saprete spiegare ciò che possono fare aziende e supervisori per supportare le necessità di sviluppo della carriera dei dipendenti.
- Potrete elencare e spiegare i quattro passi per il coaching efficace di un dipendente.
- Sarete in grado di spiegare la relazione positiva tra sviluppo della carriera e coinvolgimento del dipendente.
- Potrete descrivere un approccio esaustivo alle politiche di retention dei dipendenti.
- Saprete elencare le decisioni importanti che le aziende devono affrontare in merito alle promozioni.
- Potrete elencare i fattori che considerereste nel licenziamento di un dipendente.

8.1 Gestione della carriera

Dopo la valutazione delle prestazioni, spesso è necessario affrontare questioni legate alla carriera e discuterle con i subordinati.

Prima di procedere, è utile definire alcuni termini che useremo nel seguito del capitolo. Possiamo definire **carriera** la successione di posizioni lavorative che una persona ricopre nel corso del tempo. La **gestione della carriera** è un processo che consente ai dipendenti di capire e sviluppare meglio capacità e interessi di carriera, e di metterli a frutto in modo più efficace sia nell'azienda che nei posti di lavoro futuri. Lo **sviluppo della carriera** è la serie di attività che nel corso della vita contribuiscono a esplorazione, costruzione, successo e compimento della carriera di una persona. La **pianificazione della carriera** è il processo deliberato attraverso il quale una persona diviene consapevole di abilità, interessi, conoscenza, motivazioni e altri aspetti personali, acquisisce informazioni su scelte e opportunità, identifica obiettivi legati alla carriera e formula piani per raggiungerli.

Parola chiave
Gestione della carriera
Il processo che mette i dipendenti in grado di capire e sviluppare al meglio le loro abilità e gli interessi legati alla carriera, e a usare in modo più efficace tali abilità e interessi.

Parola chiave
Sviluppo della carriera
La serie di attività che permettono le transizioni di carriera, contribuendo nel tempo all'esplorazione, al consolidamento, al successo e alla realizzazione della carriera di una persona.

Parola chiave

Pianificazione della carriera

Il processo deliberato attraverso il quale una persona prende coscienza di abilità, interessi, conoscenza, motivazione e altre caratteristiche personali e definisce piani d'azione per ottenere obiettivi specifici.

Carriere oggi

Un tempo la carriera era vista come una sorta di scala in salita da una posizione all'altra, molto spesso all'interno di un'unica azienda, o al massimo in un paio. Oggi le recessioni, le fusioni, le esternalizzazioni, i consolidamenti e i ridimensionamenti più o meno infiniti hanno cambiato le regole. Molte persone vanno ancora verso l'alto, ma la situazione più frequente quella dei dipendenti che si trovano a doversi reinventare. Ad esempio, il rappresentante licenziato da una casa editrice che si è appena fusa con un'altra potrebbe reinventarsi come account manager in un'agenzia pubblicitaria orientata ai media.[1]

Altri non sono nemmeno dipendenti, e costruiscono le loro carriere su portfolio di incarichi a tempo determinato.

Contratto psicologico

Una delle implicazioni è che stanno cambiando anche le aspettative reciproche di aziende e dipendenti. Le aspettative di una parte rispetto all'altra sono un elemento di ciò che gli psicologi chiamano *contratto psicologico*, un accordo non scritto tra le parti che identifica le aspettative reciproche.[2] Ad esempio, un accordo non scritto è che la direzione tratterà i dipendenti in modo equo e fornirà condizioni di lavoro soddisfacenti, auspicabilmente in una relazione a lungo termine. Dai dipendenti ci si aspetta in cambio "un buon atteggiamento, il rispetto delle istruzioni e la lealtà verso l'organizzazione".[3]

Data la volatilità del mercato del lavoro odierno, però, né l'azienda né il dipendente possono contare su un impegno a lungo termine; ciò compromette il contratto psicologico tradizionale, e rende ancora più delicata la gestione della carriera.

Ruolo del dipendente nella gestione della carriera

Come vedremo, il singolo, il manager e l'organizzazione hanno dei ruoli da giocare nello sviluppo della carriera dell'individuo. Ad esempio, il manager dovrebbe fornire tempestivi riscontri sulle prestazioni, offrire supporto e proporre incarichi che stimolino la crescita, partecipare a discussioni sullo sviluppo della carriera insieme al dipendente. Dovrebbe fungere da coach, valutatore, consigliere e mentore, ascoltare e chiarire i piani di carriera del dipendente, fornire un riscontro, mettere a disposizione le risorse disponibili e le possibilità di carriera esistenti all'interno dell'organizzazione. Da parte sua, l'azienda dovrebbe offrire opportunità di formazione, sviluppo e promozione orientate alla carriera, fornire informazioni e programmi mirati e proporre ai dipendenti una varietà di opzioni di carriera.

Alla fine, però, è il singolo che deve accettare la responsabilità della propria carriera: valutare interessi, abilità e valori, cercare risorse informative e in generale intraprendere i passi necessari a garantirsi una carriera felice e appagante. Per il dipendente, pianificare la carriera significa abbinare i propri punti forti e deboli alle opportunità e alle difficoltà occupazionali. In altre parole, la persona deve perseguire occupazioni, posizioni e una carriera che capitalizzino i suoi interessi, attitudini, valori e abilità. Deve anche scegliere occupazioni, posizioni e una carriera che abbiano un senso rispetto alla richiesta che è possibile prevedere di futuri posti di lavoro. Idealmente, la persona dovrebbe creare un'immagine mentale futura di sé stessa a cui aspirare.[4]

Ad esempio, l'esperto di career-counseling John Holland afferma che la personalità (valori, motivazioni e bisogni) è una determinante importante per la scelta della carriera. Ad esempio, una persona con un forte orientamento sociale potrebbe essere attratta da carriere che presuppongono attività interpersonali, più che intellettuali o fisiche, e da occupazioni quali lavori sociali. Holland ha individuato sei tipi, od orientamenti, di base della personalità. Il suo test di ricerca autoguidata (Self-Directed Search, SDS) è accessibile online, e può essere eseguito per una cifra simbolica, all'URL www.self-directed-search.com per valutare i propri orientamenti occupazionali e le occupazioni preferite. L'SDS ha un'eccellente reputazione, mentre uno studio su 24 siti web gratuiti per la valutazione della carriera ha concluso che erano facili da usare ma presentavano aspetti insufficienti in termini di validazione e privacy. Alcuni altri strumenti di valutazione della carriera come Career Key (www.careerkey.org), invece, hanno fornito informazioni utili e validate.[5] O*Net offre un sistema completo e gratuito, "My Next Move", per la valutazione di occupazioni e carriera (www.onetcenter.org/mynextmove.html). Altri strumenti utili sono disponibili all'URL http://workday.com, nei seguenti due esercizi e nella trattazione più completa nell'Appendice del capitolo, disponibile online in lingua inglese.

MyLab Appendix

Esercizio 1

Un esercizio utile per identificare le abilità occupazionali consiste nell'intitolare una pagina "Le attività occupazionali o scolastiche in cui riuscivo meglio", e poi scrivere un breve saggio in cui descrivere le attività. Siate il più possibile dettagliati in merito a compiti e responsabilità, e che cosa avete trovato piacevole di ciascuna attività. (Non deve trattarsi del *lavoro* più piacevole che avete svolto, ma dell'*attività* più piacevole che avete dovuto svolgere nell'ambito del lavoro.) Poi fate lo stesso per altre due attività svolte. Ora analizzate i tre saggi, e sottolineate le abilità menzionate più spesso. Ad esempio, vi sono piaciute in modo particolare le ore trascorse in biblioteca a fare ricerche durante il vostro lavoro estivo come impiegato?[6]

Esercizio 2

Un altro esercizio può rivelarsi illuminante. Rispondete su una pagina alla domanda: "Se poteste avere qualsiasi tipo di lavoro, quale vorreste?" Se necessario inventate un lavoro da zero, e non preoccupatevi di ciò che *sapete* fare, ma solo di ciò che volete fare.[7]

Che cosa sono le carriere portfolio? Sempre più persone stanno adottando carriere portfolio, come Ana nel riquadro sulla Gig Economy, cioè carriere costruite sull'uso delle proprie capacità per guadagnarsi da vivere con più fonti di reddito, spesso in diverse posizioni che pagano in modo diverso.[8] Ana, ad esempio, usa le sue capacità nel marketing per le sue consulenze come marketing manager, le sue abilità di scrittura e marketing per la sua rubrica e il suo blog, e le sue abilità di coaching e il suo carattere socievole con ottimi risultati nell'insegnamento online. Guadagna circa $150/ora per le consulenze marketing, circa $200/settimana per la rubrica e il blog, e $1.800 per ogni corso tenuto.

Parola chiave

Carriera portfolio (Portfolio career)

Una carriera costruita intorno all'uso e allo sviluppo autonomo delle proprie competenze professionali per generare un reddito basato su più fonti e incarichi occasionali che cambiano nel tempo.

La carriera portfolio fa per voi? Oggi milioni di persone si guadagnano da vivere con carriere di questo tipo, e ognuna di loro lo fa probabilmente per ragioni proprie, dalla semplice voglia di indipendenza all'impossibilità di trovare un posto a tempo pieno, o alla ricerca di flessibilità per esigenze familiari. Per capire se tutto questo fa per voi dovrete porvi qualche domanda:

> **Ce la fate a cavarvela da soli?** Ad esempio, potete tollerare il fatto di non avere un lavoro a tempo pieno? Vi crea problemi non recarvi sullo stesso posto di lavoro tutti i giorni? Siete bravi a gestire impegni diversi? Avete le capacità sociali e di autopromozione per mettervi in gioco e preparare il terreno per una serie di clienti che probabilmente cambieranno continuamente?

Che cosa sapete fare? In particolare, quali sono le vostre capacità vendibili, quelle per le quali qualcuno potrebbe volervi pagare?

È fattibile in pratica? Pensate bene a chi potrebbero essere i vostri clienti, a quanto potreste guadagnare, e quante siano le possibilità di riuscire a tenere insieme il tutto; eviterete sorprese sgradevoli. Sottoponete le vostre idee agli amici, e discutete con loro quali sembrino quelle con maggiori possibilità di successo. D'altra parte, invece, bisogna saper accettare dei rischi, quindi non ricercate la perfezione per cominciare! Un vantaggio delle carriere portfolio è che sono fluide, quindi potete aggiustare il tiro man mano che imparate.

APPROFONDIMENTI **HR e la Gig economy**

La carriera portfolio

Ana sta realizzando il suo sogno. Dopo la laurea in marketing all'università statale nel 2014, ha lavorato nel marketing per una grande azienda per due anni, poi ha lasciato l'azienda. Ora si guadagna da vivere con un "portfolio" composto essenzialmente di sei o sette lavori part-time e di consulenza ("gig": lavori occasionali) che cambiano continuamente. Al momento è marketing manager part-time per due negozi della zona, tiene una rubrica "Ask Ana" su un giornale locale che risponde alle domane di marketing di aziende locali, pubblica un blog con lo stesso nome e tiene due corsi online (sul marketing commerciale e sul lavoro freelance) per l'università statale.

"In questo momento della mia vita, quel che faccio mi piace", afferma. "Non ho capi, scelgo io quando lavorare, accetto solo i lavori che voglio davvero fare e vedo in tempo reale l'impatto del mio lavoro per le piccole aziende presso le quali faccio consulenza. E ogni giorno porta opportunità inaspettate, quasi tutte interessanti." Però ci sono anche lati negativi. "Non ho un flusso stabile di reddito (anche se il fatto di avere almeno sei lavori diversi significa che non dipendo integralmente da una sola fonte). E ho dovuto mettere insieme da sola l'assicurazione sanitaria, perché nessuno dei miei lavori precari mi copre." La scelta della carriera portfolio (come per molte altre persone) non è necessariamente a lungo termine, ma in questo momento della sua vita le piace molto.

Ruolo dell'azienda nella gestione delle carriere

Oltre al dipendente, anche i suoi superiori hanno delle responsabilità di gestione della carriera che dipendono in parte dalla durata del rapporto di lavoro.

Ad esempio, *prima dell'assunzione*, dei colloqui di lavoro realistici possono aiutare gli aspiranti dipendenti a capire meglio se la posizione possa essere adatta a loro. Soprattutto per i neolaureati, il *primo posto di lavoro* può essere fondamentale per costruire fiducia in se stessi e un'immagine più realistica di ciò che si è o non si è in grado di fare: un primo impiego impegnativo e la presenza di un mentore esperto, che aiuti a imparare le basi, sono molto importanti. Alcuni si riferiscono a questa situazione come la prevenzione dello *choc da realtà*, il fenomeno che avviene quando l'entusiasmo e le grosse aspettative di un neoassunto si scontrano con la realtà di un lavoro noioso e privo di stimoli. Una rotazione periodica delle mansioni può aiutare il dipendente a sviluppare un'immagine più realistica delle sue capacità, e quindi a ipotizzare un possibile percorso di carriera.

MyLab In depth 1

Dopo un po' di tempo, per la persona diventa importante che le valutazioni siano mirate alla carriera; il manager deve essere formato non solo per valutare il dipendente, ma anche per associare punti forti e deboli della persona con un percorso di carriera fattibile e il necessario lavoro di sviluppo. Ad esempio, Toyota Motor offre ai neolaureati un Graduate Development Program di 18 mesi. I neoassunti trascorrono qualche settimana in uno degli impianti di produzione, lavorando in squadra sulla linea di assemblaggio per fare esperienza del sistema produttivo Toyota, poi passano alcune settimane in altre divisioni, per capire come lavorano i diversi reparti, e nel contempo seguono una formazione in aula. Le lezioni parlano della cultura e dell'identità aziendale di Toyota, e spiegano come gestire progetti, risolvere problemi dei prodotti, scrivere resoconti e comunicare in modo efficace.[9]

Metodi aziendali di gestione della carriera

Molte aziende forniscono supporto allo sviluppo delle carriere dei dipendenti. Ad esempio, American Express ha aperto centri di counseling sulla carriera per i lavoratori dei suoi call center. Genentech e AFLAC hanno assunto consulenti specifici, e preparano i manager di linea a dare consigli di carriera.[10] Google ha dipendenti che fanno volontariamente da coach e mentore ad altri, con la qualifica ufficiale di "career guru". Di recente, i questo tipo di supporto è stato fornito a oltre 1.000 dipendenti Google.[11]

Lo sviluppo della carriera non deve essere necessariamente complicato. Per molti dipendenti bastano anche un semplice riscontro sulla prestazione da parte dei supervisori, dei piani di sviluppo individuali e l'accesso alla formazione. Nella Figura 8.1 è illustrato un semplice modulo di riepilogo delle prestazioni e pianificazione della carriera. Anche annunci di posizioni aperte, mentoring formale con i dirigenti e piani di successione individuali per dipendenti con alto potenziale sono molto validi.[12] Attraverso il web si possono ottenere informazioni su vari sistemi HR di questo tipo: ad esempio, Saba propone un sistema di gestione online delle prestazioni[13] che consente all'azienda e al dipendente di scegliere attività di sviluppo del dipendente in accordo tanto con le necessità di personale dell'azienda quanto con le aspirazioni di carriera del dipendente.

Esistono altri metodi aziendali molto usati; i *workshop di pianificazione della carriera* sono "eventi didattici pianificati in cui ci si aspetta un coinvolgimento attivo dei partecipanti, che completano esercizi e inventari sulla pianificazione e partecipano a sessioni di pratica delle abilità legate alla carriera."[14] Tipicamente un workshop include esercizi di autovalutazione (abilità, interessi, valori e così via), una stima dei trend occupazionali importanti, e segmenti di definizione di obiettivi e pianificazione delle azioni.

Come abbiamo visto nel Capitolo 6, alcune aziende offrono *progetti di formazione continua* ai dipendenti. I contributi provengono da azienda e dipendente, e i lavoratori possono sfruttare questo sistema per ottenere la didattica e lo sviluppo che desiderano in funzione della carriera. Generalmente i *career coach* aiutano i dipendenti a creare piani quinquennali mostrando loro la possibile direzione della carriera in azienda, poi azienda e dipendente formulano piani di sviluppo basati sulle necessità dell'azienda.[15] In Shell China, i "career steward" si incontrano regolarmente con i "leader emergenti". Nel seguente riquadro Strumenti HR sono illustrati i passi che i singoli manager possono intraprendere a supporto dello sviluppo delle carriere dei loro dipendenti.[16]

8.2 Migliorare le capacità di mentoring e coaching

Il supporto alle necessità di sviluppo della carriera dei dipendenti richiede invariabilmente l'uso delle capacità di formazione e di mentoring dei manager. Il **coaching** rientra negli interventi formativi (individuali o di gruppo) sul piano comportamentale e professionale, attraverso i quali il coach (un esperto o un manager) aiuta il coachee a riconoscere e sviluppare i punti di forza e le aree di miglioramento nel

Parola chiave

Coaching
Il rapporto di autorità verso i collaboratori assume caratteristiche di coaching quando tende anche a indirizzare e guidare lo sviluppo della persona, sul piano comportamentale e professionale. Questa funzione può essere affidata anche a consulenti esterni (executive coach).

Parola chiave

Mentoring

Consiglio, counseling e guida.

breve periodo. Il **mentoring** è invece una relazione di lungo periodo tra un mentore di maggiore esperienza e seniority e un mentee più inesperto che apprende così gradualmente nel tempo a interpretare ruoli complessi attraverso l'osservazione e la partecipazione. I supervisori hanno da sempre un ruolo di coach e di mentore, ma il fatto che sempre più manager guidino dipendenti molto formati e team autogestiti sta facendo sì che le attività di supporto, coaching e mentoring vadano rapidamente sostituendo il semplice "dare ordini" per ottenere risultati.

Le aziende comprendono l'importanza di coaching e mentoring; un'indagine sui programmi di formazione ha rivelato che gli argomenti più importanti della didattica erano "coaching per problemi di prestazioni" (72%), "comunicazione degli standard prestazionali" (69%), "coaching per un'opportunità di sviluppo" (69%) e "conduzione di una valutazione delle prestazioni" (67%).[21]

Figura 8.1 Piano di sviluppo della carriera di un dipendente.

Fonte: Copyright Gary Dessler, PhD.

Nome del dipendente	Attuale posizione del dipendente	Data

I Riepilogo prestazioni: *discutete brevemente le prestazioni del dipendente dell'anno scorso (o di un altro periodo) in termini di raggiungimento degli obiettivi assegnati, efficacia nell'interazione con i colleghi e altri criteri che ritenete rilevanti:*
II Punti di forza: *in base alla vostra valutazione, e all'esperienza e discussione con il dipendente, quali direste siano i suoi punti di forza?*
III Aspirazioni e obiettivi di carriera: *in base all'esperienza e alla discussione con il dipendente, su quali dei suoi obiettivi di carriera nei prossimi 1-3 anni vi trovate d'accordo?*
IV Margini di miglioramento: *sulla base di ciò che sapete di questo dipendente, su quali aspetti da sviluppare e migliorare nel corso di uno-due anni vi trovate d'accordo?*

Obiettivi e attività di sviluppo: *pianificate per raggiungere gli obiettivi di carriera della persona.*

Attività di sviluppo	Piani d'azione specifici	Tappe/Date
1		
2		
3		
4		
5		

Firme: Supervisore ____________ Dipendente ____________

APPROFONDIMENTI **Strumenti HR per manager di linea e piccole imprese**

Ruolo del manager nello sviluppo della carriera dei dipendenti

In realtà, l'impatto che un supervisore può avere sullo sviluppo della carriera dei suoi sottoposti è importantissimo; con analisi realistiche delle prestazioni e valutazioni oneste delle capacità, un supervisore competente può aiutare il dipendente a prendere la giusta direzione di carriera e mantenerla. All'estremo opposto, un supervisore disattento può inibire per anni i progressi dei suoi sottoposti.

Ad esempio, programmate valutazioni delle prestazioni a intervalli regolari, e in queste occasioni discutete della misura in cui le abilità e le prestazioni attuali del dipendente sono allineate con i suoi obiettivi di carriera. L'obiettivo è che il manager e il collaboratore traducano la valutazione delle prestazioni in piani di sviluppo; fornite al collaboratore un piano informale di sviluppo della carriera come quello della Figura 8.1. Tenete informati i subordinati dei benefit aziendali legati alla carriera, e incoraggiateli a utilizzarli.

Applicazioni nella piccola impresa

A parte questo, anche un piccolo imprenditore può fare molto per supportare lo sviluppo della carriera dei dipendenti. Per esempio, abbiamo visto nel Capitolo 6 che le piccole aziende possono fornire una formazione importante legata alla carriera a costi bassi o nulli,[17] ad esempio identificando opportunità di formazione online, fornendo una biblioteca di tutorial in CD e DVD per una didattica sistematica e regolata, mandando le persone ad assistere a seminari e riunioni delle associazioni per imparare e fare rete, e incoraggiandole a iscriversi ad associazioni professionali.

Inoltre, il fatto che un'impresa sia piccola dovrebbe consentire all'imprenditore di avere un'idea più chiara sui punti di forza, di debolezza e sulle aspirazioni dei dipendenti, e quindi di essere più attento al tipo di incarichi, ruoli e mansioni in cui si trovano più a loro agio. È importante cercare di dare ai dipendenti l'opportunità di imparare e di fare i lavori che desiderano. Ecco qualche altro suggerimento:

Aiutate i dipendenti a migliorarsi. Ad esempio, pagateli affinché seguano un corso che li aiuti a sviluppare le loro abilità lavorative.

Usate un sistema di valutazione online che includa un componente di pianificazione della carriera, come www.halogensoftware.com.[18]

Infine, un autore che si è dedicato alla piccola impresa ha fornito una serie di suggerimenti particolarmente utili per promuovere lo sviluppo professionale:[19]

- Supportate la formazione incrociata e la rotazione delle mansioni. Quando un dipendente ha una perfetta padronanza del suo lavoro, incoraggiatelo a sviluppare le competenze delle mansioni complementari. Questa formazione incrociata coinvolge i dipendenti sviluppando il loro repertorio di capacità, ed è opportuna anche per l'azienda: rende ad esempio più semplice coprire la posizione di un dipendente in malattia senza cercare all'esterno.
- Offrite più opportunità di sviluppo professionale, come ad esempio laboratori o seminari in azienda e pranzi di lavoro con oratori ospiti.
- Supportate relazioni informali e formali di mentoring e peer-coaching tra i membri del personale.
- E di nuovo, valutate la possibilità di creare (o almeno discutere) un piano di sviluppo della carriera per ciascun dipendente nell'ambito del processo di valutazione delle prestazioni. Fate in modo che ciascun dipendente identifichi almeno un'abilità in un'area su cui vorrebbe lavorare.

Essere un coach efficace

Coaching e mentoring richiedono capacità sia analitiche sia interpersonali. Richiedono *analisi* perché non serve a niente dare consigli se non si è scoperto il problema, e richiedono *capacità interpersonal*i perché è altrettanto inutile conoscere il problema e non riuscire a far sì che la persona cambi.

In alcune situazioni non è necessario il coaching. Ad esempio, se il nuovo dipendente sta imparando il lavoro per la prima volta, o se la sua valutazione delle prestazioni è perfetta, non ci sarà bisogno di coaching.

Coaching non significa semplicemente dire a qualcuno cosa deve fare. Idealmente dobbiamo considerarlo un processo composto da quattro passaggi: *preparazione, pianificazione, coaching attivo* e *follow-up*.[22] *Preparazione* significa capire il problema, il dipendente e le sue capacità. L'obiettivo è formulare un'ipotesi sulla realtà del problema. Si deve osservare la persona per vedere che cosa fa, osservare il flusso del lavoro e l'interazione dei colleghi. Oltre all'osservazione si possono anche valutare dati oggettivi (vedi Capitolo 6) su aspetti quali produttività, assenteismo, incidenti, lamentele, qualità del prodotto, reclami dei clienti e la situazione precedente in termini di valutazioni delle prestazioni e formazione.

Il passo successivo è la *pianificazione* della soluzione. Forse il modo più efficace per far sì che una persona cambi è ottenere la sua approvazione entusiastica sul cambiamento richiesto. A questo scopo è necessario convergere verso una visione condivisa sull'essenza del problema e su ciò che va cambiato. Dovrete poi delineare un piano del cambiamento sotto forma di *passi da compiere*, *misure del successo* e *data di completamento*.

Dopo l'accordo su un piano potrete iniziare il *coaching attivo*. Qui siete essenzialmente un insegnante. I vostri strumenti includono ciò che avete imparato sulla formazione on-the-job nel Capitolo 6 (ad esempio *preparare l'allievo*, *presentare l'operazione*, *mettere alla prova l'allievo* e *dare un seguito*). Secondo un autore, "un coach efficace offre idee e consigli in una forma tale che il subordinato sia naturalmente disposto ad ascoltarli, recepirli e apprezzarne il valore."[23]

Infine, a volte le cattive abitudini tornano a galla, quindi serve un *follow up* per osservare periodicamente la persona nel tempo.

Essere mentori migliori

Per tradizione, mentoring significa che le persone di maggiore esperienza aiutano e consigliano i dipendenti per quanto riguarda lo sviluppo della carriera a lungo termine. Un dipendente che si angoscia sulla carriera da perseguire potrebbe aver bisogno di un mentore.

Il mentoring può essere formale o informale. Nella situazione informale, i manager di livello medio e alto possono aiutare volontariamente i dipendenti meno esperti, ad esempio offrendo consigli sulla carriera e un aiuto per districarsi nelle politiche dell'ufficio. In molte aziende esistono anche programmi di mentoring formali, nei quali il mentore viene abbinato a un "protetto" e l'azienda fornisce la formazione necessaria a entrambi per comprendere meglio le rispettive responsabilità. Alcuni studi hanno dimostrato che un mentore, formale o informale, può aumentare significativamente la soddisfazione e il successo nella carriera.[24]

Il mentoring è prezioso, ma può anche essere pericoloso: è valido fintanto che consente al mentore di influire in modo positivo sulle carriere e sulle vite dei subordinati e dei colleghi, e il pericolo è rappresentato dall'altra faccia della medaglia. Il *coaching* si concentra su attività quotidiane che è possibile reimparare, quindi i rischi sono generalmente limitati. Il *mentoring* è invece incentrato su questioni di lungo termine più difficili da rimediare, e spesso influisce sulla psicologia della persona (motivazione, necessità, attitudini e rapporti con gli altri). In genere il supervisore non è uno psicologo, né un esperto di carriere, quindi deve fare molta attenzione al suo ruolo di mentore.

Le ricerche su ciò che i supervisori possono fare per essere mentori migliori rivelano poche sorprese. I mentori efficaci *definiscono standard elevati*, sono disposti a *investire il tempo e l'impegno* richiesti dalla relazione di mentoring, e *guidano attivamente i protetti* in progetti, team e mansioni importanti.[25] Un mentoring efficace richiede *fiducia*, e il livello di fiducia rispecchia *competenza professionale, coerenza, capacità comunicativa* e volontà di *condividere il controllo* del mentore.[26]

Alcuni studi suggeriscono però che il mentoring tradizionale risulta meno efficace per le donne che per gli uomini. Ad esempio, in un'indagine su dipendenti che avevano partecipato a iniziative di mentoring in tempi recenti, un AD o un altro alto dirigente avevano seguito il 78% degli uomini, ma solo il 69% delle donne.[27] Queste cifre stanno stimolando le aziende ad assegnare le donne a "mentori/sponsor" con un maggior prestigio nell'organizzazione. Ad esempio, quando Deutsche Bank si è accorta che alcune managing director si erano dimesse perché la concorrenza offriva condizioni migliori, ha iniziato ad affiancarle a mentori/sponsor del comitato esecutivo della banca, in grado di offrire loro una eventuale promozione.

Ruolo e responsabilità di chi viene seguito da un mentore

L'efficacia del mentore è importante,ma anche chi viene seguito ha un ruolo chiave per far funzionare bene la relazione. *Scegliete un potenziale mentore appropriato*, che abbia l'obiettività per potervi aiutare nella carriera. *Fate in modo che il potenziale mentore accetti facilmente*, chiarendo bene ciò che vi aspettate in termini di tempo e di supporto. *Siate selettivi* sugli aspetti lavorativi su cui chiedete consiglio. Di norma, la relazione di mentoring non dovrebbe coinvolgere problemi personali.[28]

APPROFONDIMENTI **Migliorare i risultati con gli HRIS**

Integrazione di talent management e career planning

Vari sistemi di gestione dei talenti consentono alle aziende di integrare i dati di valutazioni, sviluppo delle carriere, formazione e pianificazione della successione. Ad esempio, Halogen eSuccession consente all'azienda di "identificare le abilità e le competenze richieste per supportare i piani strategici da triennali a quinquennali, e di coltivarle nei dipendenti ad alto potenziale con la pianificazione di carriera e sviluppo..."[29] Cornerstone Succession integra profili dei talenti, gestione della carriera e reclutamento interno.[30] Sum-Total Succession Planning supporta "una strategia di gestione dei talenti olistica, a tutto campo" che include:[31]

- **Riscontro a 360 gradi**. Le analisi delle competenze da parte dei pari sono input per l'analisi dei vuoti nella successione;
- **Sviluppo della carriera**. Man mano che i dipendenti tracciano i progressi delle loro carriere, è possibile stilare piani che affrontano vuoti di competenze, abilità e comportamenti;
- **Gestione dei compensi**. I piani finanziari possono essere legati ai futuri piani di successione, per poterne modellare l'impatto finanziario;
- **Progressi delle carriere**. Le informazioni storiche su posizioni passate e progressi delle carriere possono essere usate per le future decisioni di successione;
- **Gestione della formazione**. È possibile impostare percorsi didattici e corsi per le posizioni future;
- **Gestione delle prestazioni**. Le analisi delle performance possono identificare chi fornisce costantemente alte prestazioni e i migliori talenti nell'organizzazione; e infine
- **Reclutamento e assunzione**. Il sistema Sumtotal confronta i profili delle posizioni correnti con i piani di successione, e permette di identificare la necessità di reclutare candidati esterni.[32]

8.3 Guida per manager al coinvolgimento dei dipendenti

Gestione della carriera

La globalizzazione dell'economia mondiale è stata un boom in molti sensi: per i prodotti e i servizi, dalle automobili ai computer e ai viaggi aerei, ha portato a prezzi inferiori, migliore qualità e a un aumento di produttività e standard di vita. Questi progressi però hanno un prezzo: riduzioni dei costi, risparmi e aumenti della produttività hanno anche innescato le problematiche della forza lavoro. La ricerca dell'efficienza ha portato le aziende a ridimensionare, a "fare di più con meno", e ha generato migliaia di fusioni, in molti casi con l'obiettivo specifico di "eliminare gli esuberi", cioè tagliare teste. In parte a causa di questi cambiamenti, e della Grande Recessione del 2008–2009, il tasso di disoccupazione negli USA è schizzato dal 4,5% a oltre l'8%, per poi scendere nuovamente intorno al 4,5%.

Il nuovo contratto psicologico

Come abbiamo già accennato in questo capitolo, cambiamenti di questo genere portano molti dipendenti a chiedersi perché restare fedeli all'azienda per cui lavorano. La domanda è: "Perché dovrei essere fedele se la prossima volta che deciderete di ridurre i costi mi lascerete per strada?" Per parafrasare l'autore del libro *Pack Your Own Parachute*, oggi molti dipendenti tendono a considerarsi dei giocatori liberi, che sono in azienda per fare un buon lavoro ma anche per prepararsi alla prossima occasione di carriera in un'altra azienda. I contratti psicologici del passato potevano significare "fai del tuo meglio e rimanici fedele, e noi ci occuperemo della tua carriera", quelli odierni sono più del tipo "fai del tuo meglio e rimanici fedele fintanto che resti con noi, e noi ti forniremo le opportunità di sviluppo che ti serviranno per andare avanti e avere una carriera di successo." Oggi, quindi, le aziende devono capire come conservare il coinvolgimento dei dipendenti a fronte di potenziali ristrutturazioni, e quindi a ridurre al minimo le dimissioni volontarie e aumentare al massimo l'impegno dei dipendenti.

Sviluppo delle carriere orientato all'impegno

Il processo aziendale di pianificazione e sviluppo della carriera può giocare un ruolo importante. Molti anni fa, lo psicologo Abraham Maslow ha affermato che il desiderio più elevato per la maggior parte delle persone è l'autorealizzazione, e cioè il desiderio di essere "realizzate" in termini di ciò che sono in grado di diventare.[33] Ironicamente, gran parte delle aziende non solo non cerca di soddisfare questa necessità, ma la contrasta offrendo lavori poco stimolanti, supervisione autocratica e poche opportunità di crescita delle carriere.

Non sorprende quindi il fatto che aziende progredite quali SAS e Google si comportino diversamente, impegnandosi in pratiche di sviluppo della carriera mirate a garantire che tutti gli impiegati abbiano l'opportunità di usare e sviluppare le loro capacità sul lavoro. Ad esempio, per parafrasare l'AD del colosso del software SAS, la sua azienda lavora duramente per creare una cultura aziendale attenta alla crescita personale e professionale dei dipendenti.[34] In un sondaggio, circa il 33% dei partecipanti impiegati in organizzazioni con alte prestazioni ha risposto che i programmi aziendali di sviluppo della carriera erano efficaci per aumentare il coinvolgimento dei dipendenti, contro il 21% dei partecipanti impiegati in organizzazioni con basse prestazioni.[35]

Il senso è che un processo aziendale di sviluppo delle carriere dovrebbe essere gestito in modo efficace per inviare ai dipendenti il segnale che l'azienda ha a cuore il loro successo, e quindi merita il loro coinvolgimento. In aziende di questo tipo lo sviluppo delle carriere va oltre l'offerta di coaching e laboratori (peraltro sempre importanti). Abbiamo visto nel Capitolo 4 che FedEx stimola la crescita delle carriere attraverso le sue forti politiche di reclutamento e promozione dall'interno. Il pezzo forte è il sistema di monitoraggio delle carriere e di ricerca del personale, denominato JCATS (Job Change Applicant Tracking System, sistema di tracciamento dei candidati a un cambio di posizione). Gli annunci delle nuove aperture attraverso questo sistema online avvengono generalmente ogni venerdì; tutti i dipendenti che si candidano alla posizione ricevono punteggi numerici basati sulle prestazioni lavorative e sull'anzianità di servizio, e successivamente vengono avvertiti nel caso siano stati selezionati come candidati.

Valutazioni orientate alla carriera

I manager che utilizzano la valutazione delle prestazioni della loro azienda solo per comunicare al dipendente come si sta comportando perdono un'opportunità di supportare le necessità di sviluppo della carriera dei dipendenti; la valutazione delle prestazioni dovrebbe costituire un'opportunità di collegare prestazioni, interessi di carriera e necessità di sviluppo in un piano di carriera coerente. Con le valutazioni orientate alla carriera, il supervisore e il dipendente partecipano nell'assemblare un piano formale di carriera partendo dalle prestazioni, dalle preferenze e dalle necessità di sviluppo del dipendente.

Un sistema di valutazione di questo tipo non deve necessariamente essere automatizzato, ma come abbiamo visto in precedenza esistono svariati sistemi online efficaci. Ad esempio, Halogen Performance™ consente al manager di identificare attività di sviluppo appropriate date le competenze e gli obiettivi e/o i piani di carriera del dipendente. L'azienda può quindi organizzare le attività di sviluppo basandosi sulle necessità delle persone.

L'approccio delle griglie di carriera manageriale di JC Penney, una catena di grandi magazzini nata in Texas, illustra un'ulteriore possibilità, anche se una serie di cambiamenti a livello manageriale qualche anno fa l'ha messa in secondo piano. Il modulo di valutazione delle prestazioni manageriali di Penney conteneva un elenco, ordinato per titolo, funzione e livello, di tutte le posizioni di management e vendite a cui i dipendenti potessero aspirare. L'azienda formava i supervisori affinché considerassero prestazione e interessi di carriera dei dipendenti, e li coniugassero alle necessità aziendali per sviluppare un piano di carriera che includesse attività di sviluppo per il dipendente.

Ecco come funzionava. Prima della valutazione annuale, il dipendente e il suo manager rivedevano la griglia delle carriere di Penney, in cui comparivano tutte le posizioni di supervisore (raggruppate per posizioni operative, di vendita, del personale e del management generale), e anche qualifiche specifiche come "manager regionale delle vendite da catalogo". Tutte le posizioni della griglia erano accompagnate da un mansionario molto succinto.

La griglia identificava anche dei tipici percorsi di promozione. Ad esempio, nel considerare il successivo incarico di un associato del management, il supervisore poteva considerare non solo le posizioni commerciali, ma anche quelle operative e del personale. Le proiezioni delle promozioni potevano attraversare tutti i quattro gruppi, e uno o due livelli. Ad esempio, la proiezione di promozione di un senior merchandising manager poteva portare sia ad assistant buyer che a general merchandise manager. In sintesi, l'approccio a griglia di Penney illustrava come l'azienda potesse sfruttare un processo di valutazione orientato alla carriera per guidare il dipendente (e il suo manager) nel concentrarsi su punti forti e deboli, e su piani e prospettive di carriera.[36]

Altre aziende usano una formazione speciale e piani di sviluppo per supportare la crescita delle carriere. Il successivo riquadro HR in pratica fornisce un esempio.

APPROFONDIMENTI HR in pratica

Sviluppo della carriera in Medtronic[37]

Medtronic, un'azienda che progetta e produce dispositivi medici avanzati, offre un buon esempio di programma di sviluppo della carriera ben concepito ed efficace. L'azienda offre una vasta gamma di strumenti a supporto di pianificazione e sviluppo della carriera, concepiti per aiutare i dipendenti a comprendere i loro punti di forza e di debolezza in ambito lavorativo e a raggiungere le loro potenzialità. Questi strumenti includono piani di sviluppo, di autovalutazione e di feedback personalizzati, programmi di mentoring, un'ampia gamma di corsi on-site su materie quali business, ingegneria e scienze, borse di studio e annunci di lavoro online che consentono ai dipendenti di cercare nuove opportunità di carriera all'interno dell'azienda.

Inoltre, i neoassunti MBA possono partecipare al programma aziendale di Leadership Development Rotation, che dura due o tre anni, include incarichi dai 12 ai 18 mesi in due collocazioni geografiche differenti e offre ai partecipanti una comprensione più ampia dell'azienda insieme a esperienze funzionali approfondite. I percorsi funzionali possono essere di vari tipi: clinico, sviluppo aziendale, finanza, risorse umane, IT, sviluppo marketing/business, operations e regolamenti.

Oltre agli incarichi di lavoro, i partecipanti si impegnano in numerose esperienze di sviluppo tra cui programmi di peer mentoring, formazione funzionale e laboratori di leadership. Per potersi candidare a questo programma sono richiesti, tra le altre cose, da tre a cinque anni di esperienza professionale pertinente, un MBA (o un altro master appropriato), la mobilità e la volontà di seguire opportunità in varie parti del mondo.

8.4 Gestione di retention e turnover dei dipendenti

Il turnover, cioè la quota percentuale dei dipendenti che lasciano annualmente un'azienda, è molto variabile. Ad esempio, nel settore alberghiero e alimentare statunitense circa la metà dei dipendenti si dimette volontariamente ogni anno, mentre nel settore scolastico i dimissionari sono intorno al 12%.[38]

Queste percentuali riguardano soltanto i dipendenti che si dimettono volontariamente, ad esempio per cercare lavori migliori, e non le chiusure di rapporto *involontarie*, ad esempio per scarse prestazioni.[39] Se si uniscono i turnover volontari e involontari, le cifre sono stupefacenti: ad esempio, il turnover in molti ristoranti è intorno al 100% all'anno, e ciò significa che molte imprese devono rimpiazzare praticamente tutti i loro dipendenti ogni anno! I costi di un turnover del genere sono alti, come illustrato nel seguente riquadro HR come centro di profitto.[40]

APPROFONDIMENTI HR come centro di profitto

Costi del turnover

Un gruppo di ricerca ha analizzato i costi tangibili e intangibili del turnover in un call center con 31 agenti e quattro supervisori.[41] I costi tangibili delle dimissioni di un agente includevano quelli di reclutamento, scrematura, colloquio e test dei candidati, oltre a quello del salario durante l'orientamento e la formazione. Tra i costi intangibili vi erano quello di produttività persa del nuovo agente (che inizialmente è meno produttivo del suo predecessore), quello di correzione degli errori commessi dal nuovo agente e quelli di supervisione per il coaching. I ricercatori hanno stimato che il costo delle dimissioni di un agente sono intorno ai $21.500. In questo specifico call center si aprivano in media 18,6 posizioni all'anno (un turnover intorno al 60%), quindi il costo totale del turnover degli agenti raggiungeva i $400.853. Prendere provvedimenti per ridurre questa percentuale della metà, ad esempio, può far risparmiare a questa azienda circa $200.000 all'anno.[42]

Gestione del turnover volontario

Per ridurre il turnover è necessario identificare e gestire le motivazioni del turnover sia volontario che involontario.[43] Inizieremo da quello volontario, e affronteremo quello involontario nel seguito del capitolo.

La gestione del turnover volontario implica l'identificazione delle cause e gli opportuni provvedimenti; purtroppo, identificare i motivi per cui i dipendenti si dimettono non è molto semplice. Chi non è soddisfatto del suo lavoro ha più probabilità di dare le dimissioni, ma le origini dell'insoddisfazione sono molte e varie.

Una società di consulenza ha raccolto dati da un'indagine svolta presso 262 organizzazioni statunitensi con un minimo di 1000 dipendenti; le prime cinque motivazioni delle dimissioni da parte dei dipendenti con forte impegno/alto rendimento sono, in ordine di importanza, stipendio, opportunità di promozione, equilibrio vita-lavoro, sviluppo della carriera e benefit sanitari. Tra le altre ragioni di dimissioni volontarie vi sono ingiustizie, scarsa considerazione da parte dei superiori e mancanza di riconoscimento.[44] (A volte, per quanto riguarda alcune sfaccettature del lavoro quali supervisione e stipendio,[45] la semplice domanda "tutto considerato, quanto sei soddisfatto del tuo lavoro?" è efficace quanto un'indagine dell'atteggiamento dei dipendenti.) Il turnover dipende anche da alcune considerazioni pratiche; ad esempio, un alto tasso di disoccupazione riduce il turnover volontario, e in alcuni luoghi le opportunità di lavoro (e di conseguenza il turnover) sono più carenti che altrove.

Il turnover non è sempre un male. Ad esempio, perdere dipendenti a basso rendimento non è problematico quanto perdere quelli più produttivi. Alcune aziende, quali la catena di ristoranti Applebee's, differenzia anche gli incentivi ai manager, premiando quelli più produttivi per ridurre il turnover.[46]

Strategie per ridurre il turnover volontario

In ogni caso, vista la varietà di fattori che possono spingere i dipendenti a dimettersi, che cosa si può fare per trattenerli? Non esiste una formula magica; il manager deve capire che conservare i suoi dipendenti è una questione di gestione complessiva dei talenti, e che quindi le migliori strategie di mantenimento sono multifunzionali. Per esempio, i dipendenti a cui non interessa il proprio lavoro, sentono di non essere adatti o si sentono sottopagati, hanno più probabilità di dimettersi. Le aziende possono affrontare questo tipo di problemi soltanto attraverso buone pratiche di gestione dei talenti, efficaci ed esaustive. Detto in altre parole, il turnover (sia volontario che involontario) ha spesso origine da cattive decisioni di selezione, aggravate da formazione inadeguata, valutazioni poco sensibili e stipendi non all'altezza, quindi cercare di formulare una "strategia di retention" senza considerare le pratiche HR nel loro complesso è generalmente inutile.[47]

Approccio esaustivo alla gestione della retention

Nel tempo, ricerche e indagini di società specializzate quali Development Dimensions International (DDI) e Robert Half International hanno fornito elementi per la creazione di un programma esaustivo di gestione della retention dei dipendenti.

Il punto di partenza più logico è un *monitoraggio periodico* del numero dei dipendenti, in particolare di quelli con alto rendimento e alto potenziale, che lasciano l'azienda.[48] Si passa poi all'identificazione dei problemi. I colloqui d'uscita possono fornire elementi utili a proposito dei potenziali problemi di turnover. Molte aziende svolgono indagini per monitorare l'atteggiamento dei dipendenti su aspetti quali supervisione e stipendi. Politiche di "porte aperte" e "hotline" anonime aiutano la direzione a identificare i problemi di morale e a rimediare prima che sfuggano di mano. A volte un'analisi della situazione porta a soluzioni semplici; ad esempio, la nota catena statunitense di grandi magazzini Walmart ha scoperto di poter ridurre significativamente il turnover fornendo fin dai colloqui di selezione anteprime aggressivamente realistiche di quanto è richiesto dalle singole posizioni anche in termini di orari di lavoro. Una volta identificati i potenziali problemi, l'azienda può prendere provvedimenti per migliorare la retention dei dipendenti.

La spiegazione più ovvia alle dimissioni è spesso quella giusta: stipendi bassi. Soprattutto per i dipendenti con alto rendimento in posizioni chiave, per molte aziende il miglior strumento per trattenere i dipendenti è l'aumento di stipendio.[49]

I dipendenti però non si dimettono soltanto per questioni economiche; sono ad alto rischio di dimissioni anche le persone non adatte alla loro posizione e quelle che lavorano sotto supervisori aggressivi, quindi la retention inizia dalla *selezione* del dipendente giusto.[50] In questo senso la selezione non riguarda soltanto il lavoratore, ma anche i supervisori, che devono essere scelti e monitorati. Ad esempio, FedEx conduce periodicamente indagini sull'atteggiamento dei dipendenti per tenere costantemente il polso delle prestazioni dei supervisori.

Molte dimissioni sono dovute anche a prospettive di carriera e sviluppo professionale inadeguati; un programma di formazione e sviluppo della carriera può quindi essere un forte incentivo a rimanere. Secondo un esperto, "i professionisti sono più motivati a restare quando sentono che l'azienda si interessa al loro sviluppo e alla loro crescita"[51] (come illustrato nel successivo riquadro Pratiche HR nel mondo). Parlate periodicamente con i dipendenti delle loro preferenze di carriera, delle prospettive nella vostra azienda, aiutateli a costruire potenziali percorsi di carriera. Inoltre, "non aspettate le valutazioni delle prestazioni per ricordare ai dipendenti migliori quanto sono preziosi per l'azienda".[52]

Le persone non possono fare il loro lavoro se non sanno che cosa fare né quali sono i loro obiettivi, quindi una parte importante per trattenere i dipendenti è chiarire le vostre aspettative riguardo le loro prestazioni.

È importante anche la psicologia; oltre allo stipendio e ai benefit, i dipendenti apprezzano e richiedono anche il riconoscimento di un lavoro ben svolto. Le aziende in cui vi sono tensioni e situazioni "politiche" possono spingere i dipendenti ad andarsene, mentre le aziende in cui i dipendenti sono a loro agio li incoraggiano a restare.

Le *pratiche di alto rendimento/coinvolgimento* sembrano migliorare la situazione. In uno studio incentrato sui dipendenti dei call center, le aziende che facevano un maggiore uso di pratiche lavorative ad alto coinvolgimento (ad esempio una maggiore discrezionalità concessa ai dipendenti, gruppi di problem-solving e team autogestiti) avevano tassi significativamente inferiori di dimissioni, licenziamenti e turnover complessivo, così come le aziende che "investivano" di più sui dipendenti (ad esempio in termini di opportunità di promozione, stipendi relativi e pensioni più alti, posizioni a tempo pieno).[53] Per contro, le pressioni sulle prestazioni (come un monitoraggio intenso del rendimento) generavano tassi di turnover più alti.[54] In un'indagine condotta da Robert Half e CareerBuilder.com, i lavoratori identificavano "*accordi di lavoro flessibili*" e "telelavoro" come i due benefit più importanti per la scelta tra un lavoro e un altro.[55]

Infine, per il controllo del turnover dei dipendenti sono importanti i dati. Presso Nationwide Mutual Insurance Co., ad esempio, i manager ricevono mensilmente delle "*scorecard*" che includono i dati di turnover. Alliant Techsystems Inc. (un gruppo industriale USA, originariamente grande produttore di munizioni, che opera ora con il nome ATK nei settori difesa, sporting e aerospace) utilizza analitiche di business per setacciare i dati dei dipendenti e calcolare, in termini di "modello del rischio di fuga", la probabilità che uno specifico dipendente si dimetta.[56] Troverete altri esempi nel successivo riquadro Tendenze HR.

APPROFONDIMENTI **Tendenze HR: Social media e digitale**

La retention alla SAS

Gli strumenti digitali e social possono migliorare drasticamente il processo di coinvolgimento/retention del dipendente. Il programma di retention dell'azienda software SAS setaccia i dati dei dipendenti su tratti quali abilità, anzianità di servizio, prestazioni, titolo di studio e amicizie, e può predire quali dipendenti di alto valore hanno più probabilità di dimettersi nel prossimo futuro (consentendo all'azienda di provare a evitarlo).[57] Come abbiamo visto, Alliant Techsystems ha creato un "modello del rischio di fuga" per calcolare le probabilità che un dipendente se ne vada e prendere i provvedimenti del caso.[58] Sulla base della sua analisi dei risultati di indagini precedenti, il sondaggio "Googlegeist" di Google contiene cinque domande mirate a identificare i Googler che più probabilmente se ne andranno; se le risposte di un team scendono sotto il 70% di gradimento, Google prende provvedimenti.[59] Il software analitico di Evolv (ora Cornerstone, www.cornerstoneondemand.com/evolv) può elaborare più di 500 milioni di singoli dati in un array di elementi che vanno dai tassi di disoccupazione all'uso dei social media di una persona per aiutare Xerox a migliorare la retention.[60] Ad esempio, Evolv ha scoperto che i dipendenti con due account su social media hanno prestazioni molto migliori di quelli che ne hanno di più o di meno, e che nel lavoro nei call center i dipendenti con qualche precedente penale ottengono risultati migliori di quelli incensurati.[61]

Distacco dal lavoro

Purtroppo il turnover volontario è solo una delle forme di distacco e disaffezione al lavoro da parte dei dipendenti. In senso generale, distacco significa separarsi dalla propria situazione attuale, e spesso è un mezzo per evadere da parte di una persona insoddisfatta o impaurita. Il concetto di *distacco dal lavoro* significa intraprendere "azioni pensate per porre una distanza fisica o psicologica tra il dipendente e il suo ambiente lavorativo".[62]

Scarsa presenza e turnover volontario sono due modi per distaccarsi; altri tipi familiari di distacco dal lavoro possono essere meno evidenti ma non meno nocivi. Una persona può dimostrare la sua disaffezione al lavoro passando molto tempo nei corridoi a chiacchierare con i colleghi, facendo molte pause informali, e semplicemente evitando parti del suo lavoro che trova onerose.[63] Altri dipendenti smettono di "essere presenti" mentalmente ("distacco psicologico"), standosene semplicemente alla scrivania pensando ad altro mentre la produttività cala.[64] Il dipendente c'è, ma è mentalmente assente. In effetti, il *processo di distacco dal lavoro* tende a essere incrementale, e spesso inizia con il sognare ad occhi aperti alla scrivania, per poi passare alle assenze e finire con le dimissioni: "quando un dipendente percepisce che un distacco temporaneo non risolverà i suoi problemi, è pronto a scegliere una forma di distacco più permanente", come il turnover.[65]

Gestione del distacco dal lavoro[66]

Molte persone hanno provato il desiderio di "evadere", quindi non è difficile capire chi sente un bisogno di fuga. Le persone tendono verso situazioni che le fanno stare bene, e si allontanano da quelle che provocano malessere. In termini più tecnici, "stati emotivi negativi rendono le persone consapevoli che la loro situazione attuale è problematica, e tale consapevolezza le motiva a fare qualcosa".[67] Le persone provano repulsione per le situazioni che producono emozioni sgradevoli e di disagio, e sono attratte da quelle che producono situazioni piacevoli.[68] Il punto è che più l'atteggiamento di una persona è negativo (o meno positivo) nei confronti di una situazione, più è probabile che la persona cerchi di distaccarsi o evitare la situazione.[69]

Il manager deve quindi ragionare su strategie che riducano il distacco con la riduzione degli effetti negativi del lavoro e/o l'aumento dei suoi effetti positivi. Le potenzialità negative e positive sono praticamente illimitate, quindi per affrontare il distacco è necessario un approccio esaustivo di gestione delle risorse umane.

Esempi di potenzialità negative sono, ad esempio, lavori noiosi, supervisione carente, salari bassi, bullismo, mancanza di prospettive di carriera e cattive condizioni lavorative. Le potenzialità positive includono arricchimento della posizione, supervisione collaborativa, stipendio equo/benefit orientati alla famiglia, processi disciplinari equi e con possibilità di appelli e revisioni, opportunità di sviluppo della carriera, condizioni lavorative sicure e salubri e buona atmosfera sul posto di lavoro.[70] Colloqui, indagini e osservazione possono essere d'aiuto per identificare i problemi da risolvere.

Sempre più dipendenti portano a casa il lavoro grazie a smartphone e iPad, quindi la lontananza (non il distacco) dei dipendenti non è sempre un aspetto negativo. Due ricercatori hanno rilevato che l'allontanamento dal posto di lavoro migliora la vita familiare, e consigliano di elaborare un sistema che garantisca la possibilità di passare più tempo in famiglia. Ad esempio, il dipendente e il suo partner potrebbero "stabilire alcune regole, come lasciare libero il weekend dal lavoro o spegnere il telefonino dopo cena".[71]

8.5 Gestione di promozioni e trasferimenti

Spesso pianificazione della carriera e mentoring precedono decisioni di promozione. La maggior parte delle persone desidera una promozione, che di solito significa stipendio più alto, responsabilità e (spesso) soddisfazione sul lavoro. Per le aziende, le promozioni possono offrire opportunità di ricompensare prestazioni eccezionali, e di coprire posizioni aperte con dipendenti collaudati e leali. Il processo di promozione, però, non sempre è un'esperienza positiva, e può essere minato da ingiustizie e segretezza. Inoltre, dato il ridimensionamento di molte aziende, alcune "promozioni" si concretizzano in un lavoro più difficile ma non necessariamente meglio pagato.

Di solito la promozione è una cosa positiva per chi la riceve, ma che dire di chi invece resta indietro?[75] Ci vuole cautela. In uno studio, gli allievi ufficiali militari che non avevano ricevuto avanzamenti di carriera avevano maggiori possibilità di assumere atteggiamenti controproducenti sul lavoro (come atti di aggressione fisica o verbale, furti e dormire in servizio) rispetto a chi li aveva ottenuti.

Ecco alcune decisioni importanti legate agli avanzamenti di carriera.

Decisione 1: La regola è l'anzianità o la competenza?

La decisione forse più importante è il criterio della promozione: anzianità, competenza, o una qualche combinazione di entrambe?

Oggi l'attenzione alla competitività favorisce la competenza, ma esistono alcuni fattori condizionanti. Gli accordi sindacali contengono a volte clausole che privilegiano l'anzianità, e anche in molte organizzazioni del settore pubblico i regolamenti favoriscono l'anzianità rispetto alla competenza.

Decisione 2: Come misurare la competenza?

Se l'azienda opta per la competenza, deve definirla e misurarla. Nel caso delle prestazioni passate, definizione e misurazione sono piuttosto semplici; le promozioni, però, dovrebbero basarsi su procedure che predicano le prestazioni future del candidato.

Nel bene e nel male, la maggior parte delle aziende usa come guida le prestazioni passate, e presume che (sulla base delle esemplari prestazioni già fornite) la persona svolgerà bene il suo nuovo lavoro. Molte altre aziende impiegano test o centri di valutazione, oppure strumenti quali la **matrice prestazione/potenziale** (Capitolo 6), per valutare i dipendenti promuovibili e identificare quelli con potenzialità dirigenziali.

Ad esempio, date le questioni di pubblica sicurezza, i dipartimenti di polizia e dell'esercito intendono essere molto sistematici nella valutazione dei candidati da promuovere a posizioni di comando. Per la polizia, le tradizionali valutazioni per la promozione includono un test di conoscenza scritto, un centro di valutazione, dei crediti di anzianità e un punteggio basato sulle recenti valutazioni delle prestazioni. Nella maggior parte dei casi è prevista anche una revisione dei record personali, che include la valutazione delle influenze correlate al lavoro quali didattica ed esperienza relative alla supervisione, valutazioni da più fonti e una valutazione sistematica delle evidenze comportamentali.[76]

Parola chiave

Matrice prestazione/potenziale

Nella pianificazione della forza lavoro, visualizza tre livelli delle correnti prestazioni lavorative (eccezionali, a regime, non ancora a regime) nella prima riga, e tre livelli di potenziale probabile (idoneo alla promozione, spazi di crescita nella posizione corrente, improbabile crescita oltre la posizione corrente) in verticale.

Decisione 3: Il processo è formale o informale?

In molte aziende il processo di promozione è informale; le posizioni aperte non vengono necessariamente rese pubbliche, e i manager chiave possono usare dei loro criteri "personali" per prendere le decisioni. In questi casi i dipendenti possono (ragionevolmente) concludere che fattori quali "le conoscenze" sono più importanti delle prestazioni, e che è inutile lavorare troppo sperando di farsi strada.

Altre aziende definiscono politiche e procedure formali e pubblicate per la promozione. Ai dipendenti è distribuita una *politica formale delle promozioni* che descrive i criteri utilizzati dall'azienda in quest'ambito. Una *politica della ricerca di personale* dichiara che l'azienda pubblicizzerà le posizioni aperte e i relativi requisiti, comunicandoli a tutti i dipendenti. Come spiegato nel Capitolo 4, molte aziende mantengono anche delle *banche dati delle qualifiche dei dipendenti*, e utilizzano diagrammi di rimpiazzo e sistemi computerizzati di informazioni sui dipendenti.

Decisione 4: Verticale, orizzontale o altro?

Le promozioni non sono necessariamente verso l'alto; come si fa a motivare i dipendenti con la prospettiva di una promozione quando l'azienda sta ridimensionando? E in che modo è possibile fornire opportunità di promozioni a chi, come ad esempio un ingegnere, può essere poco interessato a un ruolo manageriale?

Esistono diverse possibilità. Alcune aziende, come la divisione esplorativa di British Petroleum (BP), creano due percorsi di carriera paralleli, uno per i manager e l'altro per i "collaboratori individuali" come gli ingegneri ad alto rendimento. Alla BP, i collaboratori individuali possono salire verso posizioni non di supervisione ma comunque senior, come ad esempio "senior engineer", che comportano un aspetto finanziario simile a quello delle posizioni manageriali di pari livello.

Un'altra possibilità consiste nello spostamento orizzontale, ad esempio il passaggio di un impiegato della produzione alle risorse umane, per sviluppare le sue capacità e per mettere alla prova le sue attitudini. In un certo senso è possibile anche "promuovere" una persona lasciandola nella sua stessa posizione, che può essere arricchita e migliorata nel carico di responsabilità.

Infine, parlate con i dipendenti che potevano aspirare a una promozione ma che non erano ancora pronti. Per dirla con il capo delle HR di Google, è molto meglio che vederli andare via o distaccarsi.[77]

Gestione dei trasferimenti

Un **trasferimento** è lo spostamento da una posizione a un'altra, di solito senza variazioni di grado né di salario. Le aziende possono trasferire un lavoratore per liberare una posizione in cui non è più necessario, per coprirne una in cui è necessario, o più in generale per trovare una posizione più adatta al dipendente. Oggi molte aziende aumentano la produttività consolidando le posizioni; i trasferimenti sono un modo per dare a un dipendente sostituito la possibilità di un nuovo incarico, o magari di una crescita personale. I dipendenti cercano il trasferimento per varie ragioni, tra cui una posizione più interessante, una maggior comodità (orari migliori, sede di lavoro e cosi via) o posizioni che offrano maggiori possibilità di avanzamento. In alcuni casi, promozioni e trasferimenti richiedono al dipendente un trasferimento geografico; il dipendente deve perciò valutare non solo la posizione, ma anche l'effetto del trasferimento sulla sua famiglia.

APPROFONDIMENTI **Questioni di diversità**

Il gap di genere

Nel mondo del lavoro statunitense, le donne non riescono ancora a raggiungere i livelli più alti della carriera in numeri proporzionali alla loro presenza. Le donne costituiscono oltre il 40% della forza lavoro, ma solo il 2% delle posizioni di top management, e ciò può essere dovuto in gran parte a una discriminazione esplicita o subdola. Uno studio ha rivelato che, per essere promosse, le donne dovevano ricevere valutazioni delle prestazioni più alte rispetto agli uomini, "suggerendo che gli standard per la promozione di una donna sono più stringenti".[78] Le donne segnalano barriere più alte (come l'esclusione dalle reti informali) di quelle segnalate dagli uomini, e maggiori difficoltà nell'ottenere incarichi con contenuti di sviluppo. Le donne devono essere più propositive degli uomini per ottenere incarichi di questo genere. Le donne appartenenti a minoranze sembrano essere particolarmente a rischio; le donne di colore occupano solo una piccola percentuale delle posizioni professionali e manageriali nel settore privato.[79]

Purtroppo, molti programmi di sviluppo della carriera non rispondono alle necessità delle donne, appartenenti a minoranze o meno. Per esempio, molti di questi programmi sottovalutano il ruolo giocato dalle responsabilità familiari nella vita di molte donne (e di molti uomini). Analogamente, alcuni programmi presuppongono che i percorsi di carriera siano continui, ma la necessità di lasciare temporaneamente il lavoro per occuparsi delle necessità familiari si presenta spesso nel corso della carriera di molte persone di colore e delle donne (e a volte anche degli uomini).[80] Spesso questo insieme di ostacoli sottili (ma anche non tanto sottili) alla carriera delle donne è detto *barriera invisibile* (o soffitto di vetro, dall'inglese *glass ceiling*). Le aziende devono eliminare le barriere che intralciano la carriera delle donne, e di seguito sono indicati alcuni passi specifici.

- **Eliminare le barriere istituzionali**: Molte pratiche, come le riunioni imposte a tarda sera, possono sembrare disgiunte dal genere ma in realtà penalizzano nettamente le donne.
- **Migliorare reti e mentoring**: Per migliorare le opportunità di fare rete delle proprie dipendenti, Marriott International ha istituito una serie di conferenze sulla leadership esclusivamente per donne. Le oratrici offrono consigli pratici per l'avanzamento di carriera e condividono le loro esperienze, ma soprattutto le conferenze offrono opportunità informali (come gli incontri a pranzo) per le donne di Marriott di incontrarsi e costruire relazioni professionali.
- **Sfondare la barriera invisibile**: Per eliminare le barriere invisibili non è sufficiente un ordine dell'AD, perché di solito il problema è sistemico. Secondo un esperto, "le radici della discriminazione di genere affondano in una piattaforma di pratiche lavorative, norme culturali e immagini che non sembrano faziose... Le persone non le notano neanche, né tantomeno le mettono in discussione." Si va dai meeting a tarda sera appena menzionati alle iscrizioni ai club di golf.
- **Adottare percorsi di carriera flessibile**: Le scale rigide di promozione (come "per poter essere partner devi lavorare otto anni per 50 ore alla settimana") possono rappresentare un handicap per le donne, che spesso hanno maggiori responsabilità nella crescita dei figli. In molte grandi aziende contabili, quindi, gli uomini hanno più possibilità delle donne di totalizzare la dozzina d'anni di lavoro normalmente necessaria per poter diventare partner. Una possibile soluzione consiste nell'istituire percorsi di carriera che includano orari ridotti e programmi di lavoro annuali più flessibili, che consentano alle donne di ridurre periodicamente la loro presenza sul lavoro pur rimanendo nel percorso di partnership. Ad esempio, quando l'azienda contabile Deloitte & Touche si è accorta che stava perdendo dei buoni revisori donna, ha istituito un nuovo programma di lavoro flessibile/ridotto che ha consentito di rimanere in azienda a molte madri lavoratrici che altrimenti se ne sarebbero andate.[81]

Gestione dei pensionamenti

Per molti dipendenti, la conclusione di anni di valutazioni e pianificazione della carriera è rappresentata dal pensionamento.

La programmazione dei pensionamenti è un'importante questione a lungo termine per le aziende. Negli Stati Uniti il numero delle persone di età tra i 25 e i 34 anni sta crescendo lentamente, e quello delle persone tra i 35 e i 44 anni si sta riducendo. Quindi, con tanti dipendenti cinquantenni o sessantenni che si avvicinano alla tradizionale età della pensione, la carenza di lavoratori di talento causata dal pensionamento è una minaccia incombente; molte aziende, però, si sono concentrate meno su questo problema a lungo termine che sulla necessità di ridimensionamenti a breve termine per tagliare i costi.[82]

Molte aziende hanno scelto saggiamente di riempire parzialmente i vuoti del loro personale con pensionati o quasi pensionati. Fortunatamente, il 78% dei dipendenti ha affermato in un sondaggio che prevede di continuare a lavorare in una qualche misura anche dopo l'età della pensione (il 64% vorrebbe lavorare part-time). Soltanto un terzo circa sostiene di voler lavorare per motivi finanziari; il 43% ha affermato di voler semplicemente rimanere attivo.[83]

La sintesi è che la "programmazione del pensionamento" non serve più soltanto ad aiutare i dipendenti ad andare in pensione,[84] ma può anche dare la possibilità all'azienda di mantenere, in qualche misura, le capacità di coloro che normalmente lascerebbero l'azienda.

Un primo passo ragionevole è condurre un'analisi numerica dei pensionamenti imminenti. Ciò dovrebbe includere un'analisi demografica (con un censimento dei dipendenti), una determinazione dell'età di pensionamento media dei dipendenti dell'azienda e un'analisi dell'impatto del pensionamento sui benefit aziendali relativi alle cure mediche e alle pensioni. L'azienda potrà poi determinare l'entità del "problema pensioni" e prendere provvedimenti di pianificazione della forza lavoro basati su fatti concreti.[85]

Metodi

Le aziende che vogliono attrarre e/o trattenere i pensionati devono seguire alcuni passi. L'idea generale è istituire politiche delle risorse umane che incoraggiano e supportano i lavoratori maturi. Non sorprende che alcuni studi mostrino come i dipendenti più impegnati e fedeli all'azienda siano quelli che hanno maggiori probabilità di rimanervi oltre la normale età pensionabile.[86] Il tutto inizia spesso creando una cultura aziendale che dia valore all'esperienza. Ad esempio, la catena di farmacie CVS sa che i tradizionali mezzi di reclutamento, come i cartelli "cercasi personale", potrebbero non attrarre i lavoratori maturi, quindi ha scelto di lavorare con il National Council on Aging, le agenzie comunali e le organizzazioni sul territorio per trovare nuovi dipendenti. CVS ha anche messo in chiaro che i lavoratori maturi sono i benvenuti: "Sono troppo giovane per andare in pensione. [CVS] è desiderosa di assumere persone mature. Non guarda all'età, ma all'esperienza", ha affermato uno zelante lavoratore maturo.[87] Altre aziende modificano le procedure di selezione; ad esempio, una banca inglese ha smesso di utilizzare i test psicometrici e li ha sostituiti con esercizi di gioco di ruolo per misurare l'interazione dei candidati con i clienti.

Le aziende hanno diverse opzioni per trattenere i lavoratori maturi, tra cui posizioni part-time, l'assunzione come consulenti o lavoratori temporanei, la proposta di accordi flessibili, l'incoraggiamento a lavorare oltre la tradizionale età della pensione, la formazione per aggiornare la professionalità e l'istituzione di un programma di pensionamento a scaglioni. Quest'ultimo consente ai lavoratori maturi di andare in pensione gradualmente, con orari di lavoro progressivamente ridotti.[88]

8.6 Gestione dei licenziamenti

Non tutti i rapporti di lavoro finiscono per volontà del dipendente. Alcuni piani di carriera e valutazioni non si concludono con una promozione o con un pensionamento dolce, ma con un *licenziamento*, ovvero la conclusione involontaria dell'impiego presso l'azienda. Il modo migliore per "gestire" questo turnover involontario consiste anzitutto nell'evitarlo, se possibile. Molti licenziamenti, ad esempio, nascono da decisioni di assunzione sbagliate. L'impiego di test di valutazione, controllo di referenze e background, test antidroga e mansioni chiaramente definite può ridurre la necessità di licenziamenti.[89]

Il contratto di lavoro a tempo indeterminato ha rappresentato storicamente in Italia la forma più importante e tutelata di rapporto di lavoro fino a tempi molto recenti. Il cosiddetto Jobs Act (legge delega 183/2014 successive norme attuative, http://www.jobsact.lavoro.gov.it/) ha introdotto importanti innovazioni, tra cui l'abrogazione del diritto al reintegro del posto di lavoro in caso di licenziamento senza giusta causa o giustificato motivo (ex articolo 18 dello Statuto dei lavoratori), ora sostituito da un indennizzo (cosiddetto contratto *a tutele crescenti*: D.lgsl. 23/2015). Per approfondimenti si faccia riferimento ai seguenti siti: https://www.cliclavoro.gov.it/Jobs-act/Pagine/Tutele-crescenti-nel-contratto-a-tempo-indeterminato.aspx e http://www.licenziamentogiustacausa.it/giusta_causa/giusta_causa_per_licenziamento.html.

Motivi di licenziamento nel sistema statunitense

L'attuale ordinamento italiano ha recentemente introdotto, pur con alcune forme obbligatorie di indennizzo, la possibilità di licenziare anche in mancanza di giusta causa o giustificato motivo. Il nostro ordinamento, pur con una serie di importanti differenze storiche e culturali ancora ben radicate nella normativa vigente e nella prassi, tende ad acquisire nel tempo un grado di flessibilità che lo avvicina al sistema statunitense. Negli USA esistono tipicamente quattro motivazioni per il licenziamento: prestazioni non soddisfacenti, cattiva condotta, mancanza di qualifiche per la posizione e cambiamento dei requisiti (o eliminazione) della posizione.

Prestazioni non soddisfacenti: fallimento persistente nell'esecuzione dei compiti assegnati o nel soddisfacimento degli standard prescritti per il lavoro.[94] Tra le ragioni specifiche vi sono assenteismo eccessivo, ritardi, incapacità persistente di soddisfare i normali requisiti della posizione, atteggiamento avverso nei confronti dell'azienda, del supervisore o dei colleghi.

Cattiva condotta: violazione volontaria e deliberata delle regole aziendali; può includere furto, comportamento turbolento e insubordinazione.

Mancanza delle qualifiche per la posizione: incapacità del dipendente, seppur diligente, di svolgere il lavoro assegnato. Se il dipendente cerca effettivamente di svolgere il lavoro è ragionevole cercare di recuperarlo, magari assegnandogli un'altra posizione.

Cambiamento dei requisiti della posizione: il dipendente non è in grado di svolgere il lavoro dopo che la natura della posizione è cambiata. Una situazione analoga è il licenziamento di un dipendente dopo che la sua posizione è stata eliminata. Anche in questo caso il dipendente può essere diligente, quindi è ragionevole offrirgli una formazione e trasferirlo, se possibile.

Insubordinazione: è una forma di cattiva condotta, e a volte è motivo di licenziamento. Le due categorie di base di insubordinazione sono il rifiuto di eseguire gli ordini del superiore e il comportamento irrispettoso nei confronti dello stesso, presumendo che gli ordini siano legittimi e che il superiore non abbia incitato una reazione ricorrendo a comportamenti estremi. Di seguito sono riportati alcuni esempi di insubordinazione:[95]

- Inosservanza diretta dell'autorità del superiore
- Disobbedienza diretta, o rifiuto di obbedire all'ordine di un superiore, particolarmente in presenza di altri
- Sprezzo deliberato di politiche, regole, regolamenti e procedure aziendali chiaramente dichiarate
- Critica pubblica del superiore
- Inosservanza plateale di istruzioni ragionevoli
- Dimostrazione sprezzante di mancanza di rispetto
- Inosservanza della catena di comando
- Partecipazione (o conduzione) di un tentativo di indebolimento e rimozione dal potere di un superiore

Parola chiave
Insubordinazione
Inosservanza o disobbedienza intenzionale dell'autorità di un superiore o di ordini legittimi.

Il licenziamento non è mai facile, ma il manager può prendere provvedimenti per renderlo onesto.[96] Anzitutto, va consentito al dipendente di spiegare per quale motivo ha fatto ciò che ha fatto. Può darsi, ad esempio, che il dipendente abbia "disobbedito" all'ordine perché non l'ha capito. Inoltre, le persone che ottengono una *spiegazione completa* del motivo per cui è stato deciso il licenziamento "hanno maggiori probabilità di percepirlo come onesto... E di indicare che non intendono portare in tribunale l'ex datore di lavoro."

In secondo luogo, sono necessari una *procedura in più passi* (tra cui l'avvertimento) e una procedura di appello.

Inoltre, è importante anche la persona che effettua il licenziamento. In uno studio è stato verificato che i dipendenti informati del licenziamento dai propri manager lo hanno percepito come più giusto rispetto a coloro a cui è stato comunicato, ad esempio, da un manager delle risorse umane. Alcune aziende hanno un approccio meno diplomatico: circa il 10% dei partecipanti a un'indagine ha rivelato di aver utilizzato l'e-mail per licenziare i dipendenti.[97] Quando JCPenney licenziò migliaia di dipendenti nel 2012, molti furono licenziati in gruppi che andavano da qualche decina a più di 100 in un auditorium.[98] Utilizzate la persona giusta, ed eseguite il licenziamento in modo umano.

MyLab **In depth 2**

Infine, i dipendenti licenziati che ritengono di essere stati trattati ingiustamente dal punto di vista economico hanno più probabilità di fare causa all'azienda. Molte aziende usano la *buonuscita* per ridurre l'impatto di un licenziamento.

Counseling di ricollocamento

Con il **counseling di ricollocamento** l'azienda incarica un'agenzia esterna di fornire ai dipendenti licenziati competenze di pianificazione della carriera e di ricerca del lavoro. Le agenzie di solito forniscono i servizi di ouplacement veri e propri. I dipendenti (di solito manager o professionisti) licenziati tipicamente possono disporre di uno spazio ufficio e di servizi di segreteria presso gli uffici delle agenzie,

Parola chiave
Counseling di ricollocamento
Un processo sistematico nel quale a una persona il cui rapporto di lavoro è terminato vengono offerti formazione e counseling nelle tecniche di autovalutazione e nella ricerca di una nuova posizione.

oltre ai servizi di counseling. Il counseling di ricollocamento fa parte del pacchetto di supporto o di buonuscita del dipendente licenziato.

Perché non offrire servizi di ricollocamento ad integrazione della liquidazione? In genere, offrire servizi di ricollocamento sembra avere effetti positivi sia per il dipendente licenziato che per l'azienda.[104]

Per il dipendente

Che cosa di deve fare quando ci si ritrova improvvisamente senza un avanzamento di carriera o si perde addirittura il posto di lavoro?[105] La maggior parte delle persone si lascia andare a un comprensibile stato di shock, con atteggiamenti di rabbia e rifiuto. Esiste però una reazione molto più costruttiva: cercare di capire perché è successo. Non è facile. E' necessario cercare di comprendere in che modo si è eventualmente contribuito a generare un problema, poi valutare obiettivamente che cosa cambiare in futuro, tenendo presente che (per quanto sia difficile) la perdita va considerata come una possibile opportunità. Poi si può passare a valutare le nuove opzioni disponibili per non lasciarsi sfuggire l'occasione giusta.

Colloquio di fine rapporto

Molte aziende conducono **colloqui di fine rapporto** con i dipendenti che se ne vanno; di solito il colloquio è condotto da un professionista delle HR subito prima dell'uscita del dipendente allo scopo di raccogliere informazioni utili all'azienda a proposito dell'azienda stessa. Tra le domande più frequenti: Come è stato reclutato? La posizione è stata presentata in modo onesto e corretto? Com'era l'ambiente lavorativo? Com'era lo stile di management del suo supervisore? Che cosa le è piaciuto di più/di meno dell'azienda?[106] Altre domande potrebbero riguardare le HR (ad esempio i processi di assunzione e promozione dell'azienda), lo stile e l'efficacia dirigenziali dei manager, il lavoro stesso (incluse le condizioni lavorative), parametri competitivi (ad esempio, i salari rispetto alle aziende concorrenti) e idee per migliorare. Le probabilità di dimissioni precoci sono maggiori per donne e minoranze, quindi questo è un aspetto da monitorare.[107] Infine, cercate di fare in modo che il dipendente in uscita mantenga una buona opinione sull'azienda.[108]

Parola chiave

Colloquio di fine rapporto

Colloqui condotti dal datore di lavoro immediatamente prima che il dipendente lasci l'azienda, allo scopo di capire meglio le sue opinioni sull'azienda.

Il presupposto è che il dipendente che se ne sta andando sarà onesto, ma è anche probabile che le informazioni che si otterranno siano discutibili.[109] Una ricerca ha rilevato che al momento della separazione il 38% dei dimissionari incolpa stipendio e benefit, e solo il 4% la supervisione; dopo 18 mesi, il 25% dello stesso campione incolpa la supervisione, e solo il 12% il salario e i benefit.

Il processo di fine rapporto

Il colloquio è solo una parte di una fine rapporto razionale; l'azienda dovrebbe seguire una checklist. Dovrebbe accertarsi, ad esempio, che il dipendente restituisca tutte le chiavi e le dotazioni aziendali, che tutte le password dei computer e di accesso ai database siano disattivate, e che un'opportuna comunicazione sia diramata internamente (ad esempio agli altri dipendenti, se è il caso, e all'ufficio paghe) ed esternamente, che il dipendente lasci la sede puntualmente e che, se necessario, siano prese le precauzioni necessarie a garantire la sicurezza.

Secondo un'indagine, quasi il 40% dei lavoratori licenziati lascia una recensione negativa dell'azienda sui social media. La maggior parte dei possibili nuovi dipendenti cerca queste recensioni, quindi anche per questo motivo è opportuno far sì che la separazione sia il più possibile umana e indolore.[110]

Sempre più dipendenti statunitensi oggi si dimettono senza preavviso. A volte ciò è giustificato. Ad esempio, chi va a lavorare per la concorrenza non dovrebbe più avere accesso alle informazioni dell'attuale datore di lavoro. Ma più spesso le dimissioni senza preavviso derivano dal non conoscere il tradizionale preavviso di due settimane, oppure dal vedere che un gran numero di colleghi viene licenziato.[111]

Sospensioni

Una fine rapporto non disciplinare può partire dall'azienda o dal dipendente. Per quanto riguarda l'azienda, una sospensione può essere motivata da un calo delle vendite o dei profitti, oppure dal desiderio di una maggiore produttività. I dipendenti, come abbiamo visto, possono concludere il rapporto perché hanno trovato un lavoro migliore altrove, per andare in pensione o per altri motivi. Una **sospensione**, per la quale l'azienda lascia a casa i lavoratori per un certo periodo a causa della mancanza di lavoro, di solito non è un licenziamento permanente (anche se può diventarlo). Si tratta di un licenziamento temporaneo, che l'azienda ritiene sia a breve termine. Alcune aziende però usano il termine sospensione come eufemismo del licenziamento. Negli anni di profonda recessione nel 2008 e 2009, le aziende statunitensi hanno eseguito un totale di circa 51.000 sospensioni di massa, rendendo inattivi oltre 5 milioni di lavoratori.[113]

Il processo di sospensione

Uno studio illustra il processo di sospensione di un'azienda, nella quale l'alta dirigenza si è anzitutto riunita per prendere decisioni strategiche sulla dimensione e la tempistica delle sospensioni, discutendo anche l'importanza relativa delle competenze necessarie all'azienda per proseguire le attività. Successivamente i supervisori hanno valutato i loro subordinati, classificando in categorie A, B e C i dipendenti non sindacalizzati (quelli sindacalizzati erano coperti da un accordo sindacale che legava le sospensioni all'anzianità di servizio). I supervisori hanno poi informato ciascun subordinato della sua classificazione, informando chi era classificato come C della sua condizione di "esubero" e della maggiore probabilità di essere sospeso.[114]

Adattamento a ridimensionamenti e fusioni

Ridimensionare significa ridurre, di solito sensibilmente, il numero delle persone impiegate da un'azienda. Il concetto di base è tagliare i costi e aumentare la redditività. I ridimensionamenti (definiti da alcuni "programmi di trasformazione della produttività"[115]) richiedono l'attenta considerazione di diversi aspetti.

1. Accertarsi di *licenziare le persone giuste*, e ciò presuppone l'uso di un sistema di valutazione efficace.
2. Operare in *conformità* a tutte le leggi vigenti.
3. Garantire che l'azienda effettui i licenziamenti in modo *giusto ed equo*.
4. Considerare gli aspetti pratici di *sicurezza*, ad esempio la restituzione delle chiavi e la verifica che i dipendenti licenziati non asportino alcun oggetto vietato.
5. Ridurre il senso di incertezza dei dipendenti che rimangono, considerando i loro timori. Tipicamente ciò si concretizza in un annuncio e in un programma successivi al ridimensionamento, con incontri in cui i dirigenti senior rispondono alle domande dei dipendenti rimasti.

I ridimensionamenti non sono piacevoli, ma non devono necessariamente essere ingiusti. Fornire un preavviso riguardante il licenziamento può aiutare ad ammortizzare gli effetti negativi, e lo stesso vale per la sensibilità personale (nel senso del comportamento del manager che se ne occupa).[116] Licenziamenti e turnover sono particolarmente dannosi in aziende con sistemi lavorativi ad alte prestazioni quali Toyota Motor,[117] e in tali casi può essere particolarmente importante riuscire a ridurre i costi senza tagliare la forza lavoro. Tra le possibilità vi sono il congelamento, l'introduzione di un blocco delle assunzioni prima di ridurre la forza lavoro, fornire comunicazioni oneste sulla necessità di ridimensionamento, offrire ai dipendenti l'opportunità di esprimere le loro opinioni in proposito ed essere onesti e umani nell'implementazione del ridimensionamento.[118]

CASO DI STUDIO

Enel

di Sara Severino e Martina Stucchi

Enel è una multinazionale dell'energia e uno dei principali operatori integrati globali nei settori dell'elettricità e del gas, con un particolare focus su Europa e America Latina. Il Gruppo opera in più di 30 Paesi su 4 continenti, ha un organico di più di 60.000 persone, produce energia attraverso una capacità installata netta di oltre 96 GW e distribuisce elettricità e gas su una rete di circa 1,9 milioni di chilometri. Con 61 milioni di utenze nel mondo, Enel registra la più ampia base di clienti rispetto ai suoi competitor europei e si situa fra le principali aziende elettriche d'Europa in termini di capacità installata e reported EBITDA (*Earnings Before Interests, Taxes, Depreciation and Amortization*, un indicatore di profittabilità molto importante). Nel 2015 Enel ha conseguito ricavi per circa 76 miliardi di euro, gestendo un parco centrali molto diversificato: idroelettrico, termoelettrico, nucleare, geotermico, eolico, fotovoltaico e altre fonti rinnovabili. Oltre il 47% dell'energia elettrica prodotta da Enel è priva di emissioni di anidride carbonica, rendendo il Gruppo uno dei principali produttori di energia pulita. Quotata dal 1999 alla Borsa di Milano, Enel è la società italiana con il più alto numero di azionisti, 1,1 milioni tra retail e istituzionali.

Enel si trova ad operare in un ambiente sempre più dinamico e imprevedibile e la sua risposta per affrontare le sfide del presente e del domani è Open Power. Open Power è una vision, una strategia, un concreto modo di lavorare e operare al suo interno ed esterno, che permette all'azienda di creare valore per tutti i suoi stakeholder. Con la *mission* 2025, fondata su Open Power, Enel si impegna ad aprire l'energia a più persone, ad aprire il mondo dell'energia alle nuove tecnologie, a sviluppare nuovi modi di gestire l'energia per le persone, ad aprirsi a nuovi usi dell'energia e ad aprire nuove partnership, perché crede che collaborare sia il miglior modo di raggiungere tutto questo.

Enel accompagna le sue persone, i suoi fornitori, i suoi clienti e le realtà in cui opera all'interno di un percorso, fondato su 4 valori, il cui acronimo è TRIP: *Trust, Responsibility, Innovation* e *Proactivity.* Questi valori sono stati co-creati con le persone che lavorano all'interno di Enel attraverso interviste, focus group e sondaggi cui hanno partecipato più di 8000 persone. I 4 valori sono stati poi tradotti in 10 comportamenti che costituiscono la base per i processi relativi alle Risorse Umane.

Open Power è la chiave per l'importante trasformazione che sta vivendo Enel: da un'azienda più gerarchica a un'azienda più orizzontale, da un'azienda più burocratica a un'azienda più flessibile, a un'azienda dove la possibilità di sbagliare viene premiata perché significa proattività, innovazione e responsabilità, dove l'importante è apprendere dall'errore e condividere l'apprendimento. In quest'ottica è nato il progetto, lanciato dalla funzione Innovazione in collaborazione con la funzione HR, *My Best Failure*, dove le persone sono invitate a condividere il miglior errore della propria vita professionale e l'insegnamento ricevuto, per poi venire votati dai colleghi e avere l'opportunità di vincere la possibilità di lavorare un mese in un'altra area aziendale o in una delle start-up collegate a Enel.

In quest'ottica di trasformazione Enel è passata ad avere una struttura a matrice, per favorire la collaborazione, e sono stati semplificati tutti i processi HR, così da renderli più fruibili ed efficaci. Lo strumento di valutazione della performance, ad esempio, è stato omogeneizzato per tutte le persone in azienda, che siano operai o top manager: tutti vengono valutati sugli stessi 10 comportamenti alla base della strategia Open Power, così da condividere in maniera sempre più profonda anche una cultura comune. Inoltre, il *core* del processo è la fase di feedback, strumento cruciale anche nel day by day, volto a sviluppare una cultura della conversazione e dell'apertura.

Sempre di più, inoltre, riveste una grande importanza il feedback tra colleghi, premesso che, in un'azienda sempre più orizzontale, la collaborazione tra pari, la condivisione di informazioni e la creazione di team misti sono il segreto del successo. Per promuovere e sviluppare iniziative in tal senso, Enel ha dato il via a due grandi progetti: la Segmentazione e l'*Enel Informal Network.* Il primo progetto si fonda sull'idea che come il Marketing segmenta i suoi clienti per offrire loro maggior valore, così la funzione HR deve fare altrettanto con le persone, che sono appunto clienti interni. È stato quindi utilizzato un questionario di

10 domande su aspirazioni, motivazione e desideri, che restituisce un profilo prevalente della persona basato sui suoi bisogni. Dall'analisi di questi risultati sono stati sviluppati vari progetti per segmentare i servizi e i benefit offerti e per creare team di lavoro eterogenei in modo da valorizzare la *diversity*. Enel Informal Network è invece un progetto per cui si è chiesto ad ogni persona, su base volontaria, di individuare i colleghi che erano soliti chiamare quando avevano un problema, quando cercavano empatia e quando volevano confrontarsi su un'idea innovativa. Gli obiettivi del progetto sono stati: scoprire le risorse invisibili dell'organizzazione, vale a dire quei colleghi che sono punti di riferimento informali, mappare le relazioni e promuovere azioni per capitalizzarle e creare network, condividere comportamenti efficaci e *best practice*, definire i *change agent* per supportare Open Power, identificare le aree di resistenza e le aree più ricettive rispetto al cambiamento.

Per quanto riguarda lo sviluppo delle persone, il focus in Enel è centrato sull'esperienza, con una forte enfasi sulla mobilità (anche trasversale e internazionale) per garantire esperienze diversificate alle persone, che consentano loro di vivere più punti di vista all'interno dell'organizzazione e di misurarsi con contesti sfidanti e diversificati, con responsabilità specifiche. Nei momenti di passaggio, inoltre, le persone vengono accompagnate da *tutor, mentor* o *coach*, al fine di facilitare la transizione e di consentire l'espressione delle potenzialità.

La diversità è un valore per Enel e con le iniziative ed i progetti del team People Care, all'interno di HR, l'azienda favorisce l'adozione di comportamenti, processi e valutazioni congrue a questo valore.

Si parla di *diversity* anche verso i giovani talenti: gli strumenti per attrarli, formarli, trattenerli e farli crescere non possono più essere gli stessi con cui ci si rivolgeva alle generazioni precedenti. In quest'ottica è stato creato un nuovo modello di reclutamento per cercare persone Open Power. Il colloquio di lavoro diventa un laboratorio, un percorso per mettere alla prova i candidati facendo emergere creatività, potenzialità e, soprattutto, l'affinità con i valori e la cultura aziendale. "Open Power parte dalle nostre persone e deve quindi essere il fattore chiave attraverso cui valutare i potenziali nostri giovani talenti", afferma Guido Stratta, responsabile Sviluppo Risorse Umane, Senior Executives e Holding HR Business Partner. "Il nostro obiettivo è mettere a disposizione dell'organizzazione un approccio innovativo che permetta di osservare nei candidati non solo i requisiti tecnici migliori, ma anche le loro *soft skills*, fondamentali per affrontare le sfide del cambiamento. Solo così è possibile generare reale valore.". I nuovi *Recruitment Day*, dedicati in particolare ai neolaureati, sono intere giornate in cui candidati, selezionatori e line esplorano potenzialità e competenze, misurandosi sull'ideazione di progetti di business. Si è passati da un approccio in cui il punto di partenza era il curriculum vitae a uno più completo, dove si cerca di mettere a fuoco personalità, competenze, modo di essere e idee, per comprendere al meglio le potenzialità del candidato a lavorare in un contesto innovativo, complesso e in continuo movimento come quello di Enel. All'ingresso in azienda poi i neoassunti vengono accompagnati in un programma di *welcome* e *onboarding* della durata di due anni.

La formazione è un altro fondamentale perno dell'organizzazione di Enel: solo così le persone possono crescere, arricchirsi, essere motivate e sviluppare entusiasmo e coinvolgimento. Tra i progetti in corso d'opera, riveste un'importanza strategica quello legato allo Storytelling. Dopo aver identificato i 4 valori e i 10 comportamenti di Open Power, la sfida è ora trovare un linguaggio comune a tutte le aree e le *country*, per raccontare Open Power. Il progetto parte dalla convinzione che solo attraverso la co-creazione di una storia che attribuisca un senso concreto alla strategia, i top manager potranno poi farsi portavoce e ambasciatori del cambiamento, così da portare a bordo tutte le persone, la risorsa più preziosa.

8.7 Riepilogo

1. I dipendenti devono assumersi la responsabilità della propria carriera, ma anche le aziende e i manager devono capire quali siano i metodi disponibili per la gestione delle carriere: istituire centri aziendali per le carriere, offrire laboratori di pianificazione della carriera, prevedere budget per lo sviluppo dei dipendenti e offrire laboratori e programmi online di sviluppo della carriera. Il metodo forse più semplice e diretto consiste nel legare alla carriera la valutazione vera e propria, nella misura in cui il riscontro della valutazione si collega ai piani e alle aspirazioni del dipendente. I supervisori possono avere un ruolo importantissimo nello sviluppo della carriera dei loro dipendenti.

2. Far sì che i dipendenti lavorino meglio implica un miglioramento delle proprie abilità di coaching. Idealmente, il processo di coaching implica preparazione (in termini di analisi dei problemi), programmazione (sviluppo di un piano di miglioramento), coaching attivo e riscontro. I mentori efficaci definiscono standard alti, investono il loro tempo, guidano i protetti in progetti importanti e dimostrano competenza e coerenza professionali.

3. Per gestire il turnover volontario è necessario identificare le cause e compiere i passi necessari. Un approccio esaustivo al mantenimento dei dipendenti dovrebbe essere poliedrico, e includere un miglioramento della selezione, un programma ben concepito di formazione e sviluppo della carriera, l'assistenza ai dipendenti nel definire potenziali piani di carriera, l'offerta ai dipendenti di un lavoro significativo con riconoscimenti e ricompense, la promozione di un equilibrio fra lavoro e vita, il riconoscimento dei risultati dei dipendenti, il tutto inserito in una cultura aziendale che supporti il lavoratore.
4. Il processo aziendale di pianificazione e di sviluppo della carriera può avere un ruolo nello stimolare il coinvolgimento dei dipendenti. Come abbiamo visto, attraverso questo processo l'azienda supporta i tentativi del dipendente di testare e sviluppare obiettivi di carriera fattibili, e di sviluppare le capacità e le esperienze richieste per raggiungere tali obiettivi. Se gestito in modo efficace, il processo aziendale di sviluppo della carriera dovrebbe trasmettere il messaggio che il successo di carriera del dipendente è importante per l'azienda.
5. Alcune decisioni hanno un forte peso sulle politiche di carriera di qualsiasi azienda: le promozioni avvengono in base all'anzianità o alla competenza? Come va misurata la competenza? Il processo è formale o informale? Ed è verticale, orizzontale o altro? In generale, i processi che guidano le promozioni devono essere conformi alle regole contro la discriminazione valide per le procedure di reclutamento e selezione dei dipendenti, e per tutte le attività delle risorse umane.
6. Negli USA, ma anche nel nostro Paese, tra le motivazioni sostanziali che possono portare a un licenziamento vi sono prestazioni non soddisfacenti, scarsa sostenibilità o cambiamento dei requisiti della posizione, mancanza di qualifiche, cattiva condotta e insubordinazione. Nell'operare il licenziamento di uno o più dipendenti è necessario tenere conto non solo di tutte le tutele e i vincoli previsti dal sistema normativo vigente, ma anche degli aspetti di equità sostanziale e di una condotta appropriata del processo che conduce al licenziamento, mettendo in atto per quanto possibile anche appropriate politiche di ricollocamento.

MyLab

Sulla piattaforma MyLab dedicata a questo testo troverete materiali di supporto e approfondimento. All'interno dello stesso ambiente è disponibile la piattaforma inglese MyManagementLab che offre ulteriori risorse, un ricco apparato multimediale ed esercizi guidati.

Parole chiave

Gestione della carriera	185	Mentoring	190
Sviluppo della carriera	185	Matrice prestazione/potenziale	201
Pianificazione della carriera	186	Insubordinazione	205
Carriera portfolio (Portfolio career)	187	Counseling di ricollocamento	205
Coaching	189	Colloquio di fine rapporto	206

Domande di discussione

8.1 Perché è consigliabile che un programma di mantenimento dei dipendenti sia esaustivo?

8.2 Spiegate l'importanza del coinvolgimento dei dipendenti, e come stimolarlo. Che cosa fareste esattamente in qualità di supervisore per aumentare il coinvolgimento dei vostri dipendenti?

8.3 Qual è il ruolo del dipendente nel processo di sviluppo della carriera? Quello del manager? Quello dell'azienda?

8.4 In qualità di manager delle risorse umane, preferireste che le premialità e gli avanzamenti di carriera per un gruppo di addetti alle vendite di un grande centro commerciale fossero gestite con procedure formali o informali?

8.5 Discutete almeno quattro suggerimenti procedurali per gestire in modo efficace i licenziamenti.

8.6 È vantaggioso adottare un approccio di gestione dei talenti per la gestione del mantenimento dei dipendenti? Perché, o perché no?

8.7 Che cosa fareste in qualità di supervisore per evitare di essere accusati di licenziamento senza giusta causa?

Attività individuali e di gruppo

8.8 Molti considerano giustamente IBM un esempio di azienda molto impegnata per migliorare il mantenimento e il coinvolgimento dei dipendenti. Visitate le pagine dedicate all'impiego del sito ibm.com. In questo capitolo abbiamo trattato le azioni che le aziende possono intraprendere per migliorare la retention e il coinvolgimento dei dipendenti. Secondo le pagine web di IBM, che cosa fa l'azienda a supporto di retention e coinvolgimento?

8.9 Formate gruppi di quattro o cinque studenti, incontratevi con uno o due amministratori e membri della facoltà dell'università e sulla base dell'incontro scrivete un saggio di due pagine sull'argomento "Il processo delle promozioni in facoltà nella nostra università". Che cosa ne pensate del processo? Basandovi sulla trattazione di questo capitolo, potete dare qualche suggerimento per migliorarlo?

8.10 Lavorando singolarmente o in gruppi, scegliete due occupazioni (consulente di management, manager delle risorse umane o rappresentante) e utilizzate fonti quali O*Net per stimare la domanda futura di tale occupazione nei prossimi 10 anni circa. Sembra una buona occupazione a cui dedicarsi? Perché, o perché no?

8.11 In gruppi di quattro o cinque studenti, intervistate un piccolo imprenditore o un manager delle risorse umane allo scopo di scrivere un saggio di due pagine sull'argomento "Passi intrapresi dalla nostra azienda per ridurre il turnover volontario dei dipendenti". Qual è il tasso di turnover attuale dell'azienda? Che cosa suggerireste per migliorarlo?

8.12 Grandi aziende multinazionali come Rolls Royce, Novartis, Deutsche Bank e Starbucks hanno annunciato tagli del personale nel corso del 2018. Quale pratica manageriale consigliereste ai dirigenti di queste aziende per ridurre gli effetti negativi sui dipendenti licenziati?

8.13 Lavorando da soli o in gruppo, fate una ricerca dei migliori posti di lavoro in base alle informazioni disponibili on line. Per prima cosa compilate un elenco delle prime 10 aziende in ordine ascendente, poi focalizzatevi sulle prime tre e cercate di identificare i motivi per cui sono ritenute le migliori. Confrontate quindi i vostri risultati con quanto discusso in questi capitoli a proposito del supporto da parte dell'azienda alla carriera dei dipendenti.

Note bibliografiche

Le note di questo capitolo sono consultabili online sulla piattaforma MyLab oppure immediatamente visualizzabili su smartphone e tablet tramite questo QR-code.

PARTE

4

Retribuzione e sistemi premianti

CAPITOLO 9
Sviluppo di piani retributivi

CAPITOLO 10
Incentivi e benefit

Nella Parte 3 abbiamo spiegato come orientare, formare, valutare, coinvolgere e trattenere i dipendenti; dopo essere stato formato e valutato, ovviamente il dipendente si aspetta di essere pagato. Affronteremo quindi la creazione di piani retributivi equi e la messa in pratica di piani di benefit e incentivi motivazionali.

I concetti e le tecniche che studieremo in questa parte giocano un ruolo fondamentale nella gestione strategica delle risorse umane. Come illustrato dall'immagine del modello, gestione strategica delle risorse umane significa formulare e mettere in atto politiche e pratiche delle risorse umane che producono le competenze e i comportamenti dei dipendenti necessari all'azienda per raggiungere i suoi obiettivi strategici. Non è sufficiente che i dipendenti siano attentamente selezionati e formati; devono anche essere motivati a fare il loro lavoro. In questa parte vedremo che per creare questa motivazione è necessario intraprendere politiche e pratiche HR che offrano ai dipendenti una retribuzione equa e motivante, benefit e piani di riconoscimento della produttività. Nella Parte 5 analizzeremo invece i metodi per mantenere relazioni positive con i dipendenti.

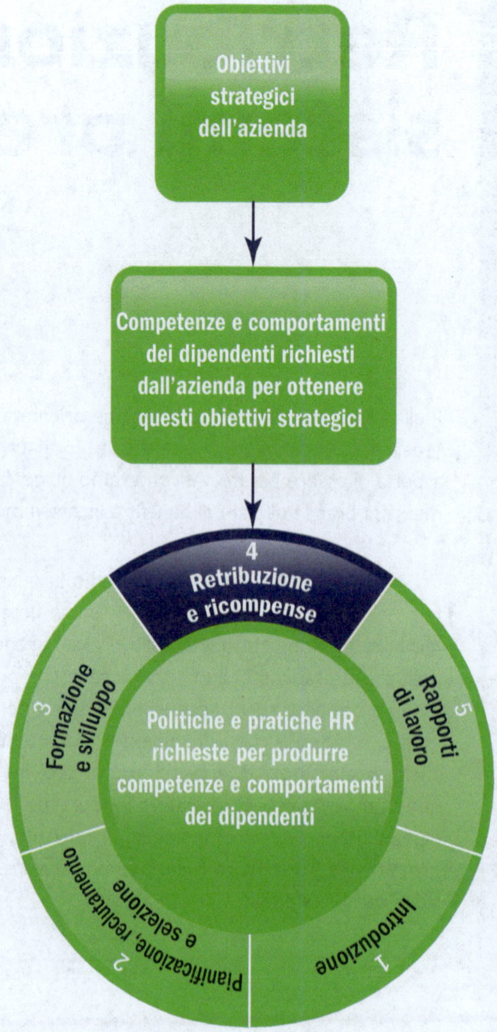

Obiettivi strategici dell'azienda
Competenze e comportamenti dei dipendenti richiesti dall'azienda per ottenere questi obiettivi strategici
4 Retribuzione e ricompense
3 Formazione e sviluppo
5 Rapporti di lavoro
Politiche e pratiche HR richieste per produrre competenze e comportamenti dei dipendenti
2 Pianificazione, reclutamento e selezione
1 Introduzione

CAPITOLO

9 Sviluppo di piani retributivi

Argomenti

- Fattori di base per la determinazione delle retribuzioni
- Metodi di valutazione delle posizioni
- Retribuzioni manageriali e professionali
- Temi evolutivi nelle politiche retributive
- Guida per manager al coinvolgimento dei dipendenti
- Riepilogo

Obiettivi didattici

Al termine del capitolo:

- Saprete elencare i fattori di base che determinano le retribuzioni.
- Sarete in grado di definire e fornire un esempio di valutazione della posizione e delle conseguenti scelte retributive.
- Potrete spiegare come attribuire una valorizzazione economica alle posizioni manageriali e professionali.
- Saprete spiegare la differenza fra piani retributivi tradizionali e basati sulle competenze.
- Potrete spiegare l'importanza dei sistemi premianti per migliorare il coinvolgimento dei dipendenti.

9.1 Fattori di base per la determinazione delle retribuzioni

Parola chiave
Pagamenti finanziari diretti
Pagamenti sotto forma di stipendi, salari, incentivi, commissioni e bonus.

Parola chiave
Pagamenti finanziari indiretti
Pagamenti sotto forma di benefit finanziari quali l'assicurazione.

Il **compenso** dei dipendenti include tutte le forme di pagamento che saranno loro versate in conseguenza dell'impiego. È costituito da due componenti principali: i **pagamenti finanziari diretti** (stipendi, salari, incentivi, commissioni e bonus) e quelli **indiretti** (benefit finanziari quali assicurazioni e piani integrativi pagati dall'azienda).

Per quanto riguarda i pagamenti diretti, essi possono essere determinati in base a due criteri principali: la retribuzione sulla base del tempo e quella basata sulla prestazione. La retribuzione a tempo è tuttora la più diffusa nei piani retributivi; operai e impiegati percepiscono un salario orario o giornaliero, mentre altre categorie quali i manager o i web designer tendono a essere salariati e pagati settimanalmente, mensilmente o annualmente.

La seconda tipologia di pagamento diretto è la retribuzione basata sulle prestazioni; ad esempio, il cottimo lega il compenso alla quantità di prodotto (o numero di "pezzi") completato dal lavoratore. Anche le commissioni sono una forma di retribuzione basata sulle prestazioni (in questo caso, le vendite concluse). Altre aziende costruiscono piani retributivi che associano una paga basata sul tempo a incentivi.

In questo capitolo spiegheremo come formulare piani per retribuire i dipendenti con salari o stipendi basati sul tempo; nel Capitolo 10 tratteremo di incentivi, benefit e premi basati sulle prestazioni.

Nella costruzione di un piano retributivo esistono alcuni fattori condizionanti: strategia e politica aziendali, equità, aspetti legali e sindacali.

Allineamento dei piani premianti alla strategia

Il piano retributivo dovrebbe anzitutto sostenere la strategia aziendale, contribuendo a incentivare i dipendenti a porre in atto concretamente le azioni necessarie per il conseguimento degli obiettivi strategici.[1] Vedremo che molte aziende formulano anche una strategia premiante totale che include non solo i tradizionali salari, incentivi e benefit, ma anche altri aspetti quali il cambiamento e la ridefinizione delle mansioni per renderle più stimolanti (job rotation/design), i piani di formazione, sviluppo di carriera e riconoscimento. Nella Tabella 9.1 sono elencate le domande che è opportuno porsi nella costruzione di una politica retributiva orientata alla strategia.

Equità e impatto sulle fasce salariali

I ricercatori della Emory University hanno studiato le reazioni delle scimmie a una retribuzione iniqua, attraverso l'addestramento allo scambio di sassolini con cibo. Per alcune lo scambio era con chicchi d'uva e per altre con fette di cetriolo. Quelle che ricevevano l'uva, più dolce, davano volentieri i loro sassolini, ma se una scimmia riceveva in cambio una fetta di cetriolo e vedeva che le altre ricevevano l'uva, gettava via il sassolino.[2] Forse la morale è che, quando si tratta di retribuzione, anche i primati inferiori vogliono un trattamento equo.

Teoria dell'equità

Salendo sulla scala evolutiva dei primati fino agli esseri umani, la *teoria motivazionale dell'equità* postula che le persone fanno grande attenzione all'equità, definita come l'equilibrio tra contributo e ricompensa di ciascuno. Una ricompensa viene percepita come iniqua se due persone sembrano ottenere ricompense diverse per contributi uguali, o, viceversa, ricompense uguali per contributi diversi. La teoria dell'equità sostiene che nella mente di una persona che subisce un'iniquità si sviluppa una tensione, che la spingerà a ridurre l'iniquità percepita e la tensione stessa. La ricerca tende a supportare la teoria dell'equità.[3] Ad esempio, uno studio ha rivelato che il turnover dei buyer nel commercio al dettaglio si riduce notevolmente quando i buyer ritengono di essere retribuiti equamente.[4] Può risultare controproducente anche strapagare qualcuno rispetto a ciò che crede di valere, perché possono crearsi "sensi di colpa o disagio".[5]

Rispetto alla retribuzione, i manager devono considerare quattro forme di equità: *esterna*, *interna*, *individuale* e *procedurale*.[6]

- *Equità esterna*: il confronto della retribuzione di una posizione in aziende diverse.
- *Equità interna*: il confronto della retribuzione di una specifica posizione con quella di altre posizioni interne all'azienda.

Tabella 9.1 Le nostre politiche retributive supportano i nostri obiettivi strategici?

- Quali sono i nostri obiettivi strategici?
- Quali comportamenti e abilità dei dipendenti sono necessari a raggiungere i nostri obiettivi strategici?
- Quali politiche e pratiche retributive (salari, piani di incentivi e benefit) aiuteranno a ottenere i comportamenti dei dipendenti necessari a raggiungere gli obiettivi strategici?

- *Equità individuale*: il confronto della retribuzione di una persona con quella dei suoi colleghi all'interno dell'azienda, in posizioni uguali o molto simili, sulla base delle prestazioni.
- *Equità procedurale*: "equità percepita di processi e procedure usati per prendere decisioni riguardo l'allocazione delle retribuzioni."[7]

Affrontare le questioni di equità

I manager usano vari mezzi per affrontare queste quattro questioni. Possono condurre indagini salariali (verificando quanto pagano le altre aziende) per monitorare e mantenere l'equità esterna, svolgere analisi comparative delle mansioni per verificare l'equità interna, confrontare performance e incentivi economici individuali per l'equità individuale; infine, la percezione dell'equità procedurale può essere verificata e gestita attraverso i sistemi di comunicazione, di partecipazione e di gestione dei reclami dei dipendenti. Alcune aziende svolgono indagini per monitorare la soddisfazione dei dipendenti rispetto alla retribuzione, con domande tipiche come "Quanto sei soddisfatto del tuo stipendio?" e "Quali fattori ritieni siano utilizzati nel determinare la tua retribuzione?"[8]

Per eliminare possibili discussioni sull'equità interna, alcune aziende mantengono rigorosamente segreti i livelli salariali, con risultati variabili.[9] Le ricerche concernenti la segretezza delle retribuzioni non hanno dato indicazioni univoche, e la maggior parte delle aziende non adotta politiche di trasparenza in materia.[10] Il governo federale statunitense ha l'invece imposta di recente per le aziende che hanno contratti con gli enti pubblici.[11] Per quanto riguarda l'equità esterna, invece, siti dedicati quali Salary.com precludono la segretezza.

APPROFONDIMENTI — **HR come centro di profitto**

Wegmans Foods

La *gestione strategica della retribuzione* implica la formulazione di un pacchetto premiante totale che produca nei dipendenti le capacità e i comportamenti necessari all'azienda per raggiungere i suoi obiettivi strategici.

Un esempio è costituito da Wegmans: opera nel settore alimentare, dove i margini di profitto sono risicati, e la concorrenza online e di giganti come Walmart trascina al ribasso costi e prezzi. Normalmente la reazione è il taglio di costi e benefit dei dipendenti.[37] Wegmans invece offre stipendi oltre la media del mercato e ottimi benefit, e considera la forza lavoro un elemento integrante nel raggiungimento degli obiettivi strategici, che consistono nell'*ottimizzare il servizio e controllare i costi migliorando sistemi e produttività*. Ad esempio, un dipendente del reparto latticini ha progettato una nuova organizzazione per i frigoriferi, migliorando il controllo su ordinativi e inventario.[47]

È probabile che le politiche salariali siano una delle ragioni dell'eccezionale redditività dell'azienda. Ad esempio, il turnover dei dipendenti di Wegmans (dal 38% per i part-time al 6%–7% per il tempo pieno) è molto inferiore alla media del settore, che si attesta intorno al 47%.[48] I negozi (che con i loro 11.150 metri quadri sono molto più grandi di quelli della concorrenza) incassano una media di circa $950.000 alla settimana (contro una media nazionale di $361.564), ovvero 49 milioni di dollari l'anno, contro i 23,5 milioni delle vendite alimentari di un tipico negozio Walmart.[49] Come sostiene il direttore delle HR di Wegmans, dei buoni dipendenti garantiscono una produttività più alta, e ciò si traduce in risultati economici migliori.[50]

9.2 Metodi di valutazione delle posizioni

I metodi per stabilire le retribuzioni sono essenzialmente due: gli *approcci basati sul mercato* e la *valutazione della posizione*. Molte aziende, soprattutto piccole, usano l'approccio basato sul mercato tenendo indagini formali o informali sui salari delle posizioni analoghe in altre aziende nello stesso segmento di mercato del lavoro. I risultati sono poi usati per quantificare il valore delle posizioni.

I metodi di valutazione della posizione, invece, determinano il "valore" delle diverse posizioni per l'azienda e le quantificano dal punto di vista salariale. Questo processo contribuisce a costruire un piano salariale in cui la retribuzione di ciascuna posizione è equa in rapporto alle altre aziende e al valore per l'azienda.[54] Ora ci occuperemo della valutazione delle posizioni.

Che cos'è la valutazione delle posizioni?

Parola chiave
Valutazione delle posizioni
Un confronto sistematico effettuato per determinare il valore di una posizione rispetto a un'altra.

La **valutazione delle posizioni** è un confronto formale e sistematico della posizione per determinarne il valore rispetto alle altre posizioni, ovvero il suo valore relativo, e sfocia una struttura (o gerarchia) retributiva che ordina le retribuzioni per diverse posizioni o gruppi di posizioni.[55] Il principio di base della valutazione delle posizioni è il seguente: le posizioni che richiedono maggiori qualifiche, più responsabilità e compiti più complessi dovrebbero essere retribuite meglio delle posizioni con requisiti inferiori.

Parola chiave
Sistema di retribuzione di mercato
Un sistema di retribuzione in cui i salari proposti dal datore di lavoro sono competitivi con quelli del mercato del lavoro correlato.

La procedura di base della valutazione delle posizioni consiste nel confrontare le posizioni tra loro, ad esempio in termini della fatica, della complessità e delle abilità richieste. Supponiamo che conosciate (sulla base della valutazione) il valore relativo delle posizioni chiave nella vostra azienda. Potrete a quel punto condurre un'indagine salariale per vedere quanto sono retribuite le posizioni simili in altre aziende, e combinando tale informazione con quelle fornite dalla valutazione della posizione sarete sulla buona strada per creare un **piano di retribuzione di mercato**, in cui le vostre fasce salariali siano eque sia internamente (basandosi sul valore relativo di ciascuna posizione) che esternamente (rispetto a quanto sono retribuite da altre aziende).

Indagini salariali

Parola chiave
Indagine sui salari
Un'indagine che mira a determinare i livelli salariali prevalenti. Una buona indagine fornisce i livelli salariali specifici per posizioni specifiche. I questionari scritti formali sono i più completi, ma anche i sondaggi telefonici e via Internet e gli annunci economici di offerte di lavoro sui quotidiani sono fonti di informazioni utili.

Le **indagini sui salari**, cioè sulla retribuzione in altre aziende, hanno un ruolo importante nella quantificazione delle posizioni.[56] Il manager avrà bisogno di un'indagine sia che adotti l'approccio basato sul mercato sia che opti per il metodo della valutazione della posizione.

Le indagini vengono utilizzate in tre modi. Il primo è l'uso dei dati dell'indagine per quantificare le posizioni benchmark, ovvero quelle di riferimento sulle quali basare le altre posizioni in termini di valore per l'azienda. Il secondo è la quantificazione di alcune o di tutte le posizioni direttamente in rapporto al mercato (anziché relativamente alle posizioni benchmark dell'azienda), sulla base del rilevamento della retribuzione delle posizioni comparabili nelle aziende comparabili. Il terzo modo è la raccolta nell'indagine dei dati sui benefit aziendali quali assicurazioni, assenze per malattia e ferie per prendere decisioni sui benefit stessi.

Le indagini informali via telefono o Internet sono adatte alla verifica di aspetti specifici, ad esempio nel caso in cui una banca voglia confermare il livello di retribuzione da pubblicare in un'offerta di lavoro per un nuovo cassiere. Alcune aziende hanno i mezzi per far circolare indagini formali al fine di raccogliere informazioni sui compensi da altri dipendenti; in tali indagini vengono richieste informazioni quali il numero di dipendenti, le politiche per gli straordinari, i salari iniziali e le ferie.

MyLab **Tabella 9.2**

Uso di Internet per le indagini sulle retribuzioni Una serie sempre più ampia di servizi su Internet semplifica l'accesso alle informazioni pubblicate delle indagini sui compensi. Nella Tabella 9.2 sono indicati alcuni siti molto noti.

Molti di questi siti, come Salary.com, forniscono i livelli salariali nazionali statunitensi delle posizioni, che il sito adatta ai diversi luoghi con un calcolo che tiene conto del costo della vita. Per ottenere un'immagine in tempo reale dei salari proposti dalle aziende in una certa zona degli USA per una determinata posizione, può essere utile visitare i siti web dei quotidiani locali. Ad esempio, il *South Florida Sun-Sentinel* (e molti altri) usano il sito careerbuilder.com, che elenca tutte le offerte di lavoro riportate nel quotidiano e, in molti casi, i loro livelli salariali (www.careerbuilder.com).

Fattori di ricompensa

I fattori di ricompensa giocano un ruolo chiave nella valutazione delle posizioni.

Il manager può utilizzare due approcci di base per confrontare il valore di più posizioni. Il primo è l'approccio intuitivo: si decide che una posizione è più importante di un'altra, e non si approfondisce oltre. In alternativa, si possono confrontare le posizioni concentrandosi su alcuni fattori di base comuni (come i requisiti in termini di impegno e di abilità). Gli specialisti di gestione delle retribuzioni li definiscono **fattori di ricompensa**, e sono quelli che stabiliscono il confronto tra le posizioni e determinano la retribuzione di ciascuna.

Alcune aziende sviluppano fattori di ricompensa propri, ma nella maggior parte dei casi si utilizzano i fattori proposti dai sistemi pacchettizzati di valutazione della posizione o dalle disposizioni di legge. Negli USA, ad esempio, l'Equal Pay Act impiega quattro fattori: abilità, impegno, responsabilità e condizioni lavorative. Il metodo della società di consulenza Hay Group enfatizza tre fattori: know-how, problem solving e rendicontabilità.[58] Walmart usa requisiti di conoscenza, capacità di problem-solving e rendicontabilità.

Di solito si confronta ogni posizione con le altre dell'azienda usando gli stessi fattori di ricompensa (ad esempio, quanta abilità richiede ciascuna posizione?), ma i fattori di ricompensa utilizzati dipendono dalla posizione e dal metodo della valutazione. Ad esempio, "prendere decisioni" può avere senso per una posizione dirigenziale, meno per quella di addetto alle pulizie.[59]

Preparazione alla valutazione delle posizioni

La valutazione delle posizioni è un processo con una componente discrezionale, e richiede una stretta cooperazione tra supervisori, specialisti delle HR, dipendenti e rappresentanti sindacali. Tra i passi principali vi sono la costruzione del consenso e della consapevolezza sulla effettiva necessità e importanza del programma di valutazione, la creazione di un clima di reale cooperazione delle parti e la costituzione di un comitato che si incarichi della valutazione vera e propria.

Di solito *l'identificazione della necessità* della valutazione delle posizioni è il passo più facile. Ad esempio, l'insoddisfazione che si concretizza in turnover alto, interruzioni del lavoro e tensioni può derivare da retribuzioni di entità diverse per posizioni simili. I manager possono sentirsi a disagio se la modalità di assegnamento delle retribuzioni è informale.

I dipendenti possono temere che una valutazione sistematica delle loro posizioni possa ridurre la retribuzione, quindi è importante *convincere i dipendenti a cooperare* nella valutazione. Ad esempio, potreste spiegare ai dipendenti che, grazie all'imminente programma di valutazione delle posizioni, le decisioni retributive non saranno più basate sui capricci della direzione e che le retribuzioni attuali non ne risentiranno negativamente.

Negli USA un *comitato di valutazione delle posizioni* consiste di solito di cinque membri, la maggior parte dei quali dipendenti. La direzione ha diritto di parteci-

Parola chiave
Posizione benchmark
Una classe di inquadramento utilizzata da parte del datore di lavoro come base di riferimento per la progressione salariale, attorno alla quale sono organizzate le altre posizioni in termini di valore relativo.

Parola chiave
Metodo della graduatoria
Il metodo più semplice di valutazione della posizione, che prevede una graduatoria delle posizioni, di solito sulla base della difficoltà complessiva.

MyLab **In depth 1**

MyLab **Tabella 9.3**

pare a questi comitati, ma i dipendenti potrebbero vedere la cosa con sospetto. Uno specialista delle risorse umane, però, è giustificato in quanto può fornire un parere esperto. Una rappresentanza sindacale è possibile, ma improbabile.[60] Una volta nominato, ciascun membro dovrebbe ricevere un manuale che spieghi come condurre la valutazione.

Il comitato di valutazione ha tre funzioni principali. La prima è identificare 10 o 15 **posizioni benchmark** chiave; saranno le prime posizioni valutate, e serviranno da riferimento per confrontare l'importanza e il valore relativi di tutte le altre posizioni. Poi il comitato potrebbe proporre anche i fattori di ricompensa (che però di solito sono individuati dai responsabili delle risorse umane). Infine, il comitato svolge la sua funzione più importante: la vera e propria *valutazione del valore di ciascuna posizione.* A questo scopo userà probabilmente uno dei seguenti metodi: graduatoria, classificazione o punteggio.

Metodi di valutazione della posizione: graduatoria (ranking)

Il metodo di valutazione della posizione più semplice mette ciascuna posizione in relazione a tutte le altre, generalmente basandosi su fattori generici quali "difficoltà del lavoro", e inserendola in una **graduatoria**. Questo metodo prevede diversi passi elencati nel riquadro In depth 1 nelle Risorse web, che aiuta anche a illustrare un modo semplice per sviluppare un piano delle retribuzioni per una piccola azienda.

Il metodo della graduatoria per la valutazione delle posizioni è il più semplice, anche da spiegare. Di solito è anche il più rapido, ma ha alcuni punti deboli: ad esempio, la "posizione numero 4" potrebbe "valere" il quintuplo della "posizione numero 5", ma con questo metodo si capisce soltanto che una posizione è più alta in graduatoria dell'altra. È di solito adatto a piccole imprese, che non possono permettersi un sistema più elaborato, e costituisce un modo semplice per creare una scala retributiva competitiva sul mercato, che risulti equa sia internamente che esternamente.

Il *metodo del confronto dei fattori* è un metodo di graduatoria particolare, che richiede di attribuire più valori a ciascuna posizione, uno per ogni fattore di ricompensa (come titolo di studio, esperienza e complessità). Oggi lo si usa raramente.

Parola chiave
Classificazione delle posizioni
Un metodo per assegnare categorie di gruppo alle posizioni.

Parola chiave
Classe salariale
Raggruppamento delle posizioni basato su caratteristiche comuni per ciascun gruppo, o classe, come i fattori richiesti di giudizio indipendente, competenza, sforzo fisico e così via. Di solito le classi contengono posizioni simili.

Metodi di valutazione della posizione: classificazione

La **classificazione delle posizioni** è un metodo di valutazione semplice e molto usato, in cui le posizioni sono suddivise in gruppi omogenei dal punto di vista salariale. I gruppi sono detti **classi** se contengono posizioni simili, **livelli** se contengono posizioni simili in termini di difficoltà ma diverse nel resto. Quindi, nel sistema dei livelli salariali del governo federale USA, un "addetto stampa" e un "capo dei pompieri" potrebbero essere entrambi classificati al livello "GS-10" (GS sta per "General Schedule"). Lo stato della Florida, invece, potrebbe inserire nel suo sistema le classi "segretari II", "ingegneri della manutenzione" e così via.

In Italia questo è il metodo base impiegato nei cosiddetti Contratti Collettivi Nazionali di Lavoro (CCNL), che determinano il contenuto essenziale dei contratti individuali di lavoro in un certo settore (commercio, industria metalmeccanica, industria chimica, ecc.), sia sotto l'aspetto economico (livelli di retribuzione minima, trattamenti di anzianità) che sotto quello normativo (disciplina dell'orario, qualifiche e mansioni, stabilità del rapporto, ecc.). Il CCNL viene stipulato e aggiornato periodicamente attraverso l'istituto della contrattazione collettiva, che coinvolge le rappresentanze dei lavoratori e dei datori di lavoro. Esso provvede anche a disciplinare i rapporti (cosiddette relazioni industriali) tra i soggetti collettivi e ha validità obbligatoria nell'intero territorio nazionale.

In pratica, esistono diversi modi di categorizzare le posizioni. Uno consiste nello scrivere le descrizioni dettagliate di ogni classe o le caratteristiche distintive di ogni livello (simili alle descrizioni delle posizioni) e di inserire le posizioni nelle classi o nei livelli a cui meglio si adattano. Un altro modo prevede di scrivere per ogni classe un insieme di regole basate sui fattori di ricompensa (ad esempio, quale misura di giudizio indipendente, abilità e sforzo fisico richiede la classe della posizione?), e poi di categorizzare le posizioni in base a tali regole.

La procedura usuale consiste nello scegliere i fattori di ricompensa, e poi sviluppare definizioni che descrivano classi o livelli in termini della presenza dei fattori nelle posizioni. Ad esempio, il sistema di classificazione del governo statunitense impiega i seguenti fattori di ricompensa: (1) difficoltà e varietà del lavoro, (2) supervisione ricevuta ed esercitata, (3) giudizio esercitato, (4) originalità richiesta, (5) natura e scopo delle relazioni interpersonali sul lavoro, (6) responsabilità, (7) esperienza e (8) conoscenza richieste. Sulla base di questi fattori, i valutatori scrivono una **definizione del livello** in cui è mostrata la descrizione di un livello (GS-7) nel sistema del governo federale statunitense. In seguito, il comitato di valutazione rivede tutte le descrizioni delle posizioni e le inserisce nel livello appropriato confrontandole con le descrizioni dei livelli. Ad esempio, questo sistema classifica come GS-10 le posizioni di meccanico automobilistico, saldatore, elettricista e macchinista.

Il metodo della classificazione presenta alcuni vantaggi; il principale è che la maggior parte delle aziende finisce comunque per raggruppare le posizioni in classi o livelli, indipendentemente dal metodo di valutazione utilizzato, e lo fa per evitare di quantificare separatamente decine o centinaia di posizioni. Naturalmente, la classificazione delle posizioni raggruppa automaticamente le posizioni dell'azienda in classi. Gli svantaggi sono che è difficile scrivere le descrizioni delle classi e dei livelli, e applicarle richiede una considerevole discrezionalità. In ogni caso, molte aziende utilizzano con successo questo metodo.

Parola chiave

Livelli contrattuali

Un sistema di classificazione delle posizioni simile a quello delle classi, anche se spesso i livelli contengono posizioni diverse quali segretarie, meccanici e vigili del fuoco. Le descrizioni dei livelli sono scritte sulla base dei fattori compensabili elencati nei sistemi di classificazione.

Parola chiave

Definizione dei livelli contrattuali

Descrizioni scritte del livello, ad esempio, di responsabilità e conoscenza richieste dalle posizioni di ciascun livello. Posizioni simili possono essere quindi combinate in classi o livelli contrattuali.

Metodi di valutazione della posizione: punteggio

L'obiettivo del **metodo del punteggio** consiste nel determinare la misura in cui le posizioni valutate contengono i fattori di ricompensa scelti. Prevede l'identificazione di alcuni fattori di ricompensa per la posizione, e la misura della presenza di ciascun fattore in ogni posizione. Supponiamo che una posizione possa contenere cinque gradi del fattore di ricompensa "responsabilità", e di assegnare un diverso numero di punti a ciascun grado di ogni fattore di ricompensa. Quando il comitato di valutazione ha determinato la misura in cui ciascun fattore di ricompensa (come "responsabilità" e "impegno") è presente in una posizione, può calcolare il punteggio totale della posizione sommando i punti di ogni fattore. Il risultato è una classifica quantitativa in punti per ogni posizione. Questo è il metodo più utilizzato per la valutazione delle posizioni.[62] Nell'appendice a questo capitolo è presentato un esempio passo per passo dell'utilizzo del metodo del punteggio per creare un piano salariale competitivo sul mercato.

MyLab Appendix Ch. 10

Piani a punteggio "pacchettizzati"

Alcune istituzioni statunitensi, quali la società di consulenza globale Hay Group, la National Electrical Manufacturer's Association e la National Trade Association, hanno sviluppato sistemi di punteggio standardizzati, e migliaia di aziende li utilizzano. Contengono definizioni già pronte di fattori e misure, e valutazioni dei punteggi di un'ampia gamma di posizioni che le aziende possono usare con adattamenti minimi o nulli.

Valutazioni computerizzate delle posizioni

L'uso di metodi quantitativi per la valutazione delle posizioni, come il metodo del punteggio, può richiedere molto tempo. Oggi molte aziende si stanno convertendo ai sistemi computerizzati.

I sistemi informatici di questo tipo hanno due componenti principali.[63] Il primo è un questionario strutturato, contenente elementi quali "inserire il numero totale di dipendenti che rispondono a questa posizione". Il secondo è un modello statistico, che consente al programma di quantificare le posizioni in modo più o meno automatico assegnando un punteggio.

Curve salariali

Parola chiave

Curva salariale

Mostra la relazione tra il valore della posizione e il salario medio pagato per la posizione.

Le **curve salariali** sono utili in abbinamento al metodo del punteggio (o ad altri metodi di valutazione delle posizioni), e mostrano le retribuzioni delle posizioni rispetto ai punteggi o al posto in graduatoria assegnato a ciascuna posizione in fase di valutazione. Nella Figura 9.1 è mostrato un esempio; osservate che l'asse verticale indica le retribuzioni, e quello orizzontale i valori dei punteggi delle posizioni. Lo scopo della curva salariale è visualizzare le relazioni tra (1) il valore della posizione (espresso in punti) determinato attraverso uno dei metodi di valutazione e (2) le retribuzioni della posizione. Il manager può confrontare (con un unico grafico o con due grafici distinti) una curva salariale "interna", che mostri la retribuzione attuale delle posizioni da parte dell'azienda, con una curva salariale "esterna" che indichi la retribuzione delle stesse posizioni da parte di aziende diverse. Il manager decide poi se adattare la retribuzione di ciascuna posizione di un livello salariale, e può usare la curva anche per verificare se la retribuzione di una specifica posizione si discosta dalla curva, segnale che una posizione è pagata troppo o troppo poco.

Livelli salariali

Parola chiave

Livello salariale

Un livello salariale include posizioni confrontabili in termini di contenuti e impegno richiesto.

Di solito le aziende raggruppano posizioni simili (in termini di punteggio) in livelli salariali; in questo modo, anziché dover gestire centinaia di retribuzioni singole, è possibile concentrarsi solo su una decina di livelli.[64] Un **livello salariale** è composto da posizioni di difficoltà o importanza equivalenti, determinate dalla valutazione delle posizioni. Se per la valutazione è stato usato il metodo del punteggio, il livello salariale consiste nelle posizioni che rientrano in un certo intervallo di punti. Se è

Figura 9.1 Curva salariale.

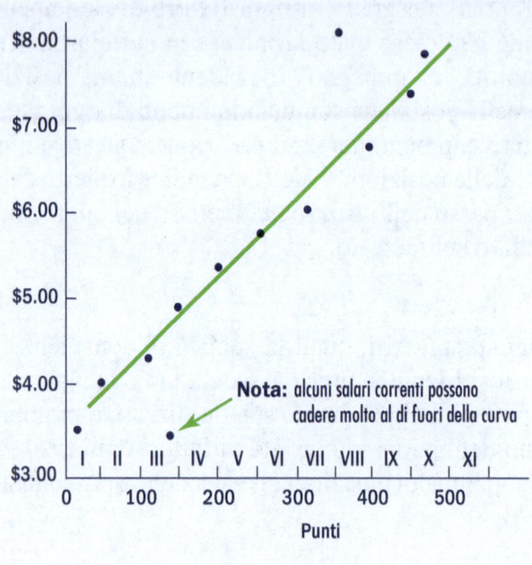

stato utilizzato il metodo della graduatoria, il livello consiste di un certo numero di posizioni nella graduatoria. Se è stato utilizzato il metodo della classificazione, le posizioni sono già suddivise in classi (o livelli).

Fasce salariali e struttura retributiva

La maggior parte delle aziende non riconosce una retribuzione identica a tutte le posizioni all'interno di un livello salariale; ad esempio, GE Medical non retribuisce allo stesso modo tutti i suoi contabili, dai neoassunti a quelli più anziani, nonostante possano trovarsi tutti all'interno dello stesso livello salariale. Le aziende sviluppano invece **fasce salariali** verticali per ciascun livello, spesso rappresentate come riquadri verticali all'interno di ogni livello che indicano la retribuzione minima, massima e media come mostrato nella Figura 9.2. (Gli specialisti definiscono *struttura retributiva* la Figura 9.2, che rappresenta graficamente la struttura per un'azienda con l'intervallo delle retribuzioni, in questo caso orarie, riconosciute per ciascun livello.)

Parola chiave
Fascia salariale
Una serie di passaggi o scatti all'interno di un livello salariale, di solito basati sull'anzianità di servizio.

In alternativa, è possibile rappresentare la retribuzione di ciascun livello suddividendolo in scatti in una tabella, come mostrato nella Tabella 9.4, in cui sono indicati gli scatti e i livelli retributivi per la maggior parte dei livelli salariali nel governo federale statunitense. In questo esempio, la retribuzione dei dipendenti nelle posizioni classificate come livello GS-10 può variare annualmente tra \$47.630 e \$61.922, a seconda della fascia nella quale erano stati assunti nel livello, della loro anzianità nel livello e degli eventuali aumenti per merito ricevuti. Il seguente riquadro Strumenti HR illustra la creazione di un piano retributivo attuabile.

MyLab **Tabella 9.4**

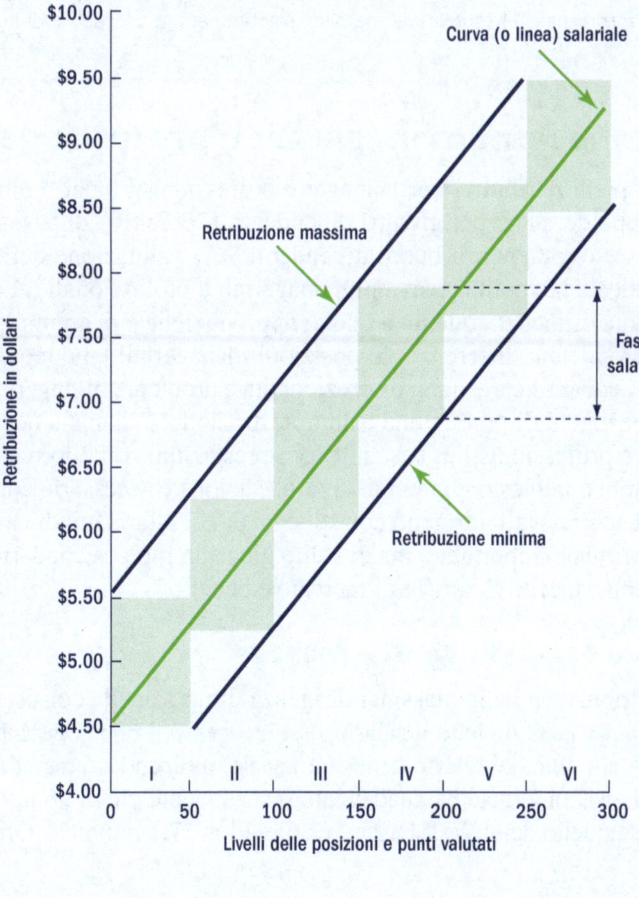

Figura 9.2 Struttura retributiva.

APPROFONDIMENTI **Strumenti HR per manager di linea e piccole imprese**

Sviluppo di un piano retributivo attuabile

Lo sviluppo di un piano retributivo è importante in aziende piccole e grandi. Una retribuzione eccessiva spreca denaro, una troppo bassa innesca il turnover, e le iniquità interne causano continue richieste di aumenti da parte dei dipendenti.

Le tariffe di mercato vengono per prime; siti quali LinkedIn e Salary.com mostrano i livelli salariali medi delle posizioni dell'area geografica richiesta. Le offerte di lavoro dei quotidiani (online e offline) possono dare informazioni utili sugli stipendi offerti per posizioni analoghe a quelle che state cercando di quantificare. Indagini salariali e studi sulle retribuzioni medie sono resi disponibili da pubblicazioni specializzate come la sezione Job24/Strumenti del Sole24Ore o da istituti pubblici come l'Istat e società private come MichaelPage.it. Gli ordini professionali possono fornire informazioni utili sulle retribuzioni dei professionisti.

Le piccole imprese usano Internet in altri modi. StockHouse Media Corp (www.stockhouse.com) è un fornitore internazionale, con dipendenti in tutto il mondo, di contenuti finanziari online e prodotti di sviluppo delle comunità, e utilizza Internet per determinare i salari per tutto il personale dell'azienda. Ad esempio, il manager delle risorse umane usa l'e-mail per richiedere dati dei salari da gruppi professionali quali Society for Human Resource Management, e naviga su Internet per monitorare tariffe e tendenze controllando periodicamente le bacheche delle offerte di lavoro, i siti delle aziende e le associazioni del settore.[65]

Se avete più di una ventina di dipendenti, è opportuno condurre almeno una valutazione delle posizioni molto semplice. Vi serviranno dei mansionari, da cui trarrete i dati riguardanti la natura e il valore di ciascuna posizione. In questo senso può essere utile visitare siti web quali O*Net e JobDescription.com.

Può risultare più semplice suddividere i dipendenti in gruppi, ad esempio manager/professionisti, amministrativi/impiegati e addetti agli impianti. Per ciascuno dei tre gruppi, scegliete uno o più fattori di ricompensa, poi collocate ciascuna posizione del gruppo basandovi su una valutazione delle posizioni con la graduatoria (come spiegato nel riquadro In depth 1 nelle Risorse web del capitolo).

È opportuno creare una fascia salariale per ogni posizione; in generale si può scegliere come punto medio della fascia la retribuzione media decisa per ciascuna posizione, e poi definire un intervallo del 30% circa intorno a questa media, suddiviso in cinque scatti. In questo modo, un assistente può guadagnare da \$8,00 a \$12,60 all'ora, in cinque scatti.

Tra le politiche richieste per la retribuzione vi sono l'entità della retribuzione di ferie e permessi (vedi Capitolo 10), la politica degli straordinari, le scadenze di pagamento (settimanale, bisettimanale, mensile), pignoramenti e procedure di ingresso con cartellino o firma.

9.3 Retribuzioni manageriali e professionali

Lo sviluppo di piani retributivi per manager e professionisti è per molti aspetti simile allo sviluppo dei piani per gli altri dipendenti. L'obiettivo di base è lo stesso: attrarre, motivare e trattenere i buoni dipendenti, e la valutazione delle posizioni può essere applicata tanto alle posizioni manageriali e professionali (al di sotto dei livelli di massima dirigenza) quanto a quelle di produzione e di amministrazione.

Esistono però alcune differenze; le posizioni manageriali tendono a basarsi su fattori difficili da quantificare, quali discrezionalità e problem-solving, più di quanto accada per le posizioni di produzione e amministrazione. C'è una tendenza a retribuire manager e professionisti in base alle loro prestazioni o alle loro capacità, più che a fattori statici quali le condizioni di lavoro, e a volte è necessario competere sul mercato per accaparrarsi alti dirigenti con stipendi da rockstar. Quindi la valutazione delle posizioni rimane importante, ma di solito gioca un ruolo secondario rispetto a fattori quali bonus, incentivi, tariffe di mercato e benefit.

Retribuzione di alti dirigenti e manager

Di solito, la retribuzione della massima dirigenza di un'azienda consiste di quattro elementi.[66] La *paga base* include il salario fisso e, spesso, i bonus garantiti quali "il 10% della paga alla fine del quarto trimestre fiscale, indipendentemente dal profitto dell'azienda." L'AD di Oracle ha guadagnato recentemente più di 96 milioni di dollari in un anno, e quello della Walt Disney Corporation 37,1 milioni.[67] Gli *incentivi a breve termine* sono generalmente bonus in contanti o in azioni per il raggiungimento di obiettivi di breve termine quali l'aumento delle vendite anno su anno. Gli *incentivi di lungo termine* vogliono incoraggiare gli alti dirigenti a intraprendere azioni che spingano verso l'alto il valore delle azioni dell'azienda, e includono elementi quali le stock options, che generalmente offrono al dirigente il diritto di acquistare azioni a un prezzo specifico per uno specifico periodo. Infine, *benefit e perks* (*perquisites*) includono elementi quali piani pensionistici, sanitari e assicurativi supplementari. Con tanti elementi complicati, le aziende devono anche fare attenzione alle implicazioni legali e finanziarie delle decisioni retributive per l'alta dirigenza.

Determinazione della retribuzione dei massimi dirigenti

Per le posizioni di massima dirigenza, e soprattutto per l'AD, di solito la valutazione della posizione è poco rilevante. L'opinione comune è che i salari dei massimi dirigenti dipendono molto dalla dimensione e dal rendimento dell'azienda. Alcuni studi dei primi anni 2000, però, dimostrarono che dimensione e rendimento spiegano soltanto il 30% dello stipendio dell'AD: "in realtà, lo stipendio dell'amministratore delegato viene deciso dal consiglio dell'amministrazione prendendo in considerazione molti fattori tra i quali la strategia di business, i trend aziendali e soprattutto il posizionamento desiderato a breve e lungo termine."[68] Tra i fattori che determinano lo stipendio dell'AD, stranamente, pare non esserci sempre la prestazione dell'azienda. Secondo un'indagine, la media dei compensi è bassa per gli AD con le migliori prestazioni, mentre quelli delle aziende poco performanti sono pagati piuttosto bene.[69] In pratica, l'AD può avere una notevole influenza sui consigli d'amministrazione che teoricamente definiscono il suo stipendio, quindi a volte l'entità dello stipendio non deriva da negoziati imparziali.[70]

L'attivismo degli azionisti e la sorveglianza del governo hanno rafforzato le limitazioni sugli stipendi dei massimi dirigenti; ad esempio, il colosso bancario HSBC ha rinunciato ai progetti di aumento dello stipendio dell'AD a fronte del rifiuto delle proposte da parte degli azionisti.[71]

Valutazione delle posizioni manageriali

Molte aziende usano la valutazione delle posizioni per quantificare le posizioni manageriali (perlomeno, a livelli non di vertice). L'approccio di base consiste nel classificare tutte le posizioni dirigenziali in una serie di livelli, ciascuno con fasce salariali.

Come per le posizioni non manageriali, una possibile alternativa è la graduatoria, che raggruppa le posizioni di uguale valore, ma alcune aziende usano anche i metodi della classificazione e del punteggio. I fattori di ricompensa sono il raggio d'azione della posizione, la complessità e la difficoltà. Assumono una certa importanza anche analisi della posizione, indagini sui salari e la modulazione dei livelli salariali sulla base delle curve salariali.

Retribuzione dei dipendenti "professional"

Nel retribuire i cosiddetti professional, cioè i profili che richiedono un elevato livello di competenza professionale e di conoscenze tecnico-scientifiche avanzate, uno dei problemi è determinare ciò che va retribuito. Posizioni come ingegnere e ricercatore presuppongono fattori di ricompensa quali creatività e problem solving, che non sono facili da misurare né da confrontare.[75] Inoltre, come si misurano le prestazioni? Ad esempio, il successo dell'invenzione di un ingegnere dipende da come l'azienda la vende. Le aziende possono usare la valutazione delle posizioni per i professionisti; i fattori di ricompensa possono essere problem solving, creatività, raggio d'azione della posizione, conoscenza tecnica e competenza.

Nella pratica, però, è raro che le aziende usino soltanto la valutazione delle posizioni per quantificare le posizioni "professional". Fattori quali la creatività sono difficili da misurare, e spesso le decisioni sono influenzate da altri aspetti. La competizione per assicurarsi gli ingegneri nella Silicon Valley illustra bene il problema. Google ha recentemente aumentato del 10% i salari dei dipendenti a fronte delle defezioni anche dei professional meglio pagati, come il capo del team Chrome OS.[76] Molti di questi professional Google, seppur ben pagati rispetto agli standard nazionali, sentivano di meritare di più. Alcuni si sono indubbiamente spostati verso posizioni che speravano più stimolanti, molti altri hanno probabilmente ritenuto che il modo migliore di muoversi in termini di retribuzione fosse entrare in un'azienda giovane, più in crescita e con stock options.

La maggior parte delle aziende, quindi, usa un approccio basato sul mercato, valorizzando al meglio le posizioni professional per definire i valori delle posizioni benchmark. Tali posizioni e le altre posizioni professionali vengono quindi disposte in una struttura salariale; ogni disciplina professionale di solito finisce per essere associata a un numero di livelli salariali che va da quattro a sei, ognuno con ampie fasce interne. Questo sistema aiuta le aziende a essere competitive nella ricerca di professional che possono contare su possibilità di impiego letteralmente globali.[77]

APPROFONDIMENTI **Migliorare i risultati con gli HRIS**

Amministrazione delle paghe

La gestione delle paghe è una delle prime funzioni computerizzate o esternalizzate dalla maggior parte delle aziende, e per buoni motivi. L'amministrazione del sistema delle paghe (tener traccia per tutti i dipendenti di: situazione lavorativa e salariale, persone a carico, benefit, straordinari, situazione fiscale e cosi via, calcolo di tutti gli stipendi e gestione della stampa degli assegni o del versamento dei bonifici) è un'attività molto impegnativa in termini di tempo e complicata dagli obblighi legali nazionali e locali.

Molte aziende mantengono all'interno questa funzione, di solito con un pacchetto software di elaborazione delle paghe. Ad esempio Basic Payroll di Intuit consente all'azienda di "inserire le ore lavorate e ottenere un calcolo istantaneo delle paghe completo di guadagni, tasse e deduzioni, e poi di stampare autonomamente gli assegni. Basic Payroll calcola automaticamente le tasse sulle paghe, che è possibile quindi pagare facilmente in forma elettronica o cartacea."[78] Workforce Payroll di Kronos automatizza tutto il processo delle paghe, e offre funzioni self-service: "consente ai dipendenti di visualizzare buste paga e cronologia degli stipendi, apportare modifiche ai moduli per il bonifico, stampare i moduli dei versamenti fiscali e anche verificare l'influenza sulla busta paga dei possibili cambiamenti nelle detrazioni."[79]

Molte aziende preferiscono invece esternalizzare l'amministrazione delle paghe a studi specializzati, che offrono varie opzioni di elaborazione. Ad esempio, le piccole imprese possono scegliere di comunicare i dati delle paghe agli specialisti dello studio, mentre una grande azienda potrebbe preferire un'elaborazione automatica online. Nella scelta del fornitore, l'azienda deve considerare i propri obiettivi e i potenziali vantaggi economici, oltre a fattori quali la reputazione del fornitore. Non considerate soltanto i vantaggi economici relativi dell'esternalizzazione della funzione (rispetto al mantenerla in azienda), ma anche la desiderabilità dell'integrazione dei sistemi interni dell'azienda con quelli del fornitore, lo snellimento degli adempimenti fiscali e l'aumento delle possibilità di operatività self-service per i dipendenti.[80]

9.4 Temi evolutivi nelle politiche retributive

I modi in cui le aziende pagano i dipendenti si stanno evolvendo. In quest'ultima sezione osserveremo alcuni importanti argomenti contemporanei nell'ambito della retribuzione: retribuzione *competence-based*, broadbanding, gestione dei talenti e "valore comparabile", vigilanza del consiglio di amministrazione sulle retribuzioni degli alti dirigenti e piani premianti.

Retribuzione basata sulla competenze

C'è chi sostiene che incasellare rigidamente le posizioni ("Macchinista I", "Macchinista II" e così via), può risultare controproducente nei sistemi lavorativi ad alte prestazioni. I sistemi di questo tipo si basano su incarichi di lavoro flessibili, con più specializzazioni, e sul lavoro di squadra, e quindi non c'è posto per affermazioni del tipo "questo non mi compete". La **retribuzione basata sulle competenze** (e il broadbanding, che vedremo di seguito) mira a evitare questo problema.[81] Con la retribuzione basata sulla competenza, o sulle abilità, il dipendente è pagato per le abilità e la conoscenza che è in grado di mettere a frutto, anziché per le responsabilità o il titolo associati alla posizione.[82] Gli esperti chiamano in modi diversi questa retribuzione, associandola a competenza, conoscenza o abilità. Con questo tipo di retribuzione, un dipendente in una posizione di classe I che è in grado di svolgere un lavoro di classe II (anche se al momento non lo sta facendo) viene retribuito come lavoratore di classe II, non di classe I. Le competenze sono caratteristiche personali dimostrabili quali conoscenze, abilità e comportamenti. Perché pagare i dipendenti sulla base dei livelli di abilità che ottengono, anziché in base alle posizioni a cui sono assegnati? Sempre più aziende organizzano il lavoro in team, quindi è opportuno incoraggiare i dipendenti a ottenere le abilità richieste per poter ruotare su diverse posizioni.

Parola chiave

Retribuzione basata sulle competenze

Retribuzione del dipendente in funzione della gamma, della profondità e del tipo delle competenze e delle conoscenze, anziché in funzione della posizione occupata.

I programmi di retribuzione basati su competenza o abilità contengono generalmente cinque elementi. L'azienda *definisce* specifiche abilità richieste e sceglie un *metodo* per basare la retribuzione di una persona sulle sue abilità. Un sistema di *formazione* consente ai dipendenti di acquisire le abilità. Esiste un sistema formale di *test* delle competenze, e il lavoro è *progettato* in modo che i dipendenti possano facilmente muoversi tra posizioni con livelli di abilità diversi. In pratica, la retribuzione basata sulla competenza di solito retribuisce conoscenza o abilità,[83] come mostrato nell'esempio della Figura 3.8. Per queste posizioni, BP indica il livello minimo di ciascuna abilità (come ad esempio competenza tecnica e problem-solving) che il titolare della posizione deve raggiungere; quando un dipendente supera uno dei livelli di ciascuna abilità, teoricamente riceve un piccolo aumento. Troverete un altro esempio nel seguente riquadro HR in pratica.

Broadbanding

Gran parte delle aziende finisce per avere piani retributivi che incasellano le posizioni in classi o livelli, ognuno dei quali è suddiviso in fasce retributive verticali. Ad esempio, il piano retributivo del governo statunitense è composto da 18 livelli principali (da GS-1 a GS-18), ciascuno valorizzato in fasce salariali; per un dipendente la cui posizione rientra in uno dei livelli, il salario minimo e massimo sarà determinato dalla fascia.

La domanda è: qual è il numero e l'ampiezza ottimale dei livelli e delle fasce salariali? Ad esempio, il governo statunitense potrebbe comprimere i suoi 18 livelli salariali in sei o sette livelli con fasce più ampie? Esiste uno svantaggio nella presenza di livelli numerosi e fasce strette; ad esempio, se volete che una persona la cui posizione è al livello 2 sostituisca temporaneamente un dipendente di livello 1, è difficile riassegnare la persona senza ridurle il salario. Analogamente, se volete che la persona impari a svolgere mansioni di livello 3, il dipendente potrebbe opporsi senza un corrispondente aumento. I piani tradizionali basati sui livelli possono quindi ridurre la flessibilità.

APPROFONDIMENTI **HR in pratica**

Il programma di retribuzione basata sulle abilità di JLG

La JLG Industries è una multinazionale americana che produce dispositivi di accesso come sollevatori, piattaforme aeree, ascensori e montacarichi.[84] L'azienda ha istituito un programma di retribuzione basato sulle abilità per ricompensare i dipendenti sulla base delle abilità che sono in grado di svolgere, anziché sulla posizione alla quale sono assegnati.[85] JLG ha integrato il programma nel sistema delle paghe esistente, supportandolo con un sistema di resoconti computerizzato.

Quando un dipendente acquisisce e padroneggia una nuova abilità, JLG gli riconosce un aumento a scadenze fisse. Gli aumenti sono direttamente proporzionali al "valore" del dipendente basato sull'acquisizione delle abilità. Gli incrementi della retribuzione sono pari a $0,30 all'ora, e possono essere cumulati con altri aumenti per merito programmati. I dipendenti qualificati hanno titolo all'adeguamento salariale basato sulle abilità in tre momenti: il primo aumento è disponibile al completamento di un periodo iniziale di sei mesi di prova, un ulteriore adeguamento basato sulle abilità può arrivare unitamente alla revisione annuale delle performance del dipendente, e altri adeguamenti basati sulle abilità sono consentiti annualmente e sei mesi dopo la revisione annuale.

JLG assegna tutti i lavoratori di produzione e manutenzione con retribuzione oraria a una specifica "job family", che consiste in un gruppo di dipendenti che eseguono attività simili e richiede abilità simili. Ogni job family ha un insieme di abilità richieste, tra cui determinate abilità correlate al lavoro e altre relative a qualità e sicurezza.

Per determinare se un dipendente sia qualificato per un aumento basato sulle abilità, viene effettuato un confronto tra l'attuale retribuzione del dipendente e quella di riferimento per la job family a cui è assegnato; le retribuzioni di riferimento sono basate sul grado di padronanza dell'insieme complessivo delle abilità richieste per una job family. Se la retribuzione attuale è uguale o superiore a quella di riferimento non viene riconosciuto alcun adeguamento, se la retribuzione è inferiore a quella di riferimento, per i dipendenti che padroneggiano le abilità della job family viene autorizzato un aumento.

Parola chiave

Broadbanding

Consolidamento delle fasce e dei livelli salariali in poche fasce ampie ("bande"), ciascuna delle quali contiene una gamma relativamente ampia di posizioni e livelli salariali.

Ecco perché alcune aziende stanno applicando il broadbanding ai loro piani retributivi.[86] **Broadbanding** significa ridurre il numero dei livelli salariali, ampliandoli in modo che ciascuno contenga una gamma relativamente ampia di posizioni e fasce retributive, come illustrato nella Figura 9.3, in cui abbiamo consolidato i sei livelli salariali di un'azienda in due livelli più ampi, di tipo "broadband" ("a banda larga").

Un'azienda può creare broadband per tutte le sue posizioni, o per gruppi specifici quali i professionisti. La gamma di fasce salariali di ciascuna broadband è relativamente ampia, poiché va dalla retribuzione minima del livello più basso inserito nella broadband a quella massima del livello più alto. Quindi, ad esempio, anziché 10 livelli salariali con fasce che coprono un intervallo di $15.000, l'azienda può ridurre i 10 livelli in tre broadband, ciascuna delle quali conterrà un insieme di posizioni tali che la differenza tra la retribuzione minima e quella massima raggiunga i $40.000 o più, definendo una gamma molto più ampia di fasce salariali. Risulta quindi più semplice passare un dipendente da una posizione all'altra all'interno della broadband senza doversi preoccupare del passaggio di livello.

Pro e contro

Il vantaggio principale è che il broadbanding consente una maggiore flessibilità nella riallocazione delle mansioni dei dipendenti.[87] Ad esempio, "il dipendente che debba trascorrere del tempo in una posizione di livello inferiore per sviluppare un certo insieme di abilità può percepire una retribuzione più alta del solito, cosa considerata impossibile nei sistemi retributivi tradizionali."[88]

D'altra parte, il broadbanding può essere destabilizzante: alcune persone preferiscono la sicurezza del sapere esattamente quali sono le loro mansioni e il loro titolo, e spostarsi spesso da una posizione all'altra può creare disagio.[89]

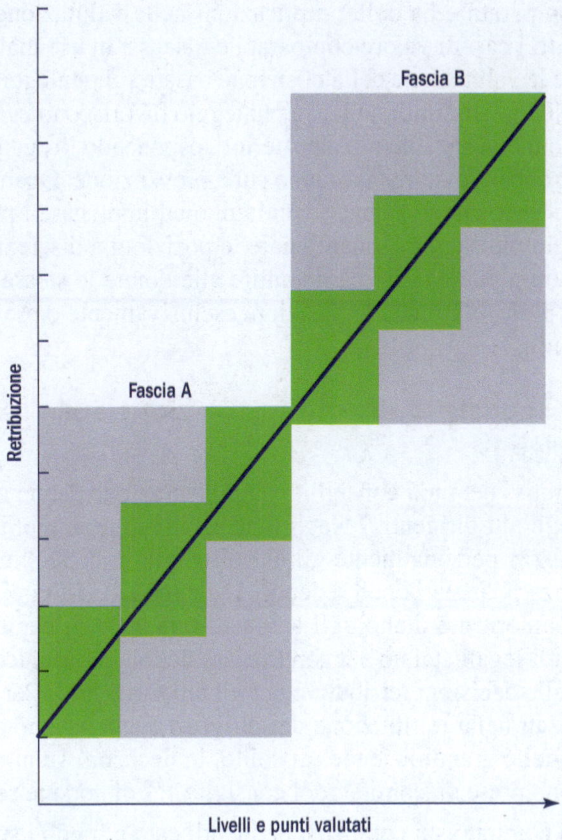

Figura 9.3 Struttura con broadbanding e sua relazione con livelli e fasce salariali tradizionali.

Valore comparabile

Il concetto di **valore comparabile** si riferisce al requisito di retribuire allo stesso modo uomini e donne per posizioni di valore *comparabile* (anziché strettamente *uguale*) per l'azienda. Il valore comparabile quindi richiede il confronto di posizioni molto diverse, come quella di infermiere con quella di meccanico e quella di segretaria con quella di tecnico. La domanda a cui il valore comparabile cerca di rispondere è: la retribuzione delle donne dovrebbe essere uguale a quella degli uomini solo per posizioni *uguali* o per posizioni semplicemente *comparabili*? Se si considerano solo le posizioni uguali, la tendenza potrebbe essere quella a limitare la retribuzione delle donne a quella delle posizioni meno pagate, nelle quali le donne tendono a predominare.

La sentenza *County of Washington* v. *Gunther* (1981) è stata determinante per il valore comparabile negli Stati Uniti, e ha coinvolto le lavoratrici carcerarie della Washington County, Oregon, che lamentavano una discriminazione sessuale. La contea aveva valutato come le posizioni approssimativamente comparabili ma non eguali degli uomini avessero un "contenuto della posizione" (basato su un sistema di valutazione a punteggio) superiore del 5% rispetto alle posizioni delle donne, ma la retribuzione degli uomini era superiore del 35%.[90] Perché una discrepanza così ampia nella retribuzione di posizioni approssimativamente comparabili? La Washington County alla fine patteggiò, accettando di riconoscere aumenti di 500 milioni di dollari spalmati su sette anni alle 35.000 dipendenti nelle posizioni a predominanza femminile.

Il valore comparabile ha delle implicazioni nella valutazione della posizione; praticamente tutti i casi di valore comparabile discussi in tribunale negli USA avevano in comune la valutazione della posizione basata sul punteggio. Assegnando un punteggio a posizioni dissimili, i piani a punteggio favoriscono i giudizi di comparabilità tra posizioni diverse soltanto a posteriori, esponendo l'organizzazione a rischi che forse si potrebbero evitare lavorando sulla prevenzione. Quanto è opportuno da questo punto di vista che le aziende continuino ad impiegare i piani a punteggio? Forse l'approccio più saggio è quantificare le posizioni a discrezione dell'azienda, con o senza piani a punteggio, ma garantire alle donne le stesse possibilità di accesso; in altre parole, eliminare le posizioni esclusivamente o prevalentemente maschili o femminili.

Vigilanza del consiglio di amministrazione sulla retribuzione degli alti dirigenti

Esistono vari motivi per cui i consigli di amministrazione danno un giro di vite alla retribuzione degli alti dirigenti.[98] Negli Stati Uniti, ad esempio, il Sarbanes-Oxley Act responsabilizza personalmente gli alti dirigenti, in certe situazioni, per le carenze di vigilanza finanziaria nell'azienda. La legge Dodd-Frank del 2010 impone che le aziende americane diano agli azionisti una voce in capitolo sulle retribuzioni. Molti studi legali stanno seguendo class action che richiedono alle aziende informazioni sulle decisioni retributive per gli alti dirigenti.[99] Per ogni evenienza, i legali specializzati nella retribuzione dei dirigenti suggeriscono ai consigli di amministrazione (nelle grandi aziende, di solito, le decisioni sulla retribuzione degli alti dirigenti sono prese da comitati del consiglio)[100] di porsi le seguenti domande:

- Il nostro comitato sui compensi ha identificato a fondo i suoi doveri e i suoi processi?
- Il comitato sui compensi sta utilizzando pareri appropriati?
- Esistono specifici problemi sul compenso dei dirigenti che il comitato dovrebbe affrontare?[101]
- Le nostre procedure dimostrano diligenza e indipendenza? (Ciò richiede delibere meditate e documentazione.)
- Il nostro comitato comunica in modo appropriato le sue decisioni? Come reagiranno gli azionisti?[102]

9.5 Guida per manager al coinvolgimento dei dipendenti

Il sistema premiante "total rewards"

Il concetto di *sistema premiante "total rewards"* è sempre più importante nella gestione dei compensi. Le persone legano alle loro posizioni molti bisogni, ad esempio quelli di un lavoro stimolante, del rispetto e dell'apprezzamento, e non tutti vengono soddisfatti dalla retribuzione o dai bonus. "I 'sistemi premianti total rewards' comprendono non solo la retribuzione e i benefit, ma anche opportunità di crescita personale e professionale e un ambiente lavorativo motivante."[103] Includono non solo i consueti compensi finanziari (stipendi e incentivi, più benefit e perks), ma anche aspetti non finanziari e intangibili quali riconoscimento, natura della posizione/qualità del lavoro, opportunità di sviluppo della carriera,[104] buone relazioni con manager e colleghi, giustizia nell'organizzazione, fiducia nei dipendenti, percezione dell'apprezzamento e del coinvolgimento, opportunità di promozione[105] e un ottimo clima sul lavoro.[106] I sistemi total rewards includono anche programmi di riconoscimento e posizioni riprogettate (vedi Capitolo 3), programmi di telelavoro, di salute e benessere, e di formazione e sviluppo della carriera.

Premi di riconoscimento/apprezzamento non monetari quali buoni regalo, merci e riconoscimento rientrano in questo tipo di ricompense.[107] Ad esempio, un impianto DuPont in West Virginia ha installato un sistema online che consente ai dipendenti di scambiarsi premi di riconoscimento, e ben presto è stato utilizzato dal 95% del personale.[108] International Fitness Holdings consente ai dipendenti di utilizzare un'applicazione di tipo Facebook per dare un riconoscimento ai colleghi pubblicando messaggi e inviando messaggi e-mail.[1009] Le aziende ricorrono a siti quali Globoforce.com per fornire sistemi di riconoscimento online.

Sistemi premianti total rewards e coinvolgimento dei dipendenti

Per quanto riguarda il coinvolgimento dei dipendenti, sembrano essere essenziali le ricompense sia materiali che non materiali: total rewards.[110] Per esempio, uno studio ha rilevato che la paga base e i benefit, presi singolarmente, hanno una relazione debole con la capacità dell'organizzazione di stimolare il coinvolgimento dei dipendenti.[111] Premi intangibili quali clima all'interno dell'organizzazione, natura della posizione/qualità del lavoro e opportunità di sviluppo della carriera hanno un impatto alto o molto alto su coinvolgimento e prestazione, quando abbinati al salario base e a incentivi e bonus di breve termine.[112]

Non sorprende quindi che molte aziende con alto coinvolgimento diano uno spazio importante ai sistemi premianti total rewards nell'ambito della loro strategia per le risorse umane. Ad esempio, Toyota definisce i suoi valori in termini di risorse umane nell'ambito del cosiddetto "Metodo Toyota"; tali valori includono "fiducia e rispetto reciproci fra lavoratori e direzione", "impiego stabile che evita il più possibile sospensioni e licenziamenti", "aiuto ai dipendenti nello sviluppare le loro abilità tecniche" e "supporto al personale di produzione nel coniugare il lavoro con la cura dei figli, nel progettare le carriere e nell'aumento della consapevolezza aziendale." Disney sottolinea l'importanza di fornire ai suoi dipendenti/membri del cast un pacchetto premiante che include la retribuzione insieme a vari benefit e opportunità di sviluppo della carriera.[113]

Molte delle "Best companies to work for" (http://fortune.com/best-companies/) pagano bene, ma sono anche attente alle ricompense intangibili, che possono essere "il vicepresidente di NetApp chiama tutti i giorni 10 o 20 dipendenti che sono stati visti 'fare qualcosa di giusto'", "Whole Foods porta la trasparenza a un livello mai visto, consentendo ai dipendenti di votare per le nuove assunzioni, offrendo gite per visitare i fornitori e la visibilità sui salari di tutti",[114] un lavoro stimolante, una filosofia di management che dà più autonomia, orari di lavoro flessibili e la felicità sul lavoro presso il produttore di software SAS.[115]

Nonostante la loro importanza, molte aziende non comunicano ai dipendenti l'esistenza e il valore di questi premi non finanziari, sminuendone l'impatto. L'azienda dovrebbe pubblicare periodicamente dichiarazioni sui sistemi premianti total rewards, elencando tutte le ricompense (finanziarie e non) offerte dall'azienda e segnalando la loro importanza per il benessere complessivo dei dipendenti.[116]

9.6 Riepilogo

1. Nel definire piani retributivi strategici, è necessario che i manager comprendano anzitutto alcuni fattori base nella determinazione della retribuzione. I compensi dei dipendenti includono pagamenti finanziari sia diretti che indiretti. I fattori che determinano il progetto dei piani retributivi includono aspetti legali, sindacali, strategico/politici dell'azienda ed equità. Tra i più rilevanti punti di riferimento del sistema normativo italiano per la disciplina dei contratti di lavoro vi è l'istituto dei CCNL (Contratti Collettivi Nazionali di Lavoro), che sono il frutto della contrattazione collettiva.

2. Il processo di definizione delle retribuzioni garantendo equità esterna, interna e procedurale consiste di varie attività: condurre indagini sui salari, determinare il valore di ciascuna posizione, effettuare la valutazione della posizione, raggruppare le posizioni di difficoltà approssimativamente uguale, quantificare ciascun livello salariale con le curve salariali e modulare le retribuzioni.
   - Le indagini sui salari possono essere informali, per telefono o via Internet, oppure formali, condotte dall'azienda o basate su altre indagini commerciali, professionali e/o governative.
   - La valutazione della posizione è un confronto sistematico eseguito per determinare il valore di una posizione rispetto a un'altra basandosi su fattori di ricompensa.
   - I fattori di ricompensa si basano sugli elementi ricompensati di una posizione, quali abilità e impegno.
   - Tra i metodi più usati per la valutazione delle posizioni vi sono graduatoria, classificazione, punteggio e confronto dei fattori. Con la graduatoria, ad esempio, viene condotta un'analisi della posizione, le posizioni vengono raggruppate per reparto e i valutatori attribuiscono una graduatoria alle posizioni.
   - Dopo che il comitato ha eseguito la valutazione delle posizioni per determinare il valore relativo di ciascuna posizione, può dedicarsi all'assegnamento della retribuzione a ciascuna posizione; di solito è consigliabile raggruppare le posizioni all'interno di livelli salariali per snellire il processo.
   - Il team può puoi utilizzare le curve salariali per quantificare ciascun livello, e successivamente modulare le retribuzioni.

3. La quantificazione retributiva delle posizioni manageriali e professionali implica alcune questioni speciali. La retribuzione manageriale consiste tipicamente in paga base, incentivi di breve e lungo termine e benefit dirigenziali, e soprattutto ai livelli più alti non si presta alla valutazione delle posizioni; vanno piuttosto comprese la complessità della posizione, la capacità retributiva dell'azienda e la necessità di competitività per attrarre i talenti migliori.

4. Abbiamo affrontato alcuni argomenti speciali legati alla retribuzione. Broadbanding significa consolidare più livelli retributivi in un numero di livelli minore, ciascuno dei quali contiene un numero relativamente ampio di posizioni all'interno di fasce salariali. Il broadbanding incoraggia i dipendenti a

spostarsi liberamente da una posizione all'altra, e supporta l'implementazione di sistemi manageriali ad alte prestazioni basati sul lavoro di squadra. Un numero sempre maggiore di aziende sta passando dalla retribuzione delle posizioni basata sui doveri intrinseci a quella basata sulle competenze richieste dalla posizione. Il motivo principale per farlo è incoraggiare i dipendenti a sviluppare le competenze necessarie per passare da una posizione all'altra senza difficoltà. Il concetto di valore comparabile si riferisce al requisito secondo cui uomini e donne devono essere retribuiti in ugual misura se ricoprono posizioni comparabili, anziché di valore rigorosamente uguale. La preoccupazione di molti azionisti rispetto all'eccessiva remunerazione dell'alta dirigenza ha aumentato l'importanza della vigilanza del consiglio d'amministrazione, che dovrebbe impiegare consulenti qualificati ed esercitare diligenza e indipendenza nella formulazione dei piani retributivi dei dirigenti. I piani premianti comprendono i tradizionali componenti della retribuzione, ma anche aspetti quali il riconoscimento e la riprogettazione delle posizioni per renderle più stimolanti.

5. Le ricerche indicano che se l'obiettivo è il coinvolgimento dei dipendenti è opportuno dare importanza ai piani premianti total reward, non solo alla paga base; è stato rilevato che le aziende che offrono soltanto paga base e benefit hanno una scarsa capacità di stimolare il coinvolgimento, mentre quelle che aggiungono al salario e agli incentivi o bonus di breve termine anche ricompense intangibili quali buon clima nell'organizzazione, natura della posizione/qualità del lavoro e opportunità di sviluppo della carriera, ottengono risultati molto migliori in termini di coinvolgimento e prestazione.

MyLab

Sulla piattaforma MyLab dedicata a questo testo troverete materiali di supporto e approfondimento. All'interno dello stesso ambiente è disponibile la piattaforma inglese MyManagementLab che offre ulteriori risorse, un ricco apparato multimediale ed esercizi guidati.

Parole chiave

Pagamenti finanziari diretti 215
Pagamenti finanziari indiretti 215
Valutazione delle posizioni 218
Sistema di retribuzione di mercato . 218
Indagine sui salari 218
Posizione benchmark 220
Metodo della graduatoria 220
Classificazione delle posizioni 220
Classe salariale 220
Livelli contrattuali 221
Definizione dei livelli contrattuali . 221
Curva salariale 222
Livello salariale 222
Fascia salariale 223
Retribuzione basata sulle competenze 227
Broadbanding 228

Domande di discussione

9.1 Illustrate la differenza fra la retribuzione contemporanea basata sulle competenze e quella convenzionale basata sulla valutazione della posizione.

9.2 Quali sono le quattro forme di equità che i manager devono considerare per garantire una retribuzione equa dei dipendenti?

9.3 Confrontate i seguenti metodi di valutazione della posizione: graduatoria, classificazione, confronto dei fattori e punteggio.

9.4 Quali sono i pro e i contro del broadbanding? Lo consigliereste al vostro attuale datore di lavoro o a un'altra azienda che conoscete bene? Perché, o perché no?

9.5 Quando Walmart ha aumentato la paga base minima a $10 l'ora, alcuni dei dipendenti più senior (come ad esempio uno che percepiva $12 l'ora) si lamentarono che l'aumento limitato al solo livello base era ingiusto nei loro confronti. Quando l'AD dell'azienda Gravity Payments decise di stabilire un compenso minimo per tutti dipendenti di $70.000 l'anno, alcuni dei suoi dipendenti più senior sostennero che non fosse giusto aumentare i salari dei neoassunti e non i loro.[117] In che modo pensate che Walmart e Gravity debbano gestire queste lamentele?

9.6 Definite la valutazione delle posizioni, e fornite un esempio della sua conduzione.

9.7 Spiegate in dettaglio come definire un piano retributivo di mercato.

9.8 Spiegate come quantificare le posizioni manageriali e professionali.

Attività individuali e di gruppo

9.9 Lavorando da soli o in gruppo, conducete indagini salariali per le posizioni di contabile di basso livello e ingegnere chimico di basso livello. Quali fonti avete usato, e a quali conclusioni siete arrivati? Se foste il manager delle risorse umane di uno studio di ingegneria, quale retribuzione consigliereste per le due posizioni?

9.10 Lavorando da soli o in gruppo, sviluppate le politiche di retribuzione per la posizione di cassiere presso una banca locale. Supponete che i cassieri siano quattro: due assunti in maggio e gli altri due assunti a dicembre. Le politiche di retribuzione dovrebbero comprendere i seguenti aspetti: valutazioni, aumenti, permessi, vacanze pagate, straordinario pagato, metodo di pagamento, pignoramento e cartellino.

9.11 Molti sostengono che il blocco del salario minimo nel tempo abbia portato all'iniquità retributiva.[118] I governi di alcune nazioni, però, stanno facendo qualche piccolo progresso. Nel Regno Unito, ad esempio, il governo ha votato nell'aprile 2018 per un aumento del 4,4%, portandolo a £7,83 l'ora, rispetto alle £7,50 dell'anno precedente. Nel corso degli anni, il governo britannico ha aumentato costantemente il salario minimo, che nel 2012 era intorno a £6,91 l'ora. Ritenete che aumentare il salario minimo sia il modo migliore per contrastare le iniquità salariali? Perché?

9.12 In che modo pensate che i governi debbano risolvere l'attuale ambiguità sulla classificazione del lavoro "gig", specialmente quello dei contratti di lavoro subordinato a tempo determinato, una forma ibrida tra autonomia e subordinazione?

Esercizio pratico

Graduatoria degli amministratori dell'università

Scopo: Fare esperienza nell'esecuzione di una valutazione della posizione con il metodo della graduatoria.

Requisiti: Dovreste conoscere a fondo il metodo della graduatoria per la valutazione delle posizioni e ottenere i mansionari del preside, del presidente del dipartimento, del direttore delle iscrizioni, di quello della biblioteca, dell'archivista e del vostro docente.

Impostazione dell'esercizio/Istruzioni: Suddividete la classe in gruppi di quattro o cinque studenti, che eseguiranno la valutazione delle posizioni di preside, presidente del dipartimento e docente utilizzando il metodo della graduatoria.

9.13 Eseguite una valutazione delle posizioni stabilendo la graduatoria delle posizioni. Potete usare uno o più fattori di ricompensa.

9.14 Se il tempo lo consente, un portavoce può scrivere alla lavagna la graduatoria del suo gruppo. I gruppi hanno ottenuto gli stessi risultati? In che cosa sono diversi? Quali ritenete siano i motivi delle differenze?

Note bibliografiche

Le note di questo capitolo sono consultabili online sulla piattaforma MyLab oppure immediatamente visualizzabili su smartphone e tablet tramite questo QR-code.

CAPITOLO 10

Incentivi e benefit

Argomenti

- Incentivi individuali
- Incentivi collettivi
- Benefit e servizi: la situazione attuale
- Servizi personali e benefit familiari
- Guida per manager al coinvolgimento dei dipendenti
- Riepilogo

Parola chiave
Incentivi monetari
Incentivi economici corrisposti ai lavoratori la cui produttività supera degli standard predeterminati.

Parola chiave
Produttività
Il rapporto tra prodotto (beni e servizi) e fattori di produzione impiegati a produrlo (costi e risorse come lavoro e capitale).

Parola chiave
Retribuzione variabile
Qualunque piano che leghi la retribuzione ad altre variabili come la produttività o i profitti.

Parola chiave
Cottimo
Un sistema di retribuzione basata sul numero di pezzi lavorati dal singolo dipendente nell'unità di tempo, come pezzi all'ora o al giorno.

Obiettivi didattici

Al termine del capitolo:

- Saprete discutere i principali incentivi individuali.
- Sarete in grado di identificare e definire i piani di incentivi più utilizzati a livello aziendale.
- Potrete definire i benefit dei dipendenti.
- Saprete elencare e discutere i più diffusi servizi personali e benefit familiari.
- Potrete spiegare come utilizzare i benefit per migliorare coinvolgimento, produttività e prestazioni.

10.1 Incentivi individuali

Frederick Taylor ha reso famosi gli **incentivi monetari** (ricompense economiche corrisposte ai lavoratori la cui produzione supera standard predeterminati) alla fine dell'800. In qualità di supervisore presso la Midvale Steel Company, Taylor era preoccupato dalla tendenza di molti dipendenti a limitarsi al livello minimo accettabile di prestazione. Alcuni dipendenti riuscivano in questo modo a lavorare sulla loro casa dopo una giornata di 12 ore lavorative. Taylor sapeva che se fosse riuscito a imbrigliare questa energia sul posto di lavoro, Midvale sarebbe stata molto più produttiva. La **produttività** "è il rapporto fra output (prodotti e servizi) e input (risorse quali lavoro e capitale)."[1] Per incrementare la produttività, Taylor mise in atto una serie di importanti innovazioni, tra cui anche quella degli incentivi monetari.

Oggi le aziende usano molti incentivi, ed è normale associare in qualche modo la retribuzione alla prestazione.[2] Il concetto di **retribuzione variabile** indica di solito piani di incentivi individuali o di gruppo legati a obiettivi di performance per le singole persone, per un team di lavoro o per l'intera organizzazione;[3] un esempio è rappresentato dai piani di condivisione dei profitti (profit sharing).

Piani di incentivi individuali: cottimo

Il **cottimo** è una delle forme più antiche di incentivazione individuale, che prevede il pagamento al lavoratore di una somma per ciascuna unità prodotta. Naturalmente al lavoratore deve comunque essere riconosciuto almeno un salario minimo garantito. La questione principale riguarda lo standard di produzione, che tipicamente viene stabilito in termini di unità prodotte all'ora su basi tecniche e di mercato.

Il *cottimo puro* prevede una rigorosa proporzionalità tra risultati e ricompensa, indipendentemente dalla quantità prodotta. Il *cottimo a base standard oraria/giornaliera* prevede la condivisione tra azienda e lavoratore di eventuali incrementi eccezionali di produttività; in questo caso il lavoratore riceve una retribuzione extra (ad esempio un supplemento per pezzo prodotto) in aggiunta a quella standard.[4]

Aumenti di merito

Parola chiave
Aumento di merito
Qualunque aumento salariale concesso a un lavoratore sulla base dei suoi risultati individuali.

Gli **aumenti di merito** basati sulle prestazioni sono gli eventuali incrementi retributivi riconosciuti a un singolo dipendente sulla base delle sue prestazioni. Sono diversi da un bonus nel senso che generalmente entrano a far parte del salario base del dipendente, mentre il bonus è un pagamento occasionale. Il termine aumenti di merito è utilizzato più spesso per le posizioni impiegatizie e professional.

La retribuzione a rendimento è molto dibattuta; i sostenitori ritengono che la concessione di aumenti della retribuzione senza un legame con il merito individuale sia in realtà controproducente per le prestazioni, mostrando ai dipendenti che è possibile essere premiati indipendentemente dal rendimento. I detrattori, invece, ritengono che il fatto che molte valutazioni di performance diano esiti discutibili possa riflettersi negativamente anche sulla retribuzione basata sul merito.[6] L'efficacia di queste forme di incentivazione dipende anche dalla differenziazione tra i dipendenti. Secondo alcune rilevazioni nel mercato del lavoro statunitense, gli incrementi di paga base per dipendenti con valutazioni di performance più elevate hanno recentemente raggiunto il 5,6%, mentre per quelli a basse prestazioni si sono fermati allo 0,6%.[7]

Una versione di questo sistema lega i premi di rendimento sia alle prestazioni degli individui che a quelle dell'azienda. In base allo schema illustrato nella Tabella 10.1, un dipendente dalle prestazioni eccezionali può ottenere il 70% del massimo del suo premio lordo anche se le performance dell'organizzazione sono marginali, mentre i dipendenti con prestazioni marginali o inaccettabili non hanno diritto ad alcun aumento di merito neanche in caso di performance aziendale straordinariamente elevata.

Tabella 10.1 Esempio di matrice per la determinazione dei premi di merito.

Valutazione della prestazione del dipendente (peso = 0,50)	Performance dell'azienda (peso = 0,50)				
	Straordinaria	Eccellente	Buona	Marginale	Inaccettabile
Straordinaria	1,00	0,90	0,80	0,70	0,00
Eccellente	0,90	0,80	0,70	0,60	0,00
Buona	0,80	0,70	0,60	0,50	0,00
Marginale	—	—	—	—	—
Inaccettabile	—	—	—	—	—

Nota: Per determinare il valore monetario del premio del dipendente: (1) moltiplicate lo stipendio o il salario annuale del dipendente al 30 giugno per il suo incentivo premio massimo (determinato dalla direzione o dal consiglio, ad esempio "il 10% della paga"), quindi (2) moltiplicate il prodotto risultante per la corretta cifra percentuale della tabella. Ad esempio, se il salario annuale di un dipendente è 40.000 euro al 30 giugno e il suo premio massimo è il 7%, se sia la sua performance che quella dell'azienda sono state "eccellenti", il premio sarà di €2.240: (€40.000 × 0,07 × 0,80 = €2.240).

Incentivi per dipendenti professional

Il contenuto tipico del lavoro dei dipendenti professional come avvocati e ingegneri è basato sulla conoscenza e sul problem- solving.

Le decisioni sugli incentivi per questa categoria di dipendenti non sono semplici; tanto per cominciare, di solito i professional sono comunque ben retribuiti, e poi si tratta di dipendenti già motivati a produrre un lavoro di alto profilo.

Però non sarebbe realistico supporre che persone quali gli ingegneri di Google lavorino solo per la gratificazione professionale, quindi Google riconosce incentivi più alti agli ingegneri che lavorano su progetti importanti,[8] e li gratifica in prospettiva con piani di stock option che possono renderli decisamente ricchi.

I doppi percorsi di carriera sono un altro modo per gestire la retribuzione dei professional. In molte aziende, per ottenere un salario più alto è necessario passare dalle attività ingegneristiche a quelle di management, ma non tutti i professional sono interessati. Per questo motivo molte aziende istituiscono percorsi distinti per i professional in ambito direzionale e in ambito tecnico scientifico.[9]

Riconoscimento e altri premi non monetari

Come abbiamo visto nel Capitolo 9, spesso le aziende affiancano agli incentivi economici altri premi non monetari basati sul riconoscimento. Il termine *programma di riconoscimento* si riferisce di solito a riconoscimenti formali celebrati e resi noti pubblicamente, come quello di impiegato del mese. I *programmi di riconoscimento sociale* di solito indicano scambi informali tra manager e dipendente quali lodi, approvazione o espressioni di apprezzamento per un lavoro ben fatto. Il *riscontro sulla prestazione* prevede che siano trasmesse informazioni quantitative e qualitative sulle prestazioni relative a un compito, per migliorarle o mantenerle; un esempio di riscontro può essere un grafico da mostrare ai lavoratori che visualizzi l'andamento delle loro performance.[11]

APPROFONDIMENTI **Tendenze HR: Social media e digitale[11]**

App per il riconoscimento

Le aziende stanno rafforzando i programmi di riconoscimento con il supporto del digitale. Ad esempio, Intuit ha trasferito online su workhuman.com i suoi programmi di riconoscimento dei dipendenti per anni in servizio, brevetti e benessere. Ciò "ha consentito di coniugare nuove efficienze a una maggiore efficacia" nei programmi, afferma il direttore dell'area performance, sistemi premianti e workplace management di Intuit.[12] Le app consentono anche ai dipendenti di lodarsi a vicenda[13] e di "dare un riconoscimento, digitando una breve nota di segnalazione per ringraziare le persone più significative..." [14] Altre consentono agli utenti di pubblicare le note positive che ricevono sui profili LinkedIn.

Un'indagine tra 235 manager ha rilevato le seguenti ricompense per motivare i dipendenti (elencate in ordine dalla più usata alla meno usata):[15]

- Riconoscimento del dipendente
- Certificati e attestazioni premio
- Eventi speciali
- Premi in denaro
- Premi in natura (es. doni aziendali)
- Comunicazioni via e-mail/stampa
- Programmi di formazione

- Benefit personali (work/life)
- Retribuzione variabile
- Viaggi di gruppo
- Viaggi individuali
- Lotterie

Il concetto è approfondito nel seguente riquadro Strumenti HR.

APPROFONDIMENTI **Strumenti HR per manager di linea e piccole imprese**

Obiettivi e riconoscimento

Il manager di linea dovrebbe motivare i subordinati, senza però limitarsi ai piani di incentivi finanziari dell'azienda; questi piani potrebbero non essere molto completi, mentre le opportunità per motivare i dipendenti ogni giorno sono così tante che sarebbe sbagliato non sfruttarle. Che fare?

Per prima cosa, la migliore opzione per motivare un dipendente è anche la più semplice: accertarsi che i suoi obiettivi siano raggiungibili e che il dipendente li approvi. Non ha molto senso cercare di motivare i dipendenti con incentivi finanziari se non conoscono gli obiettivi o se non li approvano.

Un secondo, potente strumento motivante è il riconoscimento del contributo del dipendente. Gli studi rilevano che il riconoscimento, sia da solo che unito a ricompense finanziarie, ha un impatto positivo sulle prestazioni; in uno studio, l'unione di riconoscimento e ricompense economiche ha prodotto un miglioramento delle prestazioni del 30% nelle aziende di servizi, quasi il doppio di quanto ottenuto con uno solo dei due tipi di incentivi.

La terza possibilità è l'uso quotidiano del riconoscimento sociale (come complimenti e apprezzamenti per il lavoro svolto) a titolo di rafforzamento positivo. Nella Figura 10.1 è presentato un elenco.[16]

Figura 10.1
Riconoscimento sociale e relativo rafforzamento positivo utilizzabile dai manager.

- Incarichi impegnativi
- Libertà di scegliere l'attività lavorativa
- Posizione con elementi lavorativi divertenti
- Maggior numero di compiti graditi
- Ruolo di "supplenza" in caso di assenza del superiore
- Ruolo nelle presentazioni all'alta dirigenza
- Rotazione dei compiti
- Incoraggiamento allo studio e al miglioramento continuo
- Ampio incoraggiamento
- Possibilità di fissare i propri obiettivi
- Complimenti
- Espressioni di apprezzamento in presenza dei colleghi
- Note di ringraziamento
- Premio "Impiegato del mese"
- Encomio speciale
- Scrivania più grande
- Ufficio o postazione di lavoro più grande

Fonte: Bob Nelson, *1001 Ways to Reward Employees*, New York: Workman Pub., 1994, p. 19; Sunny C. L. Fong e Margaret A. Shaffer, "The Dimensionality and Determinants of Pay Satisfaction: A Cross-Cultural Investigation of a Group Incentive Plan," *International Journal of Human Resource Management*, 14, no. 4, giugno 2003, p. 559.

Progettazione della mansione (job design)

A prima vista il modo in cui vengono definiti i contenuti delle mansioni può non sembrare un "incentivo", ma la progettazione della mansione (che abbiamo trattato più a fondo nel Capitolo 3) può avere un impatto significativo sulla motivazione e sulla retention dei dipendenti. I ricercatori della Harvard Business School hanno concluso che il contenuto del lavoro è un elemento primario del coinvolgimento dei dipendenti, e uno studio di Towers Watson ha rilevato che un lavoro stimolante è il settimo elemento più importante per attrarre i dipendenti.[17] La progettazione della mansione è quindi una parte importante del programma premiante di un'azienda.

Il riquadro HR in pratica illustra il miglioramento dei profitti grazie alla combinazione degli incentivi.

Incentivi per il personale di vendita

I piani di ricompensa per le vendite possono incentrarsi su salario, commissioni o una combinazione di entrambi.[24]

APPROFONDIMENTI HR in pratica

Uso di incentivi finanziari e non finanziari in una catena di fast-food

Due ricercatori hanno studiato l'impatto degli incentivi finanziari e non finanziari sulla performance aziendale di 21 ristoranti di una catena di fast-food nel Midwest.[18] In ogni ristorante c'erano circa 25 lavoratori e due manager; i ricercatori hanno offerto ai manager una formazione che li aiutasse a identificare i comportamenti misurabili che risultavano carenti nei dipendenti, e che avrebbero potuto influire sul rendimento dei ristoranti, come ad esempio "tenere in movimento entrambe le mani allo sportello del drive-through" e "ripetere al cliente l'ordine appena fatto".[19] I ricercatori hanno poi istituito piani di incentivi finanziari e non finanziari per stimolare tali comportamenti, e hanno misurato il rendimento dei ristoranti in termini di profitto lordo (incassi meno spese), tempistica del drive-through e turnover dei dipendenti.

Incentivi finanziari

Alcuni dipendenti in alcuni ristoranti ricevevano incentivi finanziari per aver tenuto i comportamenti desiderati; gli incentivi consistevano in bonus a forfait in busta paga. Ad esempio, se il manager vedeva che una squadra di lavoro mostrava fino a 50 comportamenti (come "lavorare nei periodi di inattività") durante il periodo di osservazione, aggiungeva $25 alla busta paga di tutti i presenti in quel periodo; da 50 a 100 comportamenti l'aggiunta era di $50 per busta paga, e se venivano superati i 100 comportamenti l'incentivo passava a $75. I premi aumentavano nel tempo, man mano che i dipendenti imparavano a tenere i comportamenti richiesti.

Incentivi non finanziari

I ricercatori hanno formato i manager di alcuni ristoranti all'uso di incentivi non finanziari, come i riscontri e il riconoscimento. Ad esempio, come riscontro sulle prestazioni i manager tracciavano dei grafici che alla fine della giornata mostravano le tempistiche del drive-through, e li esponevano vicino al timbracartellini. I dipendenti potevano quindi tenere traccia delle prestazioni dei loro ristoranti su misure concrete. I ricercatori hanno anche suggerito ai manager di attribuire riconoscimenti ai dipendenti, con frasi quali "ho notato che oggi le tempistiche del drive-through sono state veramente buone".[20]

Risultati

Entrambi i programmi hanno avuto successo: sia gli incentivi finanziari che quelli non finanziari hanno migliorato le prestazioni dei dipendenti e dei ristoranti.[21] Ad esempio, i profitti sono aumentati del 30% nei ristoranti in cui erano stati utilizzati i premi finanziari e del 36% in quelli in cui erano stati usati i premi non finanziari. Nello stesso periodo di nove mesi, i tempi di attesa dei drive-through si sono ridotti del 19% per il gruppo con gli incentivi finanziari e del 25% per quello con gli incentivi non finanziari. Il turnover dei clienti serviti è aumentato del 13% per il gruppo con gli incentivi finanziari, e del 10% per quello con gli incentivi non finanziari.

Possiamo trarre alcune implicazioni pratiche per i manager che progettino piani di incentivi.

- Il dipendente o i dipendenti devono avere obiettivi stimolanti e specifici.[22]
- Il legame tra impegno e incentivo dev'essere chiaro.
- Accertatevi che i comportamenti che volete incentivare siano impediti da una mancanza di motivazione (e non, ad esempio, da un problema di selezione dei dipendenti).
- I dipendenti devono avere le abilità e la formazione necessarie a eseguire il lavoro.
- L'azienda deve supportare il piano di incentivi con un riscontro sulle prestazioni, in modo che i dipendenti possano controllare la loro situazione.
- Il manager deve raccogliere prove sugli effetti del piano di incentivi nel tempo, e accertarsi che incida sulle prestazioni nel modo desiderato.[23]
- Combinate incentivi finanziari e non finanziari quali il riconoscimento.

Piano salariale

Alcune aziende riconoscono ai venditori un salario fisso (magari con incentivi occasionali quali bonus, premi per i venditori migliori e così via).[25] I salari fissi hanno senso quando i compiti principali riguardano la ricerca di nuovi clienti o i servizi alla clientela (come la partecipazione alle fiere). Una concessionaria Buick–GMC di Lincolnton, North Carolina, offre un salario fisso come opzione al personale che vende almeno otto veicoli al mese (con l'aggiunta di un piccolo "retention bonus" per ogni auto venduta).[26]

L'approccio del salario fisso semplifica anche il trasferimento dei venditori o la riallocazione sul territorio, e può stimolare la fedeltà del personale di vendita. Lo svantaggio principale è che può non essere motivante per i venditori con alte prestazioni.[27]

Piano con commissioni

I piani che prevedono soltanto le commissioni retribuiscono i venditori solo sulla base dei risultati; tendono ad attrarre i venditori con alte prestazioni, che vedono ricompensati loro sforzi. I costi di vendita sono proporzionati alle vendite anziché essere fissi, quindi i costi fissi dell'azienda si riducono. È un tipo di piano facile da capire e da calcolare. Tra le alternative vi sono i *bonus di quota* (per aver raggiunto determinate quote), le *commissioni pure*, i piani di *management per obiettivi* (la retribuzione è basata su metriche specifiche) e i *piani con graduatoria* (che compensano i venditori migliori e riconoscono bonus ridotti o nulli a quelli peggiori).[28]

I problemi però sono numerosi. Ad esempio, nei piani mal concepiti i venditori potrebbero concentrarsi sulla chiusura delle vendite e trascurare doveri quali spingere i prodotti più difficili.[29] In molte aziende, inoltre, una parte significativa delle vendite annuali è costituita dallo "strascico" dell'anno precedente (vendite che si ripeterebbero anche senza alcuno sforzo da parte dei venditori). Perché pagare alla forza vendita una commissione su tutte le vendite dell'anno se parte di esse non sono "nuove" vendite dell'anno in corso?[30]

MyLab **In depth 1**

Conseguenze impreviste degli incentivi

Questo episodio accaduto in Wells Fargo and Co. costituisce un esempio da manuale di piani di incentivi mal concepiti. Con l'intento di spingere i dipendenti di questa banca retail a raggiungere elevati risultati di vendita, si assegnavano loro obiettivi aggressivi come la vendita media di almeno otto prodotti bancari per cliente.[33] Un resoconto annuale menzionava il "cross sell" per 20 volte; l'azienda chiamava "negozi" le sue filiali bancarie al dettaglio.[34] Gli impiegati aprivano conti per i clienti senza nemmeno avvertirli. Negli incontri di formazione sull'etica professionale, le pratiche scorrette come l'apertura di conti correnti fantasma venivano stigmatizzate, ma i dipendenti sapevano di dover raggiungere gli obiettivi di vendita e lo facevano ugualmente.[35] Il risultato? Multe, cause legali e dimissioni dell'AD.

Incentivi per manager e alti dirigenti

Gli elementi di un pacchetto di ricompensa per un alto dirigente (salario base, incentivi a breve e lungo termine e perks) dovrebbero essere allineati tra loro e con gli obiettivi strategici dell'azienda. Quindi è bene chiedersi per prima cosa "qual è la nostra strategia, e quali sono i nostri obiettivi strategici?", e successivamente decidere quali comportamenti a lungo termine (aumento delle vendite, taglio dei costi e cosi via) devono assumere gli alti dirigenti per raggiungere gli obiettivi strategici dell'azienda. In seguito, ciascun componente del pacchetto di ricompensa

APPROFONDIMENTI **Tendenze HR: Social media e digitale**

Tenere traccia delle commissioni

Molte aziende usano sistemi di *enterprise incentive management* (EIM) per gestire le commissioni sulle vendite e tenerne traccia.[36] Per esempio, l'EIM Oracle Sales Cloud permette alla direzione di creare facilmente metriche per scorecard quali il numero di chiamate ai possibili clienti e i contratti di vendita, e di monitorarle in tempo reale sui cruscotti del sistema.[37] Gli utenti possono anche ludificare il processo di incentivazione alla vendita con Oracle Sales Cloud, creando ricompense con sistemi di punteggio e di segnalazione basati sulla prestazione dell'addetto alle vendite.

dovrà essere modulato e inserito in un piano equilibrato che risulti adatto a motivare il dirigente nel raggiungere gli obiettivi. La regola è: ciascun componente della retribuzione dovrebbe aiutare il dirigente a concentrare l'attenzione sui comportamenti richiesti per raggiungere gli obiettivi strategici dell'azienda.[38] L'alternativa migliore consiste nell'adottare più criteri prestazionali basati sulla strategia, quali performance finanziaria, numero di obiettivi strategici raggiunti, valutazione della prestazione da parte del consiglio, misure della produttività dei dipendenti e indagini sul morale dei dipendenti.

Un esperto ha stimato che il tipico compenso base di un amministratore delegato costituisce circa un quinto della sua retribuzione, un altro quinto è rappresentato da un bonus basato su standard prestazionali espliciti, e i tre quinti rimanenti sono costituiti da incentivi a lungo termine quali le opzioni azionarie e i piani sulla prestazione a lungo termine.[39]

Bonus annuali e altri incentivi manageriali a breve termine

Le aziende si stanno allontanando dagli incentivi a lungo termine per privilegiare prestazioni e incentivi a breve termine.[41] Gran parte delle aziende ha piani di **bonus annuali** per motivare le prestazioni a breve termine dei manager; questi incentivi possono incidere del 25% o più sulla retribuzione totale. I fattori che influiscono sui bonus sono quattro: idoneità, entità dei fondi, prestazioni individuali e formula.

Parola chiave

Bonus annuale

Piano di remunerazione aggiuntiva legato ai profitti annuali dell'azienda, concepito per motivare il rendimento a breve termine dei dirigenti.

Bonus e criteri di merito

Per tradizione, le aziende identificano l'idoneità di una posizione al bonus annuale in base a livello/titolo della posizione, stipendio base e/o status di dirigente. In alcuni casi l'idoneità si basa semplicemente sul livello o sul titolo della posizione, oppure sul livello retributivo.[42] Di recente, però, sempre più aziende offrono piani di incentivo singolo annuale "a cui partecipano sia gli alti dirigenti che gli altri dipendenti".[43]

Entità del fondo per i bonus

Come si fa a determinare l'entità del fondo annuale per i bonus? La maggior parte delle aziende (il 33% in una recente indagine in USA) usa il tradizionale approccio della somma dei destinatari,[44] ovvero stima un probabile bonus per ciascun dipendente idoneo ("destinatario"), e li somma tutti per determinare l'entità del fondo.

Sempre più aziende, però (32%), finanziano il fondo per i bonus a breve termine sulla base dei risultati economici. Ad esempio, per un utile di $200.000 il fondo per il bonus al management potrebbe essere il 20%, ovvero $40.000. La maggior parte delle organizzazioni usa più misure finanziarie, e le più utilizzate sono vendite, utili per azione e flusso di cassa.[45]

Performance individuale e formula per il calcolo del bonus

La decisione sull'entità del premio individuale implica una valutazione della prestazione e l'applicazione di una formula predeterminata per il calcolo del bonus. In gran parte dei casi l'azienda definisce un target bonus (e un bonus massimo, di solito il doppio di quello target) per tutte le posizioni idonee, quindi il premio ottenuto dal manager riflette la sua prestazione. Altre aziende legano i bonus di breve termine sia alla performance dell'organizzazione che a quella dell'individuo, quindi un manager potrebbe essere idoneo a un bonus individuale fino a €10.000, ma riceverne a fine anno soltanto 2.000 per la sua prestazione come singolo. Però potrebbe anche ricevere un secondo bonus di €3.000 basato sui profitti dell'azienda di quell'anno. Uno svantaggio è che il bonus spetta anche a chi ha avuto una prestazione marginale; un modo per evitarlo è far sì che il bonus sia un prodotto della prestazione individuale e di quella aziendale. Ad esempio (vedi Tabella 10.2), moltiplicate il target bonus per 1,00, 0,80 o zero a seconda delle prestazioni personali (presupponendo un'ottima performance dell'organizzazione); in questo modo, i manager con una prestazione scarsa non ricevono alcun bonus.

Incentivi strategici a lungo termine per gli alti dirigenti

Per evitare che un manager usi stratagemmi quali il posticipo di una manutenzione richiesta per aumentare i profitti a breve termine, le aziende impiegano incentivi a lungo termine per inserire una prospettiva più estesa nelle decisioni dei dirigenti. Tra gli incentivi a lungo termine più apprezzati vi sono contanti, opzioni sulle azioni, diritti sull'apprezzamento delle azioni e azioni fantasma. L'AD di PepsiCo ha incassato 26,4 milioni di dollari nel 2015: 1,6 milioni di dollari di salario base, premi in azioni per 6,5 milioni e un bonus di performance di 13,9 milioni di dollari, 4,26 milioni di ritocco alla pensione, più perks quali i viaggi aerei.[46]

Opzioni azionarie (stock option)

Parola chiave

Opzione azionaria

Il diritto di acquistare in futuro un certo numero di azioni dell'azienda ad un prezzo predeterminato.

Un'**opzione azionaria** è il diritto di acquistare un numero specifico di azioni dell'azienda a un prezzo specifico per un certo periodo. Il dirigente può quindi sperare di trarre profitto esercitando la sua opzione in futuro, ma a prezzi odierni; ciò presuppone che il prezzo delle azioni aumenti.[47] Quando i mercati azionari sono crollati, molte aziende tra cui Intel e Google hanno modificato i piani di stock options per compensarne la perdita di valore.[48]

Il problema delle opzioni azionarie è che spesso premiano anche manager con prestazioni scadenti, ma esistono anche altre questioni: alcuni dirigenti hanno manipolato le date in cui hanno ricevuto le opzioni per aumentare i loro introiti. Le opzioni possono anche incoraggiare i dirigenti a correre gravi rischi alla ricerca di profitti più alti (almeno a breve termine).[49] Uno studio sugli AD delle 1500 aziende

Tabella 10.2 Approccio del moltiplicatore per determinare il bonus annuale.

Prestazione individuale (Basata sulla valutazione, peso = 0,50)	Performance dell'azienda (basata sugli obiettivi di vendita, peso = 0,50)			
	Eccellente	**Buona**	**Media**	**Scarsa**
Eccellente	1,00	0,90	0,80	0,70
Buona	0,80	0,70	0,60	0,50
Media	0,00	0,00	0,00	0,00
Scarsa	0,00	0,00	0,00	0,00

Nota: per determinare l'importo economico del premio per un manager, moltiplicate il bonus massimo (target) per l'opportuno fattore della matrice.

Standard & Poor ha rivelato che il 57% di loro ha ricevuto aumenti nella retribuzione nonostante la performance dell'azienda non fosse migliorata.[50]

Altri piani azionari

La tendenza è quella di legare più strettamente le ricompense agli obiettivi in termini di performance. Ad esempio, sempre più aziende concedono vari tipi di quote legate alla performance quali le *performance-contingent restricted stock*; il dirigente riceve le sue quote soltanto se raggiunge i target di performance prefissati.[51] Con i piani restricted stock, l'azienda di solito concede il diritto alle quote senza alcun costo per il dirigente, ma le quote non possono essere acquisite né vendute per un certo periodo, ad esempio cinque anni. Il proposito dell'azienda è trattenere il dipendente per tutto il periodo.[52]

I *diritti sull'apprezzamento delle azioni* consentono al destinatario di esercitare l'opzione (acquistando le azioni) o di incassare eventuali rivalutazioni del prezzo delle azioni in contanti, in azioni o in una combinazione di entrambi. Nei piani di *azioni fantasma* i dirigenti non ricevono quote, ma bensì "unità" simili alle quote di azioni dell'azienda. In un momento futuro riceveranno un valore (solitamente in contanti) uguale alla rivalutazione delle quote "fantasma" che possiedono.[53] Le aziende forniscono anche incentivi per convincere i dirigenti non lasciare l'azienda. I **paracadute d'oro** sono pagamenti straordinari ai dirigenti versati in concomitanza di un cambio di proprietà o di controllo dell'azienda. Per esempio, la clausola del paracadute d'oro di un'azienda potrebbe stabilire che in caso di cambio della proprietà il dirigente riceverà un pagamento forfettario di 2 milioni di euro.[54]

Parola chiave

Paracadute d'oro

Un rilevante compenso di buonuscita che le aziende erogano ad amministratori delegati o alti dirigenti in caso di interruzione del mandato

10.2 Incentivi collettivi

Fino a questo momento ci siamo occupati di incentivi per i singoli dipendenti; ora vedremo gli incentivi per i team e per tutti i dipendenti dell'azienda.

Progettazione di incentivi di gruppo

Il lavoro nelle aziende è sempre più organizzato in team che gestiscono il lavoro, e quindi sono necessari piani di incentivi che incoraggino il lavoro di squadra e stimolino i membri del team a concentrarsi sulla performance. I **piani di incentivi di gruppo** (o per team) riconoscono una retribuzione al team basandosi sul suo rendimento.

Parola chiave

Piano di incentivi di gruppo

Un piano in cui viene definito un obiettivo standard di produzione per un gruppo di lavoro specifico; a tutti membri del gruppo sono corrisposti degli incentivi se il gruppo supera l'obiettivo standard.

La difficoltà principale sta nel trovare il modo giusto di ricompensare la performance del team; la scelta sbagliata può rivelarsi letale. Levi Strauss mise in atto un piano di incentivi di gruppo che ricompensavano il team nel suo insieme per la produzione, trascurando il fatto che alcuni dipendenti lavoravano più di altri; i più veloci rallentarono, la produzione si ridusse e Levi's chiuse le sue fabbriche negli Stati Uniti.

Eppure, tuttora è consueto legare le ricompense a un qualche standard complessivo della performance del gruppo, come ad esempio "ore di lavoro totali per automobile".[55] Un'azienda ha definito uno standard complessivo di questo tipo per i suoi team: se l'azienda avesse raggiunto il 100% dei suoi obiettivi, i dipendenti avrebbero condiviso circa il 5% del miglioramento (in risparmio sul costo del lavoro). L'azienda divideva il fondo del 5% per il numero dei dipendenti, ottenendo il valore di una "quota". Se l'azienda avesse ottenuto meno del 100% dei suoi obiettivi, il fondo per il bonus sarebbe stato inferiore. I risultati di questo piano, in termini

Parola chiave
Piano di incentivi a livello aziendale
Piano a cui partecipano tutti o gran parte degli dipendenti, e in cui di solito l'incentivo è legato a una qualche misura del risultato a livello aziendale.

di cambiamento dell'atteggiamento dei dipendenti e di focalizzazione dei team sugli obiettivi strategici, sono stati considerati "straordinari".[56]

Molte aziende fanno un ulteriore salto di qualità sull'idea dell'incentivo di gruppo: i **piani di incentivi a livello aziendale** sono piani a cui possono partecipare tutti o gran parte dei dipendenti, e che generalmente legano la ricompensa a una qualche misura di performance dell'organizzazione nel suo insieme. Questa tipologia di piani include profit sharing, Scanlon/gainsharing e partecipazione azionaria dei dipendenti.

Piani di profit sharing

Parola chiave
Piano di condivisione dei profitti
Un piano nel quale i dipendenti condividono i profitti dell'azienda.

I piani di **condivisione dei profitti** (profit sharing) prevedono che tutti i dipendenti o quasi ricevano una quota dei profitti annuali dell'azienda.[57] Ne esistono diversi tipi. Nei piani di *profit sharing corrente*, o piani cash, ai dipendenti è distribuita trimestralmente o annualmente una porzione dei profitti dell'azienda (di solito dal 15% al 20%). The Home Depot ha istituito un programma in contanti per i lavoratori dei negozi, riconoscendo ai dipendenti un bonus se il negozio avesse raggiunto determinati obiettivi finanziari; in un anno, con questo piano di incentivi collettivo, sono stati distribuiti in totale 90 milioni di dollari.[58]

Nei piani di *profit sharing differito*, l'azienda versa i premi in contanti in conti fiduciari per la pensione dei dipendenti.[59] Generalmente i premi sono in percentuale sul salario del dipendente, o su una qualche misura del contributo del dipendente al profitto dell'azienda.[60] La tassazione su questi redditi è differita al momento in cui il dipendente va in pensione o si ritira dal piano.

Piani di gainsharing

Parola chiave
Piano di gainsharing
Un piano di incentivi che coinvolge i dipendenti in un impegno collettivo per raggiungere gli obiettivi di produttività e condividere i profitti.

Il **gainsharing** è un piano di incentivi che coinvolge tutti i dipendenti (o molti di loro) in un impegno comune per raggiungere gli obiettivi di produttività dell'azienda, e spartisce tra dipendenti e azienda gli eventuali risparmi nei costi (gain).[61] Alcuni esempi famosi sono il piano Scanlon e i piani Lincoln, Rucker e Improshare. In generale, tutti sono caratterizzati da una filosofia di cooperazione nella gestione del lavoro, un'enfasi sulla garanzia di una formazione adeguata per i dipendenti e l'uso di una formula per distribuire i risparmi ai dipendenti.

La differenza di base tra questi piani è la formula usata dalle aziende per determinare i bonus. In una versione del Lincoln incentive system, istituito per la prima volta alla Lincoln Electric Company dell'Ohio, i dipendenti lavorano sulla base di un cottimo garantito. L'azienda distribuisce i profitti annuali totali (trattenendo imposte, dividendi del 6% agli azionisti e una riserva) ogni anno ai dipendenti sulla base della loro graduatoria di merito. I recenti risultati di questi piani, applicati tanto in ospedali quanto in impianti produttivi, suggeriscono che i piani di gainsharing possono migliorare produttività e cura dei pazienti, e ridurre i reclami.[62] Ad esempio, alcuni ospedali riconoscono ai medici una quota degli eventuali risparmi attribuibili in parte all'impegno dei medici stessi.[63]

Piani a retribuzione variabile (pay at risk)

La retribuzione legata alla prestazione può avere un ruolo importante nel controllo dei costi dell'azienda. Paga base e benefit sono la parte più pesante dei costi del lavoro, e nessuno dei due cambia molto nel caso le vendite crollino.[64] Naturalmente i tagli retributivi peggiorano il morale, quindi se in un certo anno le vendite vanno male è difficile tagliare il costo del lavoro senza ridimensionare l'azienda. Un rimedio è costituito dai **piani di retribuzione variabile (earnings-at-risk)**, nei quali i dipendenti accettano che una parte della loro normale paga (di solito il 10%) sia a rischio (possa non essere corrisposta) se non raggiungono i loro obiettivi; qualora invece li superino, la contropartita può essere un bonus molto più consistente. Un esempio può essere la messa "a rischio" di parte della paga bilanciando (1) il 10% del salario di ciascun lavoratore con (2) un bonus del 10% se l'azienda raggiunge i suoi obiettivi, e un bonus supplementare del 3% se li supera.

Parola chiave

Piano salariale "earnings at risk"

Un piano che mette a rischio parte della normale retribuzione dei dipendenti che non raggiungano gli obiettivi, e che può prevedere un bonus molto maggiore se gli obiettivi vengono superati.

Piani di partecipazione azionaria dei dipendenti

I **piani di partecipazione azionaria dei dipendenti** sono estesi a tutta l'organizzazione, e prevedono che l'azienda contribuisca con quote delle proprie azioni (o denaro da utilizzare per l'acquisto delle azioni) a un fondo creato per l'acquisto di tali quote a nome dei dipendenti. Generalmente l'azienda versa annualmente tali contributi in proporzione al totale delle retribuzioni, con un limite del 15%. Il fondo conserva le azioni in conti distinti per ciascun dipendente, e le distribuisce al momento della pensione (o di una separazione di altro tipo), a patto che la persona abbia lavorato per un periodo di tempo sufficiente a guadagnarsi la proprietà delle azioni stesse.

Parola chiave

Piano di partecipazione azionaria dei dipendenti

Un piano qualificato e detraibile di bonus azionari, in cui i dipendenti progressivamente ricevono azioni in deposito.

L'azienda gode di una detrazione fiscale pari al valore di mercato equo delle azioni trasferite ai beneficiari, e anche di una detrazione per i dividendi pagati sulle azioni di proprietà del fondo. I dipendenti, come già accennato, vengono tassati soltanto quando ricevono una distribuzione dal fondo, che normalmente avviene con il pensionamento.

Alcune aziende propongono "piani di stock option allargati" a cui possono partecipare tutti o quasi tutti i dipendenti. Il concetto di base è che condividere con i dipendenti la proprietà dell'azienda è sensato dal punto di vista della motivazione e della pratica.

10.3 Benefit e servizi: la situazione attuale

La prima domanda di molti candidati riguarda proprio i **benefit**; si tratta di ricompense economiche o di altro tipo che i dipendenti ricevono per continuare il loro impiego presso l'azienda. Sono una parte importante della retribuzione di quasi tutti,[67] e includono aspetti quali assicurazioni sanitarie e sulla vita, pensioni, assenze pagate e assistenza ai figli.

Parola chiave

Benefit

Erogazione indiretta, finanziaria o di altro tipo, riconosciuta ai dipendenti dell'azienda.

Benefit assicurativi

Le aziende forniscono a titolo di benefit polizze assicurative volontarie e obbligatorie, come indennizzi e assicurazioni sanitarie.

Risarcimenti/indennizzi

Negli Stati Uniti, le leggi sui risarcimenti/indennizzi ai lavoratori intendono fornire un reddito sicuro e tempestivo, e benefit sanitari, alle vittime di infortuni sul lavoro e alle persone a loro carico, indipendentemente dalla colpa. Negli USA ogni Stato applica leggi e commissioni proprie, e in alcuni casi esistono programmi di assicurazione statali, ma nella maggior parte dei casi è richiesto alle aziende di stipulare accordi con compagnie assicuratrici private e approvate dallo Stato. Né gli Stati americani né il governo federale contribuiscono economicamente alla compensazione.

L'art. 38 della Costituzione italiana sancisce che "i lavoratori hanno diritto che siano preveduti ed assicurati mezzi adeguati alle loro esigenze di vita in caso di infortunio, malattia, invalidità e vecchiaia, disoccupazione involontaria. Ai compiti previsti in questo articolo provvedono organi ed istituti predisposti o integrati dallo Stato".

Su tale previsione costituzionale si fonda il sistema delle assicurazioni sociali obbligatorie, il cui scopo è quello di predisporre una tutela rivolta sia ai lavoratori subordinati, sia ai produttori di redditi da lavoro autonomo e libero professionale, ovvero ai loro superstiti, nel momento in cui sorge il bisogno di disporre di mezzi adeguati per far fronte ad eventi come la vecchiaia, l'invalidità, la malattia, la disoccupazione involontaria e l'infortunio, ovvero la morte.

Nel sistema vigente, la gestione delle forme di previdenza obbligatoria (*primo pilastro*) è affidato da una parte a un ente pubblico, l'INPS, che assicura la maggior parte dei lavoratori dipendenti del settore privato e pubblico e i collaboratori, dall'altra agli Enti di previdenza dei liberi professionisti.

A tali forme di previdenza obbligatoria del primo pilastro si affiancano le forme di previdenza complementare (*secondo pilastro*) su base volontaria. La diffusione della previdenza complementare è legata alla previsione che le pensioni di primo pilastro, a causa del progressivo aumento della durata della vita media e delle diverse modalità di calcolo, divengano nel tempo sempre più basse in rapporto all'ultima retribuzione percepita (*tasso di sostituzione*).

Un'altra forma assicurativa legata al mondo del lavoro è l'assicurazione obbligatoria contro gli infortuni sul lavoro e le malattie professionali gestita dall'INAIL, ente pubblico non economico, che ha il compito di assicurare un sostegno in caso di infortunio capitato ai lavoratori dipendenti che svolgono attività sottoposte a tale rischio, di garantire il reinserimento nella vita lavorativa degli infortunati sul lavoro e di realizzare attività di ricerca e sviluppare metodologie di controllo e di verifica in materia di prevenzione e sicurezza.

Per approfondimenti sul tema è possibile consultare il sito del Ministero del Lavoro: http://www.lavoro.gov.it/temi-e-priorita/previdenza/.

Negli USA il risarcimento può essere in forma monetaria o di assistenza medica. In caso di morte o disabilità permanente, le persone a carico ricevono un benefit in contanti basato sul salario della vittima, di solito tra la metà e i due terzi della paga settimanale media per tutte le settimane di durata dell'impiego; gran parte degli Stati fissa un limite massimo, come 500 settimane. Se l'infortunio ha causato una mutilazione, come ad esempio quella di un braccio, è possibile che il dipendente riceva ulteriori benefit basati su un elenco ufficiale delle mutilazioni possibili, anche se torna a lavorare. Oltre a questi benefit economici, le aziende devono fornire al dipendente i servizi medici, chirurgici e ospedalieri richiesti. Affinché l'indennizzo copra un infortunio o una malattia legati al lavoro, è sufficiente che il lavoratore dimostri il legame con il lavoro. Un'eventuale colpa del lavoratore non è rilevante. Ad esempio, supponiamo che tutti dipendenti siano stati addestrati a indossare occhiali protettivi mentre lavorano alle macchine; se un lavoratore non li indossa e si ferisce a un occhio sul lavoro, l'azienda deve comunque corrispondergli l'indennizzo.

Controllo dei costi di risarcimento/indennizzo

È importante controllare le richieste e i costi di risarcimento; di solito la compagnia assicurativa onora le richieste, ma i costi del premio per l'azienda aumentano di pari passo con le richieste.

Esistono diversi modi per ridurre le richieste di risarcimento: evitare lavoratori già predisposti agli infortuni, ridurre le condizioni dell'azienda che possono creare infortuni, ridurre gli incidenti e i problemi di salute che generano le richieste, ad esempio istituendo programmi efficaci di sicurezza e salute e rispettando gli standard di sicurezza ufficiali. Inoltre, alcune richieste di risarcimento non sono legittime; fate attenzione nel caso vi siano dettagli poco precisi sull'incidente, mancanza di testimoni e ritardo nella segnalazione.[97]

Altre tecniche di controllo dei costi di risarcimento includono il monitoraggio dei fornitori di cure mediche e delle loro tariffe, e l'auditing delle fatture del medico.[98]

È importante muoversi aggressivamente a supporto del dipendente infortunato, e agevolare il più possibile un suo rapido rientro al lavoro. Il coinvolgimento di un avvocato e la durata della causa influiscono sul costo della richiesta di compensazione.[99]

Assicurazione per degenza, sanità e disabilità

Le assicurazioni per degenza, sanità e disabilità aiutano a proteggere i dipendenti dai costi della degenza ospedaliera e dalla mancanza di reddito dovuta a incidenti e malattie non legati al lavoro.[100] Molte aziende stipulano polizze con compagnie di assicurazione sulla vita o sugli infortuni, oppure con compagnie specializzate nel settore sanitario. Sia l'azienda che il dipendente contribuiscono al piano.

Cura a lungo termine

Ornai i baby boomer hanno 60 anni, e l'assicurazione per le cure a lungo termine (come l'assistenza a ex dipendenti anziani) è un benefit chiave.

Assicurazione sulla vita

Oltre ai benefici per la degenza e le cure mediche, gran parte delle aziende fornisce piani di gruppo di assicurazione sulla vita, che di solito consentono ai dipendenti di ottenere tariffe agevolate e generalmente sono accessibili a tutti i dipendenti, anche ai neoassunti non in prova, indipendentemente dalla loro salute o condizione fisica.

In generale, le politiche di assicurazione sulla vita per il personale presentano tre aspetti da affrontare: le scadenze di versamento dei benefit (l'ammontare dei benefit per l'assicurazione sulla vita è generalmente legato al reddito annuale del dipendente), i benefit supplementari (prosecuzione della copertura dopo il pensionamento, ad esempio) e il finanziamento (l'ammontare e la percentuale versate dal dipendente).

La copertura per morte o mutilazione accidentale prevede un benefit forfettario in aggiunta a quelli di assicurazione sulla vita nel caso di morte accidentale, e benefit scadenziati in caso di perdita della vista o di mutilazione accidentale.

Benefit per lavoratori part-time e temporanei

Negli Stati Uniti, circa 19 milioni di persone lavorano part-time (meno di 35 ore a settimana). La maggior parte delle aziende offre a questi lavoratori benefit legati a ferie e malattia, e oltre il 70% delle aziende offre una qualche forma di benefit per le cure sanitarie.[151]

MyLab In depth 2

APPROFONDIMENTI HR e la Gig economy

Benefit per precari

Le aziende americane che vogliono offrire benefit ai lavoratori non strutturati sono spesso riluttanti: negli USA, ma anche in molti Paesi europei, la legislazione sul lavoro li prevedeva tradizionalmente soltanto ad integrazione dei contratti di lavoro dipendente.

Il capo di una di queste aziende, Handy (i cui collaboratori svolgono lavori a tempo determinato di pulizie o piccole riparazioni a domicilio), sta cercando di muoversi in questo senso.[152] Sta collaborando con l'amministrazione dello Stato di New York alla definizione di una nuova normativa sul lavoro che renda possibile la erogazione di strumenti come indennità di malattia e "portable benefits" per i collaboratori autonomi e/o temporanei.[153] Uber è partner di Stride Health, un operatore in ambito assicurazioni sanitarie che aiuta gli autisti Uber a dotarsi di appropriate polizze sanitarie a loro carico.[154] Diversi stati americani, tra i quali Washington, California, New York e New Jersey, oltre al governo federale, hanno introdotto leggi sui benefit per i lavoratori precari.[155]

APPROFONDIMENTI Tendenze HR: Social media e digitale

Informare i dipendenti

Gestire le richieste e l'informativa dei dipendenti a proposito dei loro benefit richiedeva un tempo un'assistenza piuttosto onerosa per le risorse umane, ma grazie ai social media e al digitale le cose sono molto cambiate.[175] Anzitutto, le aziende usano sistemi di iscrizione ai benefit come Benelogic e siti interni dedicati. Il sito Pay & Benefits Profile di Boeing dà ai dipendenti informazioni in tempo reale sui loro salari, bonus, benefit, pensione e servizi speciali come referenze per la gestione dei figli.[176]

Ci sono aziende che usano i feed Twitter per tenere aggiornati i dipendenti, altre comunicano loro i perks e i benefit attraverso il blog aziendale, oppure impiegano le loro pagine Facebook e LinkedIn per pubblicizzare i benefit a un pubblico più ampio. Siemens ha creato un sito social sulla sua intranet per i 13.000 dipendenti nel Regno Unito, e lo usa tra l'altro per ragguagliarli sulle ultime proposte di benefit, per eseguire indagini in tempo reale a proposito dei benefit stessi e per ricordare ai dipendenti a quali hanno diritto.

Altre aziende usano app mobili per supportare la gestione autonoma dei benefit da parte dei dipendenti. Ad esempio, pare che i clienti della società di amministrazione dei benefit Discovery Benefits Inc. abbiano effettuato l'accesso attraverso la sua app circa 25.000 volte in un anno recente, facendo risparmiare a Discovery il tempo che avrebbe dovuto investire per gestire le domande per telefono.[177]

10.4 Servizi personali e benefit familiari

I benefit per i periodi di inattività, assicurazione e pensione rappresentano la parte più consistente dei costi per i benefit, ma molte aziende forniscono benefit sotto forma di servizi.

Servizi personali

Parola chiave

Programma di assistenza ai dipendenti
Un programma formale del datore di lavoro che fornisce ai dipendenti un supporto di counseling e/o terapia per problemi quali alcolismo, ludopatie e stress.

Tra i servizi personali offerti come benefit vi sono l'assistenza ai dipendenti, i sussidi didattici, le cooperative di credito e le opportunità sociali e ricreative.[178]

Ad esempio, i **programmi di assistenza ai dipendenti (employee assistance programs, EAP)** forniscono servizi di sostegno medico e psicologico, come il counseling sulla salute mentale, servizi legali e finanziari personali, segnalazioni per l'assistenza a bambini e anziani e assistenza per l'adozione.[179] Oltre il 60% delle grandi aziende offre programmi di questo tipo; uno studio ha evidenziato che la salute mentale personale è il problema più comune affrontato dai programmi di assistenza ai dipendenti, seguito dai problemi familiari.[180]

In ogni caso, tutte le persone coinvolte (supervisori, personale di segreteria e di supporto) devono comprendere l'importanza della riservatezza. Accertatevi anche che i file siano bloccati, l'accesso sia limitato e monitorato, e le informazioni che possono portare all'identificazione siano ridotte al minimo. Tenete conto degli aspetti legali: negli Stati Uniti, ad esempio, nella maggior parte degli Stati i consulenti sono tenuti a rivelare alle autorità i sospetti di abuso sui minori. Accertatevi anche che le società di consulenza esterne siano in regola con le licenze professionali e statali.

Google, stabilmente tra le "100 migliori aziende per cui lavorare", è famosa per i suoi benefit personali. Si accorda con fornitori locali per offrire nella sua sede programmi quali sportelli bancomat, biblioteca mobile, riparazione di biciclette, autolavaggio e cambio dell'olio, lavasecco, parrucchiere e consegna di alimenti biologici.[182] La disponibilità in sede migliora l'efficienza dei lavoratori, riducendo la necessità di cercare gli stessi servizi all'esterno.[183]

Benefit familiari

Il panorama dei benefit è cambiato in funzione delle tendenze; ad esempio, sono aumentate le famiglie in cui entrambi i genitori lavorano, esistono più famiglie monogenitoriali, più donne lavoratrici e più lavoratori sopra i 55 anni. Queste pressioni hanno portato molte aziende a potenziare i loro **benefit familiari**.[193] Ecco qualche esempio.

> Parola chiave
> **Benefit familiari**
> Benefit quali strutture dedicate ai bambini o al fitness, che semplificano per i dipendenti l'equilibrio tra responsabilità lavorative e familiari.

Servizi per l'infanzia sovvenzionati

Le aziende che vogliono ridurre le distrazioni associate alla ricerca di servizi per l'infanzia affidabili possono contribuire in vari modi. Alcune aziende si limitano a cercare strutture di servizi e raccomandarle ai dipendenti, altre, come Google, allestiscono strutture per l'infanzia sponsorizzate e sovvenzionate dall'azienda.

Benefit per le malattie infantili

Per ridurre le assenze inattese, sempre più aziende offrono benefit per le cure parentali "d'emergenza", ad esempio quando la consueta babysitter non si presenta. Pare che per molti millennial i benefit riguardanti i figli siano più interessanti di uno stipendio più alto. Netflix ha recentemente annunciato ai dipendenti che possono prendere un anno di congedo per maternità o paternità.[194]

Benefit familiari e profitto

Non è facile valutare la "redditività" di questi programmi.[195] In effetti, molte aziende stanno rivedendo (e spesso riducendo) questi benefit; anche Google, da sempre nota per la generosità (autobus gratuiti dal centro città, asilo e ristoranti in sede), recentemente ha fatto qualche taglio.

Perquisites dei dirigenti

I perquisites (perks) dei dirigenti di solito sono ulteriori benefici accessori che costituiscono, accanto ai benefit contrattuali come le assicurazioni sanitarie, i piani pensione e le stock options, ulteriori prerogative extra contrattuali informalmente attese che arricchiscono e rendono più attraente l'ambiente di lavoro. Possono andare dal sostanzioso (aerei aziendali) al relativamente insignificante (stanze da bagno private). Tra gli altri vi sono *prestiti agevolati* (che di solito consentono ai dirigenti senior di esercitare le loro opzioni azionarie), *counseling finanziario* e **benefit per il trasferimento**, che spesso includono mutui sovvenzionati, acquisto della casa in cui il dirigente già risiede e il pagamento del trasloco.

Piani di benefit flessibili/personalizzati

Ai dipendenti piace poter scegliere i benefit. In una recente indagine di MetLife, oltre il 70% dei dipendenti interpellati sostiene che i benefit personalizzati abbiano aumentato le fedeltà all'azienda, e che siano importanti nel valutare nuovi posti di lavoro.[196]

Parola chiave
Piano benefit flessibile
Piani personalizzati concessi dal datore di lavoro per adattarsi alle preferenze dei dipendenti in termini di benefit.

Uno dei modi per consentire delle scelte è un piano di **benefit flessibili**, nel quale l'azienda riconosce al dipendente un budget per il fondo benefit, e gli lascia scegliere come impiegarlo. L'azienda pone due condizioni: anzitutto, naturalmente, l'azienda decide l'entità del costo del pacchetto di benefit per ciascun dipendente, e in secondo luogo nel piano benefit devono essere presenti alcuni elementi obbligatori (negli Stati Uniti: Social Security, indennizzi e assicurazione per la disoccupazione). Spesso il dipendente può cambiare la composizione del piano a metà anno, ad esempio se i costi per il mantenimento dei familiari salgono e preferisce usare il suo budget in modo diverso.[197] I regolamenti fiscali statunitensi richiedono piani formali che descrivano i piani flessibili dell'azienda, specificando i benefit e le procedure per sceglierli.[198]

Esistono diversi tipi di piani flessibili; per offrire ai dipendenti una maggior scelta, circa il 70% delle aziende propone account di spesa flessibili per i costi medici e di altro tipo. Questo consente ai dipendenti di pagare certi benefit con somme non ancora tassate, quindi in effetti il sistema fiscale americano sovvenziona alcune spese dei dipendenti. Le scelte dei benefit dipendono anche dall'età: i dipendenti più maturi saranno orientati ai benefit pensionistici, i genitori alla gestione dei figli e i familiari ai benefit legati alla malattia. Fornitori come Aon lavorano spesso con i dipendenti per fornire piattaforme online che permettano di scegliere e modificare facilmente i benefit.[199]

Orari di lavoro flessibili

Nei mercati di lavoro ristretti, come ad esempio Silicon Valley, una programmazione flessibile del lavoro permette alle aziende di essere competitive nel reclutamento ad alto livello.[200] E la sempre maggior frequenza con cui i lavoratori devono rispondere a e-mail di lavoro fuori orario genera un aumento delle richieste di orari flessibili. Secondo un'indagine, l'orario flessibile è "molto importante" per il 70% degli interpellati."[201] C'è chi sostiene che una flessibilità inadeguata spieghi in parte l'iniquità salariale di genere, e il fatto che ci siano poche donne nelle posizioni di vertice. Una nuova azienda di ricerca di lavoro (www.saywerk.com) spera di cambiare le cose: negozia con le aziende orari flessibili per tutte le posizioni pubblicate sul suo sito. [202]

Parola chiave
Orario flessibile
Un piano secondo cui la giornata lavorativa del dipendente ruota intorno a un nucleo fisso di ore a metà giornata, come tra le 11 e le 14.

L'**orario flessibile** è un piano che prevede che la giornata lavorativa sia impostata su un nucleo di ore a metà della giornata, ad esempio dalle 11 alle 14;[203] i lavoratori possono determinare in autonomia i loro orari di entrata ed uscita, ad esempio dalle 8 alle 16. In pratica, però, normalmente l'orario flessibile concede al dipendente la flessibilità di un'ora prima delle 9 o dopo le 17.

Parola chiave
Settimana concentrata
Orario di lavoro nel quale il dipendente lavora per meno giorni alla settimana, ma più a lungo ogni giorno.

Altri dipendenti, come i piloti civili e gli infermieri in ospedale, non lavorano per le tradizionali 40 ore su cinque giorni lavorativi; di solito hanno la **settimana concentrata**, cioè lavorano per meno giorni ma con orari più lunghi, ad esempio quattro giorni alla settimana per 10 ore al giorno.[204]

Per molti dipendenti, il massimo della flessibilità è non dover andare in ufficio. Gothenburg Sweden ha recentemente studiato gli effetti un orario lavorativo di sei ore (anziché otto) alla settimana per cinque giorni. La maggior parte dei dipendenti era ben felice della giornata corta, e risultava più produttiva. Il problema era il costo eccessivo. Per i due anni dello studio, il datore di lavoro (una casa di riposo comunale) dovette assumere 17 nuovi dipendenti per coprire gli orari liberi degli altri lavoratori; il costo fu di circa $700.000 in più all'anno, troppo per poter continuare.[205] Il capo di Tower Paddle Boards in California, invece, ha deciso che la cultura della sua azienda non era in armonia con il marchio da surfisti, quindi ha ridotto le ore di lavoro dei dipendenti da otto ore a cinque (togliendo però anche l'ora di pranzo, quindi la riduzione è di 2 ore, non 3). I dipendenti hanno mantenuto lo stesso stipendio e gli stessi obblighi, quindi essenzialmente devono lavorare più velocemente e in modo intelligente, e sono ben felici di farlo in cambio di una giornata lavorativa più breve. [206]

Il **telelavoro** prevede che l'azienda fornisca ai dipendenti gli strumenti informatici necessari per svolgere il loro lavoro ovunque si trovino.[207] Un programma di telelavoro presso la Capital One Bank sembra aver portato un aumento del 41% nella soddisfazione complessiva sul posto di lavoro, e del 53% nel numero di coloro che dichiarano che il loro posto di lavoro migliora la produttività del gruppo.[190] Al contrario, Yahoo ha dichiarato che aveva bisogno che dipendenti "lavorassero fianco a fianco", e ha riportato in ufficio i telelavoratori.[208]

Parola chiave

Telelavoro

Fornitura ai dipendenti degli strumenti informatici necessari per poter lavorare da qualsiasi luogo.

MyLab **In depth 3**

Parola chiave

Condivisione del lavoro

Consente a due o più persone di condividere un'unica posizione a tempo pieno.

Parola chiave

Contratto di solidarietà

Si riferisce a una temporanea riduzione delle ore di lavoro da parte di un gruppo di dipendenti nei periodi di crisi per evitare licenziamenti.

Altre situazioni di lavoro flessibile

La **condivisione del lavoro** (job sharing) permette a due o più persone di condividere un'unica posizione lavorativa a tempo pieno; per esempio, due persone potrebbero condividere una posizione da 40 ore alla settimana lavorando una al mattino e l'altra al pomeriggio. I **contratti di solidarietà** consistono in una riduzione temporanea dell'orario lavorativo da parte di un gruppo di dipendenti in tempi di crisi per prevenire sospensioni e licenziamenti. Quindi, ad esempio, un gruppo di 400 dipendenti potrebbe accettare di lavorare (ed essere retribuito) solo per 35 ore alla settimana per evitare la sospensione di 30 lavoratori.

Il seguente riquadro Strumenti HR illustra i benefit speciali che possono essere offerti dalle piccole imprese.

APPROFONDIMENTI **Strumenti HR per manager di linea e piccole imprese**

Benefit "a costo zero" per le piccole imprese

Anche con risorse minime, i piccoli imprenditori possono offrire ai loro dipendenti benefit spesso impensabili nelle grandi aziende. Ad esempio:[212]

- Tempo libero in più, come il venerdì pomeriggio libero in estate.
- Settimane concentrate. In estate, offrite settimane concentrate che consentano weekend più lunghi.
- Bonus nei periodi critici. Per i piccoli imprenditori spesso è più facile sapere che cosa succede nella vita dei dipendenti. Approfittatene per offrire bonus speciali, ad esempio per le nascite di figli.
- Flessibilità. Ad esempio, "se un dipendente ha un problema personale, aiutatelo a creare un orario lavorativo che gli consenta di risolvere i suoi problemi senza temere di finire nei guai."[213]
- Pasti. Soprattutto dopo una settimana difficile, o quando entra una grossa vendita, trovate il modo di regalare un pasto, o magari portate i dipendenti fuori a pranzo.
- Partecipazione. Cercate il contributo dei dipendenti nelle decisioni importanti, fateli lavorare direttamente con i clienti, comunicate le opinioni dei clienti, condividete i dati sulla performance dell'azienda. Magari condividete anche i successi finanziari.
- Equipaggiamento. Se riuscirete ad avere dipendenti molto motivati, sarete solo a metà della sfida: accertatevi anche che abbiano tutti gli strumenti necessari per svolgere il loro lavoro (formazione, procedure, computer e così via).
- Riconoscimento. Sfruttate le interazioni quotidiane con i dipendenti in modo da "non perdere mai l'occasione di dare al dipendente il riconoscimento che merita".[214]

10.5 Guida per manager al coinvolgimento dei dipendenti

Il piano retributivo di Costco

Per quanto sia difficile competere con i costi e i prezzi bassissimi di Walmart, le vendite nei negozi di Costco Wholesale Corp. hanno superato quelle dei Sam's Club di Walmart. Come ha fatto Costco? La sua strategia HR contrasta quella dei salari bassi di Walmart: gli stipendi sono più alti, e Costco paga circa il 90% delle assicurazioni mediche dei suoi oltre 90.000 dipendenti negli Stati Uniti.[220] Pare proprio che questo risulti in un maggior coinvolgimento, una produttività più alta e un servizio clienti migliore.[221]

Costco non utilizza indagini per misurare il coinvolgimento dei suoi dipendenti; il direttore delle HR sostiene di tenerne traccia attraverso i suoi "sottoprodotti", quali turnover e produttività.[222] Secondo questi criteri, la strategia di coinvolgimento di Costco sembra funzionare: le vendite per dipendente sono circa di $500.000 l'anno contro i $ 340.000 di Sam's Club.[223] Il turnover di Costco è molto inferiore alla media del settore del commercio al dettaglio, la retention dei dipendenti è più alta.[224] L'AD di Costco afferma: "Credo semplicemente che la gente abbia bisogno di una paga decorosa con benefit sanitari."[225] In effetti altre grandi catene commerciali con un servizio clienti eccellente per tradizione, come Nordstrom e Container Store, hanno buoni risultati finanziari anche grazie al buon trattamento dei dipendenti.[226]

Costco li tratta effettivamente bene; la paga oraria media è di $21, esclusi gli straordinari, quasi il triplo del salario minimo federale di $7,25.[227] Il salario medio di Walmart per i dipendenti a tempo pieno negli Stati Uniti è di $12,67 l'ora.[228] Il salario iniziale di Costco è di $11,50 all'ora, a sua volta ben superiore al salario minimo.[229]

Anche i benefit di Costco sono molto competitivi, soprattutto rispetto all'offerta piuttosto ridotta tipica del settore del commercio:[230] non solo offre una gamma completa di benefit per i dipendenti, ma li estende anche al coniuge, ai figli e al convivente. I dipendenti a tempo pieno con retribuzione oraria sono idonei ai benefit dopo aver lavorato 90 giorni, quelli part-time dopo 180 giorni. Il pacchetto benefit di Costco include:[231]

- Cure mediche: i dipendenti a tempo pieno idonei possono scegliere tra due possibilità per le cure mediche, tra cui una che consente di scegliere i servizi, i medici e le strutture.
- Cure dentistiche: includono due piani, uno di base e uno più avanzato con maggiore libertà di scelta.
- Programma farmacia: la maggior parte dei magazzini Costco dispone di farmacie interne, e i dipendenti idonei ai benefit pagano una sorta di "ticket" di soli $5 per i medicinali generici.
- Programma oculistico: nella maggior parte dei magazzini Costco si trovano anche negozi di ottica; il programma rimborsa fino a $ 60 per l'esame oculistico, e prevede contributi annuali per l'acquisto di occhiali e lenti a contatto.
- Piano pensione: Costco contribuisce agli accantonamenti dei dipendenti per i piani pensione per il 50% delle somme accantonate entro un limite prestabilito.

- Piano di assistenza per persone a carico: tutti i dipendenti idonei possono risparmiare sulle imposte grazie a questo piano, pagando per l'assistenza a bambini e adulti con somme non ancora tassate.
- Rete di assistenza: i dipendenti e i loro familiari, fin dal primo giorno di impiego, possono attingere a questa rete esterna di consulenti professionisti, addestrati per aiutare i dipendenti a risolvere problemi personali, di lavoro o familiari.
- Assicurazione volontaria per la disabilità a breve termine: negli Stati americani in cui la copertura per la disabilità non è obbligatoria, i dipendenti con salario orario che superano i 90 giorni del periodo di prova dopo aver lavorato almeno tre ore a settimana sono automaticamente iscritti a una polizza per la disabilità a breve termine.
- Disabilità a lungo termine: Costco fornisce copertura gratuita per la disabilità a lungo termine ai dipendenti idonei ai benefit.
- Assicurazione sulla vita: Costco fornisce gratuitamente ai dipendenti idonei un'assicurazione di base sulla vita, e polizze per morte e mutilazione accidentali.

Per aiutare i dipendenti a sfruttare al meglio questi piani è disponibile il sito www.costcobenefits.com, da cui è possibile ad esempio trovare medici e altri servizi nelle vicinanze. Costco ha anche una politica delle porte aperte che consente ai dipendenti di esprimere direttamente ai top manager le loro perplessità.[232] Non stupisce che il coinvolgimento dei dipendenti, che si riflette in produttività e turnover, sia eccellente.

CASO DI STUDIO

Reward management: sfide future e innovazione

di Daniela Isari

Negli anni più recenti, le strategie di *rewarding* delle aziende hanno dovuto fronteggiare due tendenze importanti e di lunga durata.

In primo luogo la crescente eterogeneità (*diversity*) della forza lavoro dal punto di vista generazionale, di genere e nazionalità/culture di provenienza, ha messo in crisi i sistemi incentivanti basati sul principio "*one size fits all*". In secondo luogo, gli anni post crisi hanno generato una forte pressione sul contenimento dei costi del personale e dunque la continua necessità di controllare e giustificare la spesa in benefit e incentivi.

Questi due trend continueranno nei prossimi anni a influenzare le politiche e gli strumenti di ricompensa e incentivazione adottati dalle aziende.

Secondo una recente indagine condotta da PWC (http://www.pwc.co.uk/services/human-resource-services/insights/reward-2020.html) il futuro del reward management si giocherà su tre fattori chiave: la **personalizzazione** degli incentivi e dei benefit, per rispondere alla crescente diversity del personale; l'**innovazione degli strumenti e dei processi** di incentivazione, necessaria per trovare soluzioni creative alla scarsità di risorse; infine, la **comunicazione mirata**, volta ad aumentare la percezione del valore di incentivi e premi da parte dei dipendenti che ne beneficiano.

Con riferimento alla crescente diversity del personale, lo studio evidenzia come la presenza contemporanea di quattro diverse generazioni in azienda porti a preferenze molto caratterizzate dalla fase del "ciclo di vita": ad esempio, le opportunità di formazione e training e il supporto immediato al costo della vita sono percepite come delle forme di ricompensa prioritarie dagli under 30, mentre il tempo (dunque le forme di flessibilità oraria, o di congedi temporanei) sembra essere tra le risorse più ambite dagli over 45. Ancora, uomini e donne percepiscono gli incentivi in modo diverso: le donne intervistate sembrano preferire benefit che hanno immediato e tangibile effetto (ad esempio rimborsi spese per l'auto o assicurazioni mediche estese anche ai familiari), mentre gli uomini scelgono benefit a lungo temine come piani pensione e azioni.

La pressione sui budget di spesa sta portando le aziende a innovare soprattutto **gli incentivi di tipo non finanziario**, come quelli legati alla gestione del proprio tempo o all'opportunità di fare delle "esperienze": ad esempio, Intel ha introdotto l'opportunità di prendere otto settimane di "sabbatico" come benefit per tutti i dipendenti dopo un certo numero di anni di servizio, e di ripeterlo, periodicamente, nel corso della carriera. Nuove forme di schemi incentivanti si basano invece sul concetto di *gamification* (giochi di squadra e competizioni con premi, punti e riconoscimenti per le migliori idee o i migliori risultati di team e/o singoli individui), particolarmente apprezzati dai *millennials*.

Secondo uno studio di AON Hewitt, molto dovrà cambiare anche dal punto di vista della **comunicazione** (cbr.sagepub.com/content/46/3/147.full.pdf+html): la maggior parte delle aziende intervistate attualmente comunica solo una volta all'anno con i dipendenti riguardo alle proprie politiche di *compensation*, e solo un terzo delle aziende ritiene che la comunicazione su questo argomento sia una parte importante delle loro strategie di coinvolgimento e gestione dei talenti. A questo proposito, L'azienda GAP ha invece fatto storia per essere stata la prima, tra le 500 più importanti aziende della classifica Fortune, a comunicare con regolarità ai dipendenti e al pubblico i suoi sistemi di pay reviews e a certificare attraverso di essi l'equità salariale tra uomini e donne, un traguardo lontano, ancora oggi, per molte aziende.

Questo porta i dipendenti a percepire poco il valore di molti benefit e incentivi che sono già a loro disposizione, e l'azienda ad avere scarse informazioni sulle diverse preferenze dei singoli. Il risultato è un enorme spreco di denaro in benefit che non vengono pienamente capiti o apprezzati da coloro che li ricevono.

Un recente articolo apparso su Personnel Today (http://www.personneltoday.com/hr/employer-benefits-end-total-reward/) riporta come alcune aziende stiano già utilizzando la tecnologia per comunicare con i dipendenti e analizzarne le preferenze in modo molto simile a come la utilizzano con i clienti esterni: ad esempio, Sodexo UK and Ireland ha creato un "reward hub", accessibile in qualsiasi momento dagli smartphone e tablet privati dei 35.000 dipendenti, dove essi possono verificare costantemente le opportunità e la loro situazione personale. Altre aziende raggiungono i dipendenti con comunicazioni day by day utilizzando mail personalizzate, alert o messaggi individualizzati sui *device* aziendali (cellulare, tablet ecc.), o usando i social media: così facendo, il singolo dipendente è costantemente aggiornato sugli incentivi e i benefit disponibili, o che gli sono stati attribuiti, attraverso un flusso costante di comunicazioni flessibili e personalizzate attraverso molteplici canali. Le comunicazioni personalizzate possono inoltre evidenziare in modo puntuale e diretto come una data ricompensa ottenuta dal dipendente sia collegata a un determinato *core value* od obiettivo dell'azienda. Queste modalità di comunicazione consentono anche di lanciare delle *survey* istantanee per chiedere a diverse categorie di dipendenti un riscontro sul loro gradimento di nuovi benefit, seguendo una logica di personalizzazione.

10.6 Riepilogo

1. Alcuni piani di incentivi sono particolarmente adatti al singolo dipendente e ai programmi di riconoscimento. Il cottimo è un piano di incentivi secondo il quale al lavoratore è riconosciuta una certa somma per ogni pezzo prodotto. La retribuzione di merito indica gli aumenti salariali riconosciuti a un dipendente sulla base della sua performance individuale. I premi non finanziari e basati sul riconoscimento sono sempre più importanti, e includono il riconoscimento vero e proprio, buoni regalo e viaggi personali. Molte aziende usano sistemi di gestione aziendale degli incentivi per automatizzare i loro piani. Gli incentivi per il personale di vendita sono tipicamente rappresentati dalle commissioni. La maggior parte delle aziende si dota di piani di incentivi annuali tesi a motivare la performance a breve termine dei manager. L'entità della ricompensa dipende spesso da una combinazione delle performance del singolo e dell'azienda. Tra gli incentivi a lungo termine vi sono opzioni azionarie, paracadute d'oro e diritti sull'apprezzamento delle azioni.

2. L'organizzazione del lavoro in team rende sempre più importanti i piani di incentivi destinati ai team e all'intera azienda. Nei piani di incentivi di gruppo, la scelta più importante è decidere se ricompensare la performance degli individui o dell'intero gruppo; ci sono pro e contro in entrambi i casi. I piani di incentivi dedicati all'intera organizzazione sono aperti alla maggior parte dei dipendenti. Includono piani di profit sharing nei quali i dipendenti condividono

i profitti dell'azienda, piani di gainsharing che coinvolgono i dipendenti in uno sforzo comune per raggiungere obiettivi di produttività, con una successiva condivisione dei guadagni. I piani di partecipazione azionaria per i dipendenti prevedono che l'azienda contribuisca con parte del proprio patrimonio azionario a un fondo destinato all'acquisto di quote delle azioni per il dipendente.

3. I benefit sono pagamenti indiretti, finanziari e non, che i dipendenti percepiscono in cambio della loro fedeltà all'azienda; possono includere assicurazione sanitaria e sulla vita, pensioni integrative, permessi pagati e assistenza per i figli.
4. Le aziende possono fornire numerose tipologie di benefit assicurativi e per gli infortuni, oltre alla tutela obbligatoria prevista dalla normativa vigente. La buonuscita è un pagamento in unica soluzione che alcune aziende riconoscono in casi particolari di licenziamento.
5. Gran parte delle aziende fornisce anche benefit sotto forma di servizi personali e supporto alla famiglia, come cooperative di credito, programmi di assistenza per il dipendente, sovvenzioni per la cura dei figli e degli anziani. I piani di benefit flessibili sono individuali, e tengono conto delle preferenze del beneficiario. Si stanno implementando anche vari tipi di orari flessibili, come la settimana concentrata e altri accordi quali il job sharing.
6. La strategia HR di Costco consiste nel controbattere i salari bassi di Walmart con salari più alti, che creano un maggior coinvolgimento dei dipendenti, maggiore produttività e un servizio clienti migliore. A titolo di esempio, Costco paga circa il 90% dei costi di assicurazione sanitaria dei suoi oltre 90.000 dipendenti negli Stati Uniti.

MyLab

Sulla piattaforma MyLab dedicata a questo testo troverete materiali di supporto e approfondimento. All'interno dello stesso ambiente è disponibile la piattaforma inglese MyManagementLab che offre ulteriori risorse, un ricco apparato multimediale ed esercizi guidati.

Parole chiave

Incentivi monetari 237
Produttività 237
Retribuzione variabile 237
Cottimo 237
Aumento di merito 238
Bonus annuale 243
Opzione azionaria 244
Paracadute d'oro 245
Piano di incentivi di gruppo 245
Piano di incentivi a livello aziendale 246
Piano di condivisione dei profitti . . 246
Piano di gainsharing 246
Piano salariale "earnings at risk" . . 247
Piano di partecipazione azionaria dei dipendenti 247
Benefit 247
Programma di assistenza ai dipendenti 250
Benefit familiari 251
Piano benefit flessibile 252
Orario flessibile 252
Settimana concentrata 252
Telelavoro 253
Condivisione del lavoro 253
Contratto di solidarietà 253

Domande di discussione

10.1 Confrontate sei tipi di piani di incentivi.

10.2 Che cosa sono gli aumenti di merito? Trovate che sia bene usarli per premiare i dipendenti? Spiegate perché, o perché no.

10.3 Vi state candidando a una posizione di dirigente, e siete alla negoziazione di stipendio e benefit. Quali domande porreste all'azienda a proposito dei benefit? Descrivete il pacchetto di benefit che provereste a negoziare per voi stessi

10.4 Che cos'è l'assicurazione in caso di disoccupazione? Un'organizzazione è tenuta a riconoscere benefit di disoccupazione a tutti i dipendenti licenziati?

Attività individuali e di gruppo

10.5 Lavorando da soli o in gruppi, create un piano di incentivi per le seguenti posizioni: ingegnere chimico, dirigente dell'impianto, addetto alla vendita di auto usate. Quali fattori avete dovuto considerare per raggiungere le vostre conclusioni?

10.6 Coordinandosi con il manager delle HR, l'AD di una fabbrica di materassi ha recentemente intrapreso un cambiamento culturale per enfatizzare il lavoro di squadra e la sua importanza tra i lavoratori. Allo stesso tempo, gli incentivi sono ancora legati al numero di pezzi prodotti dal singolo operaio al mese. Quali sono i vantaggi e gli svantaggi dei piani di incentivi di squadra? Che tipo di problemi prevedete se un sistema di incentivi individuali è abbinato a una cultura del lavoro di squadra? Quali tipi di incentivi consigliereste? E per quali ragioni?

10.7 Lavorando da soli o in gruppo, documentatevi online e redigete un riepilogo dei benefit che le aziende devono obbligatoriamente fornire ai dipendenti in Italia. Poi compilate un elenco dei cinque Paesi con i periodi di assenza retribuita più lunghi.

10.8 Descrivete la natura di alcuni importanti incentivi per i dirigenti.

Esercizio pratico

Revisione del pacchetto benefit

Scopo: Fare pratica nello sviluppo di un pacchetto di benefit per una piccola impresa.

Prerequisiti: Il materiale presentato in questo capitolo. Ripassate inoltre il Capitolo 9 per quanto riguarda le fonti di informazioni sulla retribuzione, e siate preparati a condividere con il vostro gruppo il pacchetto di benefit per la piccola impresa in cui lavorate, o in cui lavora qualcuno che conoscete bene.

Impostazione dell'esercizio/Istruzioni: Dividete la classe in gruppi di quattro o cinque studenti. Il vostro incarico è il seguente: Maria Cortes gestisce un piccolo ufficio di reclutamento personale a Miami, e ha deciso di offrire un pacchetto di benefit più ampio ai suoi 24 dipendenti. Al momento, gli unici benefit sono sette giorni di vacanza pagata all'anno e cinque di malattia. Fanno parte dell'ufficio altri due manager, 17 reclutatori a tempo pieno e cinque impiegati di segreteria. Nel tempo previsto, il vostro gruppo deve creare un pacchetto di benefit adatto alla dimensione e ai requisiti di questa azienda.

Note bibliografiche

Le note di questo capitolo sono consultabili online sulla piattaforma MyLab oppure immediatamente visualizzabili su smartphone e tablet tramite questo QR-code.

PARTE

5

Rapporti di lavoro: gestione dei dipendenti e HR nelle PMI

CAPITOLO 11
Relazioni positive con i dipendenti

CAPITOLO 12
Gestione delle risorse umane nella piccola e media impresa

Nella Parte 4 abbiamo visto come riconoscere ai dipendenti salari, benefit e incentivi equi, che auspicabilmente ne motiveranno la prestazione e la permanenza presso l'azienda. Per una prestazione efficace però non basta il denaro; in questa parte analizzeremo i metodi necessari a creare un ambiente lavorativo sicuro, appagante e rispettoso grazie a relazioni positive con i dipendenti e a un trattamento equo ed etico. Inoltre vedremo anche alcuni aspetti peculiari della gestione HR nelle piccole e medie imprese, ove le relazioni dirette e informali assumono una rilevanza particolare.

I concetti e le tecniche che affronteremo in questa parte hanno un ruolo importante nella gestione strategica delle risorse umane. Come mostrato nel modello strategico delle HR, la gestione strategica delle risorse umane significa formulare ed eseguire politiche e pratiche delle HR che producano nei dipendenti competenze e comportamenti necessari all'azienda per raggiungere i suoi obiettivi strategici. A questo scopo è necessario che l'azienda fornisca ai dipendenti un ambiente lavorativo appagante e rispettoso. Vedremo quindi come mettere in atto politiche e pratiche HR che producano relazioni positive con i dipendenti. La centralità delle relazioni è anche caratteristica della gestione delle risorse umane nelle piccole e medie imprese, una realtà particolarmente rilevante in Italia che verrà presa specificamente in considerazione con indicazioni e spunti di analisi e riflessione.

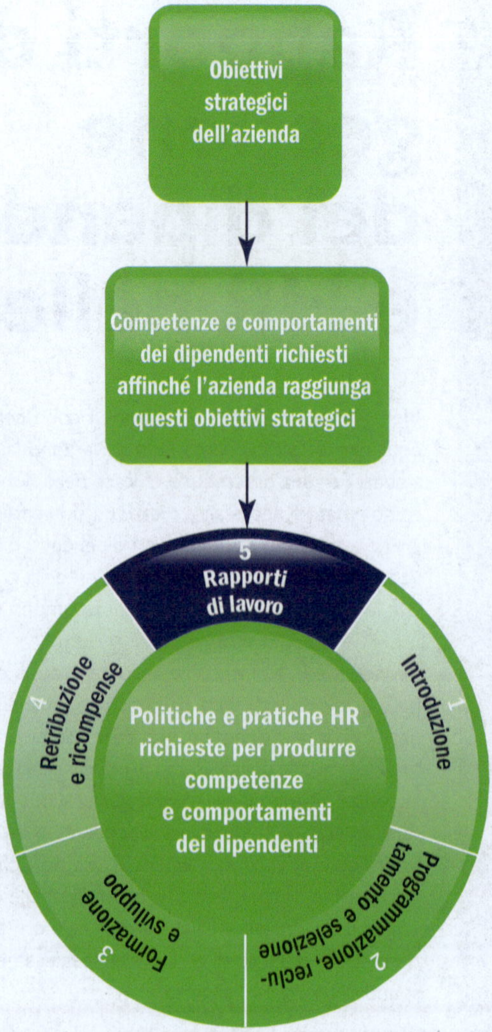

Obiettivi strategici dell'azienda
Competenze e comportamenti dei dipendenti richiesti affinché l'azienda raggiunga questi obiettivi strategici
5 Rapporti di lavoro
1 Introduzione
2 Programmazione, reclutamento e selezione
3 Formazione e sviluppo
4 Retribuzione e ricompense
Politiche e pratiche HR richieste per produrre competenze e comportamenti dei dipendenti

CAPITOLO

11 Relazioni positive con i dipendenti

Argomenti

- Relazioni con i dipendenti
- Programmi di costruzione e mantenimento di buone relazioni con i dipendenti
- L'organizzazione etica
- Gestione della disciplina
- Guida per manager al coinvolgimento dei dipendenti
- Riepilogo

Obiettivi didattici

Al termine del capitolo:

- Saprete definire le relazioni con i dipendenti.
- Sarete in grado di discutere almeno quattro metodi per gestire le relazioni con i dipendenti.
- Potrete spiegare che cosa si intende con comportamento etico.
- Saprete spiegare che cosa si intende con pratiche disciplinari eque.
- Potrete spiegare come un'azienda può diventare una delle "migliori per cui lavorare".

11.1 Relazioni con i dipendenti

È palese a chiunque abbia lavorato anche solo per qualche giorno che è meglio lavorare in certe aziende che in altre. Alcune di cui abbiamo accennato (Wegmans, SAS e Google, ad esempio) compaiono regolarmente nelle classifiche delle "Migliori aziende per cui lavorare" (www.greatplacetowork.it), mentre altre sembrano avere sempre problemi con i sindacati e sono mal considerate. Questa semplice osservazione ci dice che in alcune aziende le relazioni con i dipendenti sono migliori che in altre.

Parola chiave

Relazioni con i dipendenti

L'attività che prevede la costruzione e il mantenimento di relazioni dipendente-datore di lavoro positive, che contribuiscono a produttività, motivazione, morale e disciplina e a un ambiente di lavoro positivo, produttivo e coeso.

La **gestione delle relazioni con i dipendenti** è l'attività manageriale che consente di creare e mantenere tra dipendente e azienda relazioni positive che contribuiscono a ottenere produttività, motivazione, morale e disciplina soddisfacenti, e a mantenere un ambiente lavorativo positivo, produttivo e coeso.[1] Se l'azienda sta reclutando, chiedendo straordinari, conducendo una negoziazione con le parti sociali o in generale si sta muovendo in qualche modo, ovviamente è opportuno avere i dipendenti "dalla sua parte". Molte aziende si impegnano quindi nel costruire relazioni positive con i dipendenti, basandosi sul sensato presupposto che farlo sia meglio che costruirne di negative. La gestione delle relazioni con i dipendenti è solitamente affidata al reparto HR.

11.2 Programmi di costruzione e mantenimento di buone relazioni con i dipendenti

Attività HR quali buona formazione, valutazioni eque, salari e benefit competitivi (argomenti già trattati nei capitoli precedenti) possono fare molto per costruire buone relazioni con i dipendenti. Gran parte delle aziende istituisce però speciali programmi per mantenere relazioni positive, che includono misure per il trattamento equo, miglioramento delle comunicazioni interne, sviluppo di programmi per il riconoscimento e il coinvolgimento dei dipendenti e procedure disciplinari eque e prevedibili.

Garantire un trattamento equo

Chiunque sia stato trattato ingiustamente sul lavoro sa quanto sia demoralizzante. Un trattamento iniquo danneggia il morale e la fiducia, aumenta lo stress e influisce negativamente sulle relazioni con il personale e sul rendimento.[2] Chi subisce ingiustizie da parte dei supervisori ha maggiori probabilità di dimettersi, di provare minore soddisfazione nel lavoro e nella vita, e soffre uno stress più elevato.[3] Gli effetti delle ingiustizie sono particolarmente pronunciati quando i supervisori che le infliggono sembrano avere appoggi "in alto".[4] Anche se qualcuno assiste semplicemente a un'ingiustizia da parte di un supervisore, ad esempio vedendo un collega che viene trattato male, si innescano reazioni avverse che possono includere altri comportamenti non etici.[5] Sul posto di lavoro, il concetto di **trattamento equo** significa nel concreto che "i dipendenti sono trattati con rispetto" e "i dipendenti sono trattati in modo equo" (vedi Figura 11.1).[6]

Parola chiave

Trattamento equo
Rispecchia azioni concrete, come "i dipendenti sono trattati con rispetto" e "i dipendenti sono trattati equamente".

Figura 11.1 Scala della percezione dell'equità del trattamento interpersonale.

Fonte: "The Perceptions of Their Interpersonal Treatment Scale: Development and Validation of a Measure of Interpersonal Treatment in the Workplace" di Michelle A. Donovan, dal *Journal of Applied Psychology*, 1998, Volume 83(5).

Com'è il vostro luogo di lavoro? Barrate Sì se la voce descrive la vostra organizzazione, No in caso contrario, ? se non ne siete certi.

Nell'organizzazione in cui lavoro:

1.	I dipendenti vengono lodati per un buon lavoro.	Sì	?	No
2.	I supervisori urlano con i dipendenti. (-)	Sì	?	No
3.	I supervisori fanno favoritismi. (-)	Sì	?	No
4.	Si dà fiducia ai dipendenti.	Sì	?	No
5.	I reclami dei dipendenti sono gestiti in modo efficace.	Sì	?	No
6.	I dipendenti sono trattati come bambini. (-)	Sì	?	No
7.	I dipendenti sono trattati con rispetto. (-)	Sì	?	No
8.	Domande e problemi dei dipendenti ottengono risposte rapide.	Sì	?	No
9.	Si mente ai dipendenti. (-)	Sì	?	No
10.	I suggerimenti dei dipendenti vengono ignorati. (-)	Sì	?	No
11.	I supervisori insultano i dipendenti. (-)	Sì	?	No
12.	L'impegno sul lavoro dei dipendenti è apprezzato.	Sì	?	No
13.	I supervisori minacciano i dipendenti di licenziamento o sospensione. (-)	Sì	?	No
14.	I dipendenti sono trattati equamente.	Sì	?	No
15.	I colleghi si aiutano tra loro.	Sì	?	No
16.	I colleghi litigano tra loro. (-)	Sì	?	No
17.	I colleghi si denigrano a vicenda. (-)	Sì	?	No
18.	I colleghi si rispettano reciprocamente.	Sì	?	No

Nota: (-) = Il punteggio della voce è inverso.

I motivi per cui i dirigenti dovrebbero essere equi sono numerosi; il più banale è che è giusto esserlo. Ciò che può risultare meno evidente è che le ingiustizie possono danneggiare l'azienda; ad esempio, le vittime di ingiustizia esibiscono più comportamenti devianti sul posto di lavoro, quali il furto e il sabotaggio,[7] e soffrono anche una serie di effetti debilitanti quali cattiva salute, tensione e problemi psicologici.[8] Le ingiustizie portano a un aumento della tensione tra il dipendente e la sua famiglia o partner.[9] Un supervisore ingiusto mina l'efficienza dei suoi subordinati e può spingerli ad agire in senso distruttivo.[10] In termini di relazioni con i dipendenti, la percezione di equità è legata direttamente al coinvolgimento, alla soddisfazione per l'organizzazione, le posizioni e i leader, e ai comportamenti derivanti dal senso di "cittadinanza" nell'organizzazione.[11]

Uno studio illustra gli effetti dell'ingiustizia. Dei docenti universitari hanno partecipato a un'indagine riguardante la misura in cui si sentivano trattati con *giustizia procedurale* e *distributiva* da parte dell'università. La **giustizia procedurale** rappresenta l'equità e l'imparzialità delle procedure attraverso le quali vengono distribuiti premi o provvedimenti disciplinari; la **giustizia distributiva** indica invece equità e imparzialità nella loro distribuzione. Tra le voci sulla giustizia procedurale appariva, ad esempio, "In generale, le procedure del dipartimento/della facoltà consentono richieste di chiarimenti o ulteriori informazioni a proposito di una decisione." Tra le voci sulla giustizia distributiva vi era invece "Sono ricompensato in modo equo considerando le mie responsabilità".

Parola chiave
Giustizia procedurale
Si riferisce a procedure eque nell'allocazione di incentivi o provvedimenti disciplinari, nei termini di equità e onestà delle procedure stesse.

Parola chiave
Giustizia distributiva
Riferita a un sistema di distribuzione di incentivi e punizioni le cui conseguenze effettive sui lavoratori sono eque e imparziali. Ciò avviene quando comportamenti uguali o equivalenti vengono premiati e/o puniti in ugual misura.

I docenti hanno poi completato dei questionari sul coinvolgimento nell'organizzazione, con voci quali "Sono fiero di dire ad altri che faccio parte di questo dipartimento/facoltà". Anche gli studenti hanno compilato un questionario con voci quali "Il docente è stato comprensivo rispetto alle mie necessità" e "Il docente mi ha trattato in modo equo".

I risultati dell'indagine sono notevoli: i docenti che percepivano un alto livello di giustizia distributiva e procedurale erano anche i più coinvolti, e i loro studenti confermavano che questi docenti mostravano un livello di impegno più alto, comportamenti socievoli, equità, ed erano quindi considerati molto più positivamente da parte degli studenti.[12] Quindi, in questo caso, il cattivo trattamento dei docenti nuoceva all'università stessa, mentre il buon trattamento produceva un maggiore impegno e migliori risultati.

Nel seguente riquadro Pratiche HR nel mondo è spiegato come un'azienda cinese ha migliorato il trattamento dei dipendenti in termini di equità.

Alcune ingiustizie sono subdole; ad esempio, le policy non scritte che richiedono agli associati degli studi legali di lavorare e viaggiare sette giorni a settimana possono escludere ingiustamente le madri lavoratrici dal percorso verso la partnership. Altre ingiustizie sono invece plateali; un'indagine su 1000 dipendenti statunitensi ha rivelato che il 45% di loro ha lavorato per superiori che li trattavano male.[17]

Purtroppo il mobbing, cioè la sistematica e deliberata emarginazione e violenza psichica nei confronti di qualcuno per danneggiarlo, è un problema molto serio. Secondo il sito dedicato del governo statunitense (www.stopbullying.gov/#), il mobbing implica tre fattori:

- **Squilibrio di potere.** Di solito le persone usano il loro potere per controllare o danneggiare gli altri, e i bersagli possono incontrare serie difficoltà nel difendersi.
- **Intento nocivo.** Le azioni involontarie non sono mobbing; il mobber ha l'obiettivo di creare un danno.

- **Ripetizione.** Gli episodi di mobbing colpiscono ripetutamente la stessa persona, sono compiuti sempre da una persona o dallo stesso gruppo, e possono prendere forme diverse:
  - **Verbale:** insulti, provocazioni
  - **Sociale:** far circolare pettegolezzi, escludere una persona di proposito, guastare un'amicizia
  - **Fisica:** percosse e contatti indesiderati di vario genere
  - **Cybermobbing:** danneggiare altri utilizzando Internet, cellulari o altre tecnologie digitali

APPROFONDIMENTI **Pratiche HR nel mondo**

L'impianto Foxconn a Shenzhen, Cina

Le parole *responsabilità sociale* tendono a evocare immagini di contributi caritatevoli e aiuti ai senzatetto, ma in realtà significano molto di più. Si riferiscono, ad esempio, all'onestà nelle pubblicità di un'azienda, alla qualità delle parti che compongono i suoi prodotti e all'onestà, etica, equità e "giustezza" nei suoi rapporti con clienti, fornitori e naturalmente dipendenti. La domanda essenziale è: l'azienda sta servendo in modo equo e onesto tutte le parti coinvolte? Il concetto di **responsabilità sociale** di un'azienda si riferisce quindi alla misura in cui dovrebbe incanalare le risorse in funzione di un miglioramento per segmenti sociali che non siano solamente i proprietari o gli azionisti.[13]

Una rivolta dei lavoratori presso l'impianto Foxconn di assemblaggio di iPhone per Apple a Shenzhen, Cina, ha dimostrato come tutti i lavoratori del mondo vogliano essere trattati in modo equo e socialmente responsabile dalle aziende.

Dopo la rivolta contro i salari e le regole del lavoro nell'impianto Foxconn, Apple chiese alla proprietà di lasciare che la Fair Labor Association (FLA) svolgesse un'indagine presso i lavoratori; furono rilevati "problemi a quintali".[14] Ad esempio, ai dipendenti erano imposti parametri di qualità del prodotto "eccessivi" rispetto alla formazione: "per ogni mansione è prevista una tempistica, ed esistono target sul numero di cose che devono essere completate entro un'ora", racconta Xie Xiaogang, 22 anni, che lavorava nell'impianto. "In questa situazione, molti non ce la fanno."[15] Altri fattori erano rappresentati dagli eccessivi straordinari obbligatori e dall'imposizione del lavoro anche in una settimana festiva.

Hon Hai, la società proprietaria dell'impianto Foxconn, modificò subito le pratiche HR aumentando i salari e riducendo lo straordinario obbligatorio, e questi sono soltanto due dei 284 adeguamenti applicati dopo che le indagini rilevarono violazioni dei regolamenti cinesi.[16] Gli adeguamenti mostrano che un trattamento equo è un dovere in tutto il mondo.

Parola chiave

Responsabilità sociale

Si riferisce alla misura in cui le organizzazioni impegnano risorse e attuano progetti per il miglioramento di uno o più segmenti della società al di fuori degli interessi diretti dei proprietari e dagli azionisti.

Indubbiamente la colpa del mobbing è di chi lo infligge, ma alcune persone hanno comportamenti che le rendono possibili vittime[18] sottomesse (più ansiose, caute, silenziose e sensibili), provocatrici (comportamenti più aggressivi) o poco determinate (che sembrano lasciare ad altri decisioni che le riguardano).

I dipendenti più performanti possono attirare l'invidia dei colleghi ed essere vittimizzati.[19] Le vittime di abusi da parte dei supervisori soffrono spesso in silenzio per paura di ritorsioni.[20] Costruire un team coeso attraverso iniziative di formazione al team-building, occasioni di socialità e instaurando un clima di sana emulazione può prevenire invidia e vittimizzazione.[21]

L'azienda e il dirigente hanno la responsabilità di garantire un trattamento equo e rispettoso per i dipendenti e anche tra i dipendenti.[22] Tra le tecniche per ridurre al minimo le iniquità (trattate nei capitoli precedenti) vi sono una attenzione anche in fase di reclutamento e selezione a competenza ed equilibrio di dipendenti e supervisori, una retribuzione equa, valutazioni delle prestazioni corrette ed equilibrate insieme a politiche aziendali per il trattamento equo di tutti i dipendenti. Anche i sistemi di comunicazione e i programmi di coinvolgimento dei dipendenti possono ridurre le ingiustizie e migliorare le relazioni con i dipendenti. Le persone che bullizzano usano il loro potere per controllare o ferire, e per le vittime può essere molto difficile difendersi.

Migliorare le relazioni con i dipendenti attraverso programmi di comunicazione

Molte aziende usano programmi di comunicazione per rafforzare l'impegno sulle relazioni con i dipendenti; la principale motivazione è il ragionevole presupposto secondo cui i dipendenti che fanno parte "del giro" e sanno ciò che accade hanno una miglior considerazione dell'azienda. Il sito di un'università, ad esempio, dichiara: "Crediamo nell'informare i nostri dipendenti su tutto ciò che riguarda politiche, procedure, pratiche e benefit."[23] Questa organizzazione usa una *politica delle porte aperte* per incoraggiare la comunicazione tra dipendenti e manager, un *manuale del dipendente* contenente le informazioni di base sull'impiego e "l'opportunità di tenersi al corrente su eventi e altre informazioni interessanti sull'università tramite *il sito web, l'e-mail e i memoranda stampati.*"[24]

La comunicazione a due sensi aiuta anche a garantire che la direzione sappia che cosa preoccupa i dipendenti. Parafrasando un autore, a nessuno piace ricevere lamentele, ma richiederle attivamente è assolutamente essenziale per le aziende che vogliono eliminare i trattamenti iniqui e mantenere buone relazioni con i dipendenti.[25] Le possibilità per farlo includono l'organizzazione di *focus group* di dipendenti, la disponibilità di *ombudsman* e *cassette dei suggerimenti* e l'implementazione di *hotline* telefoniche e via Web. Alcune aziende usano fornitori specializzati per gestire le hotline, che le organizzano, raccolgono i commenti dei dipendenti e forniscono un riscontro continuo all'azienda, nonché riassunti periodici dei commenti e delle tendenze. I *colloqui di fine rapporto,* che abbiamo trattato in un precedente capitolo, offrono un'ulteriore opportunità per verificare la qualità dei rapporti con i dipendenti.[26] I singoli supervisori possono naturalmente usare metodi come le politiche delle porte aperte e il "management itinerante" per chiedere informalmente ai dipendenti "come vanno le cose".

Indagini sul clima organizzativo

Anche i questionari su atteggiamento dei dipendenti, morale e clima dell'azienda giocano un ruolo importante in molti programmi di relazioni interne; possono essere usati per "tenere il polso" dell'atteggiamento dei dipendenti nei confronti di vari aspetti dell'organizzazione quali leadership, sicurezza, chiarezza dei ruoli, equità e retribuzione, e capire se le relazioni con i dipendenti siano migliorabili. I limiti tra indagini su atteggiamento, soddisfazione/morale e clima aziendale sono spesso arbitrari; alcuni esperti definiscono il **clima organizzativo** come la percezione condivisa dai dipendenti della condizione psicologica vissuta sul posto di lavoro, in termini di fattori quali attenzione al benessere dei dipendenti, comportamento dei supervisori, flessibilità, apprezzamento, etica, autonomia, comportamenti politici e ricompense.[27]

Parola chiave

Clima organizzativo
La percezione condivisa dei dipendenti sull'ambiente psicologico dell'azienda, per esempio in termini di aspetti quali attenzione al benessere dei dipendenti, flessibilità, apprezzamento, etica, autonomia, gerarchia e potere, comportamenti politici e incentivi.

Esistono molte versioni preconfezionate di queste indagini; in una fornita dalla Society for Human Resources Management statunitense è utilizzato un punteggio da 1 ("molto poco") a 5 ("moltissimo") per rispondere a domande quali "Nel complesso, quanto sei soddisfatto del tuo supervisore?", "Nel complesso, quanto sei soddisfatto del tuo lavoro?", "Ti fidi del tuo supervisore?", "Il lavoro della tua squadra è di alta qualità?" e "Il tuo lavoro porta a riconoscimento e rispetto da parte di chi lavora con te?"[28] Molte aziende utilizzano indagini online proposte da fornitori come Know Your Company (http://knowyourcompany.com).[29] Google conduce ogni anno un sondaggio "Googlegeist" incentrato sui fattori quali coinvolgimento e retainment.[30] Altre aziende preferiscono creare indagini personalizzate, come il programma Survey Feedback Action (SFA) di FedEx che vedremo alla fine di questo capitolo.

Sviluppo di programmi di riconoscimento/relazioni con i dipendenti

Le opportunità di comunicazioni a due sensi (come le indagini di clima in azienda) migliorano le relazioni con i dipendenti, ma esistono anche altri tipi di programmi per le relazioni interne. I più interessanti sono quelli di riconoscimento e premio visti nei Capitoli 9 e 10, in particolare i programmi di riconoscimento formale a livello aziendale come i premi per il dipendente del mese. Ad esempio, una pubblicazione del settore commerciale segnala che un'azienda, la Murray Supply Co., ha tenuto una serata speciale per tutti i dipendenti in cui ha consegnato premi in varie categorie quali la guida sicura, l'anzianità di servizio, il dipendente dell'anno per filiale e per tutta l'azienda.[31] Succede spesso, come in questo caso, che le aziende organizzino una grande cena durante la quale i premi vengono consegnati in pompa magna. Un'indagine SHRM ha rilevato che il 76% delle organizzazioni statunitensi analizzate aveva programmi di riconoscimento del genere, e che un ulteriore 5% prevedeva di implementarli nell'anno successivo.[32]

L'istituzione dei premi di riconoscimento delle performance e dell'anzianità di servizio richiede una pianificazione.[33] Ad esempio, per un *programma di premi di anzianità di servizio* è necessario analizzare la permanenza dei dipendenti e definire periodi significativi (un anno, cinque anni e così via) da premiare. È necessario anche prevedere un budget, scegliere i premi, definire una procedura per stabilire quali premi attribuire, decidere un processo di premiazione (cene a tema o riunioni del personale) e valutare periodicamente il successo del programma. In modo analogo, per un programma di riconoscimento delle performance è necessario sviluppare i criteri del riconoscimento (per il servizio clienti, per il risparmio e così via), creare moduli e procedure per le nomine e la loro valutazione, scegliere i premi e definire un processo per la loro consegna.

APPROFONDIMENTI — **Tendenze HR: Social media e digitale**

Alcune aziende usano social media come la bacheca di condivisione di immagini Pinterest per stimolare il coinvolgimento.[34] Un'indagine ha rilevato che solo poco più della metà delle aziende usa i social media per comunicare con i dipendenti e stimolare un senso di comunità.[35] Red Door Interactive ha usato un progetto basato su Pinterest e chiamato "San Diego Office Inspiration" per incoraggiare i dipendenti a contribuire con idee di arredamento, architettura e decorazione per i nuovi uffici.[36]

Uso dei programmi di coinvolgimento dei dipendenti

Le relazioni tendono a migliorare anche coinvolgendo i dipendenti con l'azienda in modi positivi, quindi il *coinvolgimento dei dipendenti* è un'altra strategia utile per le relazioni.

Coinvolgere i dipendenti nella discussione e risoluzione dei problemi aziendali offre svariati benefici. Spesso i dipendenti sanno meglio di chiunque altro come migliorare i loro processi lavorativi, quindi il modo migliore per aumentare le prestazioni è semplicemente chiedere a loro. Coinvolgere il lavoratore nell'affrontare un problema aumenta il suo senso di possesso del processo, e può anche indicare che le sue opinioni contano, contribuendo a migliorare le relazioni.

Le aziende possono usare vari mezzi per incoraggiare il coinvolgimento, uno dei quali sono i *focus group*: una questione specifica è presentata a un piccolo campione di dipendenti, che esprime interattivamente opinioni e atteggiamenti insieme all'incaricato che gestisce il gruppo.

Uso di team per il coinvolgimento dei dipendenti

Le aziende usano vari tipi di team per ottenere la partecipazione dei dipendenti nell'affrontare problemi dell'organizzazione. I **team di proposta (suggestion team)** sono team temporanei i cui membri lavorano su specifici incarichi di analisi, come la riduzione dei costi o l'aumento di produttività. Una compagnia aerea ha suddiviso in team le diverse categorie di dipendenti (addetti ai bagagli, personale di terra e così via), collegandoli successivamente attraverso il sito web per fare brainstorming e votare proposte.[37] Alcune aziende formalizzano il processo nominando **team di problem-solving** semipermanenti, che identificano e ricercano processi lavorativi e sviluppano soluzioni a problemi legati al lavoro.[38] Di solito sono composti dal supervisore e da 5-8 dipendenti di un'area di un settore operativo comune.[39]

Un **circolo di qualità (quality circle)** è un tipo speciale e formale di team di problem-solving, generalmente composto da 6-12 dipendenti con una formazione specifica che si incontrano settimanalmente per risolvere i problemi del loro settore operativo.[40] Il team riceve anzitutto una formazione nelle tecniche di analisi dei problemi (con elementi di statistica), poi applica il processo di analisi (identificazione, scelta e analisi del problema, proposta di soluzioni e analisi delle proposte da parte dell'alta dirigenza) per risolvere i problemi nel suo settore operativo.[41]

Parola chiave

Team di lavoro autogestito

Un gruppo piccolo (di solito tra 8 e 10 membri) di dipendenti scelti, formati e autonomi che sostanzialmente si gestiscono da soli, con poca o nessuna supervisione esterna, di solito allo scopo di raggiungere un obiettivo specifico.

In molte aziende, i team autogestiti di dipendenti con formazione speciale lavorano con pochissima supervisione, e a volte anche senza. Molti ritengono che questi team rappresentino l'apice del coinvolgimento dei dipendenti. Un **team di lavoro autogestito/autodiretto** è un piccolo gruppo (8-10 membri) di dipendenti attentamente selezionati, formati e autonomi che essenzialmente dirigono sé stessi con supervisione limitata o nulla, di solito allo scopo di completare un compito o una missione specifici,[42] che possono essere l'installazione del cruscotto di una macchina o l'elaborazione completa di una richiesta di indennizzo assicurativo. In ogni caso, questi team hanno due caratteristiche distintive: sono autonomi, selezionati e formati in modo da gestire e supervisionare da soli il proprio lavoro, e il risultato del lavoro stesso è uno specifico prodotto o servizio.

Ad esempio, l'impianto GE che produce motori per l'aeronautica a Durham, North Carolina, è una struttura basata su team autogestiti. I lavoratori operano in squadre che riferiscono al manager dell'impianto.[43] In queste squadre, i dipendenti "si addestrano a vicenda, formulano e seguono i loro budget, fanno proposte di investimento del capitale se necessario, gestiscono controllo della qualità e ispezioni, sviluppano i propri standard quantitativi, migliorano tutti i processi e prodotti, creano prototipi di nuovi prodotti possibili."[44] Il vicepresidente di un'altra azienda ha affermato, a proposito dell'organizzazione del lavoro in team: "Le persone del reparto parlavano di mercati mondiali, bisogni dei clienti, prodotti della concorrenza, miglioramento dei processi: tutte cose a cui in teoria dovrebbero pensare i manager."[45]

Sistemi di proposte/suggerimenti

Gran parte delle aziende capisce che le proposte dei dipendenti possono produrre risparmi significativi (e, attraverso coinvolgimento e premi, migliori relazioni con il personale). Ad esempio, qualche tempo fa uno studio su 47 aziende ha rivelato che avevano risparmiato oltre 624 milioni di dollari in un anno grazie ai programmi di proposte; ne erano state inviate oltre 250.000, e quelle adottate superavano le 93.000.[46] Inoltre, i dipendenti apprezzano questi programmi. In una recente indagine, il 54% dei 497 dipendenti analizzati affermò di aver avanzato oltre 20 proposte all'anno, mentre un altro 24% ne aveva avanzate tra le 10 e le 20.[47] Nel seguente riquadro HR in pratica è riportato un esempio.

APPROFONDIMENTI **HR in pratica**

Il sistema di proposte per il controllo dei costi[48]

Un'unità organizzativa della Lockheed Martin a Oswego, New York, ha sviluppato un programma di proposte detto "Cost-Effectiveness Plus" per incoraggiare e dare riconoscimento ai dipendenti sul tema dello snellimento dei processi. I dipendenti inviano in forma elettronica le loro idee, che vengono poi valutate e approvate dal manager locale e dal coordinatore del programma (e se necessario dai livelli di dirigenza più alti). Questo programma ha consentito all'impianto un risparmio di circa $77.000 per ogni idea realizzata, cioè oltre 100 milioni di dollari l'anno.

I sistemi di proposte odierni sono più sofisticati delle "cassette dei suggerimenti" di qualche anno fa.[49] I principali miglioramenti riguardano il modo in cui il manager formalizza e comunica il processo propositivo. Il direttore di una società che progetta e installa sistemi di proposte per altre aziende considera essenziali i seguenti elementi:[50]

- Supporto da parte del personale senior
- Un processo semplice per inviare le proposte
- Un processo forte per valutare e implementare le proposte
- Un programma efficace per pubblicizzare e comunicare il programma
- Un focus del programma sugli obiettivi chiave dell'organizzazione

APPROFONDIMENTI **HR e la Gig economy**

Coinvolgere i "gig workers"[51]

È possibile per un'azienda far sentire coinvolti nelle sue attività anche i lavoratori occasionali e a breve termine, quelli "di passaggio"? Pare che la risposta sia sì.

Per prima cosa va capito che i gig workers, come tutti, arrivano al lavoro con una serie di bisogni propri. In particolare, alcuni di loro si considerano come una sorta di "hobbisti", altri invece lavorano a tempo pieno per se stessi e per la famiglia.

Un ricercatore ha intervistato autisti Uber e Lyft, e ha scoperto che le reazioni a fattori come la riduzione dei compensi dipendono dal motivo per cui si fa questo lavoro. Molti non guidavano principalmente per il denaro, ma per l'interazione sociale e per rilassarsi dopo il loro lavoro a tempo pieno. Ad esempio, uno psicoterapeuta che guadagnava più di $100 all'ora nel suo lavoro a tempo pieno non era particolarmente agitato per la riduzione della paga di Uber. Era semplicemente contento di poter staccare dalle sue 40 ore settimanali trascorse ad aiutare la gente ad affrontare i problemi della vita. La maggior parte di questi "hobbisti" non dipendeva finanziariamente dall'attività di autista. Gli autisti che invece guidavano per vivere erano comprensibilmente molto preoccupati per i tagli retributivi.

In ogni caso, ecco qualche consiglio per migliorare le relazioni con i lavoratori gig:

- Non trattateli come "usa e getta". Anche se si tratta di un periodo breve, comunicate con il lavoratore e cercate di conoscerlo. Riconoscete il suo contributo.
- Riducete al minimo le procedure burocratiche. Molti gig workers cercano lavori flessibili part-time e vogliono lavorare, non compilare moduli.
- Le ricerche mostrano che la maggior parte delle aziende dedica pochissimo tempo (quando lo fa) all'onboarding dei lavoratori autonomi, ed è un errore: anche un onboarding abbreviato è meglio di niente. Investite un po' di tempo e date loro qualche breve informazione sull'azienda e sul progetto; fateli sentire una parte (seppur chiaramente indipendente ed esterna) dell'azienda.
- È importante dal punto di vista legale chiarire oltre ogni dubbio che si tratta di collaboratori indipendenti, ma per quanto possibile condividete con loro le notizie dell'azienda e cercate un loro riscontro. Includeteli nelle comunicazioni interne dell'azienda e, nei limiti del possibile, negli eventi sociali e formativi.

11.3 L'organizzazione etica

MyLab Figura 11.2

Dobbiamo compiere scelte etiche tutti i giorni. È sbagliato usare una carta di credito aziendale per acquisti personali? Un regalo da €50 a un cliente è inaccettabile? Confrontate le vostre risposte con il quiz della Figura 11.2.

Quasi tutti coloro che leggono questo libro si ritengono giustamente persone eticamente corrette, e allora perché includere l'etica in un libro di gestione delle risorse umane? Per tre ragioni: anzitutto, l'etica non è teorica. Fa andare avanti le aziende. Manager che promettono aumenti e non li danno, venditori che dicono "l'ordine è in arrivo" e non è vero, manager della produzione che chiedono favori o tangenti ai fornitori… Son tutte cose che corrodono la fiducia da cui dipendono le transazioni d'affari quotidiane.

Secondo, è difficile anche solo immaginare un'azienda non etica con buone relazioni con i dipendenti.

Terzo, i dilemmi etici fanno parte della gestione delle risorse umane. Ad esempio, il vostro team prima di iniziare a lavorare con il nuovo macchinario dovrebbe aver accertato che tutte le misure di sicurezza siano attive, ma il vostro capo fa pressione affinché iniziate subito: che fare? Un'indagine ha rilevato 6 delle 10 questioni etiche più serie sul lavoro (sicurezza sul lavoro, protezione dei dati dei dipendenti, furti da parte dei dipendenti, discriminazione positiva, differenze di trattamento per lavori comparabili e privacy dei dipendenti) erano legate alle HR.[52] Un'altra ha scoperto che il 54% degli HR manager consultati era stato testimone di violazioni di normative e atti illegali.[53]

L'etica è costituita da "i principi di condotta che governano un individuo o un gruppo", quindi i principi che le persone usano per decidere quale sarà la loro condotta.[54] Naturalmente, non sempre un comportamento implica l'etica;[55] ad esempio, acquistare un tablet di solito non è una decisione etica. Le decisioni etiche sono invece radicate nella *moralità*, ovvero negli standard comportamentali accettati dalla società. Per essere più precisi, la moralità (e quindi le decisioni etiche) coinvolge sempre le questioni più fondamentali su ciò che è giusto o sbagliato, nel senso di ciò che è bene o male, come rubare, uccidere e il modo in cui si trattano le altre persone.

Comportamento etico sul lavoro

Perché le persone si comportano male? È una domanda complicata, ma un'analisi di oltre trent'anni di ricerca sull'etica ha concluso che le nostre scelte etiche sono determinate dalla combinazione di tre fattori.[56] Gli autori hanno intitolato il loro saggio "Mele marce, scatole cattive e botti cattive" ("Bad Apples, Bad Cases, and Bad Barrels"). Il titolo evidenzia le conclusioni, secondo le quali quando le

"mele marce" (persone inclini a fare scelte non etiche) entrano in contatto con

"scatole cattive" (situazioni foriere di scelte non etiche) mentre lavorano in

"botti cattive" (ambienti di lavoro che stimolano o condonano scelte non etiche)…

la miscela dei tre fattori determina il comportamento etico o non etico delle persone.

Ecco una descrizione più dettagliata delle conclusioni.

Le persone (che cosa fa marcire le mele?)

Anzitutto, poiché le persone portano nel loro ambiente lavorativo le loro idee su ciò che è moralmente giusto o sbagliato, la responsabilità (nel bene e nel male) delle scelte etiche ricade in gran parte sulle persone stesse.

Ad esempio, una ricerca ha studiato le intenzioni degli AD di intraprendere due pratiche discutibili: appropriarsi dei segreti tecnologici di un concorrente e corrompere informatori esterni. I ricercatori hanno concluso che le decisioni degli AD in dipendevano più dalle predisposizioni personali che dalle pressioni esterne o dalle caratteristiche delle loro aziende.[57] Le persone dai principi più saldi, con il livello più alto di "sviluppo morale cognitivo", riflettono sulle implicazioni delle loro decisioni e applicano principi etici. Come considerate il vostro livello etico? Potete confrontare le risposte date al questionario della Figura 11.2 online. Inoltre, i dipendenti che si identificano più fortemente con l'organizzazione sono anche quelli con maggiore probabilità di commettere azioni non etiche per sostenerla, quindi una forte lealtà non è sempre un fattore positivo.[58] Analogamente, i dipendenti che temono di essere esclusi da un gruppo potrebbero avallare un comportamento non etico solo per continuare a farne parte.[59]

MyLab In depth 1

Le "scatole" (situazioni eticamente pericolose)

Le persone sono importanti, ma anche il tipo di decisione ha il suo peso. Ad esempio, i ricercatori hanno rilevato che i "piccoli" dilemmi etici sono quelli che generano più spesso scelte sbagliate. Che cosa si intende con "piccoli"? Il criterio è essenzialmente l'entità del danno alle vittime della scelta, o il numero di persone potenzialmente coinvolte. In altre parole, sembra che le persone abbiano una maggiore tendenza a "fare la cosa sbagliata" nelle situazioni "meno gravi". Ovviamente questo non significa che le persone non facciano cose sbagliate in situazioni le cui conseguenze possono essere enormi, ma solo che tendono a prendere scorciatoie meno etiche nelle piccole cose. Il problema è che spesso da cosa nasce cosa; le persone iniziano da cose piccole e poi "progrediscono" a cose più grandi.[60]

Le "botti" (fattori esterni che plasmano le scelte etiche)

Infine, lo studio ha concluso che in alcune aziende l'ambiente sociale (le "botti" nella ricerca) è più tossico che in altre; ciò sembra favorire scelte non etiche.[61] Per esempio, le aziende in cui era promossa la cultura dell'"ognuno per sé" avevano maggiori probabilità di subire scelte non etiche; le aziende che invece incoraggiavano i dipendenti a considerare il benessere di tutti mostravano un maggior numero di scelte etiche.

Ma soprattutto, un'azienda i cui manager mettevano in pratica "una forte cultura etica, che comunica chiaramente i limiti dei comportamenti etici e non etici" era associata a un minor numero di decisioni non etiche sul lavoro.[62]

Alla luce di questo, ecco alcuni passi specifici che la dirigenza può intraprendere per creare ambienti lavorativi più etici.

Passi per creare ambienti più etici

Ridurre le pressioni legate al lavoro

Se le persone prendessero decisioni non etiche sul lavoro unicamente per un guadagno personale, la cosa sarebbe comunque imperdonabile, ma comprensibile. Il fatto spaventoso è che spesso non si tratta di un interesse personale, ma delle pressioni sul lavoro. Un ex alto dirigente affermò, in occasione del suo processo in tribunale, "ho fatto cose che sapevo essere sbagliate nel tentativo erroneo di proteggere l'azienda, per consentirle di sostenere quelle che credevo fossero difficoltà finanziarie temporanee."[63]

In occasione di un altro studio, è stato chiesto ai dipendenti di elencare i motivi per cui avrebbero preso decisioni non etiche sul lavoro.[64] Nella maggior parte dei casi, le tre ragioni principali erano "rispettare le pressioni sulle scadenze", "raggiungere obiettivi finanziari o aziendali troppo aggressivi" e "aiutare l'azienda a sopravvivere". Le ragioni quali "perseguire la mia carriera o i miei interessi finanziari" erano tra le ultime in classifica.[65] In ogni caso, ridurre queste pressioni "esterne" aiuta a evitare gli sbandamenti etici.

Dare il buon esempio

È difficile resistere a una pressione anche minima da parte del capo, quindi non sorprende che secondo un'indagine "il livello di cattiva condotta sul lavoro si riduce drasticamente quando i dipendenti dichiarano che i loro supervisori mostrano comportamenti etici".[66] Ecco alcuni esempi dei modi in cui i supervisori possono fuorviare i loro subordinati dal punto di vista etico:

- Dire al personale di fare tutto ciò che è possibile per ottenere i risultati.
- Sovraccaricare i dipendenti più produttivi per accertarsi che il lavoro venga eseguito.
- Chiudere un occhio quando avvengono degli illeciti.
- Prendersi il merito del lavoro di altri, o incolparli dei problemi.[67]

Alcuni manager chiedono anche ai dipendenti di applicare un rapido "test etico" per valutare se ciò che stanno per fare rispetta il codice di condotta dell'azienda. Ad esempio, Raytheon Co. chiede ai dipendenti di porsi le seguenti domande in caso di dubbi etici:

L'azione è legale?
È giusta?
Chi ne risentirà?
È allineata ai valori di Raytheon?
Come "sembrerà" in seguito?
Che impressione farebbe sui giornali?
Darebbe una cattiva immagine dell'azienda?[68]

Disporre di politiche e codici etici

Per segnalare che le aziende prendono sul serio l'etica, la direzione può usare politiche e codici. Ad esempio, il codice etico di IBM dichiara, tra l'altro:

> Né i dipendenti né i membri delle loro famiglie possono richiedere né accettare, direttamente o attraverso altri, denaro, regali né altro che possa influenzare, né ragionevolmente dare l'impressione di influenzare, le relazioni di affari di IBM con la persona o l'organizzazione esterna. Se il dipendente o uno dei membri della sua famiglia riceve un regalo, anche in denaro, pur non avendolo richiesto, deve informare il suo dirigente e prendere le misure opportune, che possono includere la restituzione o la distruzione di quanto ricevuto.[69]

Applicare le regole

È inutile codificare delle regole se non le si fa rispettare. Uno studio sull'etica ha concluso che le dichiarazioni dei dirigenti possono ridurre i comportamenti non etici da parte dei dipendenti, ma l'impatto maggiore è ottenuto da un chiaro monitoraggio dei comportamenti e dall'applicazione delle regole.[70] Le *ispezioni etiche* affrontano questioni quali i conflitti di interessi, lo scambio di regali, la discriminazione dei dipendenti e l'accesso alle informazioni dell'azienda.[71] Uno studio ha rilevato che i controlli antifrode quali hotline, ispezioni a sorpresa, formazione dei dipendenti sulle frodi e ferie obbligatorie possono ridurre i furti in azienda di circa il 50%.[72] Sempre più grandi aziende, come Lockheed Martin Corp., nominano anche funzionari dedicati per l'etica.[73]

Incoraggiare le "talpe"

Alcune aziende incoraggiano i dipendenti a usare le hotline o altri mezzi per segnalare l'eventuale scoperta di una frode in azienda.

Stimolare la cultura giusta[75]

Parola chiave

Cultura aziendale

Valori, convinzioni e comportamenti condivisi che caratterizzano una specifica organizzazione.

La **cultura aziendale** è costituita da "valori, tradizioni e comportamenti caratteristici condivisi dai dipendenti di un'azienda". Un valore è una convinzione di base su ciò che è importante, ciò che è giusto o sbagliato ("la politica migliore è l'onestà" può essere un valore). Riuscire a gestire le persone e plasmare i loro comportamenti dipende dalla capacità di plasmare i valori che dovranno usare come guide comportamentali. Ad esempio, se il management crede veramente che "la politica migliore sia l'onestà", questo valore deve riflettersi nelle sue azioni, quindi i manager devono pensare a come inviare i segnali giusti ai loro sottoposti, ovvero creare la giusta cultura. Ecco le azioni necessarie:

- **Chiarire le aspettative.** Per prima cosa, chiarite quali sono i valori che volete siano seguiti. Per esempio, la dichiarazione dell'IBM chiarisce che l'azienda prende molto sul serio l'etica.
- **Usare segni e simboli.** Il *simbolismo*, ciò che il manager fa in pratica, è l'aspetto più rilevante per creare e sostenere la cultura aziendale. Come abbiamo visto in precedenza, i manager devono "razzolare bene". Non è ammissibile che dicano ad altri di non pasticciare con i dati finanziari e poi siano i primi a farlo.
- **Fornire supporti reali.** I segnali reali dei valori del manager (il piano degli incentivi dell'azienda, il sistema di valutazione e le procedure disciplinari, ad esempio) inviano segnali forti su ciò che i dipendenti dovrebbero e non dovrebbero fare. Ad esempio, l'azienda premia i comportamenti etici o li penalizza?[76]

Il seguente riquadro Strumenti HR applica questi concetti alle piccole imprese.

Assumere le persone giuste

Secondo un autore, "il modo più semplice per migliorare l'etica di un'organizzazione consiste nell'assumere persone con il senso dell'etica".[79] Cominciate dall'utilizzo di materiali di reclutamento che sottolineino l'impegno etico della vostra azienda. Poi usate strumenti di preselezione quali test dell'onestà, verifiche del background e domande in fase di colloquio ("Ha mai visto qualcuno aggirare le regole sul posto di lavoro? Come ha reagito?") per escludere i candidati potenzialmente problematici.[80] Infine, trattate i candidati con equità: "Se i possibili dipendenti percepiscono che il processo di assunzione non tratta le persone in modo equo, potrebbero dedurre che l'azienda non dà peso a un comportamento etico."[81]

Usare la formazione etica

La formazione sui temi etici è praticamente obbligatoria; dal 1991, negli Stati Uniti le linee guida federali per i procedimenti legali prescrivono pene ridotte se le aziende accusate di comportamenti illeciti hanno implementato codici di condotta e formazione etica.[82] Anche in Italia la formazione etica obbligatoria è prevista per

APPROFONDIMENTI **Strumenti HR per manager di linea e piccole imprese**

Etica della piccola impresa

Quando si parla di comportamenti non etici nelle aziende si pensa subito alle grandi corporation, perché di solito finiscono sui giornali, ma alcuni studi dimostrano che le piccole e medie imprese sono altrettanto vulnerabili.

Ad esempio, uno studio su 20 imprese piccole e medie rivela che mazzette, corruzione, pizzo e un generale senso di disonestà erano considerati la norma presso molte delle imprese esaminate.[77] In alcuni casi la corruzione era condotta in modo intelligente: per fare affari all'estero, un'azienda statunitense cercava di non sporcarsi le mani costruendo "alleanze strategiche" con un'azienda locale che si occupasse del lavoro sporco, ad esempio distribuire le mazzette, mentre la direzione fingeva di non saperlo.

Esistono vari motivi per cui le piccole imprese devono porre una particolare attenzione ai comportamenti non etici; non hanno le risorse delle grandi aziende per funzionari e hotline dedicati, né per la formazione sull'etica. Inoltre, se un contabile disonesto in un'azienda da miliardi di euro fa sparire 10 milioni crea un fastidio; se il direttore delle vendite di un'azienda da 10 milioni scappa con 1 milione, per l'azienda può essere la fine.

I piccoli imprenditori possono intraprendere alcuni passi per impostare un programma etico utile. Per prima cosa, valutate le attività della vostra azienda legate all'etica.[78] Può essere utile anche un'ispezione interna basata sulle linee guida indicate in questo capitolo (disponibilità di un codice etico, formazione sull'etica, controlli interni per monitorare i comportamenti e così via). Il secondo passo è la creazione di un codice di condotta (una semplice ricerca su Internet può fornire moltissimi spunti), chiarendo che va preso molto sul serio. Il terzo passo è la formazione del personale. Non è indispensabile una formazione complicata; ad esempio, un esperto suggerisce di far sviluppare ai manager degli scenari attinenti all'impresa che illustrino quali comportamenti sono etici e quali non lo sono, e successivamente indire delle riunioni di presentazione e discussione di tali scenari. Infine, rendete il più facile possibile la richiesta di riscontri dai dipendenti, così che possano comunicare facilmente i sospetti di comportamenti non etici (le politiche delle "porte aperte" e le cassette di suggerimenti anonimi sono esempi di misure in questo senso). E, soprattutto, date il buon esempio: in una piccola impresa il proprietario o l'AD è molto visibile, e i dipendenti leggeranno chiaramente i suoi segnali etici.

gli enti pubblici dalla normativa anticorruzione (art. 7 della legge delega 124/2015, cd. "Riforma Madia" e normativa delegata e attuativa). La formazione etica consiste di solito nel mostrare ai dipendenti come riconoscere i dilemmi etici, come applicare il codice di condotta per risolvere problemi e come utilizzare attività legate al personale, quali le pratiche disciplinari, in modo etico.[83] La formazione dovrebbe sottolineare le basi morali della scelta etica e il profondo impegno dell'azienda per l'integrità e l'etica. Per enfatizzare tale impegno è opportuno che i massimi dirigenti partecipino al programma.[84] Alcune aziende stanno passando dalla formazione etica preconfezionata ai programmi personalizzati più legati alle specificità dell'azienda. Ad esempio, Yahoo! ha incaricato un fornitore di produrre un pacchetto animato contenente scenari etici ambientati negli uffici Yahoo! di tutto il mondo. Il programma di 45 minuti tratta il codice di condotta di Yahoo! e altri aspetti.[85]

Usare premi e provvedimenti disciplinari

I dipendenti si aspettano che l'azienda punisca i comportamenti sbagliati e ricompensi quelli etici.[87] L'azienda deve punire i comportamenti non etici dei dirigenti, non solo dei dipendenti di minor livello.[88]

Definire politiche per la privacy dei dipendenti[81]

Gran parte dei dipendenti considera immorale l'invasione della sua privacy da parte dell'azienda. Sul posto di lavoro, le violazioni della privacy dei dipendenti possono concretizzarsi in *intrusione* (come la sorveglianza degli spogliatoi e del traffico e-mail), *pubblicazione* di questioni private, *divulgazione* di cartelle cliniche e *appropriazione* del nome o delle sembianze di un dipendente per scopi commerciali.[90] In pratica, i controlli del background, il monitoraggio della condotta e dello stile di vita al di fuori del lavoro, i test per l'uso di sostanze stupefacenti, le ispezioni e il monitoraggio sul posto di lavoro sono all'origine della maggior parte delle violazioni della privacy.[91]

Il problema della privacy sul lavoro si sta aggravando a causa della proliferazione degli strumenti online e "smart".[92] Ad esempio, un tribunale del New Jersey ha ritenuto responsabile l'azienda quando uno dei suoi dipendenti ha utilizzato il computer aziendale per distribuire materiale pedopornografico.[93] Un'altra azienda che ha distribuito ai dipendenti degli iPod ha scoperto che intasavano i server aziendali per scaricare musica illegalmente.[94] La sicurezza è un problema: "un riproduttore MP3 da 4 GB, come l'iPod Mini di prima generazione… può essere utilizzato per sottrarre una grande quantità di dati dell'azienda" ha affermato un imprenditore (una pratica che prende l'evocativo nome di "podslurping").[95]

MyLab Figura 11.3

APPROFONDIMENTI **HR come centro di profitto**

Monitoraggio e profitto

Al giorno d'oggi il monitoraggio va molto oltre l'intercettazione telefonica. L'ospedale Bronx Lebanon di New York utilizza scanner biometrici per accertarsi dell'identità dei dipendenti che timbrano il cartellino.[106] La scansione dell'iride tende a essere il dispositivo di autorizzazione più accurato; alcune organizzazioni quali la Federal Aviation Administration lo impiegano per controllare l'accesso dei dipendenti ai sistemi informatici in rete.[107] Aziende quali UPS utilizzano unità GPS per monitorare la posizione, e quindi la produttività, degli incaricati alle consegne.[108] Un ristorante di Dallas controlla digitalmente la maggior parte delle attività dei camerieri, cioè tutti i conti, i piatti e le bevande che servono.[109] Ciò semplifica il tracciamento di eventuali furti, e aiuta a identificare i camerieri particolarmente coscienziosi.

Il monitoraggio, come abbiamo già visto, solleva questioni di privacy.[110] Il dilemma è che può anche migliorare il profitto; ad esempio, le aziende statunitensi impiegano normalmente software per monitorare (di solito in segreto) le attività online dei dipendenti. Un'azienda preoccupata per l'aumento delle richieste di straordinario ha installato un nuovo software, e ha scoperto che molti dipendenti passavano ore a fare shopping online anziché lavorare. Per tenere alta la produttività, la catena di supermercati inglese Tesco ha imposto ad alcuni dipendenti dei centri di distribuzione dei "terminal Motorola da polso" (braccialetti) che tengono traccia della velocità con cui il dipendente scarica e scansisce gli articoli.[111]

I medici dicono spesso che "tutte le medicine contengono un po' di veleno", perché qualsiasi cosa, anche l'aspirina, diventa pericolosa se usata nel modo sbagliato. Per quanto riguarda i dipendenti, il dilemma sta nell'ottenere i vantaggi del monitoraggio in termini di profitto riducendo al minimo le questioni di etica e privacy che ne accompagnano l'impiego.

11.4 Gestione della disciplina

Come abbiamo già affermato in precedenza, il terreno migliore su cui costruire relazioni positive con i dipendenti è la fiducia, e in questo senso poche cose sono meno etiche e più dannose dei processi e delle azioni disciplinari iniqui o arbitrari. Lo scopo della disciplina è incoraggiare i dipendenti a seguire regole e regolamenti, ed è necessaria quando un dipendente viola una regola.[112]

I tre pilastri di una disciplina equa

Il manager costruisce un processo disciplinare equo su tre pilastri: regole e regolamenti, un sistema di punizioni progressive e un processo di ricorso.[113]

Regole e regolamenti

Un processo disciplinare accettabile inizia da un insieme chiaro di regole e regolamenti. Le regole dovrebbero trattare aspetti quali furto, distruzione di proprietà dell'azienda, ubriachezza sul lavoro e insubordinazione. Ecco qualche esempio:

Uno scarso rendimento non è accettabile. Ogni dipendente è tenuto a eseguire il suo lavoro in modo accurato ed efficiente, e a rispettare gli standard qualitativi stabiliti.

Alcool e droghe sono incompatibili con il lavoro. È rigorosamente proibito usare queste sostanze durante l'orario di lavoro e presentarsi al lavoro sotto la loro influenza.

Lo scopo delle regole è informare i dipendenti in anticipo di ciò che accettabile e ciò che non lo è. Comunicate, preferibilmente per iscritto, ciò che non è consentito. Il manuale di orientamento dei dipendenti dovrebbe contenere regole e regolamenti.

Sanzioni

Il secondo pilastro di una disciplina efficace è costituito da un sistema sanzionatorio progressivo. La gravità della punizione dipende normalmente dalla violazione e dal numero di volte in cui avviene. Ad esempio, negli USA la maggior parte delle aziende ammonisce il dipendente per il primo ritardo ingiustificato; alla quarta violazione, però, l'azione disciplinare consueta è il licenziamento.

Ricorso

Il terzo pilastro del processo disciplinare dovrebbe essere il ricorso, attraverso il quale è possibile accertarsi che i supervisori amministrino in modo equo la disciplina. Il programma articolato di trattamento equo garantito di FedEx, che osserveremo tra breve, illustra questo concetto.

Il processo di ricorso è fondamentale, ma non è una panacea; l'azienda a volte può ammorbidire gli effetti di una disciplina iniqua intercettandoli durante un ricorso, ma alcuni comportamenti dei supervisori possono risultare difficili da superare. Ad esempio, è difficile rimediare a comportamenti che attaccano l'identità personale e/o sociale del dipendente.[114]

Diversità

Uomini e donne in situazioni disciplinari

Ciò che alcuni ricercatori definiscono "teoria della donna malvagia" sostiene che se una donna non si comporta come altre donne e altri uomini si aspettano, tende a essere trattata peggio di un uomo che si comporti in modo altrettanto inatteso.[115]

Sembra una teoria ridicola, ma purtroppo pare che le ricerche la confermino. In uno studio, 360 studenti e laureandi in una scuola di business hanno analizzato un caso di arbitrato sindacale. Il caso coinvolgeva due dipendenti, un uomo e una donna, con storia lavorativa e permanenza nelle loro aziende molto simili. Entrambi erano stati licenziati per la violazione delle regole aziendali relative ad alcol e droga. Il caso ritraeva il comportamento di uno dei lavoratori come una violazione più grave delle regole: il più colpevole (l'uomo in una metà dello studio e la donna nell'altra metà) aveva portato la sostanza psicotropa sul lavoro. Gli studenti dovevano esprimere la loro approvazione per due diversi approcci (duro e non molto duro) per chiudere la disputa nata dopo il licenziamento.

I ricercatori rilevarono un pregiudizio contro la dipendente da parte degli studenti di entrambi i sessi: tutti consigliarono un trattamento più duro per la dipendente che per il dipendente, a parità di colpa. I ricercatori conclusero che "le donne in posizione decisionale sembrano essere desiderose quanto gli uomini di imporre alle donne una disciplina più rigida che agli uomini."

MyLab In depth 2

MyLab Figura 11.4

Disciplina senza punizione

I tradizionali processi disciplinari hanno due criticità importanti: anzitutto, a nessuno piace essere punito, e secondariamente la punizione porta tendenzialmente a un'obbedienza a breve termine, ma non alla una cooperazione sul lungo periodo.

La *disciplina non punitiva* mira a evitare queste criticità riducendo la natura punitiva della disciplina. Ecco i passi da compiere:[119]

1. ***Date un'ammonizione a voce per la prima infrazione.***
2. ***Se si verifica un'altra infrazione entro le sei settimane, ammonite in forma scritta e inserite una copia dell'ammonizione nel dossier del dipendente dell'ufficio personale.*** Inoltre, tenete una seconda discussione privata con il dipendente.
3. ***Date una giornata pagata di "permesso per decidere".*** Se si verifica un'ulteriore infrazione entro le sei settimane, dite al dipendente di prendersi una giornata di permesso pagato per decidere se vuole rispettare o meno le regole dell'azienda. Al rientro, il dipendente si incontrerà con voi per comunicare la decisione.
4. ***Se non si verificano ulteriori infrazioni nell'arco di un anno, eliminate dal dossier del dipendente la sospensione pagata di un giorno.*** Se la violazione si ripete, il passo successivo è il licenziamento, ove consentito.

Il processo non vale per le circostanze eccezionali: comportamenti criminali e risse sul posto di lavoro, ad esempio, possono essere motivo di licenziamento immediato.

11.5 Guida per manager al coinvolgimento dei dipendenti

Come entrare tra le "Migliori aziende per cui lavorare"

Abbiamo iniziato questo capitolo osservando che alcune aziende sono considerate migliori di altre come posti di lavoro, quindi ci siamo concentrati sui programmi utilizzabili per coltivare le relazioni con i dipendenti che possono contribuire in questo senso. Quest'ultima sezione analizza tre aziende note anche per essere tra i migliori luoghi di lavoro.

Le "Migliori aziende per cui lavorare"

Ogni anno diverse organizzazioni pubblicano classifiche delle "Migliori aziende per cui lavorare", e probabilmente la più importante è la "Fortune Magazine's 100 Best Companies to Work For®". [120] Basata su un'estesa indagine multinazionale sui dipendenti svolta dal Great Place to Work® Institute (www.greatplacetowork.com), cerca di identificare le migliori aziende per cui lavorare basandosi sulle opinioni delle persone che ci lavorano. L'indagine viene svolta anche in Italia (www.greatplacetowork.it). Il Great Place to Work® Institute definisce un buon posto di lavoro "quello in cui i dipendenti si fidano delle persone per cui lavorano, sono fieri del lavoro che svolgono e trovano piacevoli i colleghi." [121] L'istituto sostiene che, secondo i suoi modelli, le aziende che compaiono nel suo elenco "hanno il livello più alto di fiducia, prove inoppugnabili del coinvolgimento dei dipendenti, e dimostrano i migliori programmi e pratiche di management applicati"[122]. Osserveremo ora tre aziende comparse recentemente tra le "Fortune Magazine's 100 Best Companies to Work For®": SAS, Google e FedEx.[123]

SAS: Ottimi benefit, fiducia ed equilibrio vita-lavoro

La sede statunitense di SAS si trova a Cary, North Carolina, ed è leader nelle soluzioni software per le analisi economiche e i servizi per aziende che compaiono in 90 posizioni tra le prime 100 nella classifica global 500 di *Fortune*.[124] Fondata negli anni '70, l'azienda di proprietà privata è da tempo famosa per la qualità dei suoi benefit e per il supporto che fornisce ai dipendenti in termini di equilibrio tra vita e lavoro. Ha un fatturato annuale che supera i 2,3 miliardi di dollari e una forza lavoro di oltre 14.000 persone in tutto il mondo, di cui circa la metà lavora nel campus del North Carolina.[125]

Quando si pensa alle relazioni con i dipendenti alla SAS, la prima cosa che viene in mente è probabilmente il programma di benefit, che per gli Stati Uniti è straordinario. L'AD di SAS sostiene che i dipendenti dell'azienda sono più sani e felici perché i benefit eliminano stress e distrazioni controproducenti.[126] Da tre a quattro settimane di vacanze pagate all'anno, malattia pagata, orari flessibili, 11 giorni di permesso pagato, stipendi competitivi, assicurazione su vita e infortuni pagata dall'azienda, piani pensionistici, accordi di rimborso sanitario per i pensionati, piani articolati per le cure mediche, dentistiche e oculistiche (nelle sedi di Cary e Austin, Texas, esiste un centro medico interno), centro ricreativo e fitness in sede, programmi di assistenza ai dipendenti, benefit per i conviventi, giorni per le malattie in famiglia e congedo di paternità retribuito, centri di assistenza sovvenzionati per i bambini in sede a Cary (l'idoneità dipende dall'anzianità, e normalmente per i benefit legati alla cura dei figli c'è una lista d'attesa).[127]

Per notevoli che siano, però, questi benefit sono in un certo senso soltanto un simbolo dell'approccio di SAS alle relazioni con i dipendenti. Molte aziende parlano di "mettere i dipendenti prima di tutto", SAS è passata da tempo ai fatti. Ad esempio, alla fine del 2008 la recessione si stava aggravando, e gran parte delle aziende stava chiudendo i boccaporti, tagliando spese e lasciando a casa i dipendenti. Nel gennaio 2009, il fondatore e AD di SAS, Jim Goodnight, tenne uno speciale webcast globale per annunciare ai suoi dipendenti che nessuno dei suoi 13.000 dipendenti in tutto il mondo avrebbe perso il lavoro.[128] L'azienda non ha mai lasciato a casa nessuno.[129] SAS si impegna moltissimo in altri modi per rafforzare la fiducia dei suoi dipendenti, ad esempio lasciando loro un'enorme libertà nell'orario di lavoro e consentendo al Great Place to Work® Institute di effettuare indagini indipendenti presso i lavoratori della SAS su aspetti importanti della fiducia quali comunicazioni aperte, rispetto, percorsi di carriera e trattamento umano.[130]

In tutto questo, che cosa ci guadagna SAS? Lo spiega un dipendente di lungo corso: "Proprio non riesco a immaginare di andarmene dalla SAS, e la penso così da molto tempo… non ci penserei proprio neanche se mi offrissero il doppio dello stipendio."[131] Il turnover, che nelle aziende software è intorno al 20%, alla SAS si assesta sul 3% circa, evidenziando un'altra importante sfaccettatura del programma di benefit dell'azienda:[132] uno studio ha stimato che il turnover ridotto fa risparmiare all'azienda tra i 60 e gli 80 milioni di dollari l'anno.[133] E, naturalmente, l'effetto su coinvolgimento, morale e produttività è probabilmente inestimabile.

Google: Felicità e analisi delle persone

Quando Larry Page e Sergey Brin costituirono il primo nucleo di Google volevano che fosse un bel posto in cui lavorare, e per questo si rivolsero alla SAS; si incontrarono con i dirigenti e inviarono addirittura un team per capire meglio i motivi per cui SAS era sempre una "Best Company to Work For."[134]

Quindi, probabilmente non stupisce che Google sia una delle poche aziende con benefit per i dipendenti uguali o superiori a quelli di SAS. Oltre a quelli dedicati alle cure mediche e agli orari flessibili (senza dimenticare la possibilità di fare milioni con le stock option), tra i benefit figurano lavasecco, bowling e caffetterie in sede, trasporti gratuiti da e verso il campus e poltrone per il relax.[135] Secondo Google "è tutto finalizzato a eliminare le barriere, in modo che i Googler possano concentrarsi sulle cose che amano sia al lavoro che fuori. Siamo sempre alla ricerca di modi nuovi per migliorare la salute e la felicità dei nostri Googler."[136]

A parte la varietà e la profondità dei suoi benefit, Google si distingue anche per il modo scientifico in cui decide come "migliorare la salute e la felicità" dei suoi dipendenti.[137] In altre parole, le relazioni positive sono frutto di profonde analisi (un autore ha definito Google "La macchina della felicità."[138]) Il reparto delle risorse umane di Google si chiama "People Operations" (i dipendenti abbreviano in "POPS", che suona come "papà"), e ha assunto sociologi per creare il cosiddetto People & Innovation Lab, con un team di "people analytics" incaricato di scoprire come fare felici i Googler.[139] Google "monitora il benessere dei suoi dipendenti a un livello che può sembrare assurdo a chiunque lavori al di fuori della sede principale di Mountain View [California]."[140] I sociologi compiono piccoli esperimenti, ad esempio per determinare se i manager di medio livello e di successo abbiano determinate abilità, e quale sia il modo migliore per ricordare alle persone di versare i loro contributi pensionistici.[141] In un caso, quando il team di analisi scoprì che il turnover del personale femminile era troppo alto, concluse che le neomamme se ne stavano andando in una percentuale doppia rispetto a quella degli altri dipendenti.[142] Lo studio portò a riprogettare il congedo maternità, che ora include cinque mesi di assenza con stipendio pieno e benefit completi e ha ridotto a metà il turnover delle dipendenti.[143] A supporto del suo approccio analitico, Google "chiede un riscontro da parte dei dipendenti su qualsiasi cosa, dalle preferenze per le ricompense al design delle nuove biciclette utilizzate per muoversi all'interno dell'enorme campus."[144] Non c'è da meravigliarsi se i Googler sono felici.

FedEx: Trattamento equo garantito

FedEx è stata nella classifica "Fortune Magazine's 100 Best Companies to Work For®" per 12 anni sui 15 scorsi. È possibile che il merito sia di alcuni aspetti quali ottimi benefit, salari competitivi e (come abbiamo visto nel Capitolo 4) una forte attenzione alla promozione dall'interno, che si concretizza nel sistema Job Change Applicant Tracking System (JCATS). Ad esempio, il VP delle risorse umane di FedEx ha iniziato 35 anni fa nel servizio clienti e ha avuto "molte carriere diverse", tutte "sotto l'ombrello FedEx".[145] L'aspetto che più distingue FedEx è però probabilmente l'enfasi sulla costruzione della fiducia attraverso la comunicazione.

Survey Feedback Action (SFA)

Il programma SFA di FedEx è un esempio; si basa su un questionario anonimo che permette ai dipendenti di esprimere opinioni sull'azienda e sui manager, e in una certa misura su servizi, stipendi e benefit. Ciascun manager ha poi l'opportunità di utilizzare i risultati per contribuire a un progetto per migliorare il coinvolgimento del gruppo di lavoro.[146]

SFA prevede tre fasi; la prima è la distribuzione a tutti i dipendenti, ogni anno, di un questionario anonimo standard. Le domande sono concepite per raccogliere informazioni su ciò che aiuta o intralcia i dipendenti nel loro ambiente lavorativo, come ad esempio: "posso dire al mio manager quello che penso", "il mio manager mi dice che cosa ci si aspetta da me", "il mio manager ascolta le mie preoccupazioni", "l'alta dirigenza ascolta le idee che provengono dal mio livello", "FedEx fa un buon lavoro per i nostri clienti" e "la mia paga è giusta per il mio tipo di lavoro".

I risultati dell'indagine sul gruppo di lavoro sono poi combinati e inviati al manager; per garantire l'anonimato, le unità meno numerose non ricevono direttamente i risultati, che sono invece uniti a quelli di altre unità simili e passati al responsabile di un reparto di almeno 20 o 25 persone.

La seconda fase è una sessione di riscontro tra il manager e il suo gruppo di lavoro, il cui obiettivo è identificare problemi o preoccupazioni specifici, esaminarne le possibili cause e formulare piani d'azione per correggerli. I manager sono addestrati a porre domande significative. Ad esempio, se la voce con un punteggio basso nel questionario è "mi sento libero di dire al mio manager ciò che penso", i manager sanno di dover chiedere ai loro gruppi "che cosa faccio per dare ai miei dipendenti l'idea che non mi interessano le loro opinioni?"

La riunione di riscontro dovrebbe portare a una terza fase, quella del piano d'azione, ovvero a un elenco di azioni che il manager intraprenderà per affrontare i problemi dei dipendenti e migliorare i risultati. Il piano prevede quattro voci principali: qual è il problema? qual è la nostra analisi? qual è la causa? e come dovremmo muoverci?

Il processo FedEx di trattamento equo garantito

Molte aziende, praticamente tutte quelle sindacalizzate, offrono ai dipendenti dei canali attraverso il quale esprimere i loro reclami; una procedura per i reclami aiuta a garantire che tutti i dipendenti saranno ascoltati e trattati in modo equo. Ciò vale non soltanto nelle aziende sindacalizzate; anche in quelle che non lo sono, procedure di reclamo formali possono aiutare a mantenere pacifici i rapporti tra forza lavoro e management.

Il Guaranteed Fair Treatment Process (GFTP) di FedEx può essere considerato una sorta di processo potenziato di reclamo, giacché per molti versi va oltre la maggior parte delle procedure di reclamo, in particolare per il fatto che un ricorso GFTP può arrivare fino alla massima dirigenza di FedEx. L'effetto è duplice: i reclami non si accumulano, e tutti i manager riflettono molto bene prima di agire in modo iniquo, poiché le loro azioni probabilmente saranno portate all'attenzione dei loro capi.[147] Il GFTP è disponibile per tutti i dipendenti permanenti di FedEx, e riguarda aspetti quali la contestazione delle valutazioni delle prestazioni, azioni disciplinari e licenziamenti che riguardano il singolo reclamante, promozioni o cambi di posizione per i quali i dipendenti sentono di non essere stati considerati in misura adeguata.[148]

I dipendenti inoltrano i reclami mediante i pacchetti Fair Treatment Process disponibili presso il reparto HR. I pacchetti includono un modulo con il nome del reclamante e la sua storia lavorativa, un modulo che consente di tracciare l'andamento del reclamo in qualsiasi fase, istruzioni e spazio per le motivazioni della direzione (ad esempio in termini di politiche e procedure applicabili), un commento dal reparto del personale e lo spazio per i documenti più importanti (lettere di licenziamento e così via). C'è anche spazio per informazioni di supporto quali dichiarazioni di testimoni, cartelle cliniche e resoconti della formazione. Il dipendente deve cercare di risolvere il problema con il suo supervisore prima di inoltrare un ricorso GFTP.

Fasi del processo Il GFTP prevede tre fasi.[149] La prima è l'*esame da parte del management*, e prevede che il reclamante inoltri un reclamo scritto a un membro della direzione (manager, senior manager o managing director) entro sette giorni di calendario dal momento in cui si è verificato il problema. Il membro della direzione del gruppo cui appartiene il dipendente esamina tutte le informazioni pertinenti, parla di persona o al telefono con il reclamante, decide se confermare, modificare o annullare l'azione della direzione, quindi comunica la sua decisione per iscritto al reclamante e al rappresentante del reparto personale.

Se viene respinto nella prima fase, il reclamante passa alla seconda: il *reclamo a un funzionario*. Invia il reclamo scritto a un funzionario di alto livello (VP o senior vice president) della divisione entro sette giorni di calendario dalla decisione del primo passo. Il funzionario analizza tutte le informazioni pertinenti, conduce ulteriori indagini se necessario, decide se confermare, modificare o cancellare l'azione della direzione, oppure istituisce un comitato d'esame, quindi comunica per iscritto la sua decisione al reclamante, e in copia al rappresentante del reparto personale e alla direzione del reclamante.

Il terzo passo, *l'esame del ricorso da parte del consiglio esecutivo*, prevede che il reclamante invii al reparto delle relazioni con i dipendenti un reclamo scritto entro sette giorni di calendario dalla decisione del secondo passo. Tale reparto indaga e prepara un dossier GFTP da sottoporre all'esame del consiglio esecutivo. Il consiglio, composto dall'amministratore delegato, da quello esecutivo, dal capo del reparto personale e dai senior vice president esamina tutte le informazioni pertinenti, decide se confermare, annullare, convocare un comitato d'esame, oppure intraprendere un'altra azione appropriata, generalmente entro 14 giorni di calendario dalla ricezione del reclamo. La decisione sul ricorso da parte del consiglio esecutivo è inappellabile, tranne nel caso in cui venga convocato un comitato d'esame a parte.

L'eventuale comitato d'esame è composto da cinque persone, ed è utilizzato qualora esista una questione di fatto riguardante il reclamo. Due dei membri sono scelti dal dipendente reclamante da una lista di nomi proposta dal presidente, tre vengono scelti dal presidente da una lista di nomi proposta dal dipendente. I presidenti del comitato vengono scelti tra i ranghi del management dal livello di direttore in su.

Filosofia delle risorse umane di una "best company"

SAS, Google e FedEx sono aziende diverse tra loro e da altre aziende, quindi non c'è alcuna garanzia che ciò che funziona per loro funzionerà anche altrove. Ad esempio, SAS è di proprietà privata, quindi i proprietari possono assorbire più facilmente della maggior parte delle altre aziende le fluttuazioni a breve termine dei profitti dovute ai benefit e all'assenza di licenziamenti. Google è cresciuta molto rapidamente grazie a una serie di mosse strategiche intelligenti, e quando l'economia è in calo i suoi manager devono occuparsi più di trattenere i dipendenti validi che di licenziarli. FedEx è tuttora una "Best Company to Work For", ma di recente ha incontrato alcuni problemi di relazioni sindacali, come ad esempio le contestazioni da parte degli autisti che non vogliono essere prestatori d'opera indipendenti.

Resta comunque vero che qualsiasi manager che voglia costruire relazioni positive con i dipendenti ha qualcosa da imparare dallo studio di queste tre aziende. Ad esempio, i loro manager lavorano duramente per coltivare la fiducia e per garantire che i dipendenti siano trattati equamente, ad esempio monitorando gli atteggiamenti dei dipendenti e istituendo processi di reclamo come quello delle porte aperte o del trattamento equo garantito. Inoltre, le tre aziende mostrano un profondo ed evidente rispetto per i loro dipendenti, e "danno loro la precedenza" in molti modi: programmi di riconoscimento e di coinvolgimento, standard etici, indagini sul clima dell'azienda e altri programmi di comunicazione a due sensi.

La cosa forse più importante che un manager può imparare da queste tre aziende è la filosofia sulla quale sono costruite le pratiche di gestione delle risorse umane. Nel Capitolo 1 abbiamo affermato che le azioni delle persone sono sempre basate almeno in parte su ciò che esse suppongono, e questo è vero in modo particolare per la gestione delle risorse umane. Le supposizioni di base sulle persone (ci si potrà fidare? disprezzerà il lavoro? perché si comporta in un certo modo? come devo trattarlo?) costituiscono nel loro insieme la filosofia sulla gestione delle risorse umane. Anche le decisioni relative al personale (le persone che assumete, la formazione che fornite, il vostro stile di leadership e così via) rispecchiano, nel bene nel male, questa filosofia di base.

Uno dei fattori fondamentali è il sistema dei valori dell'alta dirigenza dell'organizzazione. Può essere dichiarato in modo più o meno ufficiale, ma di solito viene comunicato attraverso le azioni e permea tutti i livelli e reparti dell'azienda. I fondatori di Google volevano dei dipendenti felici, e hanno lavorato fin dal momento della fondazione per accertarsi che lo fossero. Il fondatore e AD di FedEx, Frederick Smith, è famoso tra l'altro per il suo mantra P-S-P: tratta bene le Persone, loro forniranno un ottimo Servizio, poi arriveranno i Profitti (un mantra che, come abbiamo visto, è messo in pratica attraverso i programmi Survey Feedback Action e Guaranteed Fair Treatment, la politica di promozione dall'interno, il Job Change Applicant Tracking System (JCATS), il processo di valutazione della leadership, lo sviluppo delle comunicazioni interne e i programmi di retribuzione per merito).[150] Il fondatore e AD di SAS ha espresso un concetto molto simile: "Abbiamo lavorato duramente per creare una cultura aziendale basata sulla fiducia reciproca tra dipendenti e azienda… una cultura che premia l'innovazione, incoraggia i dipendenti a provare strade nuove senza penalizzarli per averci provato, una cultura che ha a cuore la crescita personale e professionale dei dipendenti."[151] Queste filosofie HR potrebbero tranquillamente essere la "formula magica" che spiega come mai le aziende in cui lavorare è bello raggiungono ottimi risultati.

CASO DI STUDIO

Il Diversity Management in IBM Italia

di Rossella Riccò

IBM è una "Cognitive solutions e cloud platform company", che produce infrastrutture IT, software e soluzioni di conservazione ed elaborazione dati per tutti i settori, opera in modo integrato a livello globale con sedi in 175 paesi, registrando ricavi che nel 2015 hanno superato gli 81,7 miliardi di dollari. L'azienda identifica tre valori guida per il proprio successo: la *dedizione al successo di ogni cliente, l'innovazione che conta* per IBM e per il mondo e la *fiducia e responsabilità personale in tutte le relazioni.*

Come mostrato nella timeline in basso, da sempre IBM riconosce alla base del proprio successo e sviluppo le persone con le loro specificità, considerando la diversità valore fondante dell'azienda e fonte di vantaggio competitivo poiché generatrice di innovazione e creatività.

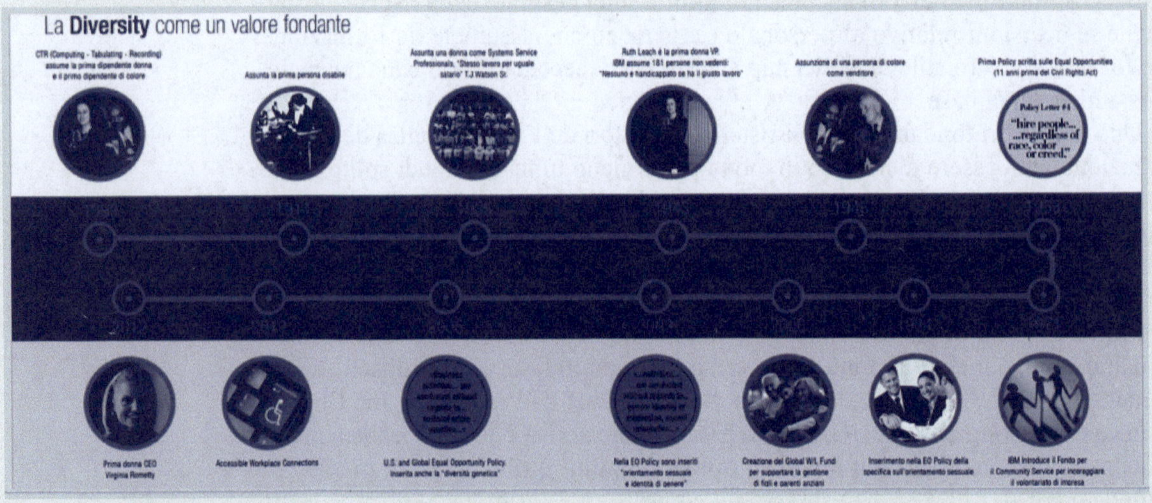

A livello globale esiste un Diversity Team guidato da un Diversity Leader che delinea le linee strategiche generali di Diversity & Inclusion che ogni anno vengono poi declinate attraverso appositi piani di azione all'interno di ogni paese dai Country Diversity Leader che dispongono di un budget dedicato.

A livello globale sono state identificate 6 costituencies che rappresentano gli ambiti di diversità verso cui IBM focalizza la sua attenzione: genere (gender), generazioni (generations), cultura (culture), disabilità (disability), orientamento sessuale (LGBT -lesbian, gay, bisexual, transgender-) e integrazione vita privata e lavorativa (work&life integration). All'interno di ogni Paese, per ogni costituency, viene identificato un Executive Sponsor: una persona in ruolo dirigenziale che si assume l'impegno di promuovere la valorizzazione e l'integrazione di una determinata dimensione di diversità attraverso la sponsorizzazione e promozione di specifiche attività e iniziative concordate insieme al Diversity Engagement Partner.

In Italia IBM è presente dal 1927, oggi conta diverse sedi sul territorio e fa registrare ricavi pari a 1.936 milioni di euro (2014). In IBM Italia il tema della Diversity è istituzionalizzato solo a partire dal 2005, quando viene inserito il primo Diversity Leader. Dal 2016 questo ruolo è stato rinominato in Diversity Engagement Partner per sottolineare il compito specifico affidato a chi lo ricopre: disegnare la strategia per la valorizzazione delle differenze di genere, cultura, abilità, generazioni e orientamento sessuale, nonché di iniziative per gestire al meglio l'integrazione tra vita privata e vita lavorativa, favorendo anche le collaborazioni con network esterni all'azienda al fine di aprirsi alla contaminazione di buone prassi per favorire una crescita "inclusiva".

Le Diversity Engagament Partners di IBM Italia (che dal 2016 sono 2) dipendono gerarchicamente dal direttore HR nazionale e dal Diversity Leader Europeo.

IBM Italia focalizza il proprio impegno su tutte le aree: genere, cultura, generazioni, disabilità, orientamento sessuale, integrazione vita privata e lavorativa.

Per la valorizzazione della diversità di genere, IBM Italia promuove iniziative per far emergere il talento femminile, sostenere le carriere, diffondere modelli di ruolo e sostenere campagne innovative, sia interne che esterne all'azienda. Testimonia questo impegno l'adesione al "**Club 30%**" (una campagna globale, senza fini di lucro, condotta da persone in posizioni apicali che si mobilitano, utilizzando il proprio potere di influenza personale, per promuovere una più alta partecipazione femminile, almeno il 30%, da cui il nome, nella leadership di organizzazioni private e pubbliche). Internamente esistono percorsi formativi ad hoc a seconda dell'area di specializzazione e del tipo di professione. A sostegno di questo tipo di percorsi per la popolazione femminile, sono stati creati:

- il **Women Leadership Council**, un comitato formato da donne executive e non, che si impegnano per promuovere la leadership al femminile attraverso attività di coaching e mentoring, nonché di iniziative per favorire la crescita del network e l'interazione tra le diverse funzioni.
- Il gruppo delle **Women in Technology**, donne con profilo e professionalità tecnica, il cui scopo è quello di contribuire allo sviluppo delle carriere tecnologiche, con iniziative e programmi specifici del settore tecnico (come per esempio "Radio WIT" che si propone mensilmente di approfondire un argomento tecnico specifico a beneficio di tutte le colleghe che desiderano aumentare la propria conoscenza). Questo gruppo opera anche direttamente nelle scuole mettendo a disposizione le proprie competenze sia a scopo formativo che di orientamento.

Dall'iniziativa di una donna delle WIT (Women in Technology) è nato il "Progetto Nerd?", acronimo di **N**on **E' R**oba per **D**onne?", il cui obiettivo è quello di aiutare e stimolare giovani studentesse delle scuole superiori ad avvicinarsi o addirittura scegliere le facoltà STEM (Science, Technology, Engineering, Mathematics). Il progetto riunisce un gruppo di volontarie che, in collaborazione con alcune università italiane, coinvolgono le studentesse delle scuole superiori in laboratori pratici di programmazione e coding, durante i quali si insegna loro come creare un' app, lanciando poi una sfida per la creazione di app innovative. Dopo circa un mese vengono presentate le app create e l'idea migliore viene premiata con 3 giorni di formazione in IBM.

Nel 2016 sono state realizzate diverse iniziative a sostegno della popolazione femminile, tra cui due eventi: uno in occasione dell'"International Women Day" (08/03/16) con un workshop intitolato "**Women+Men: Skills Empowerment**" durante il quale donne e uomini hanno parlato dell'importanza del dialogo e dell'ascolto reciproco per diventare partner nei percorsi di crescita e **"#donneditalento. Percorsi, progetti, futuro...**" in cui, dopo la prima parte in cui sono state presentate le iniziative realizzate dal Women Leadership Council e dalle Women in Technology, è stata organizzata una tavola rotonda con donne di generazioni e culture differenti che, in diversi ambiti, con coraggio e determinazione, hanno saputo cogliere sfide e opportunità realizzando percorsi e progetti importanti, creando alleanze con la controparte maschile. Il tutto è continuato con un "gioco" teatrale interattivo, in cui con musica e poesia sono stati enfatizzati e sottolineati i temi affrontati durante la tavola rotonda, ovvero l'importanza di credere in sé stesse e "osare", senza dimenticare quanto sia fondamentale essere fautrici di alleanze con la popolazione maschile.

Per quanto riguarda l'orientamento sessuale, dal 2012 IBM Italia aderisce a PARKS, un'associazione senza scopo di lucro che aiuta le aziende a sviluppare il diversity management connesso all'orientamento sessuale e all'identità di genere. Da sempre impegnata nella valorizzazione di tutte le diversità, convinta che questo si traduca in un vantaggio competitivo per l'azienda, IBM Italia favorisce la creazione di Business Resource Groups, ovvero gruppi interfunzionali di volontari che decidono di approfondire un argomento specifico a scopo formativo o di supporto della popolazione aziendale. In ambito LGBT (Lesbian, Gay, Bisexual, Transgender) è stato creato il gruppo "**EAGLE**" un team di persone LGBT e non che con iniziative di diverso tipo sostengono la crescita, la valorizzazione e la piena inclusione dei colleghi LGBT. Nel 2016 IBM Italia ha ufficializzato l'equiparazione dei benefit e del piano medico per i partner dello stesso sesso, anticipando i decreti attuativi della legge Cirinnà e includendo il congedo per paternità/maternità per la nascita del figlio del partner. Ha inoltre diffuso la campagna **#INCLUSIVE IBM** realizzando foto e video con colleghi LGBT ed etero, video interviste con colleghi che hanno fatto coming out e ha organizzato una giornata con un menù arcobaleno in occasione dell' LGBT Pride Month. Ha inoltre organizzato un **LGBT Enablement** per il Management Team con una tavola rotonda interaziendale che ha coinvolto 3 aziende esterne (Deutsche Bank, Microsoft e Banca D'Italia) e una aziendale in cui 3 colleghi rappresentanti del mondo LGBT hanno raccontato la loro storia e spiegato perché è importante essere sé stessi.

Nell'ambito della diversità generazionale IBM Italia promuove:

- il progetto di **Reverse Mentoring**, uno scambio di sapere bidirezionale, attraverso cui i giovani contaminano i senior con le loro competenze digitali e la conoscenza dell'utilizzo dei social network, e i senior trasmettono loro il know-how e le esperienze acquisite negli anni di lavoro in azienda.
- l'**Alternanza scuola-lavoro**; IBM Italia sarà infatti una delle aziende "Champion"dell'Alternanza scuola-lavoro, con la particolarità di offrire intelligenze e strumenti tecnologici nelle aree più innovative: Cognitive, Watson, DevOps e Big Data, senza dimenticare il valore del progetto "Nerd?". A supporto del percorso formativo sarà messa a disposizione dei ragazzi la piattaforma di collaboration IBM Connections, un social software che ha al suo interno moltissime funzionalità (blog, forum, wiki, pull e survey), con la quale i ragazzi potranno sperimentare come gli strumenti collaborativi siano parte ormai integrante del mondo del lavoro: sarà possibile infatti la condivisione di documenti di ogni tipo, il versioning degli stessi, l'uso di sale riunioni virtuali, creazione di blog e forum specifici e schedulazione di attività correlate. Sulla piattaforma verranno svolte esercitazioni, webinar e webmeeting, il che permetterà uno scambio continuo di saperi con colleghi esperti di tecnologia, anche successiva al progetto stesso.

Per quanto riguarda la disabilità, in IBM Italia è presente da ormai 10 anni il team "**MWA** – Mobility, Wireless, Accessibility" in cui persone, con disabilità e non, lavorano insieme per trovare soluzioni che permettano a tutti di integrarsi al meglio nell'azienda ed essere più produttivi superando i limiti psico-fisici. Questo team ha creato soluzioni che hanno favorito l'integrazione al lavoro di colleghi diventando poi prodotti anche per potenziali clienti. Nel 2016 è stato organizzato un evento in partnership con il Politecnico di Milano dal titolo "Disability Management – Buone pratiche e prospettive future in Italia" (25/11/16) per approfondire il tema del disability management e condividere le best practice.

Per promuovere l'integrazione con culture differenti, fiore all'occhiello di IBM è il "**Corporate Service Corps**", un progetto che unisce l'impegno di IBM nell'ambito della Corporate Citizenship con l'opportunità, per i dipendenti, di accrescere le competenze, la capacità di problem-solving e l'attitudine a lavorare in contesti multiculturali attraverso un'esperienza professionale profondamente significativa anche dal punto di vista umano e sociale. Il programma prevede l'assegnazione temporanea di personale IBM a organizzazioni non profit impegnate nella risoluzione di questioni di interesse mondiale, come lo sviluppo di opportunità economiche, problematiche ambientali, l'accesso ai sistemi di istruzione nei Paesi in via di sviluppo. Tutti i dipendenti possono fare richiesta di partecipazione e la selezione è molto competitiva. I team sono formati da dipendenti IBM provenienti da nazioni e Business Unit differenti. Ad oggi più di 2400 dipendenti IBM, in tutto il mondo, hanno collaborato al lavoro di associazioni operative in 30 Paesi diversi in Africa, Asia, America Latina ed Europa dell'Est.

Molteplici sono infine le iniziative per favorire l'integrazione tra vita privata e lavorativa; vengono per esempio organizzati seminari su tematiche di interesse per le famiglie, per la gestione dei figli o delle persone anziane. Esiste un servizio di supporto telefonico 24 ore su 24, 7 giorni su 7, su diverse problematiche di carattere pratico, legale o psicologico, denominato Wellness Advisor. Nel 2016 IBM Italia ha organizzato infine una giornata dedicata agli IBMers e alle loro famiglie dal titolo "**Get into STEM@IBM**" con l'obiettivo di offrire uno speciale evento formativo per approfondire diversi aspetti legati alla tecnologia. La giornata è stata suddivisa in due parti. Durante la mattinata sono stati organizzati 4 workshop per i dipendenti, per approfondire l'utilizzo della tecnologia nelle diverse fasi dell'età evolutiva, dall'infanzia all'adolescenza, e nella terza età. Grazie al contributo di esperti e colleghi, l'obiettivo è stato quello di stimolare l'attenzione verso l'uso e l'applicazione che figli e genitori fanno della tecnologia per creare e mantenere relazioni, per consentire nuove modalità di contatto o abilitare chi ha una disabilità a interagire agevolmente con il mondo circostante. Nel pomeriggio invece le porte dell'azienda sono state aperte ai figli dei dipendenti per un momento di condivisione e per esplorare le diverse attività, dedicate a differenti fasce di età e a tematiche che vanno dal "crea la tua app" a come prevenire un attacco informatico sul proprio telefonino o incuriosire all'utilizzo della robotica.

L'importanza riservata alla valorizzazione e integrazione delle diversità viene sottolineata da IBM Italia anche nelle fasi di recruiting, induction ed evaluation. Le assunzioni, finalizzate alla creazione di team di lavoro eterogenei in cui si possano confrontare persone con punti di vista e approcci di analisi differenti; nel percorso di induction c'è una sessione dedicata al tema Diversity & Engagement; infine, benché l'azienda non definisca KPI di misurazione diretta dei risultati del diversity management, nel sistema di valutazione delle performance dei manager viene prevista una voce in cui i collaboratori sono chiamati a valutare la capacità di inclusività dei propri manager.

CASO DI STUDIO

Edison

a cura di Giorgio Colombo

Edison è la più antica società europea nel settore dell'energia e tra le principali società energetiche in Italia e in Europa. Opera in oltre 10 paesi nel mondo impiegando oltre 3.000 persone (al 31 dicembre 2015) nelle due aree di business principali: energia elettrica ed esplorazione e produzione di idrocarburi (gas e olio grezzo).

Dal punto di vista delle politiche di gestione delle risorse umane, un elemento distintivo di Edison è da sempre l'attenzione individualizzata alle persone. L'organizzazione, che opera in un settore molto attrattivo come quello dell'energia e del gas, è riuscita tuttavia a trasformare questo vantaggio in una vera forma di differenziazione competitiva grazie a una costante abilità di investire sulla relazione diretta con i propri collaboratori. Due esempi interessanti di questo approccio riguardano il modo con cui sono state gestite da un lato le politiche di welfare a favore dei dipendenti e dall'altro alcune situazioni specifiche di crisi che hanno condotto alla chiusura di centrali elettriche non più utilizzate a causa della caduta dei consumi e dell'evoluzione tecnologica .

1. Nel 2008, prima delle recenti iniziative legislative a sostegno delle politiche di welfare aziendale, Edison ha lanciato la piattaforma "Edison per Te". L'obiettivo era quello di dare un nuovo e forte segnale di attenzione alle persone e ai loro bisogni, sviluppando e fornendo una piattaforma di servizi atti a soddisfare i bisogni di conciliare lavoro e vita personale

e quelli di gestione della famiglia, della cura e istruzione dei figli, della salute, del tempo libero e del risparmio. L'approccio è stato ispirato da metodologie di marketing sociale e se ne è avvalso, portando a un'analisi approfondita delle esigenze e dei bisogni dei propri dipendenti visti come clienti. Attraverso canali di ascolto strutturati si sono rilevati elementi di differenziazione importanti come l'età, il sesso, la scolarità il tessuto sociale e geografico di appartenenza, profilando un offerta di servizi customizzata su cluster omogenei di bisogni delle persone, funzionali alle diverse fasi in cui le stesse si trovano nel loro ciclo di vita. Questa analisi ha quindi consentito alla Direzione Risorse Umane, con l'ausilio di un qualificato partner esterno, di sviluppare una piattaforma di servizi molto ampia, in grado di rispondere in modo capillare su tutto il territorio nazionale e con approccio inclusivo e indifferenziato agli effettivi bisogni delle persone. Un esempio può essere la possibilità per i dipendenti nei grandi centri urbani di far partecipare i propri figli a campi sportivi cittadini durante l'estate, mentre per chi vive in realtà non urbane si supporta la partecipazione a campi-vacanze di sport, apprendimento delle lingue o a tema specifico. La stessa logica ispira la differenziazione dei servizi dedicati alla cura della persona sotto il profilo wellness di tendenziale maggiore interesse per i più giovani, rispetto a quelli orientati alla prevenzione medica della salute di maggiore interesse per persone di età più avanzata. Il sistema viene gestito attraverso un portale elettronico che consente un ampio range di scelta e che consente un'analisi sistematica del gradimento dei servizi, misurato annualmente per consentire una continua rimodulazione e arricchimento dell'offerta. Il progetto ha avuto un grande successo e in pochi anni si è passati da un 33% di utilizzatori al 67%, con una media di oltre tre servizi utilizzati per persona.

2. Mentre è facile capire come un'organizzazione possa preoccuparsi di individualizzare le sue azioni sui dipendenti in una situazione economica di investimento e di crescita, risulta più difficile immaginarlo quando si devono prendere decisioni più complesse in momenti di crisi. Edison ha voluto caratterizzarsi anche da questo punto di vista con un approccio diverso e innovativo. Nel corso nel periodo 2011-2016 l'azienda ha dovuto dismettere un numero rilevante di centrali elettriche di dimensioni medio-piccole, per un totale di circa 150 dipendenti coinvolti dal rischio di perdita del posto di lavoro. La strategia e l'approccio scelti per gestire il problema non si sono basati sui tradizionali ammortizzatori sociali (come la mobilità incentivata), ma si è offerta ai dipendenti innanzitutto un'opportunità di ricollocazione e riqualificazione professionale nell'ambito del gruppo collegata a una disponibilità delle persone interessate alla mobilità territoriale. Lo spostamento dei lavoratori e delle loro famiglie è stato supportato dall'azienda attraverso una significativa copertura delle spese relative all'affitto della nuova unità abitativa e a un investimento formativo per l'acquisizione di competenze e skill nuove. Un elemento centrale di questa iniziativa è stata la condivisione e disponibilità del management e delle organizzazioni sindacali ad accettare l'approccio e la sfida proposti, sostenendo il progetto. Per i dipendenti nell'impossibilità di affrontare una mobilità territoriale si è invece agito sul territorio locale per ricercare opportunità di ricollocazione agendo con le associazioni industriali e il network di imprese locali. Un esempio interessante di tale approccio alternativo a livello territoriale si è realizzato nell'area di Piombino, dove si è avviato con un imprenditore locale un progetto volto a riconvertire una centrale in una struttura di servizio allo sviluppo del nuovo polo logistico collegato all'area portuale, cosa che, al termine del progetto di riconversione industriale e riqualificazione dell'area, consentirà a 16 ex dipendenti Edison di trovare impiego nella nuova realtà locale. Tutti questi progetti hanno richiesto una forte capacità di progettazione e sono stati discussi, negoziati e condivisi dalle organizzazioni sindacali di riferimento, anche mettendo in essere soluzioni giuridiche innovative e sperimentali.

L'insieme di questi due esempi testimonia quindi di un'azienda aperta alla sperimentazione di politiche e soluzioni innovative per la gestione del rapporto con i propri collaboratori, convinta del valore reale di un investimento di attenzione sulle persone, uno scambio reciproco di attenzioni su cui fondare una cultura aziendale con un ritorno economico di valore per l'azienda, misurabile e duraturo nel tempo. Un'evidenza tangibile di questi risultati sono i livelli di coinvolgimento e di lealtà delle persone, rilevati da indagini annuali o da più tradizionali indicatori di assenteismo e turnover, che posizionano l'azienda tra le eccellenze nel panel delle grandi aziende nazionali ed internazionali.

Quali sono le ragioni di questo successo?

1. Certamente il settore aiuta nel creare stimoli di coinvolgimento e di appartenenza per i molteplici profili di interesse che esprime: tecnologia, mercato, geopolitica, finanza, ambiente, etica e responsabilità sociale sono attributi caratteristici esprimibili nella maggior parte delle aziende e dei mestieri che caratterizzano il mondo dell'energia; ognuno può trovare la propria ragione per la quale valga la pena investire la propria professionalità in un progetto di lungo periodo.
2. L'organizzazione aziendale deve saper far leva e sviluppare questo elemento di coinvolgimento, passione, orgoglio e senso di appartenenza. La conseguenza si può apprezzare nell'incremento di lealtà, fiducia e ingaggio convinto delle persone nella propria azienda: esso diventa un vero e proprio obiettivo strategico per il management, consentendo all'organizzazione aziendale di fondare uno dei propri fattori di differenziale competitivo, sostenibile e duraturo, sul valore delle proprie persone.

11.6 Riepilogo

1. La gestione delle relazioni con i dipendenti è un'attività che prevede la creazione e la cura di relazioni positive tra azienda e dipendenti che contribuiscono a produttività, motivazione, morale e disciplina soddisfacenti e a mantenere un ambiente di lavoro positivo, produttivo e coeso.

2. I manager, in particolare delle risorse umane, possono fare dei passi per costruire relazioni positive con i dipendenti. Il trattamento iniquo abbassa il morale, aumenta lo stress, ha effetti negativi sulle persone e deve essere eliminato alla radice. Altri strumenti a disposizione per costruire relazioni positive sono i programmi di comunicazione, di riconoscimento e di coinvolgimento dei dipendenti.

3. Il concetto di etica si riferisce ai principi di condotta che governano un individuo o un gruppo, e specificamente agli standard impiegati per decidere i comportamenti. Tra i numerosi fattori che plasmano un comportamento etico sul lavoro vi sono quelli individuali, dell'azienda, l'influenza dei superiori, codici e politiche etici e la cultura aziendale. La gestione delle risorse umane può influire in molti modi sull'etica e sul trattamento equo sul posto di lavoro. Alcuni esempi sono i processi di selezione equi e aperti, la creazione di programmi speciali sulla formazione etica, la ricompensa dei comportamenti etici sul lavoro e il sanzionamento di quelli immorali.

4. L'obiettivo principale della disciplina non punitiva è ottenere l'accettazione delle regole da parte dei dipendenti riducendo l'aspetto sanzionatorio. Un processo disciplinare equo e giusto si basa su tre prerequisiti: regole e regolamenti, un sistema di sanzioni progressive e un processo di ricorso. È importante disporre di un certo numero di linee guida, tra cui il fatto che la disciplina dev'essere allineata sia per i dipendenti che per la direzione, che gli eventuali incidenti devono essere adeguatamente analizzati prima di prendere provvedimenti, e che i superiori non devono mettere a rischio la dignità dei subordinati.

5. Qualsiasi manager che desideri la costruzione di relazioni positive con i dipendenti può imparare molto dallo studio delle "Best Companies to Work For" quali SAS, Google e FedEx, i cui manager lavorano senza sosta per coltivare la fiducia e per garantire che i dipendenti siano trattati in modo equo. Queste tre organizzazioni dimostrano in molti aspetti esemplari un rispetto profondo ed evidente per i loro dipendenti, che "vengono prima di tutto". La filosofia delle risorse umane su cui sembrano aver costruito la loro gestione pratica pone l'accento sulla fiducia, il rispetto e la considerazione della crescita personale e professionale dei dipendenti.

MyLab

Sulla piattaforma MyLab dedicata a questo testo troverete materiali di supporto e approfondimento. All'interno dello stesso ambiente è disponibile la piattaforma inglese MyManagementLab che offre ulteriori risorse, un ricco apparato multimediale ed esercizi guidati.

Parole chiave

Relazioni con i dipendenti 261
Trattamento equo 262
Giustizia procedurale 263
Giustizia distributiva. 263
Responsabilità sociale. 264
Clima organizzativo 265
Team di lavoro autogestito 267
Cultura aziendale 272

Domande di discussione

11.1 Esponete alcuni fattori importanti che plasmano il comportamento etico sul lavoro.

11.2 Discutete almeno quattro modi specifici in cui la direzione delle risorse umane può influire sul comportamento etico al lavoro.

11.3 Fornite quattro esempi di pratiche disciplinari eque.

11.4 Descrivete analogie e differenze tra un programma come quello di trattamento equo garantito di FedEx e il processo di reclamo da parte degli studenti della vostra università.

11.5 Spiegate in che modo garantireste l'equità nei processi disciplinari, trattando in particolare i prerequisiti, le linee guida e l'approccio disciplinare non punitivo.

11.6 Spiegate in quali modi le aziende possono usare i programmi di coinvolgimento per migliorare i rapporti con i dipendenti. Che ruolo giocano i social media nel coinvolgimento e nel miglioramento delle relazioni sul lavoro? Quali credete siano le ragioni per cui oggi i programmi di coinvolgimento dei dipendenti implementati con successo siano essenziali per la competitività dell'azienda?

11.7 Discutete almeno quattro strumenti HR specifici che i manager possono usare per influire sul comportamento etico al lavoro.

11.8 Definite il concetto di *relazioni con i dipendenti* e discutete almeno quattro metodi per gestirlo.

Attività individuali e di gruppo

11.9 Lavorando da soli o in gruppi, intervistate manager o amministratori presso l'azienda in cui lavorate o l'università in cui studiate per determinare la misura dell'impegno nella creazione di comunicazione a due sensi, e gli specifici tipi di programmi utilizzati. I manager ritengono che siano efficaci? Che cosa ne pensano i dipendenti o i membri della facoltà?

11.10 Lavorando da soli o in gruppi, procuratevi delle copie del manuale dello studente dell'università locale e determinate la misura in cui esiste un processo formale attraverso il quale gli studenti possono esprimere reclami. Basandovi sui vostri contatti con studenti e altri, ritenete che il processo di reclamo sia efficace? Perché, o perché no?

11.11 Lavorando da soli o in gruppi, determinate la natura del processo disciplinare accademico della vostra università. Ritenete sia efficace? Basandovi sul materiale di questo capitolo, consigliereste qualche modifica?

11.12 Dovete scegliere una baby sitter per vostro figlio o per quello di un parente, e volete una persona eticamente corretta. Lavorando da soli o in gruppo, che cosa fareste per accertarvi di ingaggiare una persona con questa caratteristica?

11.13 Usando risorse online, create una tabella con due colonne ed elencate tre aziende considerate i migliori posti di lavoro e altre tre che invece sono considerate i peggiori. Poi preparate un resoconto di due pagine, supportato da esempi, evidenziando le differenze nelle relazioni con i dipendenti tra le aziende migliori e le peggiori.

Esercizio pratico

Il dilemma della disciplina

Scopo: Il proposito dell'esercizio è fornirvi esperienza nell'analisi e nella gestione delle relazioni con i dipendenti e delle situazioni disciplinari.

Prerequisiti: Gli studenti devono aver capito a fondo quanto trattato in questo capitolo.

Siete un manager di medio livello che lavora per il governo federale statunitense. Uno dei vostri subordinati è storicamente difficile da gestire. Nell'episodio più recente, dopo essere stato avvisato in diverse occasioni di non tardare, si è presentato con 15 minuti di ritardo. Volete prendere un provvedimento disciplinare, ma dopo aver analizzato le informazioni sulle azioni disciplinari (*adverse actions*) e su argomenti correlati nel sito dell' US Office of Personnel Management (OPM), nella sezione dedicata alla gestione delle relazioni con i dipendenti (Employee Relations: ER) www.opm.gov/er/ non vi è chiaro se sia consentito punire questa persona.

Impostazione dell'esercizio/istruzioni: Dividetevi in gruppi di quattro o cinque studenti. Ciascun gruppo deve rispondere alle seguenti domande:

11.14 In base a quanto riportato dal sito su azioni disciplinari e per scarso rendimento, vi trovate in una posizione abbastanza forte per un'azione disciplinare o un licenziamento?

11.15 Quali processi di ricorso sono aperti a questa persona?

11.16 Quali tecniche di gestione delle relazioni con i dipendenti trattate in questo capitolo sono utilizzate dall'OPM, secondo il suo sito web?

Note bibliografiche

Le note di questo capitolo sono consultabili online sulla piattaforma MyLab oppure immediatamente visualizzabili su smartphone e tablet tramite questo QR-code.

CAPITOLO

12 Gestione delle risorse umane nella piccola e media impresa

Argomenti

- La sfida della piccola impresa
- Uso di Internet a supporto delle HR
- Sfruttare la piccola dimensione: familiarità, flessibilità, equità, informalità e gestione delle HR
- Gestire sistemi, procedure e burocrazia
- Sistemi informatici per le risorse umane
- Riepilogo

Obiettivi didattici

Al termine del capitolo:

- Saprete spiegare perché la gestione delle HR è importante per le piccole aziende e in che cosa si differenzia da quella delle grandi aziende.
- Potrete fornire esempi del modo in cui gli imprenditori possono utilizzare Internet a supporto della gestione delle HR.
- Saprete indicare cinque modi in cui gli imprenditori possono sfruttare la piccola dimensione dell'azienda per migliorare i processi HR.
- Sarete in grado di indicare come creare un sistema di gestione delle risorse umane per una nuova piccola impresa.

12.1 La sfida della piccola impresa

Circa la metà dei lavoratori statunitensi opera in imprese con meno di duecento dipendenti[1], che nell'insieme costituiscono anche la maggioranza delle oltre 650.000 nuove imprese create ogni anno,[2] nonché gran parte della crescita economica del Paese (le imprese piccole crescono più velocemente di quelle grandi). Infine, le piccole e medie imprese sono responsabili di circa i tre quarti della crescita occupazionale nell'economia statunitense; in altre parole, creano la maggior parte dei posti di lavoro.[3] In Europa e in Italia la rilevanza delle piccole, medie e micro imprese (PMI, meno di 250 dipendenti) è ancora maggiore che negli USA. In Italia infatti abbiamo quasi 4 milioni di imprese, ma le imprese medie e grandi (rispettivamente 50-249 e 250+ dipendenti) sono poco più dell'1%; le piccole imprese (10-49 dipendenti) sono circa il 6%, mentre circa il 93% sono microimprese, con meno di dieci dipendenti (EC 2019 SBA Fact sheet). Le nostre numerose microimprese sono peraltro particolarmente piccole: quasi due terzi sono imprese individuali e quasi un terzo hanno da uno a quattro dipendenti, mentre meno del 5% delle microimprese italiane ha più di quattro dipendenti (Eurostat, *Business Demography 2013*). Nel loro complesso le PMI italiane occupano circa l'80% del totale della forza lavoro del settore imprenditoriale, un dato superiore anche alla media europea del 67%.

Le statistiche evidenziano che la maggior parte dei neolaureati statunitensi dei prossimi anni lavorerà probabilmente in una PMI, o ne costituirà di nuove. Per gli studenti europei, e particolarmente per gli italiani, specie in alcune regioni, questa probabilità è ancora più elevata, con particolare riferimento alle microimprese. Chiunque sia interessato alla gestione delle risorse umane deve quindi comprendere in che modo le attività HR nella piccola impresa siano diverse da quelle proprie delle grandi multinazionali.

Gestione delle risorse umane nella piccola impresa: differenza

La differenza va ricercata principalmente in quattro aspetti: *dimensione*, *priorità*, *informalità* e *natura dell'imprenditore*.

Dimensione

Tanto per cominciare, sarebbe molto insolito che in una piccola impresa fosse presente un professionista delle HR dedicato. La regola empirica è che un'azienda può permettersi uno specialista del settore quando supera i 100 dipendenti, ma questo non significa che nella piccola impresa non vi siano attività legate alle risorse umane. Anche un negozio con un personale di cinque o sei addetti deve reclutare, selezionare, formare e retribuire i dipendenti; in queste situazioni, di solito è il proprietario che gestisce attività e burocrazia, a volte con l'aiuto di un assistente. Lo studio SHRM *Human Capital Benchmarking Study* ha scoperto, ad esempio, che anche nelle aziende con meno di 100 dipendenti spesso è necessario ogni anno il tempo lavorativo di una o due persone per affrontare la gestione delle risorse umane.[4] Di solito, però, questo impegno è assorbito dalla giornata lavorativa lunga del proprietario.

Priorità

Il fatto che molti imprenditori si trovino a investire tempo e risorse su questioni che non riguardano le HR non dipende soltanto dalla dimensione, ma anche dalle loro priorità. Dopo aver studiato piccole imprese di e-commerce nel Regno Unito, un ricercatore ha concluso che la gestione delle risorse umane, pur importantissima, per queste aziende non era una priorità:

> Data la scarsità di risorse in termini di tempo, denaro, persone e competenze, una tipica PMI detta gli imperativi del manager dell'organizzazione negli ambiti finanziari, di produzione e di marketing, con una ridotta importanza relativa delle HR.[5]

Informalità

Uno degli effetti è che le attività di gestione delle risorse umane tendono a essere più informali nelle piccole imprese. Ad esempio, uno studio ha analizzato le pratiche di formazione in circa 900 piccole imprese familiari e non.[6] La formazione tendeva a essere informale, enfatizzando ad esempio metodi quali la formazione on-the-job in affiancamento a un collega o a un supervisore. Un ricercatore sostiene che la necessità delle piccole imprese di adattarsi rapidamente alle sfide competitive significa spesso gestire questioni quali aumenti, valutazioni e permessi "su base informale, reattiva".[7]

L'imprenditore

Gli *imprenditori* sono persone che creano imprese in condizioni rischiose, e creare nuove imprese è sempre rischioso. L'imprenditore deve quindi essere dedicato e visionario, e per questo i ricercatori ritengono che la relativa informalità delle piccole imprese scaturisca in parte dalla personalità unica dell'imprenditore. Gli imprenditori tendono (tra l'altro) ad apprezzare un certo tipo di controllo: generalmente vogliono imporre la loro impronta personale sull'azienda, sulle sue politiche e pratiche, e questo vale anche per le risorse umane.[8]

Implicazioni

Queste quattro differenze significano spesso che le piccole imprese possono trovarsi nella condizione di affrontare alcuni rischi particolari legati alla gestione delle risorse umane.[9]

- Primo, i proprietari delle piccole imprese rischiano che le loro pratiche relativamente rudimentali di gestione delle HR creino uno *svantaggio competitivo*. Una piccola impresa che non impieghi un pre-screening basato sul Web potrebbe incorrere in costi non necessari, e magari ottenere risultati inferiori a quelli dei concorrenti più grandi.
- Secondo, all'azienda mancano *competenze specializzate sulle HR*. Può avere al massimo una o due persone dedicate alla gestione delle risorse umane, che devono ricoprire tutte le funzioni. Ciò aumenta le probabilità di trascurare problemi in aree specifiche, come ad esempio la normativa sui tempi determinati.
- Terzo, il proprietario della piccola impresa potrebbe non essere del tutto in regola con le leggi e la normativa sul lavoro, ad esempio nella retribuzione degli straordinari e nella distinzione tra dipendenti e professionisti a contratto.
- Quarto, la duplicazione della modulistica significa errori nell'inserimento dei dati. Nelle piccole imprese che non utilizzano sistemi informatizzati per la gestione delle HR, i dati dei dipendenti (nome, indirizzo, stato civile e così via) appaiono spesso su più moduli, e qualsiasi modifica richiede un intervento manuale su ciascuno di essi. Si tratta di un procedimento lungo, inefficiente e che può generare errori a cascata.

Il fractional management

Per ovviare alle difficoltà sopra evidenziate, alcune PMI stanno introducendo il cosiddetto fractional management" anche nel settore HR. Con questo termine si indica l'inserimento nella struttura di un manager a tempo parziale. In questo modo la piccola azienda, con un budget limitato, può avvalersi di una professionalità di cui altrimenti non potrebbe farsi carico. Il manager part time può essere introdotto per un periodo di tempo circoscritto "temporary manager", oppure a tempo indeterminato. La necessità di competenze specializzate sulle HR e le difficoltà economiche della piccola azienda stanno determinando l'allargamento nel settore HR di questa modalità contrattuale, riservata soprattutto ad executive o tecnici di particolare professionalità."

Importanza della gestione delle HR per le piccole imprese

Hanno destato molto scalpore le accuse sui social media di un dipendente di una piccola start-up software che lamentava molestie da parte di un altro. Il punto è che la maggior parte delle start-up ritiene che le HR siano l'ultima delle sue necessità, ma in realtà ha bisogno di competenze HR fin da subito. Per parafrasare uno degli esperti citati nell'articolo, è sbagliato credere che sia sufficiente un manuale del dipendente; le start-up hanno bisogno di un sistema HR razionale.[10]

In effetti, le piccole imprese che hanno pratiche HR efficaci se la cavano meglio di quelle che non le hanno.[11] Ad esempio, uno studio che ha analizzato 168 piccole e medie imprese familiari a rapida crescita ha concluso che le PMI di successo attribuivano, rispetto alle imprese meno performanti, una maggiore importanza alla formazione e allo sviluppo, alla valutazione delle prestazioni, ai pacchetti di reclutamento, al mantenimento del morale e alla definizione di livelli retributivi competitivi: "Questi risultati suggeriscono che queste attività hanno effettivamente un impatto positivo sui risultati [delle piccole imprese]."[12] Il concetto è illustrato nel successivo riquadro HR come centro di profitto.

APPROFONDIMENTI — **HR come centro di profitto**

Il concessionario

Carlos Ledezma gestisce una concessionaria automobilistica di successo. La sua strategia prevede un aumento dei profitti costruendo un giro d'affari con clienti fidelizzati che amano trattare con dipendenti affabili in una relazione consolidata.[14] A questo scopo ha definito una strategia di gestione delle risorse umane orientata al cliente. Valuta ciascun candidato per accertarsi che sia adatto all'impiego, prevede un orientamento della durata di una settimana per la presentazione ai neoassunti della loro posizione e della missione e cultura dell'azienda. Poi affianca a ciascun neoassunto un dipendente anziano per 90 giorni,[15] e per questo periodo riconosce al mentore da $50 a $100 per ogni automobile venduta dall'apprendista. Recentemente il costo per la formazione ha raggiunto i $150.000.

Questa strategia HR paga in termini di profitti molto superiori alla media del settore. Ai clienti piace avere a che fare con dipendenti scrupolosi, competenti e che costruiscono relazioni durature. Il turnover dei dipendenti è intorno al 28%, e la permanenza media è di circa otto anni: entrambi i valori sono molto migliori della media.

Per molte piccole imprese, una gestione efficace delle risorse umane è anche necessaria per acquisire e mantenere clienti importanti. d esempio, per conformità ai requisiti ISO-9000 molti grandi clienti verificano che i loro piccoli rivenditori osservino gli standard HR necessari.[13] Nel successivo riquadro HR come centro di profitto è illustrato il ruolo positivo delle HR in una piccola azienda. In questo capitolo affronteremo i metodi utilizzabili dai manager di piccole imprese per migliorare le loro pratiche di gestione delle HR, a partire dall'uso delle risorse disponibili sul Web.

12.2 Uso di Internet a supporto delle HR

Il City Garage è una catena texana di officine automobilistiche in forte espansione.[16] Uno dei modi in cui si distingue è l'interazione diretta tra clienti e meccanici nella cosiddetta "area di servizio aperta"[17], quindi City Garage ha bisogno di meccanici che siano a loro agio in questa situazione. Il vecchio processo di assunzione prevedeva un modulo cartaceo e un colloquio, a cui seguiva la decisione di assunzione. Era un processo inefficace che consumava molto tempo di management. La soluzione per City Garage è stata l'acquisto del test online Personality Profile Analysis (PPA) di Thomas International USA. Ora, dopo una candidatura e un controllo di routine molto rapidi, i candidati affrontano il test di 24 domande in 10 minuti. Il personale di City Garage inserisce poi le risposte nel sistema software PPA, e riceve quasi all'istante i risultati che indicano se il candidato è adatto alla posizione sulla base di quattro aspetti della personalità.

Come City Garage, nessuna piccola impresa deve necessariamente cedere il "vantaggio HR" ai concorrenti più grandi. Un manager competente può eliminare l'handicap della piccola dimensione usando risorse HR su Internet. Vediamo come.

APPROFONDIMENTI **Tendenze HR: Social media e digitale**[25]

Strumenti di reclutamento e selezione

Le piccole imprese usano anche i social media per il reclutamento. Ad esempio, LinkedIn consente alle aziende di pubblicare posizioni aperte e supporta la creazione di reti dedicate al lavoro; il reclutatore può cercare membri LinkedIn con curriculum interessanti, ottime raccomandazioni e partecipazione in gruppi del settore. I reclutatori per le piccole imprese dovrebbero concentrarsi sui social media che hanno più senso per loro. Ad esempio, per cercare un esperto di marketing su Facebook è bene rivolgersi a Facebook, se invece si cerca un fotografo è meglio Instagram. Per quanto riguarda Facebook e LinkedIn, è bene concentrare il reclutamento su gruppi nei settori più attinenti alla propria azienda; osservate l'uso dei social media da parte dei vostri concorrenti, e le comunità a cui fanno riferimento.

Per la piccola impresa, una o due assunzioni sbagliate possono creare molti danni. Ecco qualche suggerimento per migliorare le fasi di reclutamento e selezione nelle piccole imprese:

- **Automatizzate il processo.** I sistemi automatizzati di elaborazione delle candidature sono alla portata economica delle piccole imprese. Ad esempio, i sistemi di Taleo, NuView Systems e Accolo (USA, in inglese) e quelli di HRWeb e CVWeb (in italiano) accettano i curricula e aiutano ad automatizzare il processo di screening. Ad esempio NuView, che costa da $6 a $15 al mese per utente, può porre immediatamente domande ai candidati e scartare subito quelli che non hanno i requisiti richiesti.[28]
- **Eseguite test online.** Usate i test online per verificare, ad esempio, la velocità di battitura di un candidato, la padronanza del foglio elettronico o del software gestionale, oppure anche la capacità di vendita al telefono. Tra i fornitori USA: Kenexa di IBM, eskill.com/ selectivehiring.com e berkeassessment.com.[29] In Italia la pratica dei test di selezione online e in generale quella dei test psicometrici è meno diffusa che negli USA. Un sito di riferimento con risorse utili è psyjob.it.
- **Chiedete nella vostra cerchia.** Sfruttate le conoscenze di amici e dipendenti e usate siti di social networking come LinkedIn. Un manager afferma che facendosi consigliare i candidati da persone di cui si fida risparmia ore e ore di sfoglio dei curricula.[30]
- **Fate uso di interviste video.** InterviewStream registra colloqui video online a un prezzo che va da $30 a $60,[31] poi invia al candidato un invito e-mail con un link; cliccando il link, al candidato appare un video con un intervistatore che pone le domande preregistrate dall'azienda. I responsabili delle assunzioni possono visionare i video quando vogliono.[32] Anche in Italia una piattaforma di recruiting che ne prevede espressamente l'impiego è easyrecrue.com.

Formazione

Le piccole imprese non possono competere con le risorse di formazione di giganti come General Electric, ma come abbiamo visto nel Capitolo 6 la formazione online può fornire a costi relativamente ridotti ciò che in precedenza andava oltre le possibilità di molte PMI. Le risorse di formazione sono proposte da organizzazioni private (come PureSafety e Skillsoft in USA, talentmanager.com in Italia) e pubbliche o di settore (ad esempio, negli USA la Small Business Association ha nel sito www.sba.gov una sezione dedicata alla formazione). In Italia la formazione professionale pubblica è gestita dalle regioni, con informazioni e risorse accessibili dal sito cliclavoro.gov.it alla sezione "Formazione". Esistono fondi ed enti dedicati alle iniziative di formazione delle PMI come il FAPI (fondo formazione PMI), il fondo interprofessionale Fondimpresa e molti altri; ricercando "formazione" nel portale per le piccole e medie imprese pmi.it troverete informazioni aggiornate a riguardo.

Valutazione e retribuzione

Negli Stati Uniti la piccola impresa può accedere facilmente a servizi computerizzati e online di valutazione e retribuzione. Per esempio, Oracle Corporation's ePerformance[34] supporta il management delle prestazioni consentendo ai dirigenti di formalizzare gli obiettivi del dipendente e di valutare successivamente i progressi verso il loro raggiungimento. Un altro esempio interessante è il sistema eAppraisal di Halogen Software.[35]

In passato la difficoltà di accesso ai sondaggi sui salari ostacolava la modulazione delle scale salariali nelle piccole imprese. Oggi esistono siti quali www.salary.com che semplificano moltissimo la determinazione delle retribuzioni locali. In Italia i sistemi di valutazione e performance management sono meno diffusi tra le PMI e gli operatori più noti si rivolgono principalmente alle aziende medie e grandi. Le piccole imprese stanno cominciando a apprezzare l'offerta online di operatori come INAZ e TeamSystem, che tradizionalmente offrono la gestione dei cedolini paghe e stipendi e della contabilità.

12.3 Sfruttare la piccola dimensione: familiarità, flessibilità, equità, informalità e gestione delle HR

Le piccole imprese devono capitalizzare i loro punti di forza, e uno di essi nei rapporti con i dipendenti è proprio la piccola dimensione, che dovrebbe tradursi in una *familiarità* personale con i punti forti, le necessità e la situazione familiare di ciascun dipendente. Dovrebbe tradursi anche nel lusso di poter seguire politiche e pratiche di gestione delle risorse umane in modo relativamente flessibile e informale. Le piccole imprese devono adattarsi velocemente alle sfide competitive, e questo significa che aumenti retributivi, valutazioni e permessi tendono a essere amministrati su basi informali, reattive e secondo orizzonti di breve termine.[39] Però essere informali e flessibili non significa necessariamente essere inefficienti.

Procedure semplici e informali di selezione dei dipendenti

MyLab Cap. 5, In depth 1

Esistono molti modi semplici con cui il manager di una piccola impresa può migliorare la selezione dei dipendenti; uno di essi è l'impiego di un processo di colloquio efficace, un altro è rappresentato dai test di verifica pratica. Come abbiamo visto nel Capitolo 5, questi test prevedono che i candidati eseguano in pratica alcune attività previste dalla posizione. Il processo è semplice: suddividete i compiti principali della posizione in attività componenti, come ad esempio la stesura di un testo pubblicitario, quindi fate eseguire al candidato un'attività campione.

Flessibilità nella formazione

Le piccole imprese sono generalmente più informali anche in termini di formazione e sviluppo. Ad esempio, uno studio su 191 PMI e 201 grandi aziende in Europa ha evidenziato che molte piccole aziende non monitoravano sistematicamente le necessità dei loro manager in termini di formazione, e che i programmi di sviluppo della carriera erano presenti in meno del 50% delle PMI (mentre erano applicati nel 70% delle grandi aziende).[40]

Processo di formazione in quattro passi

A prescindere dalle risorse, le piccole imprese possono e devono avere procedure di formazione efficaci. Ecco un esempio semplice ma funzionale di processo di formazione in quattro passi.

Passo 1: **Scrivete una job description.** Un mansionario dettagliato è il cuore di un programma di formazione. Elencate i compiti di ciascuna posizione e allegate un riepilogo dei passi necessari a ciascuna attività.

Passo 2: **Sviluppate un modulo per l'analisi dei compiti.** Riassumete poi i passi della posizione con un *modulo di analisi dei compiti* (vedi Tabella 6.1), che raggruppi le informazioni riguardanti i compiti e le abilità richieste. Come mostrato nella Tabella 6.1, il modulo contiene sei colonne quali "Abilità o conoscenza richiesta". Indicate nella prima colonna dei compiti specifici e includete le attività da eseguire per ciascun compito principale e i passi necessari per ognuna. Nella terza colonna indicate gli *standard prestazionali* (in termini di quantità, qualità, accuratezza e così via).

Passo 3: **Sviluppate uno schema di istruzioni.** Sviluppate lo *schema di istruzioni per l'attività*; come vedete nella Tabella 12.1, indica i passi di ciascuna attività, ma questa volta associando i punti chiave di ciascuno.

Passo 4: **Preparate il programma di formazione per la posizione.** Come minimo, il manuale di formazione per la posizione deve includere il mansionario, il modulo di analisi dei compiti e lo schema di istruzioni. Magari è opportuno includere anche una breve panoramica/introduzione alla posizione e una spiegazione grafica e/o scritta del rapporto della posizione con le altre posizioni dell'impianto o dell'ufficio.

Dovrete anche decidere il mezzo con cui erogare la formazione. Un semplice ma efficace programma di formazione on-the-job che utilizzi come formatori i dipendenti o i supervisori già presenti richiede soltanto i materiali scritti appena menzionati. È però possibile che la situazione richieda la produzione o l'acquisto

Tabella 12.1 Esempio di scheda di istruzioni per l'attività.

Passi dell'attività	Punti chiave da tenere a mente
1. Avviare il motore	Nessuno
2. Impostare la misura di taglio	Leggere attentamente la dima per evitare un taglio sbagliato
3. Posizionare la carta sul piano di taglio	Accertarsi che la carta sia dritta per evitare un taglio storto
4. Spingere la carta fino alla lama	Accertarsi che la carta sia fissa per evitare un taglio storto
5. Afferrare lo sblocco di sicurezza con la mano sinistra	Non rilasciare la mano sinistra per evitare che finisca sotto la lama
6. Afferrare lo sblocco della taglierina con la mano destra	Non rilasciare la mano destra per evitare che finisca sotto la lama
7. Tirare simultaneamente gli sblocchi di sicurezza e della taglierina	Tenere entrambe le mani sui corrispondenti sblocchi; le mani non devono essere sul piano di taglio
8. Attendere che la lama rientri	Tenete entrambe le mani sugli sblocchi; le mani non devono essere sul piano di taglio
9. Ritirare la carta	Accertarsi che la lama sia rientrata; tenete entrambe le mani lontane dagli sblocchi
10. Spegnere il motore	Accertarsi che la spia di accensione sia spenta

di supporti di formazione speciali. Fate riferimento alle risorse web menzionate in questo capitolo e nel Capitolo 6.

Metodi di formazione informali

L'esperto di formazione Stephen Covey sostiene che le piccole imprese possono fornire formazione senza bisogno di istituire costosi programmi formali. Ecco alcuni dei suoi suggerimenti:[41]

- Offritevi di pagare l'iscrizione a corsi speciali.
- Identificate le opportunità di formazione online.
- Fornite una biblioteca di CD e DVD adatti a un insegnamento sistematico e disciplinato utilizzabile dai pendolari nel percorso tra casa e lavoro.
- Incoraggiate la condivisione delle buone pratiche tra colleghi.
- Quando è possibile, mandate le persone a seminari e incontri del settore affinché apprendano e facciano rete.
- Create un'etica dell'apprendimento facendo sì che tutti insegnino agli altri ciò che stanno imparando.

Flessibilità nei benefit e nelle ricompense

Alcuni studi hanno rilevato che le grandi aziende offrono pacchetti di benefit *più ampi* di quelle piccole[42], ma alcune piccole imprese sopperiscono offrendo una maggiore flessibilità. "Hanno scoperto come trasformare la piccola dimensione in coesione, guadagnandosi la fiducia dei dipendenti tenendoli al corrente di ciò che accade in azienda anche a livello finanziario, e la loro lealtà fornendo frequentemente riscontri sui risultati."[43] Ad esempio, ID Media è un'azienda con 90 dipendenti in cui l'AD Lynn Fantom invita tutti i nuovi dipendenti a una colazione di benvenuto il primo giorno di lavoro. "Dimostra di volerci incontrare e di voler sapere la nostra opinione," afferma un neoassunto.[44]

La cultura della flessibilità

Lo studio ha rilevato che le piccole imprese, grazie alla relativa intimità che deriva dall'interazione personale e quotidiana dei proprietari con i dipendenti, riescono a coltivare meglio una "cultura della flessibilità", e ciò significa soprattutto che "i supervisori sono più comprensivi e collaborativi quando emergono problemi di rapporto fra vita e lavoro".[45] Un esempio in questo senso è rappresentato da Ward's Furniture a Long Beach, California; molti dei 17 dipendenti hanno lavorato per l'azienda per un periodo tra i 10 e i 20 anni. Brad Ward, uno dei proprietari, ritiene che ciò dipenda in parte dalla disponibilità dell'azienda ad adattarsi ai bisogni dei suoi lavoratori. Ad esempio, i lavoratori possono condividere le responsabilità delle loro posizioni e lavorare part-time da casa. Ward's Furniture è quindi un buon esempio dell'uso della piccola dimensione dell'impresa per capitalizzare su benefit familiari quali maggiori permessi, settimane concentrate, flessibilità degli orari e riconoscimento per i dipendenti.

Equità e azienda familiare

Gran parte delle piccole imprese sono "aziende familiari", nel senso che il proprietario e spesso uno o più manager e dipendenti sono membri della stessa famiglia.

In questi casi non è facile essere un dipendente esterno alla famiglia: la tendenza a trattare in modo diverso i familiari può danneggiare la percezione di equità.[47] È possibile ridurre questo problema prendendo alcuni provvedimenti, come ad esempio:[48]

- **Stabilire le regole di base.** Secondo un consulente per le aziende familiari, il candidato dovrebbe essere informato delle possibilità di promozione già durante il processo di assunzione. Come minimo è opportuno mettere in chiaro le aspettative su fattori quali il livello di autorità a cui la persona può aspirare.[49]
- **Trattare le persone in modo equo.** La maggior parte dei dipendenti di un'azienda familiare capisce che non sarà trattata esattamente allo stesso modo dei membri della famiglia, ma si aspetta comunque un trattamento equo. Ciò significa evitare "qualsiasi indizio che i membri della famiglia godano vantaggi immeritati derivanti dal sacrificio di altri".[41] Per questo motivo i membri della famiglia in molte aziende familiari evitano acquisti appariscenti quali automobili di lusso.
- **Risolvere le tensioni familiari.** Disaccordi e tensioni tra i membri della famiglia distraggono e demoralizzano gli altri dipendenti. I familiari devono confrontarsi e appianare i loro contrasti in separata sede.
- **Cancellare i privilegi.** I membri della famiglia "dovrebbero evitare qualsiasi comportamento che possa far pensare agli altri dipendenti che vi siano trattamenti speciali in termini di incarichi di responsabilità".[51] I familiari dovrebbero arrivare prima, lavorare di più e fermarsi più a lungo degli altri dipendenti. Sforzatevi di dimostrare che i membri della famiglia si sono guadagnati le loro promozioni.

Gestione esternalizzata

Molte piccole imprese, data la mole del lavoro di gestione del personale, decidono di esternalizzare la maggior parte delle funzioni HR ad aziende specializzate,[52] come ad esempio HRsolutionstp.it ed ehrgon.it.

12.4 Gestire sistemi, procedure e burocrazia

Introduzione

Considerate i processi e i documenti necessari alla gestione di un negozio con cinque persone: tanto per cominciare, il reclutamento e l'assunzione di un impiegato possono richiedere un annuncio di ricerca personale, un modulo di candidatura, una checklist per il colloquio, varie verifiche (titolo di studio e permesso di lavoro, ad esempio) e una checklist di riferimento. Poi potrebbero servire un accordo di assunzione, vari accordi di riservatezza e non concorrenza, nonché un accordo di indennità del datore di lavoro. Per poter inserire il nuovo dipendente possono essere necessari una verifica degli impieghi precedenti, una checklist dedicata al nuovo dipendente e i diversi moduli per le ritenute fiscali e per l'anagrafica del dipendente. Dopo l'assunzione serviranno l'archivio dei dati del personale, i registri giornalieri e settimanali degli orari e un resoconto delle spese. Poi arrivano i moduli di valutazione dei risultati, quelli disciplinari, il resoconto dell'orientamento del dipendente, l'avviso di fine rapporto e quelli di notifica sull'occupazione.

Forse con uno o due dipendenti è possibile tenere traccia di tutto a mente, o semplicemente scrivere un promemoria per ciascuna azione HR e inserirlo nel dossier di ciascun lavoratore. Con un numero maggiore di dipendenti sarà invece necessario creare un sistema di gestione delle risorse umane che comprenda moduli standard, e con la crescita dell'azienda si rende necessaria l'informatizzazione di varie parti del sistema HR, come ad esempio i libri paga e le valutazioni.

Componenti di base dei sistemi HR manuali

Le aziende molto piccole, diciamo fino a 10 dipendenti, probabilmente inizieranno con un sistema manuale di gestione delle risorse umane. Dal punto di vista pratico, ciò significa generalmente ottenere e organizzare un insieme di moduli standard per il personale che coprano tutti gli aspetti importanti del processo HR (reclutamento, selezione, formazione, valutazione, retribuzione e sicurezza), insieme a un qualche mezzo per organizzare tutte queste informazioni per ciascun dipendente.

Automazione delle singole attività HR

Con la crescita dell'azienda diventa sempre più difficile basarsi su sistemi HR manuali. Per un'azienda con 40, 50 o più dipendenti, i tempi necessari ad attività quali lo storico delle presenze e le valutazioni delle prestazioni possono arrivare a settimane. È generalmente a questo punto che la maggior parte delle piccole medie aziende inizia a informatizzare le singole attività di gestione delle risorse umane.

Sistemi pacchettizzati

Anche in questo caso non mancano le risorse disponibili. Esistono vari siti web contenenti elenchi per categoria di fornitori di software HR[56] che offrono soluzioni praticamente per qualsiasi attività legata al personale, dalla gestione dei benefit a retribuzione, conformità, relazioni con i dipendenti, esternalizzazione, paghe e sistemi per il controllo di orari e presenze.

12.5 Sistemi informatici per le risorse umane

Le compagnie in crescita si orientano spesso verso *sistemi informatici integrati di gestione delle HR* (*human resource information system, HRIS*). Un *HRIS* può essere definito come un insieme di componenti interrelati che collaborano per raccogliere, elaborare, memorizzare e distribuire informazioni a supporto di decisioni, coordinamento, controllo, analisi e visualizzazione delle attività di gestione delle risorse umane di un'organizzazione.[59] Grazie all'integrazione, cioè alla capacità dei componenti software (registri, paghe, valutazioni e così via) degli HRIS di comunicare tra loro, l'azienda può snellire la sua funzione HR. È possibile infatti installare sistemi che instradano elettronicamente per approvazione ai manager deputati i diversi moduli informatici relativi ad aumenti di stipendio, trasferimenti e altri aspetti; dopo la firma di un dirigente, il modulo passa automaticamente a quello successivo. Se qualcuno dimentica di elaborare un documento, un agente intelligente emette promemoria fino a quando l'attività viene eseguita.

Fornitori di HRIS

Molte aziende propongono pacchetti HRIS: Automatic Data Processing, Inc., Business Information Technology, Inc., Human Resource Microsystems, Lawson Software. Alcuni di questi come Microsoft, Oracle, SAP e ADP hanno anche versioni localizzate per il mercato italiano.

HR e Intranet

Spesso le aziende installano sistemi informatici HR basati su intranet. Ad esempio, LG&E Energy Corporation impiega la sua intranet per comunicazioni legate ai benefit. I dipendenti possono accedere alla home page dei benefit e, tra le altre cose, possono valutare le opzioni dell'azienda per i fondi pensionistici, ottenere risposte sui piani di assistenza medica e segnalare variazioni della loro situazione familiare. Tra gli altri esempi di utilizzo delle intranet per le risorse umane ricordiamo l'automazione degli annunci di lavoro, il tracciamento dei candidati, l'iscrizione ai programmi di formazione, la consegna di buste paga elettroniche, la pubblicazione in forma elettronica del manuale del dipendente e la possibilità da parte dei dipendenti di aggiornare i profili personali e accedere ai loro account.

12.6 Riepilogo

1. La gestione delle risorse umane nelle piccole imprese è diversa per quattro ragioni principali: dimensione, priorità, informalità e natura dell'imprenditore. Esse creano diversi rischi. Il primo è che il piccolo imprenditore possa trovarsi in una situazione di svantaggio competitivo a causa delle sue pratiche HR, il secondo è la mancanza di una competenza specializzata sulle HR, il terzo è che una piccola impresa probabilmente non è in grado di affrontare in modo adeguato potenziali problemi legali sul posto di lavoro, il quarto la possibile inadempienza a leggi e regolamenti sulla retribuzione, e il quinto è che la gestione della documentazione cartacea e le possibili duplicazioni possono portare a inefficienza ed errori nell'inserimento dei dati.

2. Le piccole imprese devono capitalizzare i loro punti di forza, e nella gestione dei dipendenti la piccola dimensione può essere un vantaggio se si traduce in una familiarità personale con le capacità, le necessità e la situazione familiare di ciascun dipendente. Dovrebbe tradursi anche nel lusso di una relativa flessibilità e informalità nelle politiche e pratiche seguite dall'azienda nell'ambito delle risorse umane. Pur senza grandi possibilità economiche, le piccole imprese possono offrire benefit familiari che generalmente le grandi aziende non contemplano. Le piccole imprese possono anche basarsi su pratiche più informali di selezione, reclutamento e formazione dei dipendenti; una delle soluzioni semplici per la piccola impresa è rappresentata dai test pratici, in cui i candidati si mettono alla prova su un campione reale del lavoro previsto dalla loro posizione.

3. Anche le PMI italiane possono utilizzare sistemi e modulistica standard, come avviene normalmente oltreoceano. Le aziende molto piccole di solito partono da un sistema manuale di gestione delle risorse umane, che di solito si sostanzia nell'ottenere e organizzare un insieme di moduli standard per il personale che coprono tutti gli aspetti delle risorse umane (reclutamento, selezione, formazione, valutazione, retribuzione e sicurezza) e nel definire una qualche modalità per organizzare tutte le informazioni. In fase di crescita, molte imprese medio-piccole iniziano a informatizzare le singole attività HR.

Domande di discussione

12.1 Spiegate perché la gestione delle risorse umane è importante per le piccole imprese.

12.2 Spiegate con almeno quattro esempi in che modo la piccola impresa può utilizzare Internet a supporto delle sue attività HR.

12.3 Spiegate con almeno cinque esempi i modi con cui la piccola impresa può sfruttare le sue dimensioni ridotte, in termini di familiarità, flessibilità e informalità, per migliorare i suoi processi HR.

12.4 Indicate in che modo potreste contattare e tenere rapporti continuativi con un'azienda esterna per la gestione dei dipendenti.

12.5 Che cos'è la "sfida della piccola impresa" nella gestione delle HR?

Note bibliografiche

Le note di questo capitolo sono consultabili online sulla piattaforma MyLab oppure immediatamente visualizzabili su smartphone e tablet tramite questo QR-code.

Glossario

action learning Una tecnica di formazione manageriale che prevede l'analisi e la risoluzione di problemi sul campo.

affidabilità La caratteristica che si riferisce alla costanza dei risultati ottenuti in test successivi identici o equivalenti sullo stesso soggetto.

ampliamento della mansione/posizione (job enlargement) L'assegnazione al lavoratore di ulteriori attività dello stesso livello.

analisi a indici (ration analysis) Una tecnica per la previsione delle future necessità di personale che impiega come indice i rapporti, ad esempio tra volume delle vendite e numero di dipendenti necessari (indici di produttività) oppure tra diverse categorie di personale (indici del personale).

analisi dei dati (data analytics) Uso di software di business intelligence per esplorare i dati aziendali con analisi aggregate utili dal punto di vista manageriale (per esempio, l'analisi dei margini per tipologia di prodotto e di mercato).

analisi dei rischi della mansione (job hazard analysis) Un approccio sistematico all'identificazione ed eliminazione dei rischi prima che si concretizzino, focalizzato sulla relazione tra lavoratore, strumento, mansione e ambiente di lavoro; lo scopo è ridurre a livelli accettabili i potenziali rischi.

analisi del flusso di lavoro (workflow analysis) Studio dettagliato del flusso del lavoro da posizione a posizione in un processo lavorativo.

analisi della mansione/posizione (job analysis) La procedura per determinare le mansioni e i requisiti di abilità per una posizione, e il tipo di persona che dovrebbe essere assunta per occuparla.

analisi della posizione basata sulle competenze (competency-based job analysis) Descrizione analitica di una posizione in termini delle competenze misurabili, osservabili e comportamentali che un dipendente deve manifestare per svolgere bene un lavoro.

analisi delle prestazioni (performance analysis) Verifica dell'esistenza di una carenza di prestazioni, e determinazione del fatto che sia possibile correggerla attraverso la formazione o altri mezzi (come il trasferimento del dipendente).

analisi dell'attività/del compito (task analysis) Studio dettagliato di un compito specifico (task), cioè di un'attività lavorativa assegnata ad una posizione, per identificare le specifiche competenze richieste.

analisi di utilità di un criterio di selezione (utility analysis) La misura in cui l'uso di un criterio di selezione migliora la qualità delle persone selezionate rispetto a quanto accadrebbe senza il criterio.

apprendimento incrementale (programmed learning) Un metodo sistematico di formazione, basato su una sequenza progressiva di domande, con un riscontro immediato sull'accuratezza delle risposte.

arbitrato (arbitration) Intervento da parte di terzi nella soluzione di una controversia, nel quale le parti affidano di comune accordo a un arbitro il potere di determinare e far applicare i termini di un accordo extragiudiziale, in modo da evitare il ricorso al giudice ordinario.

arricchimento della mansione/posizione (job enrichment) Riprogettazione della mansione in modo che aumenti per il lavoratore il senso di responsabilità, l'orientamento ai risultati e alla crescita professionale e il riconoscimento del proprio contributo.

assessment center Una struttura in cui ai manager viene richiesto di prendere decisioni in situazioni ipotetiche, e le loro prestazioni vengono valutate.

audit delle risorse umane (HR audit) Un'analisi mediante la quale un'organizzazione verifica il suo stato di fatto e determina i passi da compiere per migliorare la sua funzione delle risorse umane.

aumento di merito (merit pay, merit raise) Qualunque aumento salariale concesso a un lavoratore sulla base dei suoi risultati individuali.

autorità (authority) Il diritto di prendere decisioni, dirigere il lavoro altrui e dare ordini.

azione positiva (affirmative action) Un impegno supplementare di assunzione e promozione di appartenenti a gruppi protetti, specie ove tali gruppi siano poco rappresentati.

bacheca annunci aziendali (job posting) Pubblicizzazione presso i dipendenti di una posizione aperta (spesso pubblicandola letteralmente in una bacheca) elencandone attributi come qualifiche, supervisore, orario di lavoro e retribuzione.

behavior modeling (modellazione comportamentale) Un metodo di formazione che prevede (1) Una introduzione teorica del "modello" corretto del comportamento oggetto di formazione (ad esempio come svolgere una determinata mansione), (2) una sessione di applicazione pratica e infine (3) un riscontro sul rendimento dei partecipanti .

benefit Erogazione indiretta, finanziaria e non, riconosciuta ai dipendenti dell'azienda.

benefit familiari (family-friendly/work–life benefits) Benefit quali strutture dedicate ai bambini o al fitness, che semplificano per i dipendenti l'equilibrio tra responsabilità lavorative e familiari.

blocco delle assunzioni (lockout) Il rifiuto da parte del datore di lavoro di fornire opportunità lavorative.

bonus annuale (annual bonus) Piani di remunerazione aggiuntiva legati ai profitti annuali dell'azienda, concepiti per motivare il rendimento a breve termine dei dirigenti.

broadbanding Consolidamento delle fasce e dei livelli salariali in poche fasce ampie ("bande"), ciascuna delle quali contiene una gamma relativamente ampia di posizioni e livelli salariali.

burnout Il totale esaurimento delle risorse fisiche e mentali causato da un eccessivo sforzo per raggiungere un obiettivo lavorativo non realistico.

Business Process Reengineering (BPR) Riprogettazione dei processi dell'azienda, di solito con la combinazione di passi, che fa sì che piccoli team multifunzionali svolgano mediante tecnologie informatiche le mansioni precedentemente svolte da una sequenza di reparti.

candidatura (application form) Un modulo usato dal datore di lavoro per raccogliere informazioni anagrafiche, su istruzione e formazione e sulle esperienze e capacità professionali e personali dei candidati.

Carriera portfolio (Portfolio career) Una carriera costruita intorno all'uso e allo sviluppo autonomo delle proprie competenze professionali per generare un reddito basato su più fonti e incarichi occasionali che cambiano nel tempo.

classe salariale di riferimento (benchmark job) Una classe di inquadramento utilizzata da parte del datore di lavoro come base di riferimento per la progressione salariale, attorno alla quale sono organizzate le altre posizioni in termini di valore relativo.

classi salariali (classes) Raggruppamento delle posizioni basato su caratteristiche comuni per ciascun gruppo, o classe, come i fattori richiesti di giudizio indipendente, competenza, sforzo fisico e così via. Di solito le classi contengono posizioni simili.

clima aziendale La percezione condivisa dei dipendenti sull'ambiente psicologico dell'azienda, per esempio in termini di aspetti quali attenzione al benessere dei dipendenti, flessibilità, apprezzamento, etica, autonomia, gerarchia e potere, comportamenti politici e incentivi.

coaching Il rapporto di autorità verso i collaboratori assume caratteristiche di coaching quando tende anche a indirizzare e guidare lo sviluppo della persona, sul piano comportamentale e professionale. Questa funzione può essere affidata anche a consulenti esterni (vedi *executive coach*).

coinvolgimento dei dipendenti (employee engagement) La misura in cui i dipendenti di un'organizzazione sono psicologicamente coinvolti, legati e impegnati nel compiere il loro lavoro.

colloquio di fine rapporto (exit interview) Colloquio condotto dal datore di lavoro immediatamente prima che il dipendente lasci l'azienda, allo scopo di capire meglio le sue opinioni sull'azienda.

colloquio di licenziamento (termination interview) Il colloquio nel quale il dipendente apprende di essere stato licenziato.

colloquio situazionale strutturato (Structured Situational Interview) Colloquio basato su questionari a risposte chiuse in cui vengono presentati problemi e situazioni tipiche dell'attività lavorativa per la posizione oggetto di selezione.

condivisione del lavoro (job sharing) Consente a due o più persone di condividere un'unica posizione a tempo pieno.

contrattazione collettiva (collective bargaining) Il processo attraverso il quale i rappresentanti della dirigenza e il sindacato si incontrano per negoziare un accordo di lavoro.

contrattazione in buona fede (good-faith bargaining) Un termine che indica che entrambe le parti comunicano e negoziano, che alle proposte corrispondono controproposte, e che entrambe le parti fanno ogni ragionevole sforzo per giungere a un accordo. Non significa che una delle due parti sia costretta ad accettare una proposta.

contratto di solidarietà (work sharing) Si riferisce a una temporanea riduzione delle ore di lavoro da parte di un gruppo di dipendenti nei periodi di crisi per evitare licenziamenti.

cottimo (piecework) Un sistema di retribuzione basata sul numero di pezzi lavorati dal singolo dipendente nell'unità di tempo, come pezzi all'ora o al giorno.

counseling di ricollocamento (outplacement counseling) Un processo sistematico nel quale a una persona il cui rapporto di lavoro è terminato vengono offerti formazione e counseling nelle tecniche di autovalutazione e nella ricerca di una nuova posizione.

cruscotto digitale (digital dashboard) Presenta al manager informazioni di business intelligence attraverso grafici e schemi continuamente aggiornati.

cultura aziendale Valori, convinzioni e comportamenti condivisi che caratterizzano una specifica organizzazione.

curva salariale (wage curve) Mostra la relazione tra il valore della posizione e il salario medio pagato per la posizione.

declaratoria dell'attività/del compito (task statement) Documento scritto che specifica che cosa deve fare il lavoratore per eseguire un task, come lo deve fare, le conoscenze, competenze e attitudini richieste e lo scopo del task.

definizione dei livelli contrattuali (grade definition) Descrizioni scritte del livello, ad esempio, di responsabilità e conoscenza richieste dalle posizioni di ciascun livello. Posizioni simili possono essere quindi combinate in classi o livelli contrattuali.

diario/registro (diary/log) Rapporti giornalieri redatti dai lavoratori delle mansioni svolte e dei tempi richiesti da ciascuna.

discriminazione (discrimination) Assumere azioni specifiche nei confronti di una persona sulla base del gruppo di appartenenza.

diversità (diversity) Disporre di una forza lavoro comprendente uno o più gruppi di dipendenti con vari background razziali, etnici, di genere, culturali, nazionalità d'origine, di handicap, demografici e religiosi.

downsizing Si riferisce al processo di riduzione, di solito significativa, del numero di persone impiegate dall'azienda.

espatriati/dipendenti in missione all'estero (expatriate) Dipendenti destinati all'estero dall'azienda, e che non sono cittadini del Paese in cui lavorano.

etica Standard di buona e cattiva condotta e loro valutazione morale.

executive coach Un consulente esterno che aiuta ad analizzare gli aspetti comportamentali e professionali di un manager individuandone i punti di forza e di debolezza e gli fornisce un servizio di counseling per sfruttare al meglio i propri punti forti e superare quelli deboli.

fact-finder Nelle relazioni lavorative, una parte neutrale che studia gli aspetti di una disputa e offre una raccomandazione pubblica per un accordo ragionevole.

fascia salariale Una serie di passaggi o scatti all'interno di un livello salariale, di solito basati sull'anzianità di servizio.

fattore di ricompensa Un elemento della posizione retributiva, collegato al suo contenuto come competenza, impegno, responsabilità e condizioni di lavoro.

finestra di prepensionamento (early retirement window) Un tipo di offerta nella quale i dipendenti sono incoraggiati ad andare in pensione presto, di solito con incentivi quali benefit pensionistici generosi e magari una buonuscita.

formazione incrociata (cross training) Formazione nella quale i dipendenti devono svolgere mansioni o lavori diversi dal proprio; supporta la flessibilità e la rotazione delle posizioni.

generalizzazione della validità (validity generalization) Il grado in cui le prove della validità di una misura ottenuta in una situazione sono generalizzabili a un'altra situazione senza ulteriori studi.

gestione del capitale umano/dei talenti (talent management) Il processo completo di pianificazione, reclutamento, sviluppo, gestione, valutazione e ricompensa dei dipendenti dell'organizzazione, finalizzato alla valorizzazione del capitale umano.

gestione della carriera (career management) Il processo che mette i dipendenti in grado di capire e sviluppare al meglio le loro abilità e gli interessi legati alla carriera, e a usare in modo più efficace tali abilità e interessi.

gestione delle prestazioni (performance management) Il processo continuo di identificazione, misurazione e sviluppo delle prestazioni individuali e dei team e di allineamento di tali prestazioni agli obiettivi aziendali.

gestione delle risorse umane (human resource management, HRM) Il processo di acquisizione, formazione, valutazione e ricompensa dei dipendenti, e di gestione degli aspetti relativi a relazioni, equità, salute e sicurezza sul lavoro.

gestione delle risorse umane internazionali (international human resource management, IHRM) I concetti e le tecniche di gestione delle risorse umane usati per gestire le peculiarità delle sedi internazionali delle aziende.

gestione strategica (strategic management) Il processo di identificazione ed esecuzione del piano strategico dell'azienda, valorizzando le capacità aziendali per soddisfare le richieste dell'ambiente in cui opera.

gestione strategica delle risorse umane (strategic human resource management) Formulazione e messa in atto di politiche e pratiche di gestione delle risorse umane che sviluppino le competenze e incentivino i comportamenti dei dipendenti che l'azienda richiede per raggiungere i suoi obiettivi strategici.

gig worker (lavoratore temporaneo) Una forma di lavoro emergente ed in continua crescita che comprende tipologie lavorative a contratto, temporanee, autonome, indipendenti, "a chiamata" o semplicemente "gig".

gioco gestionale (management business game) Una tecnica di sviluppo nella quale dei team di manager competono prendendo decisioni informatiche riguardanti situazioni simulate ma realistiche.

giustizia distributiva (distributive justice) Riferita a un sistema di distribuzione di incentivi e punizioni le cui conseguenze effettive sui lavoratori sono eque e imparziali. Ciò avviene quando comportamenti uguali o equivalenti vengono premiati e/o puniti in ugual misura.

giustizia procedurale (procedural justice) Si riferisce a procedure eque nell'allocazione di incentivi o provvedimenti disciplinari, nei termini di equità e onestà delle procedure stesse.

globalizzazione La tendenza delle aziende a estendere vendite, proprietà e/o produzione a nuovi mercati esteri.

grafico a dispersione (scatter plot) Un metodo grafico usato a supporto dell'identificazione della relazione tra due variabili.

high-performance work system (sistema di lavoro ad alte prestazioni) Un insieme di politiche e pratiche di gestione delle risorse umane che promuove l'efficacia dell'organizzazione.

HR scorecard Un processo per l'assegnazione di metriche e obiettivi operativi, finanziari e non, alle attività legate alla gestione delle risorse umane, allo scopo di raggiungere gli obiettivi strategici dell'azienda e per monitorare i risultati.

impatto avverso (adverse impact) L'impatto complessivo delle pratiche del datore di lavoro che tendono a danneggiare minoranze e altri gruppi protetti escludendoli da assunzioni e promozioni.

incentivi monetari (financial incentives) Incentivi economici corrisposti ai lavoratori la cui produttività supera degli standard predeterminati.

indagine sui salari (salary survey) Un'indagine che mira a determinare i livelli salariali prevalenti. Una buona indagine fornisce i livelli salariali specifici per posizioni specifiche. I questionari scritti formali sono i più completi, ma anche i sondaggi telefonici e via Internet e gli annunci economici di offerte di lavoro sui quotidiani sono fonti di informazioni utili.

indennità di malattia (sick leave) Retribuzione spettante a un dipendente assente per malattia.

interest inventory Uno strumento di sviluppo individuale e selezione che confronta gli attuali interessi della persona con quelli di altre persone che ricoprono posizioni diverse, allo scopo di determinare l'occupazione preferita della persona.

job aid Un insieme di istruzioni, diagrammi o metodi analoghi disponibili presso il posto di lavoro come guida per il lavoratore.

livelli contrattuali (grades) Un sistema di classificazione delle posizioni simile a quello delle classi, anche se spesso i livelli contengono posizioni diverse quali segretarie, meccanici e vigili del fuoco. Le descrizioni dei livelli sono scritte sulla base dei fattori compensabili elencati nei sistemi di classificazione.

livello salariale Un livello salariale include posizioni confrontabili in termini di contenuti e impegno richiesto..

manager di linea (line manager) Un dirigente autorizzato a dirigere il lavoro dei subordinati, e responsabile del compimento delle attività dell'organizzazione.

mansionario (job description) Un elenco di doveri, responsabilità, rapporti gerarchici, condizioni lavorative e responsabilità di supervisione; un prodotto dell'analisi della mansione/posizione.

manuale delle procedure (job instruction training, JIT) Elenco delle attività di base di ciascuna posizione, accompagnato da punti chiave, per fornire formazione passo per passo ai dipendenti.

mappa dei processi (process map) Schema grafico che mostra i processi, cioè i flussi di attività interdipendenti finalizzate a un obiettivo e i loro collegamenti.

mappa della strategia (strategy map) Uno strumento della pianificazione strategica che mostra il "quadro generale" del contributo di ciascun reparto al raggiungimento degli obiettivi strategici complessivi dell'azienda.

matrice dei requisiti della posizione (job-requirements matrix) Una descrizione più completa di ciò che il lavoratore fa, come e perché lo fa; chiarisce lo scopo di ciascuna attività, conoscenza, competenza e abilità richieste da ciascuna mansione, e altre caratteristiche.

matrice prestazione/potenziale (9-box matrix) Nella pianificazione della forza lavoro, visualizza tre livelli delle correnti prestazioni lavorative (eccezionali, a regime, non ancora a regime) nella prima riga, e tre livelli di potenziale probabile (idoneo alla promozione, spazi di crescita nella posizione corrente, improbabile crescita oltre la posizione corrente) in verticale.

mediazione Intervento nelle relazioni lavorative in cui una terza parte neutrale cerca di assistere le parti in causa nel raggiungere un accordo.

mentoring Consiglio, counseling e guida.

metodo a punti (point method) Il metodo di valutazione di una posizione nel quale sono identificati i fattori compensabili, e poi è determinato in che misura tali fattori sono presenti nella posizione.

metodo del caso di studio (case study method) Un metodo di formazione nel quale ai partecipanti viene presentata una descrizione scritta di un problema dell'organizzazione da diagnosticare e risolvere.

metodo della graduatoria (ranking method) Il metodo più semplice di valutazione della posizione, che prevede una graduatoria delle posizioni, di solito sulla base della difficoltà complessiva.

metodo di classificazione delle posizioni (job classification/grading method) Un metodo per assegnare categorie di gruppo alle posizioni.

metrica delle risorse umane (human resource metric) La misura quantitativa di un'attività di gestione delle risorse umane, come il turnover dei dipendenti, le ore di formazione per impiegato o gli aspiranti qualificati per posizione.

metriche basate sulla strategia (strategy-based metrics) Metriche focalizzate specificamente sulla misurazione delle attività che contribuiscono a raggiungere gli obiettivi strategici dell'azienda.

miniature job training and evaluation Una procedura di selezione in cui il datore di lavoro forma i candidati all'esecuzione di una delle attività della posizione, e poi valuta le prestazioni.

mission Riassume la risposta alla domanda: "In che cosa consiste il nostro business?".

modello delle competenze (competency model) Un modello grafico che consolida, generalmente in un diagramma, una panoramica precisa delle competenze (conoscenza, abilità e comportamenti) richiesti per svolgere bene un lavoro.

necessità aziendale (business necessity) Giustificazione di una pratica di assunzione altrimenti discriminatoria, sulla base di un legittimo obiettivo aziendale prioritario.

on-demand recruiting services (servizi di reclutamento on-demand) Servizi che forniscono reclutamento immediato a supporto di progetti specifici.

formazione on-the-job (on-the-job) training Addestramento effettuato sul campo di lavoro.

opzione azionaria (stock option) Il diritto di acquistare in futuro un certo numero di azioni dell'azienda ad un prezzo predeterminato.

orario flessibile (flextime) Un piano secondo cui la giornata lavorativa del dipendente ruota intorno a un nucleo fisso di ore a metà giornata, come tra le 11 e le 14.

organigramma (organization chart) Una rappresentazione grafica dei dipendenti di un'organizzazione che mostra la distribuzione delle posizioni organizzative, con i titoli di ogni posizione e le linee di dipendenza gerarchica e di comunicazione.

orientamento dipendenti (employee orientation) Una procedura per fornire ai nuovi dipendenti informazioni di base sull'azienda.

pagamenti finanziari diretti (direct financial payments) Pagamenti sotto forma di stipendi, salari, incentivi, commissioni e bonus.

pagamenti finanziari indiretti (indirect financial payments) Pagamenti sotto forma di benefit finanziari quali l'assicurazione.

paracadute d'oro (golden parachute) Un rilevante compenso di buonuscita che le aziende erogano ad amministratori delegati o alti dirigenti in caso di interruzione del mandato.

pianificazione della carriera (career planning) Il processo deliberato attraverso il quale una persona prende coscienza di abilità, interessi, conoscenza, motivazione e altre caratteristiche personali e definisce piani d'azione per ottenere obiettivi specifici.

pianificazione della forza lavoro (workforce/employment/personnel planning) Il processo di decisione delle posizioni che l'azienda deve coprire, e di come coprirle.

pianificazione della successione (succession planning) Il processo continuo e sistematico di identificazione, valutazione e sviluppo di capacità e competenze delle persone potenzialmente in grado di ricoprire le cariche chiave alla guida dell'organizzazione.

piani pensionistici integrativi (cash balance plans) Piano definito di benefit nel quale il datore di lavoro devolve ogni anno una percentuale del salario del dipendente a un fondo pensionistico integrativo.

piano benefit flessibile (flexible benefits plan/cafeteria benefits plan) Piani personalizzati concessi dal datore di lavoro per adattarsi alle preferenze dei dipendenti in termini di benefit.

piano di condivisione dei profitti (profit-sharing plan) Un piano nel quale i dipendenti condividono i profitti dell'azienda.

piano di gainsharing Un piano di incentivi che coinvolge i dipendenti in un impegno collettivo per raggiungere gli obiettivi di produttività e condividere i profitti.

piano di incentivi a livello aziendale (organization-wide incentive plan) Piano a cui partecipano tutti o gran parte degli dipendenti, e in cui di solito l'incentivo è legato a una qualche misura del risultato a livello aziendale.

piano di incentivi di gruppo (team/group incentive plan) Un piano in cui viene definito un obiettivo standard di produzione per un gruppo di lavoro specifico; a tutti membri del gruppo sono corrisposti degli incentivi se il gruppo supera l'obiettivo standard.

piano di partecipazione azionaria dei dipendenti (employee stock ownership plan, ESOP) Un piano qualificato e detraibile di bonus azionari, in cui i dipendenti ricevono progressivamente azioni in deposito.

Piano di retribuzione a base oraria/giornaliera (standard hour plan) Un piano secondo il quale il lavoratore è retribuito con una paga oraria base, ma gli viene riconosciuta una percentuale extra per la produzione che eccede lo standard orario o giornaliero.

piano salariale "earnings at risk" Un piano che mette a rischio parte della normale retribuzione dei dipendenti che non raggiungano gli obiettivi, e che può prevedere un bonus molto maggiore se gli obiettivi vengono superati.

piano strategico (strategic plan) Il piano dell'azienda per conciliare i suoi punti forti e deboli interni con le opportunità e le minacce esterne in modo da mantenere e rafforzare una posizione competitiva.

processo di management (management process) Le cinque funzioni di base: pianificazione, organizzazione, personale, guida e controllo.

produttività Il rapporto tra prodotto (beni e servizi) e fattori di produzione impiegati per produrlo (costi e risorse come lavoro e capitale).

profilo/inventario delle competenze (qualification/skills inventory) Profilo professionale del dipendente con titoli di studio, percorsi di carriera e di sviluppo delle capacità e conoscenze, lingue parlate, abilità speciali e così via; da utilizzare nella selezione di candidati interni da promuovere.

programma di assistenza ai dipendenti (employee assistance program, EAP) Un programma formale del datore di lavoro che fornisce ai dipendenti un supporto di counseling e/o terapia per problemi quali alcolismo, ludopatie e stress.

questionario di analisi della posizione (position analysis questionnaire, PAQ) Un questionario usato per raccogliere dati quantificabili relativi a mansioni e responsabilità di varie posizioni.

reclutamento dipendenti (employee recruiting) Trovare e/o attrarre candidati per le posizioni aperte dal datore di lavoro.

relazioni con i dipendenti (employee relations) L'attività che prevede la costruzione e il mantenimento di relazioni dipendente-datore di lavoro positive, che contribuiscono a produttività, motivazione, morale e disciplina e a un ambiente di lavoro positivo, produttivo e coeso.

responsabilità sociale (social responsibility) Si riferisce alla misura in cui le organizzazioni impegnano risorse e attuano progetti per il miglioramento di uno o più segmenti della società al di fuori degli interessi diretti dei proprietari e dagli azionisti.

retribuzione sociale Parte della retribuzione erogata tipicamente dallo Stato o da enti previdenziali spettante per il tempo non lavorato, come cassa integrazione, ferie e malattie pagate.

retribuzione variabile (variable pay) Qualunque piano che leghi la retribuzione ad altre variabili, come la produttività o i profitti

risarcimento/indennizzo (workers' compensation) Fornisce reddito e benefit di tipo medico alle vittime di incidenti sul lavoro e alle persone a loro carico.

rotazione della mansione (job rotation) Spostamento sistematico dei lavoratori da una mansione all'altra.

salario basato sulle competenze (competency-based pay) Retribuzione del dipendente in funzione della gamma, della profondità e del tipo delle competenze e delle conoscenze, anziché in funzione della posizione occupata.

scala grafica di valutazione (graphic rating scale) Uno strumento di valutazione delle prestazioni che elenca alcune dimensioni del lavoro e un intervallo di valori prestazionali legati a ciascuna. Il supervisore valuta ciascun subordinato indicando il punteggio che meglio descrive le prestazioni del subordinato per ciascun tratto o dimensione.

scheda di sostituzione della posizione (position replacement card) Una scheda preparata per ogni posizione dell'azienda per mostrare i possibili sostituti e le loro qualifiche.

scioperi con emergenza nazionale (national emergency strikes) Scioperi che "mettono in pericolo la salute e la sicurezza nazionali".

settimana concentrata (compressed workweek) Orario di lavoro nel quale il dipendente lavora per meno giorni alla settimana, ma più a lungo ogni giorno.

sistema di retribuzione di mercato (market-competitive pay system) Un sistema di retribuzione in cui i salari proposti dal datore di lavoro sono competitivi con quelli del mercato del lavoro correlato.

sistemi di gestione online dei candidati (Applicant Tracking Systems, ATS) Sistemi online che aiutano il datore di lavoro a raccogliere, raggruppare, selezionare, compilare e gestire i candidati.

specifiche della posizione (job specifications) Un elenco dei "requisiti umani" di una posizione, ovvero titolo di studio, abilità, personalità e così via (un altro prodotto dell'analisi della posizione).

sperimentazione controllata (controlled experimentation) Metodi formali per valutare l'efficacia di un programma di formazione, preferibilmente con test "prima e dopo" e un gruppo di controllo.

staff manager Un dirigente di una unità di staff.

stereotipi di genere-ruolo (gender-role stereotypes) La tendenza ad associare le donne a determinate posizioni (spesso non dirigenziali).

strategia funzionale (functional strategy) La strategia funzionale di un reparto identifica ciò che il reparto deve fare in termini di politiche e pratiche specifiche per aiutare l'azienda a raggiungere i suoi obiettivi competitivi.

strategia Una direzione che l'azienda può seguire per definire e conseguire i suoi obiettivi strategici.

sviluppo della carriera (career development) La serie di attività che permette le transizioni di carriera, contribuendo nel tempo all'esplorazione, al consolidamento, al successo e alla realizzazione della carriera di una persona.

tavole di rimpiazzo (personnel replacement chart) Schemi che mostrano ipotesi di possibili promozioni e corrispondenti rimpiazzi per le posizioni organizzative.

team di lavoro autogestito (self-managing/self-directed work team) Un gruppo piccolo (generalmente tra 8 e 10 membri) di dipendenti scelti, formati e autonomi che sostanzialmente si gestiscono da soli, con poca o nessuna supervisione esterna, di solito allo scopo di raggiungere un obiettivo specifico.

telelavoro Fornitura ai dipendenti degli strumenti informatici necessari per poter lavorare da qualsiasi luogo.

trattamento non paritario (disparate treatment) Disparità intenzionale nella proporzione tra candidati di un gruppo protetto ed effettivi assunti del gruppo in questione.

validità del contenuto (content validity) Un test il cui contenuto è valido è quello che contiene un campione adeguato delle mansioni e delle competenze necessarie per la posizione a cui si riferisce.

validità del costrutto (construct validity) Un test il cui costrutto è valido è quello che dimostra che una procedura di selezione misura un costrutto, e che tale costrutto è importante per un rendimento lavorativo positivo.

validità del test (test validity) L'accuratezza con cui un test misura ciò che dovrebbe misurare, o soddisfa la funzione per cui è concepito.

valutazione a 360 gradi (360-degree feedback) Il datore di lavoro raccoglie informazioni sulle prestazioni da tutto l'intorno del dipendente (da supervisori, subordinati, pari grado e clienti interni ed esterni).

valutazione della posizione (job evaluation) Un confronto sistematico effettuato per determinare il valore di una posizione rispetto a un'altra.

valutazione delle prestazioni (performance appraisal) Qualsiasi procedura che implichi (1) la definizione di standard di performance sul lavoro; (2) la valutazione delle prestazioni effettive del dipendente in rapporto agli standard; (3) un riscontro al dipendente con l'obiettivo di motivarlo a eliminare le carenze prestazionali, o a mantenere le prestazioni sopra la media.

valutazioni della sicurezza operativa (operational safety reviews) Valutazioni condotte da agenzie per accertare che le unità sotto la loro giurisdizione rispettino leggi, regolamenti, ordini e regole in termini di sicurezza.

vision Una dichiarazione generale della direzione scelta dall'azienda che mostra, in termini ampi "ciò che vogliamo diventare".

Indice delle parole chiave

Il presente indice riporta le pagine in cui si trovano le definizioni delle parole chiave; ulteriori occorrenze possono essere ricercate in modo analitico direttamente sull'edizione digitale del volume.

Action learning 144
Affidabilità del test 96
Analisi a indici 73
Analisi dei compiti 129
Analisi dei trend 73
Analisi della posizione 51
Analisi della posizione basata sulle competenze 63
Analisi delle performance 129
Analisi dell'utilità di un criterio di selezione 99
Assessment center 104
Audit delle risorse umane 35
Aumento di merito 238
Bacheca annunci aziendali (job posting) 80
Benefit 247
Benefit familiari 251
Bonus annuale 243
Broadbanding 228
Carriera portfolio (Portfolio career) 187
Classe salariale 220
Classificazione delle posizioni 220
Clima organizzativo 265
Coaching 189
Coinvolgimento dei dipendenti 13
Colloquio di fine rapporto 206
Colloquio situazionale strutturato 106
Condivisione del lavoro 253
Contratto di solidarietà 253
Cottimo 237
Counseling di ricollocamento 205
Cruscotto digitale 33
Cultura aziendale 272
Curva salariale 222
Declaratoria dell'attività 61
Definizione dei livelli contrattuali 221
Descrizione della posizione 51
Diagramma dei processi 53
Diario/registro 56
Etica 15
Executive coach 146
Fascia salariale 223
Formazione incrementale 135
Formazione incrociata 141
Formazione on-the-job 133
Gestione dei talenti 50
Gestione della carriera 185
Gestione delle prestazioni 178
Gestione strategica delle risorse umane 14
Gig worker (lavoratore temporaneo) 9
Gioco di ruolo 145
Gioco gestionale 145
Giustizia distributiva 263
Giustizia procedurale 263
Grafico a dispersione 73
High-performance work system 36
HR scorecard 32
Incentivi monetari 237
Indagine sui salari 218
Insubordinazione 205
Inventario di interessi 101
Job aid 137
Livelli contrattuali 221
Livello salariale 222
Management strategico 25
Manager di linea 6
Mappa della strategia 31
Matrice dei requisiti della posizione 61
Matrice prestazione/potenziale 201

Mentoring 190
Metodo dei casi di studio 144
Metodo della graduatoria 220
Metrica delle risorse umane 36
Metriche basate sulla strategia 34
Mini-formazione e valutazione della posizione 105
Mission 27
Modelli comportamentali 136
Modello delle competenze 129
Modulo di candidatura 89
Opzione azionaria 244
Orario flessibile 252
Organigramma 51
Orientamento dei dipendenti 125
Pagamenti finanziari diretti 215
Pagamenti finanziari indiretti 215
Paracadute d'oro 245
Pianificazione della carriera 186
Piano benefit flessibile 252
Piano di condivisione dei profitti 246
Piano di gainsharing 246
Piano di incentivi a livello aziendale 246
Piano di incentivi di gruppo 245
Piano di partecipazione azionaria dei dipendenti 247
Piano salariale "earnings at risk" 247
Piano strategico 23
Posizione benchmark 220
Produttività 237
Programma di assistenza ai dipendenti 250
Programmazione della forza lavoro 71
Programmazione della successione 71
Reclutamento di dipendenti 77
Relazioni con i dipendenti 261
Requisiti della posizione 51
Responsabilità sociale 264
Retribuzione basata sulle competenze 227
Retribuzione variabile 237
Rotazione delle mansioni 143
Scala grafica di valutazione 166
Scheda di rimpiazzo della posizione 75
Servizi di reclutamento on-demand 87
Settimana concentrata 252
Sistema di retribuzione di mercato 218
Sistemi di gestione online dei candidati 83
Sperimentazione controllata 148
Staff manager 6
Strategia 25
Strategia funzionale 29
Sviluppo della carriera 185
Talent analytics 103
Tavole di rimpiazzo 75
Team di lavoro autogestito 267
Telelavoro 253
Trattamento equo 262
Validità del contenuto 97
Validità del costrutto 98
Validità del criterio 97
Validità del test 97
Valutazione delle posizioni 218
Valutazione delle prestazioni 161
Vision 27